经济、管理类课程教材

U0642315

统计学

许涤龙 邹新月 主编

中南大学出版社

21 世纪经济、管理类课程教材编委会

编委会主任: 王耀中

编委会副主任: 陈治亚　田银华　黄河　柳思维

李松龄　刘冬荣　刘茂松

编　委(按姓氏笔画排序):

王耀中	王兆峰	马伯钧	田银华	田官平	叶泽芳
许　鹏	李松龄	刘茂松	刘长庚	刘巨钦	刘冬荣
刘辉煌	刘友金	朱开悉	张亚斌	陈治亚	陈　收
陈德恒	邹乐群	杨胜刚	杨新荣	罗建华	周仁仪
赵　敏	胡振华	柳思维	聂正安	袁　凌	黄河
游达明	曾富生	董明辉	楚尔鸣	谭跃进	颜爱民

统 计 学

主编　许涤龙　邹新月

□**责任编辑**　陈雪萍

□**责任印制**　易红卫

□**出版发行**　中南大学出版社

社址:长沙市麓山南路　　　邮编:410083

发行科电话:0731 - 88876770　　　传真:0731 - 88710482

□**印　装**　长沙印通印刷有限公司

□**开　本**　730×960　1/16　□**印张** 27.25　□**字数** 471 千字

□**版　次**　2004 年 8 月第 1 版　□2018 年 8 月第 8 次印刷

□**书　号**　ISBN 978 - 7 - 81061 - 961 - 5

□**定　价**　50.00 元

总　序

　　21 世纪的中国高等教育蕴涵着一系列的突破与创新，其中教材的创新即是重点之一。湖南省高等院校经济、管理类专业"十二五"规划教材，是在湖南省"九五""十五""十一五"规划立项教材建设的基础上，面向 21 世纪而推出的一套容量大、体例新、质量精、系统性强、适应面广的全新系列规划教材。它既汇聚了我省过去十多年来在经济管理类教材建设中所取得的主要成果，又代表了我省在新时期积极探索教材改革与创新的最新发展趋势。

　　该系列教材拟推出共 28 本，包括：政治经济学、微观经济学、宏观经济学、管理学、市场营销学、会计学、统计学、国际贸易理论与实务、国际金融学、货币金融学、财政学、管理信息系统、财务管理学、现代企业管理、技术经济学、管理经济学、国际经济学、电子商务概论、投资学、保险学、企业战略管理、生产与运作管理、人力资源管理、项目管理、现代企业物流管理、供应链管理、市场调研、组织行为学等。这套系列教材基本上涵盖了经济管理类各专业的核心课程，成为一个具有可塑性的核心教材库，可供经济管理类各专业各层次根据学生的专业培养目标进行挑选和组合。在我的印象中，如此浩大而具有系统的教材建设工程，在我省尚无先例。

　　参加该系列教材建设的单位包括中南大学、湖南大学、湘潭大学、湖南师范大学、湖南农业大学、长沙理工大学、湖南科技大学、湖南商学院、南华大学、吉首大学、湖南城市学院、长沙学院、湖南工程学院等十多所省内著名高校。编写委员会的主要成员都是来自于这些高校且在省内外有重要影响的经济学、管理学专家，他们不仅在所属学科研究领域具有权威性，而且对教学和教材编写的组织管理颇具经验。所有参编人员均有长期从事经济学和管理学教学的丰富实践基础，他们既深知我国高等教育的发展现状，又了解本学科教与学的具体要求。毫无疑问，该系列教材的面世，既是我省多所著名高校携手合作的结果，也是来自于经济学、管理学教学与科研前沿和一线的众多教授和专家集体智慧的结晶。

该系列教材编写的指导思想是：以培养学生的综合素质为主，贯彻经济学、管理学学科研究与教学的最新思想，遵循学科自身发展规律和教育规律，以教育部颁布的教学大纲为指导并结合学术发展的最新成果，编写出切合社会发展实际和高等教育需要的，具有科学性、前瞻性、启发性，低起点、高出点的真正好学、好教，有利于学生创造性地掌握学科知识并在此基础上形成自己创新思维的高等教育教材，以推动我省高等财经教育事业的蓬勃发展。

我们诚恳地希望各界同仁及省内外广大教师关注并支持这套教材的建设，及时将教材使用过程中遇到的问题和改进意见反馈给我们，以供修订时参考。

王耀中

前 言

随着改革开放的推进,国际接轨成为当代中国统计改革和发展的主要方向之一。在实践中,以推行新国民经济核算体系和加入国际货币基金组织的"数据公布通用系统(GDDS)"为主要标志,我国的统计标准、制度和方法等逐步实行与国际统计准则接轨;在理论上,改革初期开始的关于统计学科性质和学科体系构成的讨论以及随之而来的"大统计学"建设的研究与实践,喻示着我国的统计学科建设也走上了国际接轨的进程。与此相应,在教育界,我国统计人才和经济管理类人才统计素质的培养规格和方式也正在逐步实行国际接轨。

本书是为适应我国统计实践、理论和教育发展的需要而编写的教材。在指导思想上,本书尝试打破"社会经济统计学"和"数理统计学"的界限,突破传统的《统计学原理》的局限性,按"大统计学"的思想构建统计学的基本理论、方法与技术体系;在写作思路上,本书以数据的搜集、整理、分析和利用为主线,按"科学"与"实用"相结合的原则取舍内容,由描述统计到推断统计组织全书的内容体系,突出统计为决策尤其是经济管理决策服务的功能;在写作方法上,本书力求做到深入浅出,简明扼要,对各种统计理论和方法,都配有大量的例题予以说明,并在章后附有具有代表性的习题。

本书可作为高等学校经济学类、管理学类和其他非统计专业"统计学"课程的教材,也可作为统计专业相关课程的教材,在教学实施过程中应根据各专业人才培养的需要和课程设置情况,对教材中的相关内容进行适当的取舍。本书也可供统计实际工作者和经济管理工作人员学习参考。

本教材是集体智慧和团结协作的结晶,由湖南省各高校具有丰富教学经验的统计教师共同编写完成,由许涤龙教授、邹新月教授担任主编,并负责大纲设计、书稿总纂和审核定稿。各章的编写人员如下:

第一章:许涤龙(湖南大学教授);

第二章:叶明霞(吉首大学副教授);

第三章、第十二章:贺伟奇(中南大学副教授);

第四章、第五章:邹新月(湖南科技大学教授);

第六章:肖彦花(湘潭大学副教授);

第七章:周四军(湖南大学副教授);

第八章:任英华(湖南大学讲师);

第九章:张彤(南华大学副教授);

第十章:欧阳涛(湖南农业大学副教授);

第十一章:曾昭法(湖南大学副教授)。

其中,任英华讲师参加了第一章、第六章部分内容的编写,并参加了全书部分章节的修改工作。

在本教材编写和出版过程中,中南大学陈雪萍副编审提供了大量的帮助;湖南大学王耀中教授、宋光辉教授、涂光华教授、王国实副教授、朱慧明博士、王亚雄博士、张立军博士、胡荣才博士、陈黎明讲师、肖百龙博士、李正辉博士、倪青山老师等提出了宝贵的修改意见;同时,本教材参考了许多国内外学者的同类著作和教材,从中汲取了大量的研究成果,在此一并致以诚挚的感谢!

许涤龙

2004 年 8 月

目　录

第一章　绪论

　　本章主要介绍统计学的基础知识,目的在于从总体上对统计学提供基本的认识,使大家学习之后对统计学的学科性质和统计学的应用有个总的了解。具体内容包括:统计的含义、统计学的研究对象、统计学的方法、统计学的基本范畴、统计学的作用、统计学的应用、统计研究的一般程序。

　　本章的内容是为以后各章的学习奠定基础。

第一节　统计学的性质

一、统计的含义

　　什么是统计? 我们在日常生活与工作中,经常要接触到统计,例如,企业管理人员每天要掌握生产销售情况和利润的数字;人们也常常从报刊杂志和电视新闻中获悉我国的国民生产总值、经济增长速度、居民消费价格指数和证券市场股价指数等经济数字;学生考试后非常关心自己的考试成绩和名次;篮球比赛时解说员要统计竞赛双方的进攻次数和投篮命中率。统计一词,在不同的场合,人们赋予它不同的含义。一般认为统计的含义有三种:一是统计工作,二是统计资料,三是统计学。

　　统计工作,又称统计实践活动,是指为了取得和提供统计资料而进行的各项工作,如对生产销售量和利润、国民生产总值等的统计,就是统计实践活动。统计作为一种社会实践活动已有悠久的历史。人类的统计实践是随着记数活动而产生的,国家的统计者为了满足管理国家的需要而通过统计计数以弄清国家的人力、物力和财力。时至今日,统计仍然是世界上各个层次的政府机构的支柱。随着社会经济的发展,统计的应用领域越来越广泛,不仅在经济管理领域中,而且在军事、医学、生物、物理、化学等领域中也大量地运用统计方法。统计实践活动的过程实质上是人们认识客观世界的过程,即人们为了认识客观事物,通过调查搜集有关数据,并加以整理、归纳和分析,而后对客观事物规律性的数量表现做出统计上的解释的过程。

　　统计资料是统计工作所取得的数字资料及与之相关的文字资料、图表资料等,如经济增长速度、居民消费价格指数等。统计工作与统计资料的关系是工作过程与工作成果的关系,工作过程的好坏关系到工作成果质量的高低。

统计学是一门关于大量数据资料如何进行搜集、整理和分析的方法论科学。统计学研究的是如何进行数据的搜集、加工和整理,如何从复杂纷繁的数据中得出结论,并科学地解释这个结论,以达到正确、深刻地认识客观现象的目的。统计学来源于统计实践活动,是统计工作经验的理论概括,又用理论和方法指导统计实践活动,推动统计工作的不断提高。随着统计工作的进一步发展,统计学也不断地得到充实和提高,两者是理论与实践的关系。

二、统计学的研究对象

(一)统计学的研究对象

统计学的研究对象是由统计工作的实践要求所决定的,既然统计工作是一种调查研究的实践活动,那么,统计学就应该是研究如何进行这种调查研究实践活动的科学。统计学的研究对象是关于搜集、整理、分析和提供大量现象总体数量方面的原理、原则和方式、方法。这里的方法论包括指导统计工作活动的原理和原则,统计过程所应用的核算和分析的方法以及组织方法。从广义的角度来说,统计工作和统计学的研究对象是一致的,即都是数据内在的规律性,但两者研究的侧重点不同。统计工作研究的是数据内在的规律性本身,而统计学研究的是如何对数据内在规律性进行分析研究的方法。

(二)统计学研究对象的特点

为什么统计方法能够通过对数据的大量观察和处理,可以研究和探索出客观现象内在的数量规律性呢?

1. 统计不是研究现象的纯数量关系,而是在质与量的辩证统一中来研究现象的数量关系。

辩证唯物主义告诉我们,不论是自然现象还是社会现象,都存在质与量两个方面,二者是辩证统一、密切联系的。事物的质是通过一定的量表现出来的,没有数量也就没有质量。从事物的发展变化来看,都是由细小的、逐渐的量变发展到质变的,量的积累达到一定界限将引起质的变化。因此,要研究事物的存在和发展,并掌握其发展规律,必须研究事物的量的方面,即研究事物发展规律性在具体时间、地点、条件下的数量表现。认识事物的数量,是把握事物质量的前提和基础。例如,一个国家的人口数量、构成和分布,社会财富和自然资源的数量、构成和利用情况,社会生产的规模、速度以及居民生活水平等数字,都能反映这个国家的国情国力的基本情况。通过对这些基本情况的了解,就可以形成对这个国家的基本认识。

以上关于事物质和量的辩证关系和由量变到质变的原理,给我们指出了认识客观事物的一种途径,那就是由掌握事物的数量特征和数量关系入手,经过分析研究,去探索社会经济现象的本质和规律性。但是,这种认识是以认识事物的质为前提的。我们只有在对客观现象的性质、特点和运动过程有一定认识之后,才可能开展统计研究工作。换言之,首先要明确现象质的特征,而后才能正确反映其量的再现。例如,要统计工业产品产量,如果说不明确什么是工业产品,工业产品产量统计就无法进行。又如,要统计工业企业职工人数和工资总额,如果不明确什么是职工以及工资总额的内容及范围,就不可能正确地统计职工人数和工资总额。

2. 统计学研究的主要思想是从随机性中寻找规律性。

随机性和规律性可以说是一对关系密切的孪生子。当我们不能预测一件事情的结果时,随机性和这件事情联系起来了。例如,我们都做过掷硬币和掷骰子的游戏,都知道随机地掷一次硬币或骰子是不能事先确定出现正面、反面或某个点数的,也就是说个别的游戏或试验中充满了不确定性或随机性。赌徒们正是利用了这种偶然性进行赌博。

但当我们进行大量观察,即不断做重复试验时,就会发现掷一枚均匀硬币出现正面或反面的次数差不多相同。如果你将同样的硬币掷 100 次,你会发现它将差不多 50 次正面朝上,50 次反面朝上,即正面或反面朝上的几率都会接近1/2。同样,在掷骰子时,出现 1 ~ 6 点的比率也会逐渐接近 1/6。这里1/2和1/6 就是掷硬币和掷骰子出现某一特定结果的概率,它们就是我们把随机的事件放在一起时从中探索出来的数量规律性。

然而,规律性中也存在随机性。如果你再掷 100 次硬币,正面朝上的次数几乎不会和前 100 次完全一样。在第一个 100 次中,也许有 48 次硬币的正面朝上,然而在第二个 100 次中,也许就有 53 次正面朝上。这种偏差并不仅仅发生于掷硬币时,任何客观现象都是规律性与随机性的对立统一,同样,任何一个数据,也都是规律性与随机性共同作用的结果。规律性反映了事物本质的特征和联系,是比较稳定的,因而它决定了事物的内在本质是有规律可循的。随机性反映了该事物每个表现形式的差异。如果客观事物只有规律性一个方面的特征,事物的表现形式就会比较简单,就可以比较容易地把握它的规律性。正是由于随机性的存在,造成了事物的表现形式与规律性发生偏移,从而形成了表面形式的千姿百态,形成数据表现形式的千差万别。

三、统计学的研究方法

统计学的研究对象和特点决定着统计学的研究方法。统计学的研究方法主要有大量观察法、统计分组法、综合指标法、统计推断法和统计模型法。

(一)大量观察法

大量观察法是统计学特有的方法。所谓大量观察法,是指对总体现象中的全部或足够数量的个体进行观察,来达到认识总体数量特征和规律性的目的。社会现象或自然现象都受各种社会规律或自然规律相互交错作用的影响。个体现象的数量特征和变动趋势是难以说明社会经济现象总体的本质和规律的。在现象总体中,个别单位往往受偶然因素的影响,如果任选其中之一进行观察,其结果不足以代表总体的一般特征;只有观察全部或足够的单位并加以综合,影响个别单位的偶然因素才会相互抵消,现象的一般特征才能显示出来。大量观察的意义就在于:一方面,可以掌握认识事物所必须的总体的各种总量;另一方面,还可以通过个体离差的相互抵消,在一定范围内排除某些个别现象偶然因素的影响,从数量上反映出总体的本质特征。

大量观察法的数学依据是大数定律。大数定律是随机现象出现的基本规律,也是在随机现象大量重复中出现的必然规律。大数定律可以描述为:在观察过程中,每次取得的结果不同,这是由偶然性所致的,但大量重复观察结果的平均值却几乎接近确定的数值。其本质意义在于经过大量观察,把个别、偶然的差异性相互抵消,使必然的规律性显示出来。例如,当我们观察个别家庭或少数家庭的婴儿出生时,生男生女的比例极为参差不齐,然而经过大量观察,男婴、女婴的出生数则趋向均衡。也就是说,观察的次数愈多,离差的差距就愈小,或者说频率出现了稳定性。这就表明同质的大量现象是具有规律性的,尽管个别现象受偶然因素的影响,出现误差,但观察数量达到一定的程度就呈现出规律性,这就是大数定律的作用。

在我国统计实践中广泛运用了大量观察法,组织多种经济调查如各种基本的必要的统计报表、普查、重点调查和抽样调查等,以全面了解社会经济现象的现状及发展状况。

(二)统计分组法

统计分组法是根据统计研究的目的和要求,按一定的标志将总体划分成若干组成部分进行研究的统计方法。统计总体是由具有某些共同特征的许多个别单位组成的整体。由于事物具有多种特征,每种特征又都有一定的差异,从而在同一范围内的事物之间具有许多不同的差别。如在一群人中,就存在性别不同、年龄不同、文化程度不同等差别。通过分组把总体内不同性质的事物分开,使性质相同的事物归在一组,就可以从数量上深入研究总体的特征。

统计分组法贯穿于统计工作的全过程,统计调查离不开分组,统计资料加工整理中分组也是关键,统计分析更不能没有分组。所以统计分组在整个统计工作中有重要作用。

（三）综合指标法

综合分析法是指对于大量观察所得的资料,运用各种统计指标以反映和研究客观现象总体的一般数量特征和数量关系的方法。通过计算各种综合指标,以显示现象在具体时空下的总量规模、相对水平、集中趋势、离中趋势等,从而进一步从动态上研究现象的发展趋势和变化规律。常用的综合指标有:总量指标、相对指标、平均指标、变异指标、动态指标和统计指数等。例如,某市 2002 年国内生产总值 400 亿元,某市 2002 年国有企业职工的平均工资为8000 元等,都是综合指标。

大量原始资料经过统计分组整理汇总,得出综合指标数值。利用这些综合指标,我们还要进一步地计算各种分析指标,对现象的数量关系进行对比分析。统计分析的方法较多,常用的分析方法有:综合指标法、因素分析法、时间数列分析法、对比分析法、相关回归分析法、抽样法、统计预测和决策法等,其中综合指标法是统计分析的基本方法,其他各种统计分析方法均离不开综合指标的对比分析。

（四）统计推断法

所谓归纳,是指由个别到一般、由事实到概括的推理方法。统计调查中,观察总体各单位的特征,由此得出关于总体的某些信息,这就是采用了归纳的方法。归纳法可以使我们从具体事实得出一般结论,扩大知识领域,增长新的知识,所以是统计研究中常用的方法。另一方面,在统计研究中又存在这样的情况,我们对总体各单位的观察只是对部分单位或有限单位进行调查,而需要判断的总体对象范围却是大量的,甚至是无限的。这就需要根据局部的样本资料对全部总体的数量特征进行判断。这种判断是存在一定置信度的。例如,要说明一批灯泡的平均使用寿命,只能从该批灯泡中随机抽取一小部分进行检验,借以推断这一批灯泡的平均使用寿命,并以一定的置信程度来推断所作结论的可靠程度。在统计上,以一定的置信度标准,根据样本数据来判断总体数量特征的归纳推理方法,称为统计推断法。

统计推断法可以用于总体数量特征的估计,也可以用于对总体某些假设的检验,是广泛应用于统计研究各领域的基本方法。它包括参数估计法和假设检验法。参数估计法,即根据样本统计量,估计总体参数的取值或取值区间。假设检验法,即先对总体的某种状况做出假设,然后根据样本实际观察资料对所作假设进行检验,来判断假设的真伪。

（五）统计模型法

对客观现象的原形进行模拟或仿真,是较高层次上认识事物的一种方式。统计模型法就是用一套相互联系的统计分组和统计指标,对客观存在的总体及其过程作出比较完整的近似的反映或描述的方法。这种方法通常有两种表达方式:一是依据统计指标之间存在的明确的数量关系,建立数学方程式或方程组,一般称为统计数学模型;二是依据统计指标之间的逻辑关系,构筑框架式的物理模型,一般称为统计逻辑模型。如回归分析属于统计数学模型的表达方式,国民经济指标体系则属于统计逻辑模型的表达方式。统计模型法,可以说是大量观察法、统计分组法和统计指标法的进一步综合化、系统化,能够较为严谨地表现出总体的结构和功能,它是系统理论和统计工作相结合的产物。

第二节　统计学的基本范畴

一、总体与样本

（一）总体

我们把根据统计任务的要求,由客观存在的,具有某种共同性质的许多个别事物构成的集合体称做统计总体,简称总体。构成总体的每一个个别事物称为总体单位。例如,要研究全国工业企业的生产经营状况时,全国的所有工业企业便构成了研究的总体,每一个工业企业则为一个总体单位。

一个统计总体应该具备以下三个特点:

1. 具有大量性,即统计总体一定是由大量事物所组成的。这是因为统计研究的目的是要揭示现象的规律性,而这种规律性只能在大量事物的普遍联系中表现出来。只对少数单位进行观察,其结果难以反映总体的一般特征。作为统计研究的对象,总体包括的单位数必须足够多,否则就无法揭示现象的规律性。

2. 具有同质性,即组成总体的所有总体单位至少在某一方面有共同的性质。同质性是构成总体的前提条件,而各单位所需具有的这种性质,是由统计研究的目的决定的。例如,全国人口普查的统计总体是全国人口,总体中的每个人都有具有中国国籍和居住在中国境内的共同性质。

3. 具有变异性,即构成总体的各单位除了同质性一面还必须有差异性的一面,因为这种差异性正是统计研究的主要内容。如果总体单位不存在差异性,那根本就不需要进行统计调查研究了。

以上三个基本性质,同质性是构成统计总体的前提,大量性是构成统计总体的基本条件,变异性是研究总体时的具体内容,三者必须同时具备,才能形成统计总体,也才能用各种统计方法来进行一系列的计算和研究。

统计总体根据其总体单位数是否有限,可分为有限总体和无限总体。有限总体是指总体中包含的总体单位数量是有限的。无限总体是指总体范围不能明确确定,总体单位数目无限,不能计算总体单位总数。在社会经济现象中,绝大多数是有限总体,如某市所有工业企业的职工,某企业全部的机器设备等。但也存在无限总体,如某一连续生产的流水作业线上的产品等。对有限总体,可以对所有的总体单位进行一一调查,而对于无限总体则不可能做到这一点,因此只能调查总体当中的某一部分对象。

此外,我们需要指出的是,统计总体和总体单位的范围不是固定不变的,它们随着我们的研究目的不同而随之变动。因此,统计总体和总体单位的区分是相对的。例如,当我们研究某个地区工业企业的生产经营情况时,则该地区所有工业企业便构成统计总体,每一个工业企业便是总体单位;但当研究该地区某一特定工业企业生产经营情况时,则该企业是变成了总体,而该企业的每一个车间或每一个班组成为总体单位。

(二)样本

样本就是从总体中抽取的部分单位所构成的集合,其中的每一个单位称为样本单位。例如,从某高校所有学生中随机抽取 200 人,从所有生产的产品中抽取 60 件,等等。在抽样推断中,总体又被称为母体,相应地,样本也被称为子样。抽取样本时应注意如下几个问题:

1. 样本单位必须抽自总体,这是因为抽取样本的目的是为推断总体,所以,不允许以总体外部的单位作为该总体的样本。

2. 一个总体可以抽取许多样本,样本个数的多少与抽样方法有关。

3. 样本的抽取必须排除主观因素的影响,以确保样本的代表性与客观性。

二、标志与变量

(一)标志

标志,也称为标识,是说明总体单位的属性或特征的名称。总体单位是标志的承担者,标志是依附总体单位而存在的。每个总体单位有许多属性和特征。例如企业中每一个职工作为总体单位考察时,有性别、文化程度、年龄、工资等属性和特征,这些都是每个职工的标志。

一个完整的标志,应该包括标志名称和标志表现两个部分。所谓标志表现就是标志在各单位上的具体表现。例如,某职工的性别为女性,这里"性别"是标志名称,"女性"是标志表现;又如某职工的工资为1200元,"工资"是标志名称,"1200元"是标志表现。

标志按性质不同可分为品质标志和数量标志。品质标志是表明总体单位属性的特征,一般用文字表示。例如:工人的性别,文化程度,民族,工种,企业的经济类型等。数量标志是表明总体单位数量的特征的标志,一般用数字表示。如人的身高、体重、工资、工业企业的产值和利润等。

标志按同一标志的标志表现是否相同,又可分为不变标志和可变标志。不变标志就是所有总体单位同一标志的标志表现是相同的。可变标志是各总体单位同一标志的标志表现各不相同。例如,把某班的每位同学作为总体单位考察时,每位同学所属的班级就是一个不变标志,它是形成统计总体的前提,这就是总体的同质性;而在这个总体中,每位同学的身高是不完全相同的,"身高"便是可变标志。

可变标志的具体表现各不相同,品质标志有属性的变化,数量标志有数量的差异,这种差异叫变异。变异在社会经济现象中普遍存在,在一个总体中,如果不存在可变标志,或者说所研究的现象总体在各单位之间不存在任何差异,这就无须做调查,无须进行统计研究了。

(二)变量

变量是统计中一个常用的重要概念。可变的数量标志和所有的统计指标又称为变量,数量标志和指标的具体表现称为变量值。例如职工的工资作为一个标志时,每人的工资不会都一样,因此工资这一数量标志就是一个变量,各工资水平:500元、550元、600元等则是变量值。

变量按其数值是否连续可分为连续变量和离散变量。连续变量的数值是连续不断的,数值在整数之间可有无限个数值。例如,人的身高和体重,企业的产值、耗水量、耗电量,其数值可以无限分割。离散变量的数值都是以整数断开的,两个相邻数值之间不能插入任何数值。例如,学生人数、机器设备台数、企业个数。

需要指出的是,在统计实践中,有些连续变量为了便于核算可以只取整数,即按离散变量处理,如人的年龄就是这样处理,只按年统计。本来在统计时,一个人的年龄很少恰好是若干周岁,通常会有几个月乃至几天的尾数,这个尾数一般都舍去。

变量按其性质不同可分为确定性变量和随机性变量。如果影响变量值变动的是某种起确定性作用的因素,致使该变量值呈现出沿着一定的上升或下降的变动趋势,这种变量称为确定性变量。随机性变量是指受很多因素影响的变量,变量值大小没有一个确定的方向,带有偶然性。

三、统计指标与统计指标体系

（一）统计指标

1. 统计指标的概念

统计指标是反映统计总体数量特征的概念和数值。例如,2000 年我国国内生产总值为 89404 亿元,某钢铁厂总产量是 400 万吨,这些都是统计指标。一个完整的统计指标由指标的概念和指标数值两部分组成。指标的概念主要指指标的名称;指标数值是根据指标概念,经过实际调查和数据处理所取得的具体时间、具体空间条件下的统计数值。

需要强调的是,在统计理论和统计设计工作中,通常会把指标概念称为指标,如全国总人口、国内生产总值等。在统计设计时,会从定性范围和定量方法两个方面来设计指标。定性范围包括指标的名称和指标的含义;定量方法包括计量单位和计量方法,是指标含义的量化规范。而在统计实务中,指标概念和指标数值分别作为所研究现象的质和量的规定性,两方面是需要统一的。指标概念反映了所研究现象的质的规定性,指标数值则反映了该现象的量的规定性,完整的统计指标也就是质和量两方面的统一,二者结合起来才有可能对所研究现象的数量特征及其相互关系作出完整的描述。

2. 统计指标的特点

统计指标具有数量性、综合性和具体性的特点。

（1）数量性。统计指标都能用数值来表示的。

（2）综合性。统计指标是对总体单位某一特征进行调查、登记并加以汇总整理而得到的数据,构成总体全部单位的综合结果,而不是说明个别总体单位的数量特征。

（3）具体性。统计指标是说明总体某一特征或属性的质与量的统一,在一定时间、地点、条件下的数量表现。

3. 统计指标的分类

（1）按其反映的数量特征不同,可分为数量指标和质量指标。

数量指标是反映现象总体规模大小、数量多少的总量指标,一般用绝对数表示,又称总量指标。如职工人数、国民生产总值、企业个数、产品产量、工资总额等。数量指标的大小决定于总体单位数目的多少及其标志水平的高低。

与数量指标不同,质量指标反映的是总体的标志总量与总体单位数目的对比关系,或总体单位数之间、标志总量之间的对比关系。如全国城市职工的平均工资,人均国民收入,劳动生产率、人口密度,合格品率,城乡人口的比例。质量指标通常用相对数或平均数表示,它从质量、效益、强度、效率等方面来反映现象总体的相对水平或工作质量。

(2)按其表现形式不同,可分为总量指标、相对指标与平均指标。

上述分类中的数量指标,若从内容上看,主要包括总体单位数目的总量和总体标志总量,这些总量都以绝对数的形式表示,所以这类指标又称为总量指标。质量指标的数值表现形式又可分为两种不同的情况,其中,如城乡人口的比例、人口密度、计划完成程度等,都是以相对数形式表示出来,这类指标就称为相对指标。而人均国民收入,城市职工的平均工资等则是以平均数形式表示出来,这类指标就称为平均指标。

(3)按其反映的事物性质不同,可分为实体指标和行为指标。

实体指标所反映的是具有实物形态的客观存在的具体事物的数量特征,如产品产量指标、职工人数指标、固定资产价值指标等。行为指标所反映的是某种行为的数量特征,如工伤事故指标、犯罪行为指标等。

(4)按其功能不同可分为描述指标、评价指标和预警指标。

描述指标是用于描述现象基本情况的指标,如社会劳动力资源总数、外汇储备数、在校学生人数等。

评价指标是用于对客观现象活动的结果进行评估和考核的指标,如对工业企业经营活动效益进行评价的产品销售率、流动资金周转速度、劳动生产率等指标。评价指标通常要和计划、预测或其他定额指标相比,才能反映其优劣程度。

预警指标主要用于对宏观经济运行进行的监测,并根据其指标数值的变化,对可能出现的总体失衡、结构性矛盾、突发异常情况作出预报的指标,如通货膨胀率、固定资产投资增长率、失业率、人口增长率等,这类指标涉及面广,对国民经济的发展和社会稳定具有重要作用。

此外,统计指标还可按时间特征不同分为时点指标和时期指标,按计量单位不同分为实物量指标、价值量指标和劳动量指标(见第三章)。

4. 统计指标与标志的区别和联系

统计指标与标志有明显的区别：就说明的对象而言，指标是说明总体数量特征的，具有综合的性质；而标志是说明总体单位的属性和特征的，一般不具有综合的特征。就表现的形式而言，统计指标分为数量指标和质量指标，它们都是可以用数字来表示的；标志的具体表现，根据标志的性质不同可以分为用文字表示的品质标志和用数字表示的数量标志。

指标与标志还存在着密切的联系。不仅有许多统计指标的数值是由总体单位的数量标志值直接汇总而来的，如全国工业总产值指标是由全国每一个工业企业的工业总产值汇总得来的，而且指标和数量标志之间存在着转换关系。由于研究目的不同，原来的统计总体变成了总体单位，则相应的统计指标就变成了数量标志。反过来也是这样。例如，将一个工业企业作为总体研究其生产情况时，该企业的工业总产值、职工人数等都是反映该企业生产情况的统计指标。而当我们研究全国或一个地区的工业生产情况时，每个企业（总体单位）的工业总产值、职工人数等则是反映每个企业特征的标志。

（二）统计指标体系

1. 统计指标体系的概念。指标体系是根据统计任务的需要，能够全面反映统计对象数量特征和数量关系，互相联系的一套指标。统计指标体系具有以下特点：

（1）统计指标体系不是指单个指标，而是指由一系列相互联系、相互制约的统计指标所组成的整体。一个指标只能表示客观事物某一总体特征或某一侧面的情况。由于客观事物错综复杂，事物的性质及变化受许多因素的制约，所以对事物要从多方面掌握它的数量特征和数量关系，才可以达到从数量方面入手认识事物的目的。

（2）统计指标体系具有适用性特点。统计指标体系应切合实际需要，与统计任务要求相适应。它并非繁多指标的随意结合，而紧紧根据统计任务需要建立的。统计任务不同，需要考查哪些数量特征和数量关系以及形成的指标体系也不同。

2. 统计指标体系的分类。为了对统计指标体系有进一步和全面的了解，有必要按照指标体系的包括范围、内容及作用不同加以分类。

（1）按指标体系反映的范围不同，可以分为宏观指标体系和微观指标体系两类。宏观指标体系是指反映全国范围社会经济现象数量特征和数量关系的指标体系，如我国国民经济核算体系中建立的指标体系，反映全国工业状况的指标体系,等等。微观指标体系是指反映基层单位运行和经营管理情况的指标体系,如反映一个工厂产、供、销指标所构成的指标体系,反映一个科研单位基本情况的指标体系。

(2)按指标体系内容的不同,可分为国民经济指标体系、社会指标体系及科学技术指标体系三类。国民经济指标体系是反映整个社会生产、流通、分配、消费等社会再生产过程和条件的指标体系。社会指标体系是以人们物质文化生活为中心,反映社会状况的指标体系,如人口统计的指标体系。科学技术指标体系是反映科学技术发展水平及变化等情况的指标体系,如开展科学技术活动的人、材、物条件,科研成果数量及质量等指标体系。

(3)按指标体系作用不同,可分为基本统计指标体系和专题指标体系两类。基本统计指标体系是指反映社会经济基本情况的主要指标所构成的指标体系,如我国国民经济核算基本框架形成的指标体系。专题指标体系是指反映某方面社会经济问题的指标体系,如能源指标体系、运输指标体系、教育指标体系,等等。

3. 建立指标体系的基本原则。建立符合研究目的和要求的统计指标体系是统计活动十分重要的一环。根据实际的工作经验,建立统计指标体系的基本原则,可以概括为以下几条。

(1)科学性原则。统计指标体系的设计既要有科学的理论指导,又要符合客观对象实际。

(2)目的性原则。统计主要是为管理和科学研究服务的工具。统计指标体系要符合特定管理任务或科研课题的需要。

(3)联系性原则。统计指标的设计要从整体上全面考虑各指标之间的联系。要从口径、时间、空间和方法等方面通盘考虑大系统、分系统、子体系所构成的有机联系整体。

(4)统一性原则。统计指标体系的设计既要考虑内部联系,又要考虑外部联系。外部联系主要指统计指标体系在计划、统计、会计和业务核算上要统一。

(5)可比性原则。设计统计指标体系要考虑各地区、各部门、各时期和国际间对比的要求。统计指标体系要保持一定的稳定性,重要指标的更换要采用逐渐代替的方法,不宜断然变更,要注意与旧有资料的衔接。

第三节　统计学的应用

一、统计学的作用

统计学是一门关于大量数据资料如何进行收集、整理和分析的科学,其目的是探索数据内在数量规律性。统计学作为一门方法论的科学,它不直接阐明社会现象或自然现象的内在规律与内在联系,而是为研究现象内在规律提供指导原则和方式、方法,它是认识内在规律的手段。统计是认识社会最有力的武器之一,这个基本性质决定了统计方法在社会实践中的重要作用,主要表现在以下几个方面。

(一)统计在管理工作中的作用

追本溯源,统计乃是基于国家管理的需要而产生的。随着社会的发展,统计在现代化科学管理中更是成为一种极为重要的管理手段。这是因为,管理工作的日益科学化,无论是宏观管理还是微观管理,都必须建立在现实基础之上,根据现实情况和内部、外部各方面条件及其发展变化,才能作出正确的决定和管理措施,求得最佳效益,在这一过程中,统计提供的资料是不可缺少的一种依据。同时,统计方法对政府部门在政策的形成和评估上非常重要。比如,政府机关收集的大部分数据,都用于帮助制定针对各种问题的政策:为决定税收政策,必须知道现行的税法如何影响各种收入水平的人们,并需要预测出税法变化后的影响;为使社会福利计划能够成功,必须知道对这种计划产生需要的社会条件及这种计划如何影响与之息息相关的人们;当要推行一项农业补贴计划时,也必须事先知道当前农业产量的情况,并须预期此计划对农业产量的影响。

(二)统计在科学研究中的作用

统计方法的应用领域不断扩展,几乎所有科学研究都离不开统计方法。因为不论是自然科学、工程技术、农学、医学、军事科学还是社会科学都离不开数据,要掌握和分析大量有关事实和信息就必然要用到统计方法。由于客观现象千差万别,它们相互联系、相互制约的关系异常复杂,更加需要以大量的实际资料和信息为依据。这些资料和信息的获得,除了利用有关方面发布的资料外,研究人员还必须熟练掌握统计这一有力武器,运用统计手段去调查搜集有关数据和它们的数量关系,经过分析研究,得出立论有据、有说服力的科学研究成果。简言之,提供所需数字信息,并利用统计方法分析涉及的数量关系及其发展变化,是统计在科学领域的主要作用。比如,科学家如何评价新理论的有效性? 医学人员应该怎样设计实验来测定新药的疗效? 军事指挥官如何决定对选定目标轰炸的次数? 社会学家如何预测未来任一时间世界人口数量? 人们如何区分数千里外发生的一次核爆炸和一次小地震? 经济学家怎样确定物价指数的变化是长期趋势、季节波动还是随机波动? 企业如何通过市场调研来确定新产品的开发与推广? 什么东西引起父母与孩子之间的相像,并且那种力量有多强? 盖洛普民意测验怎么能够使用仅仅几千人的样本预测选举结果? 这些都是困难的问题,在分析它们的过程中统计方法有相当大的帮助。

(三)统计在信息交流上的作用

21 世纪是知识经济的时代,而它是一种以高新技术产业和信息产业为支柱,以知识和信息等无形资产投入为主,实现经济增值的一种新的经济形态。因此,现代社会是一个信息时代的社会,全球的信息生产力正以前所未有的力量改变着整个人类社会。信息可以说是与人类的生存和发展息息相关的,小至个人,大至国家时刻都离不开信息的交流。开展国际交流是现代国家工作的一个重要方面。国际交流的内容是多方面的,其中信息交流占有重要地位。国际间有关政治、经济、文化教育、科学技术等统计资料的交流,对发展对外合作,进行国际对比等是十分重要的。而统计是提供信息的主渠道,我们可以利用科学的统计方法,搜集经济、科技、社会等各方面的信息,并通过对原始数据的汇总、整理分析而形成社会各方面所需要的信息。统计信息与其他信息相比,不仅仅是一种原始的信息,而且是再生的信息,不仅包罗了客观现象的各个方面,而且进行了整理、分类和汇总,是具有综合性、系统性、科学性的信息。不断发展的人类社会对统计信息的需求越来越强烈,统计信息在国民经济和社会发展中也起着越来越重要的作用。

二、统计学的应用

统计学作为一门方法论的科学,是一种定量认识问题的工具,但这种工具只有与一些实质性的科学相结合,才能够发挥出其强大的数量分析功效。所谓实质性的科学,是指以社会现象和自然现象的内在联系和规律作为自己的研究对象,如经济学、社会学、化学、物理学、生物学、天文学等都属于实质性的科学。而哲学、数学等属于方法论科学,它们是以如何认识社会现象和自然现象的内在联系和规律作为自己的研究对象的。从统计学的产生和发展来看,统计学最初是作为一门实质性科学建立起来的,它是从数量上研究具体的社会经济现象和自然现象发展规律的,即研究社会现象与自然现象中的数量特征和数量关系。如威廉·配第的《政治算术》和约翰·格朗特的《对死亡表的自然观察和政治观察》等,是对社会经济现象或人口现象的内在规律进行研究。随着统计学研究范围的不断扩大和统计方法在各个领域的有效应用,使得统计学的研究对象也发生了变化,统计学逐渐从实质性科学中分离出来成为了方法论科学。

（一）统计学与实质性科学的结合应用

当然,我们必须认识到统计学的发展与实质性科学之间的关系是密不可分的。从统计方法的形成历史看,现代统计方法基本上来自于一些实质性的学科的研究活动。如 C. F. Gauss 的最小平方法与正态分布理论源于天文观察误差分析,K. Pearson 的相关与回归源于生物学研究,主成分分析和因子分析源于教育学与心理学的研究。此外,统计学与各门实质性学科的紧密结合,不仅是历史的传统,更是统计学发展的必然模式。统计方法的使用取决于所研究具体对象的性质,不同领域现象的内在联系和规律是不同的,就要使用不同的统计方法;同时,对于统计研究结果的解释要依据所研究的实质性科学的理论。所以一方面,实质性学科为统计学的应用提供了基地,为统计学的发展提供了契机;另一方面,统计研究的成果又会使人们对实质性科学又有了新的认识,促进了实质性科学的不断发展和完善。

随着统计学被广泛地应用到社会科学和自然科学的各个领域当中,统计学也逐渐发展成为若干个分支学科组成的学科体系。根据统计学研究的侧重点不同,可将统计学分为理论统计学和应用统计学。理论统计学是指统计学的数学原理,是抽象地研究统计学的一般理论和方法,它又可以按照研究方法的不同分为描述统计学和推断统计学。描述统计学是研究如何取得所研究现象的数据,它包括对客观现象的度量,调查方案的设计,及时、快速、经济地收集数据,整理数据,并通过统计图或统计表的形式对所搜集的数据进行加工和整理,进而利用一些综合性的指标来描述所研究现象的数量关系和数量特征。推断统计学是研究如何根据样本数据去推断总体数量特征的方法,它是在对样本数据进行描述的基础上,对统计总体的未知数量特征或未知的总体分布形式做出具有一定把握程度的推断。我们知道统计研究过程的起点是数据,终点是探索到客观事物总体内在的数量规律性。要达到统计研究的目的,如果我们收集到的是总体数据,则经过描述统计之后就可以达到探索内在数量规律性的目的了;但如果我们所获得的数据只是研究总体的一部分数据,要探索到总体的数量规律性,必须应用概率论的理论并根据样本整理出的信息对总体做出科学的推断。显然,描述统计是整个统计学的基础和统计研究工作的起点,它为统计研究工作收集可靠的数据和有效的样本信息。而推断统计是现代统计学的核心和统计研究工作的关键环节,因为统计最终能否科学准确地探索到总体内在的数量规律性与选用何种统计量,选用什么推断方法,如何进行推断有着直接的联系。

应用统计学是将理论统计学的基本原理应用于各个实质性科学领域,用于探索各个领域内在数量关系和数量规律所形成的。统计方法与相应的实质性科学相结合,产生了相应的统计学分支,如统计方法在社会学中的应用形成了社会统计学;统计方法在经济学领域中的应用形成了经济统计学;统计方法在人口学中的应用形成了人口统计学;统计方法在教育学中的应用形成了教育统计学;统计方法在生物学中的应用形成了生物统计学;统计方法在医学中的应用形成了医学统计学;统计方法在物理学中的应用形成了物理统计学,等等。以上这些应用统计学的不同分支所应用的基本方法都是一样的,即描述统计和推断统计的主要方法。但由于各应用领域都有其特殊性,统计方法在应用中就具有了不同的特点。例如在经济应用中要测量和探索物价变动的数量规律性,就比率和平均数的基础上形成了物价指数法;又如正态分布在教育学中得到广泛应用,在教育测量和分数转化问题研究中得到了发展。

在统计学的发展过程中,虽然由于研究的侧重点不同产生了理论统计学和应用统计学,但二者不是互相割裂的,而是相互促进、共同发展的。理论统计学的研究成果为应用统计学提供了数量分析的方法,而应用统计学对理论统计方法的使用反过来又促进了理论统计学的发展。

(二)统计学与计算机科学的结合应用

计算机和计算机软件的应用加速了统计的效率。纵观统计数据处理手段的发展历史,经历了手工、机械、机电、电子等数个阶段,数据处理手段的每一次飞跃,都给统计实践带来革命性的发展。上个世纪40年代第一台电子计算机的诞生,给统计学方法的广泛应用创造了条件。比如,上个世纪20年代发展起来的多元统计方法虽然对于处理多变量的种类数据问题具有很大的优越性,但由于计算工作量大,使得这些有效的统计分析方法一开始并没有能够在实践中很好推广开来。而电子计算机技术的诞生与发展,使得复杂的数据处理工作变得非常容易,那些计算繁杂的统计方法的推广与应用,由于相应统计软件的开发与商品化而变得更加方便与迅速,非统计专业的理论工作者可以直接凭借商品化的统计分析软件,如SPSS、SAS、MINTAB、STATISTICA等,来处理各类现实问题的多变量数据分析,而无需对有关统计方法的复杂理论背景进行研究。目前企业经营管理中建立的决策支持系统(DSS)更加离不开统计模型。最近国内兴起的数据挖掘(Data Mining,又译"数据淘金")技术更是计算机专家与统计学家共同关注的领域。随着计算机应用的越来越广泛,每年都要积累大量的数据,大量信息给人们带来方便的同时也带来了一系列问题:信息过量,难以消化,信息真假难以辨识,信息安全难以保证,信息形式不一致,难以统一处理。于是人们开始考虑"如何才能不被信息淹没,而是从中及时发现有用的知识、提高信息利用率?"面对这一挑战,数据挖掘和知识发现(DMKD)技术应运而生,并显示出强大的生命力。数据挖掘(Data Mining)就是从大量的、不完全的、有噪声的、模糊的、随机的实际应用数据中,提取隐含在其中的,人们事先不知道的,但又是潜在有用的信息和知识的过程。数据挖掘是一门交叉学科,它把人们对数据的应用从低层次的简单查询,提升到从数据中挖掘知识,提供决策支持。在这种需求索引下,汇聚了不同领域的研究者,尤其是数据库技术、人工智能技术、统计、可视化技术、并行计算等方面的学者和工程技术人员,投身到数据挖掘这一新兴的研究领域。据国外专家预测,在今后的 5～10 年内,随着数据量的日益积累以及计算机的广泛应用,数据挖掘将在中国形成一个产业。虽然统计学家与计算机专家关心 Data Mining 的视角不完全相同,但 Data Mining 使统计方法与计算机技术的结合达到了一个更高的层次。

(三)统计学与其他方法论学科的结合应用

在整个方法论科学体系中,并不是只有统计学是一门定量研究的方法论学科。有不少新兴学科都在研究一些定量分析方法,这些方法与统计学具有类似的研究对象与特点,完全有可能被应用到统计学的研究之中。因此统计学方法与其他定量方法论科学之间的相互借鉴与融合,也是现代统计学科发展的一个十分重要的趋势。例如:模糊数学、灰色系统理论、可拓学(物元分析)、神经网络理论、系统动力学等,都涉及到有关数量分析理论,都可应用于统计分析。

模糊数学与统计学的结合,产生了模糊统计。人们可以凭借模糊思想,对品质标志进行数量化,从而更加便于构造统计指标,可以将模糊综合评判与模糊识别方法应用于统计综合评价,可以将模糊数学与多元统计分析方法相结合,产生模糊多元统计,如模糊判别、模糊聚类、模糊多元回归统计分析。

灰色系统理论与统计学的结合,产生了灰色统计思想。灰色系统方法既可应用于多指标综合评价,如通过划分灰类,建立白化函数的方法进行多指标综合评价,或通过关联分析,计算灰关联系数与灰关联度,进行排序与分类评价,也可以通过专门的数据生成技术建立灰色预测模型,对时间数列的趋势与转折点进行预测。

可拓学中的可拓决策与识别与统计学中的判别分析也存在一些可相互借鉴的方面。特别是关于质度函数与可拓变换理论,都有可能应用于统计指标的计算,目前也有文献在这方面取得了一定的成绩。神经网络方法被广泛应用于统计预测与多指标统计综合评价。此外,管理决策科学中的一些定量分析方法也被广泛引入到统计之中,如层次分析法(AHP)及其延伸发展理论"网络分析法"(ANP)、数据包络分析法(DEA法)等,都可以引入到统计分析之中。

现代统计方法与其他方法论科学之间的相互引用,必然会促使统计方法更加丰富,促使统计方法的应用更加广泛,为统计学的发展开拓更广阔的道路。

三、统计研究的一般程序

统计学不仅有自己的研究方法,而且在长期经验的基础上制订了一套完整的研究工作程序,这就是统计设计、统计调查、统计整理和统计分析。统计研究的每一个阶段,既有一定的独立性,又是相互紧密联系着的,从而组成了一个完整的合乎逻辑的认识过程。

统计设计是统计研究的第一个阶段,主要是根据统计研究的目的要求,对统计工作各方面和各环节进行通盘的考虑和安排。统计设计的结果表现为各种标准、规定、制度、方案和办法,如统计分类标准、目录、统计指标体系、统计报表制度、统计调查方案、普查办法、统计整理或汇总方案,等等。统计设计的最关键任务是通过对客观现象质的认识来确定对象的范围和反映这一对象范围的指标和指标体系。通过统计设计,一方面确定统计研究的范围以及统计指标和指标体系,另一方面又把统计工作的各个方面和环节有机结合起来,构成对统计总体的定性认识和定量认识的连接点。

统计设计在统计研究过程中具有决定性的作用。"凡事预则立,不预则废。"我们办任何事情之前,必须调查研究,摸清情况,深思熟虑,有科学的预见和周密的计划,才能达到预期的成功。统计研究过程是一项要求高度集中统一和科学性很强的工作,无论是统计总体范围、统计指标的口径和计算方法,还是统计分类和分组的标准,都必须统一,绝不允许各行其是。因此,只有事先进行设计,才能做到统一认识、统一步骤、统一行动,使整个统计研究过程有秩序地、协调地进行,保证统计研究的质量。

统计调查是统计研究的第二个阶段,它是根据统计研究的目的要求,运用科学的方法,有计划、有组织地搜集反映事物现状及其发展规律的统计原始资料的过程。它是统计研究工作对客观现象进行认识的基础性阶段,在整个统计过程中,担负着提供原始资料的任务。所有的统计整理和统计分析工作,都必须以统计调查阶段所提供的原始资料为基础。因此,统计调查所搜集的资料是否客观、周密、系统,直接关系到统计整理的好坏,关系到统计分析结论是否正确,决定统计研究结果的质量。

统计整理是统计研究的第三个阶段,它是根据统计研究目的,将统计调查所取得的大量个别的原始资料进行科学的加工、整理、汇总,或者对已经加工过的次级资料进行再加工,为统计分析准备系统化、条理化的综合资料的全过程,是统计调查的继续和统计分析的前提。在整个统计研究过程中,统计整理是一个中间阶段,统计整理所取得的资料在一定程度上能够反映现象总体的基本数量特征。通过统计整理,可以使我们对客观现象的认识,由个体认识过渡到总体认识,由感性认识上升到理性认识。因此,统计整理可以说是统计调查的必然继续,又是统计分析的必要前提。

统计分析是统计研究的最后一个阶段,它是根据研究的目的和统计设计的要求,运用各种统计分析方法,对搜集和整理的统计资料加以综合分析,来揭示客观现象发展变化的趋势和规律性。它是统计研究过程中的决定性阶段。

综上所述,整个统计研究过程是以统计设计为起点(定性认识阶段),经过统计调查和统计整理(定量认识阶段),最后通过统计分析而达到对于事物本质和规律的认识(更高层次的定性认识阶段)。这种质—量—质的认识过程是统计认识的一个重要特点。同时,这四个阶段是相互联系、相互制约的整体,任何一个阶段的工作失误,都会影响整个研究过程的顺利进行。为了保证从整体上取得良好效果,有时因工作需要,在某些情况下,各阶段工作要相互渗透、交叉进行。例如,有时根据需要,为了保证质量,边设计、边调查、边整理、边分析;有时,在调查、整理阶段进行一些必要的分析,或者改进设计;有时,因为在统计分析中已有资料不能满足需要,需要做一些必要的补充调查、加工整理和计算工作,补充、改进设计方案,等等。

本章小结

1. 统计学是一门关于大量数据资料如何进行搜集、整理和分析的方法论科学。统计学与统计工作的关系是理论与实践的关系。

2. 统计学的研究对象是关于搜集、整理、分析和提供大量现象总体数量方面的原理、原则和方式、方法。这里的方法论包括指导统计工作活动的原理、原则,统计过程所应用的核算和分析的方法以及组织方法。

3. 统计学研究对象的特点是:在质与量的辩证统一中来研究现象的数量关系,从随机性中寻找规律性。

4. 统计学的研究方法主要有大量观察法、统计分组法、综合指标法、统计推断法和统计模型法。

5. 统计学的几个基本范畴:

(1)总体:根据统计任务的要求,由客观存在的,具有某种共同性质的许多个别事物构成的集合体称做统计总体,简称总体。

(2)样本:就是从总体中抽取的部分单位所构成的集合。

(3)标志:也称为标识,是说明总体单位的属性或特征的名称。

(4)变量:可变的数量标志和所有的统计指标称为变量。

(5)统计指标:是反映统计总体数量特征的概念和数值。

(6)统计指标体系:是根据统计任务的需要,能够全面反映统计对象数量特征和数量关系,互相联系的一套指标。

6. 统计指标与标志的区别和联系

区别:

(1)说明对象不同,指标说明总体数量特征,而标志说明总体单位的属性和特征。

(2)表现形式不同。指标都只能用数字来表示的,而标志有数字表现和文字表示两种表现形式。

联系:

(1)统计指标值由总体单位的数量标志值直接汇总而来的。

(2)指标和数量标志之间随着研究目的不同,存在着转换关系。

7. 根据统计学研究的侧重点不同,可将统计学分为理论统计学和应用统计学。理论统计学又可按研究方法的不同分为描述统计学和推断统计学。

8. 统计研究的一般程序是:统计设计、统计调查、统计整理和统计分析。

思考与练习

1. 何谓统计学?统计学的研究对象是什么?统计学的研究对象有什么特点?

2. 统计研究的基本方法有哪些?为什么要采用大量观察法?

3. 统计学的作用是什么?

4. 什么是统计总体和总体单位?总体与单位的概念是不是一成不变?以一实例说明总体与单位的概念的相对性。

5. 什么是统计指标?统计指标和标志有什么联系与区别?

6. 品质标志与数量标志有什么区别?

7. 什么是统计指标体系?设计统计指标体系的基本原则有哪些?

8. 统计研究的一般程序是怎样的?

第二章　数据的搜集与整理

　　本章内容主要包括两个部分,即统计数据的搜集与统计数据的整理。统计数据是我们运用统计分析方法进行统计分析的基础,离开了统计数据,统计方法就成了"无米之炊",失去了用武之地。那么什么是统计数据? 怎样得到我们需要的统计数据呢? 这就是本章所要介绍的主要内容,其中包括统计数据的概念、计量尺度及数据的种类、数据的调查方式与方法、统计调查方案、问卷设计、统计数据的分组、频数分布及统计数据的显示等内容。

第一节　数据概述

一、数据及其计量尺度

(一)数据的概念

　　数据是统计数据的简称,它是把客观现象的某些属性和特征规范后的一种表现形式,是对客观现象进行计量的结果。数据既能够被识别,也可以被描述。

　　从上可知,数据不仅仅反映客观现象的量的方面,也包含着其质的内涵。辩证唯物主义告诉我们,无论自然现象还是社会现象都存在质与量两个方面,统计研究正是在质与量的辩证统一中通过对客观现象的数量方面的研究来达到揭示客观现象的本质特征、相互联系、变动规律和发展趋势的目的。

　　数据的特征体现在两个方面:其一是数据的可描述性,即数据的内容是客观现象的特性的反映和描述,任何数据都可以通过科学计量之后被描述和反映出来,统计正是通过这种对客观现象数据的描述来反映其属性或特征;其二是数据的可存储性。事实上,数据是以某种媒体作为载体而被存储的,统计数据被正式分布之后,在为各种媒体广泛使用的同时,也被媒体存储起来。

(二)数据的计量尺度

　　在搜集统计数据之前,我们需要对客观现象进行计量或测度,这就涉及到计量尺度的问题。有些现象只能对其属性进行分类,比如人口的性别、职业,产品的型号和质量等级等;有些则可以用比较精确的数字加以计量,比如人口的年龄和身高,产品的重量及价值等。根据计量学的一般分类方法,按照对客观现象计量的精确程度,可将被采用的计量尺度由低级到高级、由粗略到精确分为四个层次,即定类尺度、定序尺度、定距尺度和定比尺度。

1. 定类尺度。又称类别尺度或列名尺度,是最粗略、计量层次最低的计量尺度。这种计量尺度只能按照客观现象的某种属性对其进行平行的分类或分组。比如,人口按性别分为男、女两组,企业按经济性质分为国有、非国有两类等。定类尺度只能区分客观现象是同类或不同类,因此,它具有 = 或 ≠ 的数学特性。为了便于统计处理,特别是便于计算机识别,可以对定类尺度所区分的不同类别用不同的代码来表示。比如用 1 代表男性、用 0 代表女性;用 1 代表国有企业,用 2 代表非国有企业等。这些数字只是给不同类别的一个代码,并不意味着这些数字可以区分大小或进行任何数学运算。

在使用定类尺度对客观现象进行分类时,必须符合穷尽和互斥的要求。类别穷尽是指在所作的全部分类中,必须保证每一个个体都能够属于某一类别,不能有遗漏;类别互斥是指每一个个体只能归属于某一类别,而不能在其他类别中重复出现。比如,按照自然二分法,一个人要么是男性,要么是女性,总会有所归属,而且只能归属于其中的一个类别。定类尺度是对客观现象最基本的测度,是其他计量尺度的基础。

2. 定序尺度。又称为顺序尺度,是对客观现象之间等级差别或顺序差别的一种测度,定序尺度不仅可以将现象划分成不同的类别,而且可以确定这些类别的优劣或顺序。例如产品按质量等级可以分为一等品、二等品、三等品等,学生的考试成绩可以分为优、良、中、合格、不合格等。很显然,定序尺度比定类尺度精确些,但它也只是测度了类别之间的顺序,而未测量出类别之间的精确差值,因此该尺度只有 > 或 < 的数学特性,当然,也包括了定类尺度的特性,其计量结果不仅可以对客观现象进行分门别类,而且还可以比较其优劣或顺序,但不能进行加、减、乘、除等数学运算。

3. 定距尺度。也称间隔尺度,它不仅能将客观现象区分为不同类型并进行排序,而且可以准确地指出类别之间的差距是多少。定距尺度是对客观现象的类别或次序之间间距的测度,它通常使用自然或度量衡单位作为计量单位,因此,定距尺度的计量结果表现为数值在用定距尺度进行计量时,只要给出一个度量单位,就可以准确地指出两个计数之间的差值,如学生的考试成绩 80 分与 90 分之间的差值是 10 分;甲城市气温20℃,乙城市气温25℃,两城市气温相差 5℃ 等。既然能确定类别之间的差距,当然也就能比较顺序(甲城市气温低于乙城市)和比较异同(甲、乙两城市气温不同)。由于定距尺度的计量结果表现为数值,并可以计算差值,因而它不仅具有定类尺度和定序尺度的特性,其特性还包括可以进行加、减数学运算。

4. 定比尺度。也称比率尺度,它与定距尺度属于同一层次,一般可不做区分,其计量结果也表示为数值。定比尺度除了具有上述三种计量尺度的全部特性外,还具有一个特性,那就是可以计算两个测度值之间的比值,这就要求定比尺度中必须有一个绝对固定的"零点",这也是它与定距尺度的惟一差别。也就是说,定距尺度中没有绝对零点,其计量值可以为0;定比尺度中有绝对零点,其计量值不可以为0。因此,采用定比尺度计量的结果通常不会出现0值。定距尺度只能进行加、减运算,定比尺度则可以进行加、减、乘、除的运算。

上述四种计量尺度对客观现象的测量层次是由低级到高级、由粗略到精确逐步递进的,高层次的计量尺度具有低层次计量尺度的全部特性,我们可以很容易地将高层次的计量尺度的测量结果转化为低层次的计量尺度的测量结果,比如将学生的考试成绩的百分制转化为五等分制。

在统计分析中,一般要求计量尺度的层次越高越好,因为高层次的计量尺度包含更多的数学特性,所运用的统计方法越多,分析时也越方便。

二、数据的类型

(一)数据的类型

统计数据是采用计量尺度对客观现象进行计量的结果,采用不同的计量尺度,会得到不同类型的统计数据。按照上述四种计量尺度计量的结果来看,统计数据可分为以下四种类型:

1. 定类数据。其结果表现为类别,但不能区分顺序,是由定类尺度计量形成的。

2. 定序数据。其结果表现为类别,但可以区分顺序,是由定序尺度计量形成的。

3. 定距数据。其结果表现为数值,可进行加、减数学运算,是由定距尺度计量形成的。

4. 定比数据。其结果表现为数值,可进行加、减、乘、除数学运算,是由定比尺度计量形成的。

前两类数据说明的是客观现象的品质特征,不能用数值表示,其结果均表现为类别,也称为定型数据或品质数据;后两类数据说明的是客观现象的数量特征,能够用数值来表示,因而也称为定量数据或数量数据。因为定距尺度与定比尺度属于同一测量层次,所以可以把后两种数据看做是同一类数据,统称为定量数据或数值型数据。

（二）变量及其类型

在统计中,把说明现象某种特征的概念称为变量,把变量的具体表现称为变量值。统计数据就是统计变量的具体表现即变量值。变量可以分为以下几种类型。

1. 定类变量。如果变量由定类数据来记录就将这类变量称为定类变量。例如性别就是一个定类变量,其变量值表现为男或女;经济类型也是一个定类变量,其变量值表现为国有经济、非国有经济。

2. 定序变量。如果变量由定序数据来记录就将这类变量称为定序变量,例如产品质量等级就是一个定序变量,其变量值可以表现为一等品、二等品、三等品等;学生考试成绩也可以是一个定序变量,其变量值可以表现为优、良、中、合格、不合格等。

3. 数字变量。如果变量由数量数据来记录就把这类变量称为数字变量。例如,工业总产值、产品产量、商品销售额、年龄等都是数字变量,其变量值可以表现为不同的数值。数字变量根据其取值的不同,又可以分为离散型变量和连续型变量。离散型变量只能取有限个数值,而且其取值都是以整位数断开,可以一一列举,例如企业数、设备数、职工人数等就是离散型变量。连续型变量可以取无数多个值,其取值是连续不断的,而且不能一一列举,如年龄、温度、零件尺寸等都是连续变量。

在社会经济统计分析中,变量这一概念经常用到。不过,多数情况下所说的变量主要是指数字变量,大多数统计分析方法所处理的也都是数字变量,因此有时把数字变量简称为变量。

三、数据的质量要求

统计数据的质量是统计工作的生命,数据质量的好坏直接影响着统计分析结论的客观性与真实性。随着经济全球化进程的加快,社会各界对统计信息的需求越来越广泛,这也对统计数据的质量提出了更高的要求。

一般地说,统计数据的质量是指统计信息对社会需求的满足程度。根据我国目前的具体情况,可将数据的质量评价标准概括为以下六个方面:

1. 适用性。指搜集的统计信息是否有用、是否符合社会各界的需求。这就要求统计机构与社会各界保持密切联系,通过各种途径及时了解和掌握社会对统计信息的需求情况,以适应社会经济管理的需要。

2. 准确性。指最低的统计抽样误差或随机误差和最小的非抽样误差或偏差。统计误差越小,统计数据的准确性就越高。

3. 及时性。指在最短的时间内取得并公布统计数据,缩短统计调查的基准期与统计数据发布时间之间的间隔时间,不断提高统计数据的时效性。

4. 可比性。指同一项目的统计数据在时间上和空间上的可比程度。这就要求统计数据在时间上一致衔接,在地区之间可比。

5. 可衔接性。指不同统计项目之间,即同一统计机构内部不同统计调查项目之间、不同机构之间以及与国际组织之间统计数据的衔接程度。

6. 经济性。指在满足上述标准的前提下以最经济的方式取得数据,最大限度地降低取得统计数据的成本。

第二节　统计调查

一、统计调查的概念和种类

（一）统计调查的概念

统计调查即统计数据的搜集,它是根据统计任务的要求,运用科学的调查方法,有计划、有组织地向社会搜集统计数据的过程。

统计调查是统计工作的基础环节,它是计算统计指标、进行数据分析和统计预测等一系列统计活动的基础,是决定整个统计工作质量好坏的重要环节。

为了保证调查所搜集的统计数据的质量,使其正确地反映客观事物,要求统计调查必须达到准确性、及时性、系统性、完整性的基本要求。准确性是指统计数据必须符合实际情况,这是保证统计数据质量的首要前提,是统计调查最基本的要求。及时性就是时效性,即要求在统计调查方案确定的时间内,尽快搜集统计数据,因为如果统计数据搜集不及时,就会贻误统计整理、分析的时间,使统计数据失去其应有的作用。系统性是指搜集的统计数据有条理,合乎逻辑,便于汇总。完整性是指调查数据不重复、不遗漏,所列调查项目的数据搜集齐全。

（二）统计调查的种类

统计调查对象千差万别,统计研究任务多种多样,因此,在组织统计调查时,应根据不同的调查对象和调查目的,灵活采用不同的调查方法。根据不同的情况,统计调查可分为不同的种类。

1. 按调查对象包括的范围不同,分为全面调查和非全面调查

全面调查就是对调查对象范围内的全部单位无一例外都进行登记或观察。例如,要了解全国的人口数量,就要对全国所有人口都进行调查登记,这就是全面调查。普查、统计报表,都属于全面调查。这种调查方法能掌握所有调查单位的全面情况,但它需要耗费较多的人力、物力、财力,因而全面调查只适用于有限总体,调查内容应限于反映国情国力的重要的统计指标。非全面调查是对调查对象范围内的一部分单位进行登记或者观察。例如,为了解民营企业的经济效益状况以及经营管理中的新情况、新问题,就不必对全部民营企业一一调查,只选择部分民营企业就可以。这种调查方法所涉及的调查单位少,可以用较少的人力、物力、财力和时间,调查较多的内容,搜集到较深入、细致的统计数据。由于它未包括全面资料,因此常常需要与全面调查结合起来运用。

2. 按调查登记的时间是否有连续性可分为经常性调查和一次性调查

经常性调查就是按研究现象的不断变化,而连续不断地进行登记或观察,以反映其现象在一定时期内的全部发展过程。例如,要了解连续生产的工业产品的产量、质量、原材料消耗等方面的经常变动的数据,就要采用经常性调查,进行连续登记。一次性调查就是对被研究现象在某一时刻的状况进行一次性登记,以反映某社会经济现象在一定时点上的发展水平。例如,企业固定资产总额、生产设备数量等,一般在一定时期内变动不是很大,可采用一次性调查。

3. 按组织方式不同,可分为统计报表和专门调查

统计报表是按照统一的表式要求,自上而下地统一布置,自下而上地统一提供统计数据的一种统计调查方式。例如,为进行业务指导需要而颁发的工农业生产、财政、税务、金融、贸易等业务统计报表等。统计报表反映的是社会、经济、科技发展状况的基本指标,这些指标在一定时间内是相对稳定的,但客观形势总是不断发展和变化的,因此统计报表只是调查体系中的一种形式,而不是惟一的形式。专门调查是为研究某些专门问题,由进行调查的单位专门组织的调查。这种调查属于一次性调查,例如人口普查、第三产业普查等。实践证明,对经济发展状况多组织专门调查,可满足各级领导部门制定各项方针、政策的需要。因此,专门调查在我国统计调查中占有重要的地位。进行专门调查可以有很多种形式,诸如普查、抽样调查、重点调查、典型调查等。

4. 按搜集资料的方法不同,可分为直接观察法、采访法、报告法、问卷调查法、卫星遥感法

直接观察法是指调查人员亲自到现场对调查单位的调查项目直接清点、

测定、计量以取得数据的一种调查方法。如为了及时了解农作物产量而进行农产量抽样调查时，调查人员亲自参加样本抽选、实割实测、脱粒、晾晒、过秤、保管等。直接观察法取得的数据具有较高的准确性，但需要大量的人力、物力、财力和时间，因此，它的应用受到很大限制。

采访法是由调查人员向被调查者提问，根据被询问者的答复来搜集统计数据的一种调查方法，它又分为个别访问和开调查会两种形式。典型调查中，搜集数据多采用个别访问和开调查会等方法。

报告法是由报告单位根据一定的原始记录、统计台账，依据统计报表的格式、要求，按隶属关系，逐级向有关部门提供统计数据的一种调查方法。我国目前各企业、机关向上级填报统计报表，就是报告法。如果报告系统健全，原始记录和核算工作完整，采用报告法就可以取得较为准确的数据。

问卷调查法是为特定目的，以问卷提问形式发给被调查者，由被调查者自愿自由回答的一种搜集统计数据的方法，通常是在初步分析调查对象的基础上，从调查总体中随机地或有意识地选择若干调查单位，发出问卷，要求被调查者在规定时间内以不记名或记名方式反馈信息，经调查综合整理分析，以形成对调查对象总体的认识，这种方法多用于主观指标的调查，如果运用得当，可以真实地了解民情民意。

卫星遥感法是一种使用卫星高度分辨辐射计提供地面资料的方法，主要用于估计农作物产量，这种方法的覆盖面较广，使用这种方法估产的时间要选择恰当，同时卫星遥感资料要与地面其他资料相印证，以便作出综合分析。卫星遥感法应用得好，可达到投入少、速度快、准确度高的要求，我国运用这种方法估计北方冬小麦产量已有十多年，取得了一定成绩，今后将进一步完善。

二、统计调查方案

无论采用什么调查方法搜集统计数据，都要事先根据需要与可能，对被研究现象进行定性分析之后设计出调查方案，以便使统计调查工作有组织、有计划地进行。一份完整的统计调查方案，应包括以下基本内容：

（一）确定调查目的

统计调查总是围绕着一定的调查目的进行的，因此，制定调查方案的首要问题是明确调查的目的。目的不明确，就无法确定向谁调查，调查什么，怎样调查，整个调查工作就会陷入盲目混乱，造成人力、物力、财力的浪费。确定调查目的时，要把需要与可能结合起来，既要抓住实际工作中最重要、最迫切需要解决的问题，又要避免面面俱到，贪多求全，脱离实际。

（二）确定调查对象和调查单位

调查对象，就是在某项调查中需要进行调查研究的现象总体，它是由性质相同的许多个别单位组成的一个整体。确定调查对象，首先要根据调查目的，对研究现象进行认真分析，掌握其主要特征，科学地界定调查对象的涵义；其次，明确界定调查对象总体的范围，划清它与其他社会经济现象的界限。只有调查对象的涵义确切、界限清楚，才能避免登记的重复与遗漏，保证统计数据的准确性。调查单位就是在某项调查中登记其具体特征的单位，即调查项目的承担者。调查单位的确定取决于调查目的与调查对象。例如，在全国工业普查中，如果目的是了解工业企业的生产经营状况，调查单位就是每一个工业企业，这里就需要把工业企业与商业企业、运输企业等区别开来，然后明确工业企业的涵义。明确调查单位还需要把它和报告单位相区别。报告单位也称填报单位，它是负责向上报告调查内容，提交统计数据的单位，报告单位是一般行政上、经济上具有一定独立性的单位，而调查单位可以是人、物、或企事业单位。根据调查目的，调查单位与报告单位有时一致，有时不一致，如进行工业企业普查，工业企业是调查单位又是报告单位，而工业企业生产设备状况的普查，调查单位是工业企业每台生产设备，而报告单位则是每个工业企业。

（三）确定调查项目，设计调查表式

1. 确定调查项目。调查项目就是调查中要登记的调查单位的特征，这些特征在统计上又称标志。确定调查项目所要解决的问题是：向调查单位调查什么？在调查中确定哪些调查项目，应根据调查目的和调查单位的特点而定，要紧紧围绕调查目的，从现象之间的相互联系中，从现象的过去、现在、未来发展等方面出发，做周详的考虑。

2. 设计调查表式。调查表是把所要调查的标志按照一定的结构和顺序排列成的一个表格。调查表是调查方案的核心部分，它是容纳调查项目、搜集原始资料的基本工具，利用调查表进行调查，不仅能够条理清楚地填写搜集来的资料，还便于调查后对资料进行汇总整理。

（四）确定调查的时间、空间和方法

调查时间包括三个方面的涵义：首先是指调查资料所属的时间，如果调查的是时期现象，就要明确规定反映的调查对象是从何年何月何日起到何年何月何日止的资料，如果说所要调查的是时点现象，就要明确规定统一的标准时点；其次是调查工作进行的时间，即对调查单位的标志进行登记的时间；再次指调查期限即整个调查工作的时限，包括搜集资料和报送资料的整个工作所需要的时间。调查空间是指调查单位在什么地方接受调查，如人口普查要具体确定常住人口、现有人口等。调查方法包括调查的组织形式和搜集资料的具体方法，要根据具体情况进行正确的选择。

（五）制定调查工作的组织实施计划

为了保证统计调查工作顺利进行，在调查方案中还应该制定一个周密的组织实施计划，其主要内容包括：调查工作的领导机构和办事机构；调查人员的组织、调查资料的报送办法、程序；调查前的准备工作，包括宣传教育、干部培训、调查文件的准备，调查经费的预算和开支办法、调查方案的传达布置、试点及其他工作等。

三、统计调查的组织方式

随着社会主义市场经济体制的建立和发展，面对多种经济成分、多种经济类型、多种经营方式等复杂多样的调查对象，在经济结构复杂化和利益主体多元化的格局下，统计调查必须建立以周期性普查为基础，以经常性的抽样调查为主体，以必要的统计报表、重点调查和综合分析为补充的搜集、整理基本统计数据的统计调查方法体系。

（一）普查

1. 普查的概念。普查是专门组织的一次性的全面调查。它一般用于调查属于一定时点的社会经济现象的总量，如全国人口数、全部生产设备数、科技人员总数等，普查也可以用来反映一定时期的现象总量，如出生人口总数、死亡人口总数等。为了反映有关国情国力的基本情况，要分期分批进行普查，如我国于1978年进行了全国科学技术人员和基本建设项目普查，1993年进行了全国第三产业普查，2000年进行了全国第五次人口普查。

2. 普查的组织方式。普查的组织方式一般有两种：一种是通过专门组织的普查机构，配备一定数量的普查人员对调查单位进行直接登记；另一种是利用调查单位的原始记录和核算资料，颁发一定的调查表格，由调查单位进行如实填报。

有时为了满足国家的迫切需要，要进行一种特殊普查，这就是快速普查。快速普查比一般的普查方式的调查项目要少，调查范围要小，而且从布置任务到报送资料，要越过中间环节，由普查机构的最高层直接把任务布置到基层，由基层单位直接把资料报送到普查的最高组织机构，这样就突出了一个"快"字，而且要保证资料准确。

3. 普查的基本原则。普查要求有较高的准确性和时效性，因此，在具体组织普查时必须遵循以下几项基本原则。

（1）确定一个统一的调查时点，也称标准时间，使所有调查资料都必须反映这一时点上的状况。标准时间的选择，要根据研究对象的性质和具体条件来决定。

（2）普查应力求在最短期限内完成，以保证调查资料的时效性，避免发生重复或遗漏。

（3）普查项目要有统一的规定，不得随意改变或增减，影响汇总和综合，降低资料的准确性和可比性。

（4）普查应尽可能按周期进行，以便对统计数据进行动态分析，观察现象发展变化的情况及其规律性。

（二）抽样调查

抽样调查是按随机规则，从总体中抽选部分单位进行观察，并根据这部分单位的调查资料，从数量方面推断总体的一般数量特征的一种非全面调查。（有关抽样调查的理论和方法将在第五章详述）

（三）统计报表

统计报表是依照国家有关法规的规定，自上而下地统一布置，以一定的原始记录为依据，按照统一的表式、统一的指标项目、统一的报送时间和报送程序，自下而上地逐级定期搜集统计资料的一种调查方式。

1. 统计报表的特点

统计报表是我国统计调查体系中取得统计数据的一种重要的调查方式，其主要特点是：

（1）统计报表可以根据研究任务首先布置到基层填报单位，基层填报单位可以根据报表的要求，建立健全各种原始记录，从而使统计报表的资料来源建立在可靠的基础上，保证了统计资料的准确、及时、系统、完整。

（2）统计报表是逐级上报、汇总而得到的，各级领导部门都能取得管辖范围内的统计报表资料，可以经常了解本地区、本部门的经济和社会发展情况。

（3）统计报表属于经常性调查，内容相对稳定，有利于经常搜集和积累资料，可以系统地进行历史资料的对比，研究经济建设和社会发展变化的规律性。

2. 统计报表的种类

从不同的角度，可以对统计报表进行以下分类：

（1）按调查范围不同，统计报表分为全面调查的统计报表和非全面调查的统计报表。全面调查的统计报表范围包括了调查对象的全部单位，即属于调查对象范围内的全部单位均要填报。非全面调查的统计报表的范围只包括调查对象中的一部分单位。

（2）按报送周期不同，统计报表分为定期报表和年报。我国定期报表包括日报、旬报、月报、季报、半年报，统计报表报送的周期越短，花费的人力、物力、财力就越多。根据这种情况，凡年报或半年报能满足需要的就不用季报、月报，凡月报能够满足需要的，就不用旬报、日报。

（3）按报送方式不同，统计报表分为邮寄报表和电讯报表。电讯报表主要采用电报、电话、传真等形式，日报、旬报要求迅速上报，通常用电讯报表报送；月报、季报、半年报和年报，一般通过邮寄报表报送。

（4）按填报单位不同，统计报表分为基层报表和综合报表。基层报表主要由基层企业单位、事业单位填报；综合报表由主管部门根据基层报表逐级汇总填报。

（5）按实施范围不同，统计报表分为国家、部门和地方统计报表。国家统计报表是根据有关的国家统计调查项目和统计调查计划相应制定的统计报表，也叫国民经济基本统计报表，这些报表在全国范围内的各行业实施，主要用来搜集整个国民经济和社会发展情况的统计数据。部门统计报表是根据有关的部门统计调查项目和统计调查计划相应制定的统计报表，其实施范围限于各业务主管部门系统内部，一般用来搜集各级主管部门所需要的专门统计资料。地方统计报表是根据有关的地方统计调查项目和统计调查计划相应制定的统计报表，其实施范围是各省、市、自治区，主要用来满足地方专门需要。

（四）重点调查

重点调查是指在调查对象范围内，只选择一部分重点单位进行调查的一种非全面调查。这些单位可能数目不多，但就调查的标志值来说，却在总体标志总量中占有很大比重。调查这部分重点单位的情况，即可反映被研究现象的基本情况和基本趋势。例如，要及时了解全国原油生产的基本情况，只要调查占全国原油产量比重很大的大庆、大港、胜利油田等单位的油产量即可。重点调查由于调查单位少，因此比全面调查省时、省力。重点调查的重点单位的基本情况对全局工作有着举足轻重的影响，因此重点调查对于领导及时了解情况，掌握基本趋势，指导全局工作有重要的作用。

当统计调查任务只要掌握基本情况、基本趋势而调查对象中又具有明显的重点单位时，一般可采用重点调查。重点调查中重点单位的选择，应着眼于调查目的和调查单位本身的条件，一般来说，选出的单位应尽可能地少些，而其标志值在总体标志总量中所占比重应尽可能地大些。选中的单位，管理应比较齐全，统计力量比较充实，统计基础比较巩固，这样才能准确、及时地取得统计数据。

（五）典型调查

典型调查是根据调查目的与要求在对所研究总体作全面分析的基础上，有意识地从总体中选择具有代表性的典型单位进行调查的一种非全面调查，其特点是：

（1）调查单位是根据调查目的有意识地选择出来的少数具有代表性的典型单位，这样便于从典型入手，逐步扩大到认识事物的一般性和普遍性。

（2）典型调查单位少，调查方法可以机动灵活，省时、省力，提高调查效果。

（3）通过深入、细致的典型调查，既可以搜集有关的数据资料，又可以掌握具体、生动的情况，探索事物发展变化的规律性。

典型调查的关键是根据研究目的选择具有代表性的典型单位，通常可选先进典型、后进典型。通过典型调查所取得的调查资料，要认真分析研究，使其上升到理性认识，并写出调查报告。

四、统计调查误差及其防止

（一）统计调查误差的概念和种类

统计调查误差，就是统计调查所得到的统计数据与调查的统计总体的实际数据之间的差别。统计调查误差有两种：一种是登记性误差，一种是代表性误差。登记性误差又叫调查误差，它是由于在调查过程中各有关环节的失误造成的，主要有计量错误、记录错误、计算错误、抄录错误、汇总错误等。这种误差在全面调查和非全面调查中都会产生。代表性误差只在非全面调查中产生，因为非全面调查是从统计总体中抽出一部分单位进行观察，并用这部分单位的标志值来估计总体标志值，因而同总体的实际标志值会有一定的差别。代表性误差又分为两种：一种是偏差，这一般是由于从总体中抽选调查单位时没有按随机原则造成的。但在抽样调查中，即使严格按照随机原则抽取调查单位，也存在着另一种不可避免的代表性误差，即抽样误差。

（二）调查误差的防止

为了取得准确的统计数据，必须采取各种措施防止可能发生的统计调查误差，尽可能把调查误差减小到最低限度。

首先，要正确制定统计调查方案，详细了解指标涵义和计算方法，合理选择调查方法，使之切合调查对象的实际，使调查研究人员或填报人员能够明确执行。

其次,切实抓好统计调查方案的贯彻执行工作:(1)加强对统计工作人员的培养训练,使每个统计工作人员都能严格地执行统计制度和方法。(2)扎扎实实地做好统计基础工作,健全统计机构,配备必要的统计人员,建立健全原始记录、统计台账、分组核算等制度,使统计数据的来源准确可靠。(3)在统计调查工作中,加强对数据填报质量的检查与监督。

以上说的是防止登记性误差,关于代表性误差的防止,如果是抽样调查则应严格遵守随机原则并认真执行统计调查方案。

第三节　问卷设计

在采用一定的统计调查方法,尤其是问卷调查法搜集统计数据时,其调查项目和调查表通常表现为一张调查问卷,因此,问卷设计就成为统计调查前的一项重要的准备工作。问卷设计的好坏,在很大程度上决定着调查问卷的回收率、有效率的高低,甚至关系到统计数据调查工作的成败。调查问卷的设计是统计调查方案设计中的重要内容。

一、问卷设计步骤

设计问卷的目的是为了更好地搜集统计数据,而统计数据的搜集是通过统计调查工作来完成的,因此,在问卷设计过程中,首先要把握调查的目的与要求,同时力求使问卷取得被调查者的充分合作,保证提供准确有效的统计数据。具体来说,问卷设计可分为以下几个步骤:

第一步:根据调查目的,确定所需的统计数据,在此基础上进行问题的设计与选择。

第二步:确定问卷设计中的问题的顺序,一般简单、容易回答的问题放在问卷的前面,然后逐渐移向难度较大的问题。除此以外,一般将封闭性问题放在问卷的前面,而把开放性问题放在问卷的后面。问题的排列要有关联,合乎逻辑,便于填卷人合作并产生兴趣。

第三步:问卷的测试与修改。在问卷用于正式调查之前,先初选一些调查单位进行测试,根据发现的问题进行修改、补充和完善。

二、问卷的内容

问卷是用来搜集统计数据的一种工具,是调查者根据调查目的和要求所设计的由一系列问题、备选答案、说明以及码表所组成的一种调查形式,在结构上一般由开头部分、甄别部分、主体部分和背景部分组成。

1. 开头部分。一般包括问候语、填表说明和问卷编号等内容,是对调查目的、意义及填表要求等的说明,其文字必须简明易懂、能激发被调查者的兴趣。

2. 甄别部分。甄别也称过滤,通过这一过程,先对被调查者进行过滤,筛选掉不需要的部分,然后针对特定的被调查者进行调查。通过甄别或过滤,一方面可以筛选掉与调查事项有直接关系的人,以达到避嫌的目的,另一方面也可以确定哪些人是合格的被调查者。

3. 主体部分。这部分内容是问卷设计的主体,是统计调查所要搜集的主要数据信息,由一个个问题及相应的选择项目组成,通过主体部分的问题及被调查者的回答,调查者对所要搜集的统计数据和被调查者对某一特定客观现象的态度、意见、倾向以及行为有较充分的了解。

4. 背景部分。一般放在问卷的最后,主要是有关被调查者的一些背景资料。该部分所包含的各项问题,可使调查者根据背景资料对被调查者进行分类比较分析,同时表示对被调查者合作的感谢。

三、问卷设计技术

问卷设计是一项十分细致的工作,一份好的问卷应做到:内容简明扼要,统计信息包含齐全,问卷问题安排合理,合乎逻辑,通俗易懂,便于对数据的分析处理。具体来看,问卷设计时应注意:

1. 文字表达要准确,不应使填卷人有模糊认识。如调查商品消费情况,使用"您通常喜欢选购什么样的鞋?"就是用词不准确,因为"通常""什么样"的含义不同人有不同的理解,回答各异,不能取得准确信息,如改为具体的问题,"你外出旅游时会选购什么牌号的旅游鞋?",这样表达则很准确,不会产生歧义。

2. 问卷要避免使用引导性的语句。如设计问卷时,问"××牌号旅游鞋质优价廉,您是否准备选购?",这样的问题将容易使填卷人由引导得出肯定性的结论,或对问题反感,从而简单得出结论,这样,调查者搜集不到真实的统计数据和统计信息,最终问卷所得到的结论也缺乏客观性,结果可信度低。

3. 问卷问句的设计要有艺术性,避免对填卷人产生刺激而不能很好地合作,如下面两组问句:

A:您至今未买电脑的原因是

(a)买不起

（b）没有用

（c）不懂

（d）软件少

B：您至今未买电脑的原因是

（a）价格高

（b）用途较少

（c）性能不了解

（d）其他

显然 B 组问卷更有艺术性，能使被调查者愉快合作，而 A 组问卷较易引起填卷人反感、不愿合作或导致调查结果不准确。

4．问卷设计时要避免提不易回答的问题。这里主要有两种情况：一种是涉及人的心理、习惯、个人生活隐私而不愿回答的问题，即使将其列入问卷也不易得到真实的结果。遇到这种情况，如果实在回避不了，可列出档次区间，或用间接的方式提问，如调查个人收入，如果直接询问，不易得到准确结果，而划分不同的档次区间供其选择，效果就比较好；另一种是时间久，回忆不起来或回忆不准确的问题，尽量不要列入问卷。

第四节　统计分组

一、统计整理的意义和步骤

（一）统计整理的意义

统计整理即统计数据的整理，它是根据统计研究的目的，把统计调查所搜集的原始资料进行科学的加工，使之系统化、条理化、科学化，从而得出能够反映事物整体特征的数据资料的工作过程。

统计整理在整个统计工作中起着承前启后的作用，它既是统计调查的继续，又是统计分析的前提。统计整理的结果，能否如实地反映客观情况，决定着统计数据的科学价值，也直接影响统计分析的准确性和真实性。

（二）统计整理的步骤

统计整理工作是一项细致、科学性很强的工作，需要有组织、有计划地进行。一般来说，统计整理的基本步骤是：

1．设计和编制统计数据整理方案。在统计数据整理方案中，应确定对调查所搜集到的资料的哪些内容进行整理，确定如何进行统计分组，应采用哪些汇总指标以及统计数据如何显示等,这些内容可以体现在一系列整理或汇总表中。

2. 对原始资料进行审核。为了保证统计数据整理的质量,应对统计调查所取得的原始资料和有关数据进行审核,包括审核资料的准确性、及时性、系统性和完整性四个方面的内容。

资料的准确性是审核的重点,可以通过逻辑检查和计算检查两个方面对资料的准确性进行审核。逻辑检查主要审核原始资料的内容是否合理,有无相互矛盾或不符合实际的地方。计算检查是计算复核表中的各项数据有无差错,检查各项指标的计算方法是否恰当,计量单位是否正确,有关指标间的平衡关系是否得到保持等。资料的及时性的审核,主要是检查资料是否符合调查方案规定的时间,资料的报送是否及时等。审核资料的系统性、完整性,是要检查统计资料是否系统周密,合乎逻辑;是否齐全,调查单位是否有重复和遗漏。

3. 对原始资料进行统计分组与统计汇总。按照一定的组织形式和方法,对原始资料进行统计分组和统计汇总,计算出各组的单位数和合计总数,计算出各组指标和综合指标的数值。统计分组和统计汇总是统计整理的核心内容。

4. 编制统计表和绘制统计图。将统计整理的结果编制成统计表或绘制成统计图,也就是将统计数据用一定的形式显示出来,从而简单扼要地表达现象的数量特征。

二、统计分组的概念和作用

(一)统计分组的概念

统计分组是根据所研究事物的特点和统计研究的目的,按照某一标志将统计总体划分为若干个组成部分的一种统计方法,总体的这些组成部分称为"组"。通过统计分组,使同一组内的单位性质相同,不同组的单位性质相异。例如,在工业企业这个总体中,我们可以按照企业的生产规模将工业企业划分为大型企业、中型企业和小型企业三个组。每一组内各企业生产规模相近,组与组之间的企业的生产规模差异较大。由此可见,统计分组实质上是在统计总体内部进行的一项定性分类。

(二)统计分组的作用

统计分组法是统计研究的基本方法之一,在统计研究中有着十分重要的作用,贯穿于统计研究的全过程。具体来说,统计分组的作用如下:

1. 区分现象质的差别。统计分组的根本作用就是在于区分现象质的差别,统计分组的过程就是区别事物性质的过程。例如,我国根据社会生产活动历史发展的顺序将国民经济产业结构划分为三个不同的部分:第一产业,指产品直接取自自然界的部门,它包括农业(含种植业、林业、牧业、渔业);第二产业,指对初级产品进行加工和再加工的部门,它包括工业(含采掘工业,制造业,自来水、电力、蒸汽、热水、煤气)和建筑业;第三产业,指为生产和消费提供各种服务的部门,即除第一产业、第二产业外的其他部门,它包括流通部门和服务部门。通过统计分组之后,第一、第二、第三产业之间的质的差别就很清楚地显示出来了。

2. 反映现象总体的内部结构。统计总体经过分组后,被划分为若干个性质不同的组成部分,计算各个组成部分的总量在总体总量中所占的比重,可以分析和研究总体内部各组成部分的性质、结构和比例关系,从而认识现象的发展过程和发展规律。例如,1994~1999 年我国按三次产业分类的从业人员构成变化情况,如表 2-1 所示。

表 2-1　我国按三次产业分类的从业人员构成情况　　　　　单位:%

产业＼年份	1994	1995	1996	1997	1998	1999
第一产业	54.3	52.2	50.5	49.9	49.8	50.1
第二产业	22.7	23.0	23.5	23.7	23.5	23.0
第三产业	23.0	24.8	26.0	26.4	26.7	26.9
合计	100.00	100.00	100.0	100.0	100.00	100.00

资料来源:国家统计局.《中国统计年鉴(2000)》第 116 页,北京:中国统计出版社,2000 年

表 2-1 表明:1994~1999 年我国第一产业从业人员比重逐年下降,第二产业和第三产业从业人员比重逐步上升,且第三产业从业人员比重上升幅度最大,由 23% 上升到 26.9%,升幅达到 3.9%。

3. 分析现象之间的相互依存关系。任何现象都不是孤立存在的,现象之间是相互联系、相互依存、相互制约的,利用统计分组分析和研究现象之间的相互依存关系,有助于人们全面、深刻地认识事物。例如某市商品销售额与流通费用率的情况,如表 2-2 所示:

表 2 - 2　　商品销售额与流通费用率情况表

商店按商品销售额分组(万元)	流通费用率(%)
40 以下	9.81
40 ~ 80	7.90
80 ~ 120	7.32
120 ~ 160	7.00
160 ~ 200	6.80
200 ~ 240	6.71
240 ~ 280	6.66
280 ~ 320	6.60
320 ~ 360	6.56

通过表 2 - 2 可以分析商品销售额与流通费用率之间的依存关系,在一定条件下,随着商业企业商品销售额的增加,其流通费用率有下降的趋势。

三、统计分组的方法

统计分组的关键在于正确选择分组标志和划分各组界限。

进行统计分组,需要有分组的依据。确定分组依据,就是选择分组标志,它是分组时划分组别的标准。划分各组界限,就是要在分组标志的变异范围内,划分相邻各组间的性质界限与数量界限。

(一)正确选择分组标志

统计总体的各单位都有许多标志,选择不同的分组标志会得出不同的结果,标志选择不当,分组的结果就不能正确地反映总体的性质特征。因此,正确地选择分组标志,是科学分组的前提,也是统计数据整理的关键。正确选择分组标志应注意以下几点:

1. 根据统计研究的目的选择分组标志。应该选择什么标志作为分组标志,应该根据统计研究的目的而定。例如,某校在校学生这一总体中,每个在校学生是总体单位,学生有年龄、身高、性别、民族、学习成绩等许多标志,如果要分析该校学生的年龄结构,就要选择年龄作为分组标志;如果要反映学生的学习成绩情况,就要选择每门课程的平均成绩作为分组标志。可见,对于不同的研究目的,需要选择不同的分组标志。

2. 选择最能反映事物本质特征的标志进行分组。统计标志多种多样,有些标志是带有根本性的、主要的标志,能够反映事物的性质,而有的则是非本质的次要标志。例如,要研究企业经济效益的好坏,可供选择的标志很多,诸如总产值、增加值、销售收入、利税额、劳动生产率、单位产品成本等,然而更能综合反映企业经济效益好坏的则是利税额。因此,在进行统计分组时,要从研究目的出发,从若干标志中选择最能反映事物本质特征的主要标志进行分组。

3. 选择分组标志时,要考虑到现象发展的历史条件和经济条件。社会经济现象在不同的历史条件下,其性质特征也会不同,选择的分组标志就会不一样。例如,在分析旧中国人口状况时,阶级是反映人口本质特征的标志;现在研究我国的人口情况,则把职业作为分组标志才能正确地反映人口的状况。在不同经济条件下,分组标志的选择也是不一样的。例如,对于劳动密集型企业,应采用职工人数作为分组标志来反映企业生产规模的大小;对于技术密集型企业,反映企业生产规模大小就要选用固定资产价值或产值作为分组标志。

(二)按品质标志分组和按数量标志分组

1. 按品质标志分组。按品质标志分组就是选择反映事物属性差异的标志作为分组标志,并在品质标志的变异范围内划定各组界限,将统计总体划分为若干个性质不同的组成部分。例如,研究国民经济总体时,可以按经济类型、隶属关系、地区、国民经济部门等品质标志来进行分组。按品质标志分组时,有时分组界限比较明确,比较容易,有时却又较复杂。

在实际工作中,常常需要对所研究的现象进行复杂的品质分组。这种复杂的品质分组也称分类,如国民经济行业分类、产品分类、人口职业分类等,它们不仅涉及复杂的分组技术,而且也涉及国家政策和有关科学理论,因而在分组时要十分谨慎。为了保证各种分类的统一性和完整性,国家统计部门制定了统一的分类目录和分类标准。

2. 按数量标志分组。按数量标志分组选择反映事物数量差异的数量标志作为分组标志,并在数量标志变异范围内划定各组界限,如企业按职工人数分组,人口按年龄分组,工人按月工资额分组等。

与品质标志不同,数量标志具体表现为许多不等的变量值。这些变量值能准确地反映现象数量上的差异,却不能明确地反映现象本质上的区别。因此,在按数量标志进行统计分组时,应根据研究目的,首先确定总体在已选定的数量标志的特征下有多少种性质不同的组成部分,然后再研究确定各组成部分的数量界限,使分组的数量界限能够区分现象性质上的差别。关于按数量标志分组的具体问题,将在下一节阐述。

（三）简单分组和复合分组

统计分组按选择的分组标志的多少的不同可以分为简单分组与复合分组。简单分组是指对所研究的总体按一个标志进行分组，例如，工业企业按生产规模分为大型、中型、小型企业三个组，人口按性别分为男性、女性两组等。复合分组是指对所研究的总体按两个或两个以上的标志进行多层次的分组，例如，工业企业按经济类型分组后再按规模进行分组，人口按性别分组后，每组再按年龄分组等，采用复合分组能更深入地反映总体的内部结构，更细致地分析问题。但是随着分组标志的增加，组数将成倍增加。因此，不宜采用过多的标志进行复合分组。

第五节　频数分布

一、频数分布的概念

频数分布又称次数分布，它是指将总体中的所有单位按标志分组后，所形成的总体单位数在各组间的分布。分布在各组的总体单位数叫做频数或次数，各组频数与总频数之比叫做频率、比重或比率。频数分布实质上是反映统计总体中所有单位在各组间的分布状态和分布特征的一个数列，因此也可以称为频数分布数列，简称分布数列。例如，人口按性别分组后形成的人口数在各组分布情况的数列，学生按年龄分组后形成的学生人数在各组分布情况的数列等，都是频数分布数列。

频数分布数列主要由各组名称（或各组变量值）与各组单位数（频数）两部分组成，有时候也可把频率（比重）列入分布数列中，频数分布数列形成简单，但它是统计整理的重要表现形式，在统计研究中具有十分重要的意义。频数分布数列直观地表明了总体单位的分布特征和结构状况，在此基础上还可以进一步研究其构成、平均水平及其变动规律，它是进行统计分析的重要手段。

根据分组标志不同，频数分布数列可以分为品质分布数列和变量分布数列。按品质标志分组所形成的频数分布数列叫品质分布数列，简称品质数列，如表 2-3 所示；按数量标志分组形成的频数分布数列叫变量分布数列，简称变量数列，如表 2-4 所示。在下面的内容中，我们着重介绍变量数列。

表 2 - 3　某学校学生性别分布表

按性别分组	学生人数（人）	比重（%）
男	2500	41.67
女	3500	58.33
合计	6000	100.00
各组名称	频数	频率

表 2 - 4　某市商业企业增加值统计表

按工业增加值分组（万元）	企业数（个）	比重（%）
100 ~ 300	2	5.0
300 ~ 500	7	17.5
500 ~ 700	20	50.0
700 ~ 900	8	20.0
900 ~ 1100	3	7.5
合计	40	100.0
各组变量值	频数	频率

二、变量数列的种类

变量数列有单项变量数列和组距变量数列两种。

（一）单项变量数列

单项变量数列是指按数量标志分组后，用一个变量值代表一个组形成的数列，如表 2 - 5。

表 2 - 5　某企业工人日产量完成情况表

按日产量分组（件）	工人数（个）	比重（%）
20	10	6.67
22	25	16.67
24	30	20.00
26	40	26.66
28	30	20.00
29	15	10.00
合计	150	100.00

　　单项变量数列一般在总体中变量值不多,且变量值变动范围不大,变量呈离散型条件下采用。如表 2 – 5 中工人的日产量最高为 29 件,最低为 20 件,最大相差数仅 9 件,且变量值只有 6 个,因此适合采用单项变量数列来反映。

　　(二)组距变量数列

　　组距变量数列是按照数量标志分组后,用变量值变动的一定范围(即组距)代表一个组所形成的数列,如表 2 – 4。

　　当一个统计总体中变量值较多,变量值变动范围较大时,编制单项变量数列会使组数过多,总体单位过于分散,这时应当采用组距变量数列。

　　在组距变量数列中,表示各组界限的变量值称为组限,其中较小的变量值称下限,如表 2 – 4 中,100、300、500、700、900、1100 等都是组限,第一组中 100 是下限,300 是上限,各组的上限与下限之间的距离称为组距,上限与下限之间的中点值叫组中值,即:

　　组距 = 上限 – 下限

　　组中值 = (上限 + 下限)÷2

　　例如,在表 2 – 4 中第一组的组距为 200 万元(300 – 100),组中值为 200 万元[(300 + 100)÷2]。

　　编制组距变量数列时,常常采用像"××以上"或"××以下"这样来确定组限的组,称为开口组,如表 2 – 6。

表 2 – 6　某市商业企业销售收入统计表

按销售收入分组(万元)	企业数(个)	比重(%)
500 以下	10	33.33
500 ~ 1000	16	53.33
1000 以上	4	13.34
合计	30	100.00

　　开口组的组中值按以下公式计算:

　　缺下限的最小组的组中值 = 上限 – 相邻组的组距÷2

　　缺上限的最大组的组中值 = 下限 + 相邻组的组距÷2

　　例如,在表 2 – 6 中,第一组的组中值为 250 万元[500 – (1000 – 500)÷2];第三组组中值为 1250 万元[1000 + (1000 – 500)÷2]。

　　组距变量数列根据各组组距是否相等可以分为等距数列和异距数列。在等距数列中,各组组距均相等,而在异距数列中,各组组距并不都相等。在编制组距数列时,采用等距数列还是异距数列,要根据研究目的和现象的特点来决定,等距数列能清楚地反映总体单位的分布特征,而异距数列则能比较准确地反映总体内部各组成部分的品质差异。例如,人口按年龄分组编制的等距数列和异距数列见表2-7和表2-8。

表2-7　某省人口年龄构成表

按年龄分组(岁)	人口数(万人)	比重(%)
10 以下	50	2.5
10~20	180	9.0
20~30	320	16.0
30~40	550	27.5
40~50	450	22.5
50~60	300	15.0
60 以上	150	7.5
合计	2000	100.0

表2-8　某省人口年龄构成表

按年龄分组(岁)	人口数(万人)	比重(%)
1 以下(婴儿组)	30	1.5
1~3(幼儿组)	100	5.0
3~7(学龄前儿童组)	220	11.0
7~18(青少年组)	380	19.0
18~35(青年组)	620	31.0
35~60(中年组)	490	24.5
60 以上(老年组)	160	8.0
合计	2000	100.0

在表2-8中,对某省人口按年龄进行异距分组,将全部人口划分为婴儿组、幼儿组、学龄前儿童组、青少年组、青年组、中年组、老年组七个类型。与表2-7相比,表2-8更清楚地显示出了人口的年龄结构。

组距变量数列的频数分布还可以用频数分布图来表示。频数分布图是一种简单的统计图。绘制频数分布图,一般是绘制直方图或折线图。直方图是以横轴表示各组组限,纵轴表示频数,依据各组组距的宽度和频数的高度来绘制,例如,将表2-4的资料绘制的直方图如图2-1中的虚线所示。在直方图的基础上,把相邻条形的顶边中点连接起来形成一条折线,再把折线两端与横轴上方图两侧延伸的假想组中点相连,就形成了频数分布折线图,如图2-1中的实线所示。

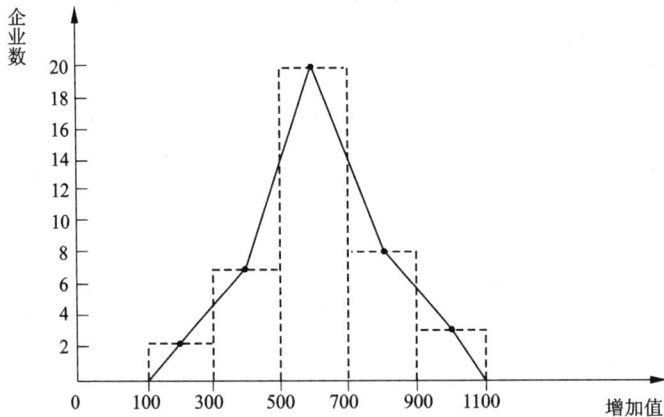

图2-1 某市工业企业增加值频数分布直方图

上述频数分布图的画法,适用于等距数列。对于异距数列,需要计算频数密度,即各组频数除以各组组距,然后根据频数密度和组距来绘制频数分布图。

三、变量数列的编制

变量数列的编制一般按照以下几个步骤进行:

(一)将原始资料按数值大小依次排列并计算全距

全距是总体所有单位的变量值中的最大变量值与最小值变量值之差,用字母 R 表示,R = 最大变量值 - 最小变量值

(二)确定组数(K)和组距(i)

组数与组距是相互制约的,组数越多,组距就越小;反之,组数越小,组距就越大。在等距数列中,组数和组距可以采用下列公式来确定。

$$K = 1 + 3.322 \lg n \qquad (2-1)$$

$$i = \frac{R}{K} \qquad\qquad (2-2)$$

式（2-1）称为斯特吉斯组数公式，上述公式中 n 为数据个数，R 为全距。不过，在实际工作中也可以视具体情况先自行确定组距或组数，然后根据式（2-2）确定组数或组距。确定组数和组距时应考虑下列原则：

1. 应尽量反映出总体单位的分布情况和总体单位的集中趋势

2. 应尽可能地区分出组与组之间的性质上的差异

（三）确定组限和组限的表示方法

确定组限时主要考虑下列几点：

1. 最小组的下限应略低于最小变量值，最大组的上限应略高于最大变量值。

2. 组限的确定应当有利于表现总体单位分布的规律性。

3. 对于等距数列，如果组距是 5 或 10 的倍数，则每组的组限最好也是它们的倍数。

由于变量有连续型和离散型之分，其组限的划分要求也不同。对于连续型变量，划分组限时相邻组的组限必须重合。对数值越高越好的现象，习惯上采用"上限不在组内"的原则，即各组不包括其上限变量值的单位；对数值越低越好的现象，习惯上采用"上限在组内"的原则，即各组包括其上限变量值单位。对于离散型变量，划分组限时相邻组的组限必须间断。不过，在实际工作中，为了保证不重复、不遗漏总体单位，对于离散型变量也常常采用连续型变量的组限的表示方法。

（四）编制变量数列

这里我们以等距数列为例，说明变量数列的编制方法。

[例 2-1]　根据下列资料编制变量数列。

对某厂 50 名计件工人 2003 年 6 月的产量进行登记，得到以下原始资料（单位：件）：

246	247	298	327	398	237	273	294	322	367
296	324	382	229	264	288	311	355	235	271
240	275	291	319	360	226	262	286	309	352
222	260	284	204	343	217	259	283	303	337
200	253	281	301	229	212	257	281	303	332

1. 将原始资料按数值大小顺序排列如下：

200	212	217	222	226	229	235	237	240	246
253	257	259	260	262	264	271	273	275	276
281	281	283	284	286	288	291	294	296	298
301	303	303	304	309	311	319	322	324	327
329	332	337	343	352	355	360	367	382	398

根据上述资料计算全距为：

$$R = 最大值 - 最小值 = 398 - 200 = 198$$

从上面数据的排列和全距的计算可知，工人的产量变化是有波动的，但这种波动并不完全是杂乱无章，而是呈现出一定的规律性。首先波动的范围在 200 ~ 398 件之间，其全距为 198 件；其次，大多数工人的产量分布在 250 ~ 350 件之间，产量偏高或偏低的情形都比较少。

2. 确定组数和组距

参照式（2 - 1），本例中单位数为 50，可考虑分为 7 组，组距 $i = \dfrac{198}{7} = 28.3$，进行具体分组时确定为 30 件。

3. 形成等距变量数列，见表 2 - 9

表 2 - 9　某厂工人日产量分组情况表

按日产量分组（件）	工人数（人）	比重（%）
200 ~ 230	6	12
230 ~ 260	7	14
260 ~ 290	13	26
290 ~ 320	11	22
320 ~ 350	7	14
350 ~ 380	4	8
380 ~ 420	2	4
合计	50	100

由表 2 - 9 可以看出该厂工人日产量的分布特征：日产量在 260 ~ 290 件之间的工人最多，而日产量少于 230 件和多于 350 件的工人则比较少。

四、频数分布的主要类型

各种不同性质的社会经济现象,有着各自不同的频数分布。概括起来看,主要有钟型、U 型和 J 型分布三种。

(一)钟型分布

钟型分布的特征是"两头小、中间大",即靠近中间变量值分布的频数多,靠近两端的变量值分布的频数少。如果频数分布并不是完全对称,则称为非对称或偏态分布,通常有左偏态和右偏态两种;如果频数分布是完全对称,则称为对称分布或正态分布。钟型分布是实际生活中最常见、最重要的频数分布,许多现象的频数分布都趋于钟型分布。钟型分布如图 2 - 2 所示。

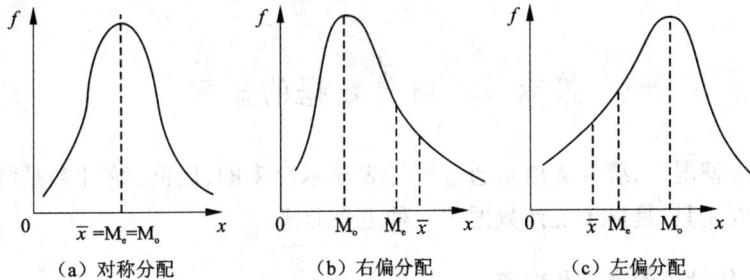

$$0 \quad \bar{x}=M_e=M_o \quad x$$
（a）对称分配

$$0 \quad M_o \quad M_e \quad \bar{x} \quad x$$
（b）右偏分配

$$0 \quad \bar{x} \quad M_e \quad M_o \quad x$$
（c）左偏分配

图 2 - 2　钟形分布图

(二)U 型分布

U 型分布的特征是"两头大,中间小",即接近两端的变量值分布的频数多,接近中间的变量值分布的频数少(如图 2 - 3 所示),比如人口死亡率、每日天空中的云量的变化等现象的分布都呈 U 型分布。

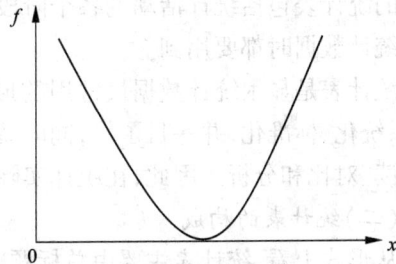

图 2 - 3　U 形分布图

(三)J 型分布

J 型分布有正 J 型分布与反 J 型分布两种类型。正 J 型分布是频数随着变量值的增大而增多,反 J 型分布是频数随着变量值的增大而减少,如图 2 - 4 所示。投资额按利润大小分布,一般呈正 J 型分布,人口总体按年龄分布,一般呈反 J 型分布。

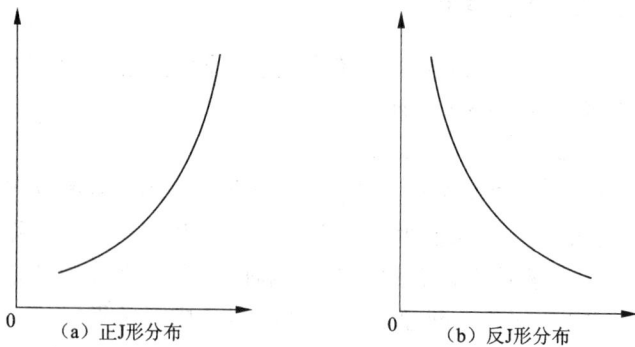

图 2-4　正反 J 形分布图

第六节　统计数据的显示

一般情况下,统计数据是通过统计表显示出来的,因此,统计表是统计活动的重要工具,是显示统计数据的一种主要形式。

一、统计表的意义和构成

(一)统计表的意义

统计表是以纵横交叉的线条所绘制的表格来显示统计数据的一种形式。广义的统计表包括统计活动的各个阶段中所使用的一切表格,在搜集、整理和分析统计数据时都要用到。

统计表是显示统计数据最常用的形式,统计表能使统计数据的显示条理化、系统化、标准化,并一目了然;同时统计表能科学合理地组织统计数据,便于阅读、对比和分析。因此,在统计实际工作中,统计表得到了广泛应用。

(二)统计表的构成

从形式上看,统计表主要由总标题、横行标题、纵栏标题、数据资料四部分组成(如表 2-10 所示)。总标题是统计表的名称,一般位于表的上端中央,用来概括说明统计表所反映的统计数据资料的内容;横行标题是统计表横行的名称,一般位于表的左方,用来说明统计数据反映的总体及其分组名称;纵栏标题是统计表的纵栏名称,一般位于统计表的上方,用来表明统计指标名称;数据资料列在各横行标题与各纵栏标题的交叉处。此外,有些统计表还增列补充资料、资料来源、填表时间、填表单位等表脚。

总标题

表 2 – 10　某年某省社会劳动者人数

产业分组	绝对数(万人)	比重(%)
甲	①	②
第一产业	2484	51.75
第二产业	1135	23.65
第三产业	1181	24.60
合计	4800	100.00

纵栏标题（右上）　数据资料（右）　横行标题（左）　主体栏　叙述栏

表脚→资料来源:××年统计年鉴

　　从内容上看,统计表由主体栏和叙述栏两部分组成,主体栏是反映统计表所需说明的单位、总体及其分组;叙述栏则是说明主体栏的各种统计指标。例如,在表 2 – 9 中,甲栏是主体栏,①②栏是叙述栏。一般来说,统计表的主体栏列在横行标题的位置,叙述栏列在纵栏标题的位置。当然,有时为了合理安排或阅读方便,主体栏和叙述栏也可以互换位置。

二、统计表的种类

(一)按用途不同统计表可以分为调查表、整理表和分析表

　　1. 调查表。它是指在统计调查中用于登记、搜集原始统计数据的表格,如表 2 – 11。调查表只记录调查单位的特征,不能综合反映统计总体的数量特征。

表 2 – 11　年末职工家庭就业人口调查表

姓名	与户主关系	性别	年龄	工作单位	职业	职务职称

被调查户主姓名　　　填表人　　　填表日期

2. 整理表。又称汇总表,它是在统计整理或统计汇总过程中用于显示统计整理或统计汇总的结果的表格。一般由两部分组成:一部分是统计分组;另一部分是用来说明统计分组综合特征的统计指标。这类表格能综合说明统计总体的数量特征,是显示统计数据的基本表式。如各种汇总表、统计台账、手册、年鉴等,如表2-12。

表2-12　某年某市甲、乙两地工业企业从业人数、工业增加值和税金

按地域分组	从业人数(万人)	工业增加值(万元)	上交税金(万元)
甲	①	②	③
甲地	15.27	286 622.42	693.20
乙地	40.58	418 573.59	9 841.46
合计	55.85	705 196.01	10 534.66

3. 分析表。它是指在统计分析中用于显示统计数据,并对其进行定量分析的表格,如表2-13。分析表通常是整理表的延续,它可以更深刻地揭示社会经济现象的本质和规律性。表2-13就是在表2-12的基础上,用"从业人数"分别除"工业增加值"和"上交税金"得出的"人均增加值"和"人均税金"指标,从而更加深刻地反映了某年某市甲、乙两地工业的生产成果和经济效益。

表2-13　某年某市甲、乙两地工业人均增加值和上交税金　　　　单位:元

按地域分组	人均工业增加值	人均上交税金
甲	①	②
甲地	18 770.30	45.40
乙地	10 314.78	242.52
合计	29 085.08	287.92

(二)按统计数列的性质不同,统计表分为空间数列表、时间数列表和时空数列结合表

1. 空间数列表。又称静态表,它是反映在同一时间条件下,不同空间范围内的统计数据的表格,用以说明静态条件下社会经济现象在不同空间的数

量分布。如表 2 – 12、表 2 – 13 都是空间数列表。

2. 时间数列表：又称动态表，它是反映在同一空间条件下，不同时间的统计数列的表格。可用来说明在空间范围不变的条件下社会经济现象在不同时间上的数量变动，如表 2 – 14。

表 2 – 14　我国国内生产总值　　　　　　单位：亿元

年份	1990	1991	1992	1993	1994
国内生产总值	18 547.9	21 617.8	26 638.1	346 349.4	46 759.4
年份	1995	1996	1997	1998	1999
国内生产总值	58 478.1	67 884.6	74 462.6	78 345.2	81 910.9

资料来源：《中国统计年鉴(2000)》第 53 页，北京：中国统计出版社，2000 年

3. 时空数列结合表。又称动静结合表，它是同时反映上述两个方面内容的统计表，既说明社会经济现象在不同空间的数量分布，又说明它们在不同时间上的数量变化，如表 2 – 15。

表 2 – 15　我国华北地区国内生产总值　　　　　　单位：亿元

年份 地区	1996	1997	1998	1999
北京	1 615.73	1 810.09	2 011.31	2 174.46
天津	1 102.40	1 235.28	1 336.38	1 450.06
河北	3 452.97	3 953.78	4 256.01	4 569.19
山西	1 308.01	1 408.13	1 486.08	1 506.78
内蒙古	984.78	1 099.77	1 192.29	1 268.20

资料来源：《中国统计年鉴(2000)》第 60 页，北京：中国统计出版社，2000 年

（三）按分组情况不同，统计表可分为简单表、简单分组表和复合分组表。

1. 简单表。它是指统计总体未经任何分组的统计表，它只将总体单位简单排列或将现象的指标按时间顺序排列，如表 2 – 14。

2. 简单分组表。它是指统计总体按一个标志进行分组后形成的统计表，

如表 2 –13 和表 2 –15。

3. 复合分组表:它是指统计总体按两个或两个以上的标志分组后形成的层叠式的统计表,如表 2 –16。

表 2 – 16　某年年末某市人口数

按城乡和性别分组	人口数(万人)	比重(%)
全市总人口	1 326	100. 00
一、城镇	1 063	80. 16
男性	548	51. 55
女性	515	48. 45
二、农村	263	19. 84
男性	136	51. 71
女性	127	48. 29

三、统计表的设计

设计统计表时,一般地说,应遵循科学、实用、简明、美观的原则,力求做到:

1. 统计表的总标题、横栏标题、纵栏标题要能准确、简明扼要地反映统计资料的内容。

2. 统计表的纵、横栏的排列内容要对应,并尽量反映它们之间的逻辑关系。

3. 根据统计表的内容,全面考虑表的布局,合理安排主体栏和叙述栏,避免出现统计表过长、过短、过宽、过窄的现象,使表的大小适度,比例恰当,醒目美观。

4. 统计表的计量单位必须标写清楚。计量单位相同时,将其写在表的右上角。横行的计量单位不同时,应在横行标题后专门列出计量单位栏;纵栏的计量单位不同时,将其标写在纵栏标题的下方或右方。

5. 统计表中的横线要清晰,顶线和底线要粗些,表的各部分的界限宜粗些,其他线条宜细些,表的左右两端可不划封口线。

6. 统计表的栏数较多时,要统一编写序号,主体栏部分用甲、乙、丙等文字表示,叙述栏部分用(1)(2)(3)……数字排序。

　　设计统计表极为重要,但编制填写统计数字也不容忽视,它贯穿于统计工作的各阶段。填写统计数字和文字时,书写要工整、清晰,当数字与其左、右或上、下相同时,仍要填写完整,不能填"同左""同右"或"同上""同下"等文字。数字对齐,数位对准。统计表中不能留下空白,当数字为 0 时也要填写出来。要科学地运用有关符号,在我国统计实践中,一般用"…"表示数据不足该表规定的最小单位数;用符号"×"表示免填的统计数据;用"－"表示该项指标数据不详或无该项数据。

本章小结

　　1. 数据及其计量尺度、数据的分类以及统计数据的质量要求。数据是把客观现象的某些属性和特征规范后的一种表现形式,是对客观现象进行计量的结果。对统计数据进行计量的计量尺度主要有四种,即定类尺度、定序尺度、定距尺度和定比尺度。依据计量统计数据时的计量尺度不同,可将统计数据区分为定类数据、定序数据、定距数据和定比数据。我们把前两类数据并称为定型数据或品质数据,把后两类数据并称为定量数据、数量数据或数值型数据。在统计研究中,把说明现象某种特征的概念称为变量,变量的具体表现称为变量值,统计数据就是统计变量的具体表现即变量值。变量包括定类变量、定序变量及数字变量。在统计分析中,使用最多的是数字变量。数字变量又可根据其取值不同,区分为离散型变量和连续型变量。在统计工作中,统计数据的质量是统计工作的生命。结合我国目前的情况,可以将统计数据的质量评价标准概括为:适用性、准确性、及时性、可比性、可衔接性和经济性六个方面。

　　2. 统计数据的搜集。统计数据的搜集是通过统计调查工作来完成的。在我国,统计调查的主要组织方式包括普查、统计报表、抽样调查、典型调查及重点调查。一般情况下,在着手进行一项统计调查之前,要求设计一份调查方案,其内容包括明确调查目的,确定调查对象与调查单位,确定调查项目与设计调查表式,确定调查的时间、空间和具体调查方法,以及制定调查工作的组织实施计划等。另外,目前在进行统计调查的过程中,问卷调查这一调查方法应用广泛,因此,问卷设计是一项十分重要的工作。问卷设计包括如下内容:问卷设计的步骤、问卷的内容、问卷设计技术等。

　　3. 统计数据的整理。通过统计调查将统计数据搜集上来之后,应该在此基础上对统计数据进行进一步的加工整理,使之系统化、条理化,以符合统计分析的需要。统计数据的整理工作主要包括统计分组、频数分布以及数据显示三个方面。所谓统计分组是按照一定的统计标志将统计总体划分为若干个组成部分的一种统计方法,统计分组在统计工作中起着十分重要的作用。频数分布又称次数分布,它是在统计分组基础上,反映总体单位数在各组间的分布状况的一种表格。编制频数分布表,特别是编制变量数列,是统计数据整理的核心内容。统计数据整理的结果,如果要用一种形式显示出来,那么,最主要的形式是统计表。从形式上看,统计表由总标题、横行标题、纵栏标题和数据资料组成;从内容上看,统计表由主体栏、叙述栏两部分组成。

思考与练习

1. 数据的计量尺度分为哪几种?不同计量尺度有什么特点?

2. 统计数据可分为哪几种类型?不同类型的统计数据各有什么特点?

3. 统计调查的组织方式有哪几种?各有什么特点?

4. 统计调查方案包括哪几个方面的内容?

5. 某家用电器生产厂家想通过市场调查了解以下问题:

企业产品知名度;产品的市场占有率;用户对产品质量的评价及满意程度。要求:

①请你设计一份统计调查方案

②你认为这项调查采取哪种调查方法较合适

③设计一份调查问卷

6. 什么是统计分组?统计分组有何作用?

7. 某班40名学生《统计学》考试成绩(单位:分)如下:

90	76	68	62	75	86	84	93	64	61
73	56	67	78	87	89	63	88	74	76
78	75	66	55	94	83	72	85	76	83
69	71	76	83	73	82	71	75	78	70

要求:根据上面的数据进行适当分组,编制变量数列并绘制直方图和折线图。

8. 统计表由哪几个主要部分组成,编制统计表应注意哪些问题?

第三章　数据描述的综合指标

综合指标是通过统计调查和统计整理所得到的综合反映在具体时间、地点条件下，社会经济现象总体特征的统计指标。综合指标既是对客观事物观察、认识的结果，又是进一步进行定量分析的基础。随着对社会经济现象及其发展变化过程认识的广度和深度的不断提高，人们对统计提出了新的要求，需要设计和构造各种综合指标来描述、评价社会经济现象，以便把握、监控社会经济的运行。

综合指标按其反映总体现象数量特征的不同及分析的功能不同分为总量指标、相对指标、平均指标、变异指标及偏态与峰度。

第一节　总量指标

一、总量指标概述

总量指标是反映社会经济现象总体在一定时间、地点条件下的规模和水平的总和指标，例如人口总数、劳动力数量、国内生产总值、某企业的销售收入等。由于其表现形式为具有计量单位的绝对量，故又称为绝对数。它有一个显著的特点，那就是其数值的大小随着研究范围的大小而呈同方向变化，不同总体范围相同内容的绝对数值相加有意义，其和反映更大总体范围内的该项内容的规模或水平。

总量指标是综合指标中最基本的指标，在统计分析中具有十分重要的意义，主要体现在以下三个方面。

第一，总量指标是反映一个国家的国情和国力，一个地区或一个单位人力、物力、财力的基本数据。例如，国内生产总值、出口总额等总量指标，可以显示一个国家或地区的经济发展水平，还可以用作国际间、地区间经济实力的比较分析；企业的资金总额、利润总额、上缴税收总额、增加值、职工总数等总量指标能反映一个企业的生产规模和经营管理状况。

第二，总量指标是计算其他综合指标的基础，相对指标和平均指标一般是由两个有联系的总量指标对比而形成的。如企业的劳动生产率、商品流转速度、职工的平均工资、家庭人均收入等都是由两个相关的总量指标比较而得到的。

第三,总量指标是加强社会经济管理,平衡供求关系,保证国民经济协调发展,全面提高社会经济效益的重要工具。同时,也是企业进行经济核算和经济活动分析的基础。

二、总量指标的分类

（一）按时间特征分类

总量指标依据表现的内容在时间方面的不同,可以分为时点指标和时期指标。

1. 时点指标。时点指标是反映总体在某一时刻的数量状况。如人口总数,年末存货量,资产负债数额等都是时点指标。很显然,不同时点上同一内容的时点指标相加的结果无实际意义。例如,据统计某企业年初有职工12 000人,年末该企业职工人数为13 000人,则不能认为该企业全年拥有职工25 000人。

2. 时期指标。时期指标是反映总体在一段时间内累积的总量。指标的数值随时期长短而变化,如企业的产品数、商品销售额、国内生产总值等均为时期指标。很明显,时期指标的数值可按时间实行累加,它所反映的是某种现象的流量规模或水平。

（二）按计量单位分类

总量指标所表现的规模和水平都带有一定的计量单位。总量指标依据计量单位不同,分为实物量指标,价值量指标和劳动量指标。

1. 实物量指标。实物量指标是根据总体的属性和特征,采用实物单位作为度量标准的总量指标。具体的实物计量单位有自然单位、度量衡单位和标准实物单位。实物量指标的最大特点是能够直接反映总体的具体内容、规模和水平。它的局限性在于综合能力比较差,不同的实物,计量单位不同,无法进行汇总,因而无法用实物量指标反映国民经济的总规模。在不同产业之间,也无法用实物量指标进行经济效益的比较。

2. 价值量指标。价值量指标是用货币单位计量的产品和劳务的数量。如商品零售额、国内生产总值等。价值量指标的最大特点是具有高度的综合性和可比性,不同产品的产值,不同商品的销售额,不同基建项目的投资额等都可以分别相加。价值量指标广泛应用于具有综合性现象的总规模、总水平的测算。其局限性在于它比较抽象,不能体现物质内容。

3. 劳动量指标。劳动量指标是以劳动时间为单位计算的产品产量或完成的工作量,通常用于工业企业内部的核算。一个工时,即为一个职工工作了一小时;一个工日,即为一个职工工作了 8 小时。企业根据具体条件制定生产单位产品或完成单位作业量的时间标准,即工时定额,按照这种工时(或工日)定额计算产品总量或完成的工作总量,便是劳动量总量指标。劳动量指标虽具有一定的综合能力,但是该类指标一般只限于在同行业内及基层单位内部使用。

第二节 相对指标

一、相对指标概述

相对指标是指两个有联系的统计数据之间的比值,是用来反映某些相关事物之间数量关联程度的综合指标。相对指标也称为相对数。

相对指标一般用无名数表示,如系数、百分数、千分数等。也有用复名数表示的,如人均年收入以元/人为单位。

相对指标在统计分析中有着广泛的应用,其作用主要表现在以下三个方面:

第一,相对指标可以使不能直接对比的总量指标具有可比性。由于相对指标将所考虑的对象在总量指标方面的具体差异抽象化,因而使原来不能直接对比的总量指标具有可比性。例如,由于企业的规模不同,不能直接用总产值、净利润、增加值来比较企业经营效果的好坏。但如果计算出各指标的人均值、计划完成程度、资金产值率、产值盈利率、固定资产利用率等相对指标,就可以在不同规模的企业之间进行比较,并根据相对指标作出恰当的评价。

第二,相对指标是总量指标的深化,利用相对指标可以综合地表明有关现象之间的联系程度,反映事物发展变化的趋势。例如,通过计算一个地区第一、二、三产业的比例,可以说明该地区社会经济现代化的程度。通过计算国民收入使用额中积累基金和消费基金之间的比例这一相对指标,能够更深刻地认识国家建设和人民生活的相应发展及国民经济运行的态势。

第三,相对指标是宏观调控与微观考核的重要依据。政府在进行宏观调控的过程中,需要用积累率、消费率、人均国内生产总值等相对指标来进行比例关系的研究。检查、监督和考核企业的生产经营成果也要计算计划完成相对数、成本净值率、劳动生产率、设备利用率等一系列相对指标,从而为微观考核提供客观依据。

二、相对指标的计量单位

相对指标的计量单位有两种：一种是无名数，另一种是复名数。

（一）无名数

无名数是一种抽象化的数值，多以系数、倍数、成数、百分数、百分点、千分数、千分点表示。

1. 系数或倍数。系数或倍数是以对比基数为 1 计算出来的相对数。假设某高校教授年薪 10 万元，工人年薪 2.5 万元，则教授年薪为工人年薪的 4 倍（10/2.5 ＝4）或二者的比例系数为 0.25（2.5/10 ＝0.25）。系数或倍数的区别是当分子比分母大较多时，宜采用倍数；反之，则就采用系数。同时应注意，倍数只用于增加现象，对减少现象不用倍数，而用下降了多少绝对数或多少百分比表示。

2. 成数。成数是以对比基数为 10 计算出来的相对数。例如，今年粮食产量比去年增加一成，即增加 1/10。人们常说："明天八成要下雨"。即推测明天有 8/10 的可能性会下雨。

3. 百分数与百分点。百分数是以对比基数为 100 计算出来的相对数，通常记为符号"％"。它是最常用的一种相对数的表现形式。百分点是将两个同类百分数相减求其差率，相差 1％，称为一个百分点。例如，某工厂计划工业净产值是去年同期的 115％，而该厂本年实际净产值是去年同期的 120％，那么，本年实际比本年计划提高 5 个百分点。

4. 千分数与千分点。千分数是以对比基数为 1000 计算的相对数，通常记为符号"‰"。当分子数值小于分母数值很多时，可用千分数表示。例如，人口出生率、人口残废率、人口自然增长率、银行月利率等。千分点是将两个同类千分数相减求其差率，相差 1‰，称为一个千分点。如两个不同时期的银行月利率相减，用以说明银行月利率上升或下降几个千分点。

（二）复名数

复名数主要用来表现强度相对数的数值，它将相对指标中分子与分母指标数值的计量单位同时使用，以表现事物的密度、普遍程度和强度等。如人口密度用"人/平方公里"表示，平均每人分摊的产品产量用"吨（或公斤）/人等表示。

三、相对指标的种类

由于研究目的和任务的不同,对比的基础不同,常用的相对指标可以分为结构相对数、计划完成相对数、比较相对数、比例相对数、强度相对数与动态相对数六种。

（一）结构相对数

结构相对数是总体部分数值与总体全部数值相对比,以表示总体内部构成状况的相对数。由于求得的是比重,故又称比重相对数。其计算公式为:

$$结构相对数 = \frac{总体中某一部分的数值}{总体全部数值} \times 100\%$$

它一般用百分数来表示。它是在对总体进行分组之后计算的,各部分比重之和等于100%（或1）。在实际统计计算中,如果完全遵循"四舍五入"法,经常会出现各部分比重之和不等于100%（或大于100%,或小100%）的情况。此时,应运用一定的运算技巧将其调整为100%。具体方法是当计算结果大于100%时,就将作"五入"部分中的最小一组数作"四舍"处理;相反,如果计算结果小于100%,则将作"四舍"部分中的最大一组数作"五入"处理。除此之外,在计算结构相对数时,还要求分子与分母必须属于同一总体。

例如恩格尔系数是由19世纪德国统计学家恩格尔提出的一个结构相对数,即用食品消费支出量占总消费支出的比重来衡量消费水平的高低。其计算公式为:

$$恩格尔系数 = \frac{食品消费支出}{总消费支出} \times 100\%$$

[例3-1]　某企业综合要素包括固定资产、流动资产和活劳动占用,共600万元,实际只利用了504万元,该企业生产要素实际利用率为:

$$生产要素实际利用率 = \frac{504 \text{万元}}{600 \text{万元}} = 84\%$$

即尚有16%的生产要素仍处于闲置状态,表明企业存在着潜在的经济效益。

（二）计划完成相对数

计划完成相对数也称计划完成百分数。它是将某一时期的实际完成数与同期计划数进行对比,反映计划执行情况的相对指标,一般用百分数表示。计算公式如下:

$$计划完成程度相对数 = \frac{某项指标实际完成数}{该项指标计划任务数}$$

上述公式的分子和分母既可以是绝对数,也可以是相对数或平均数。但必须注意,若计划任务数值是按提高率或降低率规定的,在统计分析计划完成情况时应将原有基数(100%)包括在内,不能直接用提高率和降低率来计算完成百分比。若计划任务数据是以比上期提高率表示的,分子、分母应分别同时加上100%;是降低率的,则分子和分母都同时用100%去减,然后再按上述公式确定计划完成百分比。

[例3-2]　某电子公司计划利润比上年提高10%,而实际提高了15%,问该公司利润计划完成情况怎样?

$$公司利润计划完成程度 = \frac{100\% + 15\%}{100\% + 10\%} \times 100\% = 104.55\%$$

计算结果表明,该公司利润计划完成的百分比为104.55%,超额完成计划4.55%。

[例3-3]　某机械加工厂年度计划每件产品的单位成本比上年降低4%,实际降低了5%,问该厂单位产品成本计划完成怎样?

$$机械加工厂单位产品成本计划完成程度 = \frac{100\% - 5\%}{100\% - 4\%} \times 100\% = 98.96\%$$

计算结果表明,该厂单位产品成本计划完成了98.96%,超额完成计划1.04%(100% - 98.96%)

[例3-2]和[例3-3]所表示的两种计划完成相对数的经济意义是不同的,利润计划完成程度若大于100%,说明超额完成计划;若小于100%,则说明没有完成计划。比值愈大,表明完成计划愈好,这种指标称为正指标。单位成本计划完成程度若大于100%,说明成本比计划提高,没有完成计划;若小于100%,说明成本比计划降低,超额完成计划。比值愈小,说明完成计划愈好,这种指标称为逆指标。与此类似的情况也表现在下面的例题中。

[例3-4]　某企业计划要求劳动生产率达到5 000元/人,某种产品的计划单位成本为210元,该企业实际的劳动生产率达到6 000元/人,某种产品的实际单位成本为180元。它们的计划完成程度指标如下:

$$劳动生产率完成相对数(\%) = \frac{6\ 000\ 元/人}{5\ 000\ 元/人} \times 100\% = 120\%$$

$$单位成本计划完成相对数(\%) = \frac{180\ 元}{210\ 元} \times 100\% = 85.7\%$$

计算结果表明,该企业劳动生产率实际比计划提高20%,单位成本实际比计划降低14.3%,此外劳动生产率为正指标,单位成本为逆指标。

（三）比较相对数

比较相对数是反映同类现象数值在同一时间不同总体之间对比关系的数值。一般用百分数或倍数表示。其计算公式为：

$$比较相对数 = \frac{某一总体某项指标数}{另一总体同项指标数}$$

[**例 3 – 5**]　设甲地区粮食产量为 200 万吨,乙地区的粮食产量为 160 万吨,则甲地区的粮食产量是乙地区的粮食产量的 1.25 倍。

即:$\dfrac{200\ 万吨}{160\ 万吨} = 1.25$（倍）

或:乙地区的粮食产量与甲地区的粮食产量的比例系数为 0.8

即:$\dfrac{160\ 万吨}{200\ 万吨} = 0.8$

需要指出的是:如果把某企业的各项技术经济指标与国家规定的水平相比或与国际先进水平相比,这时,分子与分母就不能互换,作为分母的只能是国家规定的水平或国际先进水平。

（四）比例相对数

比例相对数也称协调相对数,它是总体中某一部分数值与总体中另一部分数值对比的结果,用以分析总体范围内各个局部、各个分组之间的比例关系和协调平衡状况。通常用"多少比 1"或"多少比 100"的形式表示,其计算公式为:

$$比例相对数 = \frac{总体中某一部分数值}{总体中另一部分数值}$$

如男女婴儿的性别比例为 105∶100,消费与投资的比例为 2.5∶1 等等,任何一个总体在分组的前提下,都可以计算比例相对数。

（五）强度相对数

强度相对数是两个不同性质,属于不同总体但又有联系的总量指标之间的比值,用以说明现象的强度、密度和普通程度的综合指标。其计算公式为:

$$强度相对数 = \frac{某一总量指标数值}{另一有联系而性质不同的总量指标数值}$$

强度相对数主要用来评价一个国家或地区社会经济的发展水平,如人均GDP,人均年收入等。

有些强度相对数的分子和分母可以互换,因而也有正指标与逆指标两种形式。正指标比值的大小与其反映的强度、密度和普及程度成正比;逆指标比值的大小与其反映的强度、密度和普及程度成反比,其评价、判别的意义相同。

　　[例 3 - 6]　某城市 2000 年人口总数为 162 万,零售商业网点为 8 100个,则该地区零售商业网点密度指标为:

$$某城市零售商业网点密度 = \frac{8\ 100}{162} = 50(个/万人)$$

　　上述城市零售商业网点密度也可以用逆指标表示:

$$某城市零售商业网点密度 = \frac{162}{8\ 100} = 0.02(万人/个) = 200(人/个)$$

　　前式表示正指标,说明每 1 万人拥有 50 个商业网点;后式表示逆指标,说明每个商业网点服务对象为 200 人,其含义是相同的。

　　(六)动态相对数

　　动态相对数是同一指标在不同时间上的对比所得出的相对数,可用以反映某种现象的水平在时间上的变动程度的综合指标。动态相对数又称为发展速度,通常用百分比表示。

　　统计上通常将所要研究的那个时期称为报告期,将作为对比研究的标准时期称为基期,其计算公式为:

$$动态相对数 = \frac{报告期某项指标数值}{基期该项指标数值} \times 100\%$$

　　[例 3 - 7]　某地区 2000 年实现税收为 460 亿元,1999 年实现税收为380 亿元,该地区实现税收的动态相对数为:

$$动态相对数 = \frac{460}{380} \times 100\% = 121.05\%$$

　　即说明该地区实现税收额增长 21.05%

　　动态相对数对比基期的选择要根据研究的目的而定,若是为了说明某一现象本期相对于上期的发展速度,可选择相邻的上一期为基期;若要消除不同季节对某一现象的影响,说明该现象各月或各季度的发展情况,就要以上年同期作为基期;若为了进行历史对比,可以以历史最高水平作为基期。

第三节　平均指标

　　平均指标又叫平均数,是社会经济统计广泛应用的一种综合指标,它表明同类现象在一定时间、地点条件下所达到的一般水平,是总体内各单元参差不齐的标志值的代表值。例如,当人们要了解目前国内某个行业一般收入水平时,往往运用该行业每个劳动者的平均收入来说明。

　　平均指标通常分为数值平均数和位置平均数。数值平均数主要包括算术平均数、调和平均数,几何平均数等;位置平均数主要包括中位数、众数和分位数等。

一、算术平均数

算术平均数是平均数最普遍的形式,平时人们谈到平均数而又未特别说明其形式时,通常指的就是算术平均数,其基本计算公式为:

$$算术平均数 = \frac{总体标志值总量}{总体单位总量}$$

算术平均数的具体计算方法可分为简单算术平均数和加权算术平均数两种。

（一）简单算术平均数

根据未分组的原始统计资料,将总体各单元的标志值简单相加得到总体标志值总量,然后除以总体单位总数,这种方法称为简单算术平均法。设一组数据为 $x_1, x_2, \cdots, x_n$,则算术平均数 $\bar{x}$ 的计算公式为:

$$\bar{x} = \frac{x_1 + x_2 + \cdots + x_n}{n} = \frac{1}{n} \sum_{i=1}^{n} x_i \qquad (3-1)$$

[例3-8]　某科室有 6 名职员,其工资分别为 1 000 元,1 200 元,1 500元,1 600 元,1 800 元,2 000 元,平均工资为:

$$\bar{x} = \frac{1}{6}(1\,000 + 1\,200 + 1\,500 + 1\,600 + 1\,800 + 2\,000) = 1\,516.67(元)$$

即该科室职员的平均工资为 1 516.67 元。

如果掌握的是经过分组整理编制的单项数列或组距数列的资料,而且每组单元数不同时,就需要采用下面所述的加权算术平均数的方法计算平均值。

（二）加权算术平均数

设原始数据被分为 k 组,各组的变量值或组中值为 $x_1, x_2, \cdots, x_k$,各组变量值出现的频数分别为 $f_1, f_2, \cdots, f_k$,则加权算术平均数 $\bar{x}$ 的计算式为:

$$\bar{x} = \frac{x_1 \cdot f_1 + x_2 \cdot f_2 + \cdots + x_k \cdot f_k}{f_1 + f_2 + \cdots + f_k} = \frac{\sum_{i=1}^{k} x_i \cdot f_i}{\sum_{i=1}^{k} f_i} \qquad (3-2)$$

也可简化为: $\bar{x} = \dfrac{\sum xf}{\sum f}$

由加权算术平均数的公式我们可以看出:当变量值或组中值较大,且频数也较大时,平均数就接近标志值较大的一方;反之,平均数就接近标志值较小的一方。由此,我们可以观察出标志值次数的多少对平均数的影响具有权衡轻重的作用,所以,统计上把次数又称为权数。

[例3-9] 表3-1为某工业企业职工按日加工产品件数,要求该企业职工的平均日加工产品数。

表3-1　某企业工人日产量表

日产量 x	工人数 f(人)	日总产量 xf(件)
20	10	200
21	20	420
22	35	770
23	25	575
24	10	240
合计	100	2 205

$$\bar{x} = \frac{\sum xf}{\sum f}\frac{200 + 420 + 770 + 575 + 240}{100} = 22.05(件)$$

计算结果表明,该企业职工的平均日产量为22.05件。

对于组距变量数列,可以取每个组的上限与下限和的半数作为组平均数,将这些组的平均数作为新变量值,此时的加权算术平均数实际上已变为根据总体各组平均数资料,来确定整个总体平均数。计算公式可表示为:

$$\bar{x} = \frac{\sum_{i=1}^{k} \bar{x}_i f_i}{\sum_{i=1}^{k} f_i},或\ \bar{x} = x_1 \cdot \frac{f_1}{\sum_{i=1}^{k} f_i} + x_2 \cdot \frac{f_2}{\sum_{i=1}^{k} f_i} + \cdots + x_k \cdot \frac{f_k}{\sum_{i=1}^{k} f_i}$$

也可简化为: $\bar{x} = \dfrac{\sum xf}{\sum f}$ 或 $\bar{x} = \sum x \cdot \dfrac{f}{\sum f}$

式中: $\bar{x}$ ——总平均数;

$\bar{x}_i$ ——组平均数;

f_i ——各组权数;

$\dfrac{f}{\sum f}$——各组频率(加权次数)。

[例3-10] 表3-2是某工厂1 000名工人按工龄分组的资料,要求计算工人的平均工龄。

表3-2 某工厂工人按工龄分组数据

工人按工龄分组 (年)	组平均数 $\bar{x}_i$	工人数 f_i	$\bar{x}_i f_i$
0~5	2.5	146	365.0
5~10	7.5	495	3 712.5
10~15	12.5	237	2 962.5
15~20	17.5	103	1 802.5
20以上	22.5	19	427.5
合计	–	1 000	9 270.0

该企业工人的平均工龄为:

$$\bar{x} = \frac{\sum \bar{x} f_i}{\sum f_i} = \frac{9\,270}{1\,000} = 9.27(年)$$

[例3-11] 兹对30人进行皮尔逊智商测验,其成绩及平均分数计算过程见表3-3

表3-3 皮尔逊智商测验成绩分组资料

分数	组中值 x	人数 f	各组频率 $\dfrac{f}{\sum f}$(%)
70~80	75	1	3.33
80~90	85	3	10.00
90~100	95	5	16.67
100~110	105	8	26.67
110~120	115	7	23.33
120~130	125	4	13.33
130~140	135	2	6.67
合计	–	30	100

$$\bar{x} = \sum x \cdot \frac{f}{\sum f}$$

$$= 75 \times 0.333 + 85 \times 0.1000 + 95 \times 0.1667 + 105 \times 0.2667 + 115 \times$$

$$0.2333 + 125 \times 0.1333 + 135 \times 0.0667$$

$$= 107.33（分）$$

若本题按[例3-10]那样用频数加权计算算术平均数,其结果是完全相同的。

(二)算术平均数的基本性质

在许多情况下,计算平均数需花费大量的时间和精力,若利用算术平均数的某些性质,则其计算量可大为减少。因此,掌握算术平均数的一些基本性质是十分必要的。

性质1:对每一变量给以相同的改变量A,则平均数也有改变量A:

$$\frac{\sum (x \pm A)f}{\sum f} = \bar{x} \pm A$$

性质2:对每一变量改变同一倍数,则平均数也改变同一倍数:

$$\frac{\sum (Ax)f}{\sum f} = A\bar{x}$$

性质3:对每一权数都改变同一倍数,则平均数不变:

$$\frac{\sum x(Af)}{\sum Af} = \frac{A \sum xf}{A \sum f} = \bar{x}$$

性质4:所有变量与平均数的离差之代数和等于零:

$$\sum (x - \bar{x}) = 0$$

以上性质都可直接推出。

二、调和平均数

调和平均数也称"倒数平均数"。它是先对变量的倒数求平均值,然后再取该平均值的倒数而得到的平均数,记作$\bar{x}_H$。根据数据资料是否分组,调和平均数可分为简单调和平均数与加权调和平均数。

(一)简单调和平均数

我们先看一个具体的例子。

[例3-12] 某种蔬菜的价格,甲市场每公斤2.5元,乙市场每公斤3

元,丙市场每公斤 3.5 元,若在以上三个市场中各买 1 元钱的该种蔬菜,则平均每公斤价格为多少元?

根据我们的经验,可以用下面的方法计算

$$平均价格 = \frac{购买的总金额}{购买的总数量} = \frac{1+1+1}{\dfrac{1}{2.5} + \dfrac{1}{3} + \dfrac{1}{3.5}} = 2.94(元/公斤)$$

将以上过程推广到一般情形,并用符号表示为:

$$\bar{x}_H = \frac{1+1+\cdots+1}{\dfrac{1}{x_1} + \dfrac{1}{x_2} + \cdots + \dfrac{1}{x_n}} = \frac{1}{\dfrac{1}{n}\left(\dfrac{1}{x_1} + \dfrac{1}{x_2} + \cdots + \dfrac{1}{x_n}\right)}$$

$$= \frac{1}{\dfrac{1}{n}\sum \dfrac{1}{x}} = \frac{n}{\sum \dfrac{1}{x}} \qquad\qquad (3-3)$$

式中: $\bar{x}_H$ ——调和平均数;

x_i ——变量的标志值;

n ——变量值的个数。

这种方法就称为简单调和平均数。从上式中,我们可以清楚地看到:调和平均数就是标志值倒数的算术平均数的倒数。

(二) 加权调和平均数

如果在[例 3 - 12]中三个市场购买蔬菜的金额不同,假设分别为 3 元、6元、5 元,则其平均价格可按下面的方法计算:

$$平均价格 = \frac{购买总金额}{购买总数量} = \frac{3+6+5}{\dfrac{3}{2.5} + \dfrac{6}{3} + \dfrac{5}{3.5}} = 3.02(元/公斤) \qquad (3-4)$$

将上面演算过程推广到一般情形,并用符号表示为:

$$\bar{x}_H = \frac{m_1 + m_2 + \cdots + m_k}{\dfrac{m_1}{x_1} + \dfrac{m_2}{x_2} + \cdots + \dfrac{m_k}{x_n}} = \frac{1}{\dfrac{1}{\sum m_i}\left[\sum \dfrac{m_i}{x_i}\right]} = \frac{\sum m_i}{\sum \dfrac{m_i}{x_i}}$$

式中: x_i 称为第 i 组的标志值, m_i 称为第 i 组的权数($i = 1, 2, \cdots, k$)。

这种计算方法在统计上称为加权调和平均数。很显然,它只是在简单调和平均数的基础上加了权数这一因素,适合数据资料按分组给出的情形。

(三)调和平均数与算术平均数的关系

从表面上看,算术平均数与调和平均数是两个完全不同的概念。但通过下面的具体问题,我们将知道在一定的条件下,加权调和平均数实质上是加权算术平均数的一种变形,只是掌握的资料不同,所用的公式不同而已。对于同一数据资料,两种方法计算的结果和经济意义完全相同。

[例3－13] 旺和超市2002年10月份先后销售过两批同种商品,该商品的销售情况如表3－4所示。

表3－4　旺和超市某种商品销售情况表

项目 批次	零售价格(元/件) x	零售额(元) M
第一批	8	30 000
第二批	10	20 000
合计	－	50 000

问:该超市两批商品的平均零售价格为多少?

我们用调和平均数公式计算:

$$\bar{x}_H = \frac{\sum m}{\sum \dfrac{m}{x}} = \frac{20\ 000 + 30\ 000}{\dfrac{30\ 000}{8} + \dfrac{20\ 000}{10}} = \frac{50\ 000}{5\ 750} = 8.7(元／件)$$

现假设该超市所提供的统计资料为表3－5形式:

表3－5　旺和超市某种商品销售情况表

项目 批次	零售价格(元/件) x	零售量(件) f
第一批	8	3 750
第二批	10	2 000
合计	－	5 750

在这种条件下,该超市两批商品的平均售价为:

$$\bar{x} = \frac{\sum xf}{\sum f} = \frac{8 \times 3\ 750 + 10 \times 2\ 000}{3\ 750 + 2\ 000} = \frac{50\ 000}{5\ 750} = 8.7(元／件)$$

很显然,两种方法计算的结果是相同的。事实上,若我们仍用 x 表示标志

值,f 表示算术平均数的权数,则 $m = xf$

$$\bar{x} = \frac{\sum xf}{\sum f} = \frac{\sum m}{\sum \frac{m}{x}} = \bar{x}_H$$

综上所述,若已知条件为分组资料的各组变量值 x 及各组的标志值总和 $m(xf = m)$ 时,可采用加权调和平均数的计算公式求平均指标;若已知条件为分组资料的各组变量值及各组的权数 f 时,可直接用加权算术平均数的公式求平均指标。

三、几何平均数

（一）简单几何平均数

几何平均数也称几何均值,它是 n 个变量值乘积的 n 次方根。简单几何平均数的计算公式为:

$$G = \sqrt[n]{x_1 \cdot x_2 \cdot \cdots \cdot x_n} = \sqrt[n]{\prod_{i=1}^{n} x_i} = \sqrt[n]{\prod x} \qquad (3-5)$$

式中:G——几何平均数;

x_i——各变量标志值;

n——变量值的个数;

$\prod$——连乘符号。

[例 3 – 14]　设某银行近 3 年定期储蓄存款的年利率分别为:3.1%,2.5%,2.1%,则这 3 年平均本利率为:

$$G = \sqrt[n]{x_1 \cdot x_2 \cdot \cdots \cdot x_n} = \sqrt[3]{103.1\% \times 102.5\% \times 102.1\%} = 102.6\%$$

即近三年定期储蓄存款的年平均利率为:2.6%

当各个变量值的次数不同时,应采用加权几何平均数,其计算公式为:

$$G = \sqrt[f_1+f_2+\cdots+f_n]{x_1^{f_1} \cdot x_2^{f_2} \cdot \cdots \cdot x_n^{f_n}} = \sqrt[\sum f]{\prod_{i=1}^{n} x_i^{f_i}} = \sqrt[\sum f]{\prod x^f} \qquad (3-6)$$

式中:f——各个变量值的次数;

$\sum f$——次数(权数)总和。

[例 3 – 15]　某笔投资,贷款期为 10 年,以复利计息,10 年的利率分别为:第一年至第二年为 5%,第三年至第五年为 8%,第六年至第八年为 10%,第九年至第 10 年为 12%,求平均年利率。

由于是以复利计息,各年的利息是在前一年的累计存款额(本金加利息)的基础上计息,因此首先将年利率换算为各年本利率(1 + 年利率),这样,各年本利率的连乘积就是总的本利率,又由于各年本利率所属时间不同,因此应用加权几何平均数计算。

$$G = \sqrt[f_1+f_2+\cdots+f_n]{x_1^{f_1} \cdot x_2^{f_2} \cdot \cdots \cdot x_n^{f_n}}$$

$$= \sqrt[2+3+3+2]{(105\%)^2 \times (108\%)^3 \times (110\%)^3 \times (112\%)^2}$$

$$= 108.773\%$$

所以,平均年利率为

$$108.773\% - 100\% = 8.773\%$$

四、位置平均数

位置平均数,就是根据总体处于特殊位置上的个别单元或部分单元的标志值来确定的代表值,它对于整个总体来说,具有非常直观的代表性。因此,在统计上经常用来反映分布的集中趋势。主要的位置平均数有众数、中位数和分位数等。

(一)众数

众数是一个统计总体或分布数列中出现的频数最多、频率最高的标志值。例如,一种商品的实际售价可能经常在变化,而它在市场上成交数量最多的那个价位就是该种商品的价格众数。又如,某班甲组 7 个学生,其统计学成绩分别为:65,68,75,80,80,80,100,则 80 分为该班甲组的众数。

就单项数列而言,求出其众数并不复杂。例如,考察某车间 288 名工人最普遍的技术级别,从表 3-6 中可以看出,在该工人总体中,最普遍的技术级别是 4 级。因为它具有最大的频数 78,所以被研究的标志值的众数为 4。

表 3-6　某车间工业技术级别分类情况

技术级别	工人数
1 级	23 人
2 级	49 人
3 级	63 人
4 级	78 人
5 级	57 人
6 级	18 人
合计	288 人

组距数列的众数确定方法则略微复杂一些,需要分两步进行:

第一步,从变量数列中找出频数或频率最大的组——"众数组",该组的上、下限就规定了众数的可能取值范围;

第二步,依据与众数相邻的两个组的频数,可得众数下限和众数上限公式。

$$众数下限公式:众数\ M_0 = L + \frac{d_1}{d_1 + d_2} \times i$$

$$(3.7)$$

$$众数上限公式:众数\ M_0 = U - \frac{d_2}{d_1 + d_2} \times i$$

式中:L——众数组下限;

U——众数组上限;

d_1——众数组次数与上一组次数之差;

d_2——众数组次数与下一组次数之差;

i——众数组的组距。

[**例3-16**] 某城市2002年有关居民家庭收入的抽样调查资料由表3.7给出,表中将全部被调查居民户按收入高低分为9组,并列出了各组的户数和累计户数资料。容易看出,表中的第5组(年收入为2万元至3万元的组)是该变量数列的众数组,要求进一步计算居民家庭年收入的众数值。

表3-7 居民家庭收入情况表

年收入水平(元)	居民户数 f	向上累计居民户数 s	向下累计居民户数 s'
8 000 以下	18	18	1 000
8 000 ~ 10 000	74	92	982
10 000 ~ 15 000	180	272	908
15 000 ~ 20 000	240	512	728
20 000 ~ 25 000	260	222	488
25 000 ~ 30 000	140	912	228
30 000 ~ 35 000	53	965	88
35 000 ~ 40 000	26	991	35
40 000 以上	9	1 000	9
合计	1 000	-	-

$$M_0 = 20\ 000 + \frac{260 - 240}{(260 - 240) + (260 - 140)} \times 5\ 000 \approx 20\ 714(\text{元})$$

$$或\ M_0 = 25\ 000 - \frac{260 - 140}{(260 - 240) + (260 - 140)} \times 5\ 000 \approx 20\ 714(\text{元})$$

应该指出,上面给出的众数计算公式通常只适用于等距的变量数列,或者至少变量数列中频数最多的几个组应该是等距的。否则,随着组距的变化,众数组和众数值都可能发生变化,公式给出的结果可能会不一致,甚至会失去客观的意义。

(二)中位数

中位数是将总体各单元的标志值按大小顺序排列,处于中间位置的那个标志值。它把全部标志值分为二部分:一半标志值比它小,一半标志值比它大。用这样一个中等水平的标志值来表征分布数列的集中趋势,显然也具有非常直观的意义。

就数据的量化尺度而言,可计算中位数的数据至少必须是能够适当排序的,不能适当排序的定序尺度数据无法确定中位数;但是对于定序尺度的数据,中位数的计算仍然是可行的,并且是有意义的。其他定距尺度和定比尺度的数据自然更不成问题。可见,中位数适用的数据类型比数值平均数的范围宽,但比众数的范围要窄,介于两者之间。

为了确定中位数,必须将总体各单元的标志值资料按大小顺序排列,最好是编制成变量数列,这里分为三种情形考虑:

情形一,对于未分组的原始资料,首先必须将标志值按大小排序。设排序的结果为:

$$x_1 \leqslant x_2 \leqslant x_3 \leqslant \cdots \leqslant x_n$$

则中位数就可以按下面的方式确定:

$$M_e = \begin{cases} x_{\frac{n+1}{2}} & 当\ n\ 为奇数 \\ \dfrac{x_{\frac{n}{2}} + x_{\frac{n}{2}+1}}{2} & 当\ n\ 为偶数 \end{cases} \tag{3-8}$$

[**例 3-17**] 某公司各部门经理某年的实际年收入如表 3-8 所示。根据上述资料确定各部门经理实际收入的中位数。

首先,将各部门经理的实际年收入按升序排列:

$$4.8, 5.7, 5.9, 6.4, 7.5, 33.2$$

其次,确定中位数的位置。因总体有 6 个单元(为偶数)

所以,$M_e = \frac{1}{2}(x_{\frac{n}{2}} + x_{\frac{n}{2}+1}) = \frac{1}{2}(x_3 + x_4) = \frac{1}{2}(5.9 + 6.4) = 6.15(\text{万元})$

即处于中间位置的年收入为 6.15 万元,因而可用此值作为该公司各部门经理年实际收入一般水平的代表值。

表 3 - 8 各部门经理某年的实际年收入

职 位	实际年收入(万元)
生产部经理	6.4
研发部经理	7.5
人事部经理	4.8
市场部经理	33.2
计统部经理	5.9
财务部经理	5.7

情形二,对于单项变量数列资料,由于变量已经序列化,故中位数可以直接按下面的方式确定:

$$M_e = \begin{cases} x_{\frac{1}{2}\sum f} & \text{当} \sum f \text{为奇数} \\ \dfrac{x_{\frac{1}{2}\sum f} + x_{\frac{1}{2}\sum f+1}}{2} & \text{当} \sum f \text{为偶数} \end{cases} \quad (3-9)$$

[**例 3 - 18**] 根据某企业工人按技术级别分组资料(见表 3 - 9),确定技术级别的中位数(本题的标志值是技术级别)。

表 3 - 9 某企业工人按技术级别分组资料

级别	工人数	向上累计	向下累计
1	15	15	300
2	20	35	285
3	45	80	265
4	80	160	220
5	66	226	140
6	42	268	74
7	20	288	32
8	12	300	12
合计	300	-	-

我们通过三个步骤来解决此问题：

步骤1 确定中位数的位置

由于，$\sum f = 300$，$\frac{1}{2}\sum f = 150$，即第 150 个工人的技术级别就是中位数。

步骤2 确定中位数所在的组

为此需进行向上累计（或向下累计），从而找到中位数所在的组。从表 3-9 中可以看出向上累计列中的 160 和向下累计列中的 220 分别包括 150，说明中位数在第四组。

步骤3 测算中位数的数值

由于与向上累计列中的 160 和向下累计列中的 220 对应的技术级别都为 4 级，故 $M_e = 4$（级）

情形三 对于组距变量数列，首先要从变量数列的累计频数列中找出第 $\frac{1}{2}\sum f$ 个单元所在的组，即"中位数组"，然后根据中位数的上、下限公式确定近似的中位数。

$$上限公式：M_e = L + \frac{\frac{1}{2}\sum f - S_{m-1}}{f_m} \times h$$

$$下限公式：M_e = U - \frac{\frac{1}{2}\sum f - S_{m+1}}{f_m} \times h \tag{3-10}$$

式中：M_e——中位数；

L——中位数所在组的下限；

U——中位数所在组的上限；

f_m——中位数所在组的频数；

$\sum f$——各组频数之和；

S_{m-1}——向上累计至中位数所在组的前一组的累计次数；

S_{m+1}——向下累计至中位数所在组的后一组的累计次数；

h——中位数所在组的组距。

[例3-19] 依据例 3-18 所给出的居民家庭收入资料（见表 3-7），计算居民家庭年收入的中位数。

步骤1 确定中位数的位置，即 $\frac{1}{2}\sum f = \frac{1}{2} \times 1\ 000 = 500$

步骤 2 确定中位数所在的组,由向上累计频数列可知中位数在第四组(即年收入为 1.5 万至 2 万元的组)。

步骤 3 测算中位数值

依据下限公式有:$M_e = 15\,000 + \dfrac{500 - 272}{240} \times 5\,000 = 19\,750(元)$

依据上限公式有:$M_e = 20\,000 - \dfrac{500 - 488}{240} \times 5\,000 = 19\,750(元)$

所以,居民家庭年收入的中位数为 19 750 元。

上述结果表明:无论是采用下限公式或是采用上限公式,所得中位数完全相同。由于中位数是一种位置平均数,它不会受数列两端极值的影响,而只受中间位置标志值的影响,所以,当变量数列中含有极大值或极小值时,适宜用中位数方法求其平均数值。

(三)中位数、众数和算术平均数的关系

中位数、众数和算术平均数都反映被研究现象数量分布的集中趋势,它们存在一定的关系,这种关系既反映总体数量分布的特征,又可用于相互之间的估算。

1. 运用中位数、众数、算术平均数的数量关系判断总体分布特征。次数分布完全对称,即呈现对称分布曲线时,算术平均数和中位数、众数三者完全相等,如图 3-1 所示。次数分布为右偏态时,算术平均数大于中位数,且大于众数,如图 3-2 所示。次数分布为左偏态时,算术平均数小于中位数,且小于众数,如图 3-3 所示。

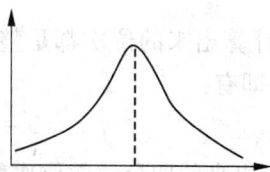 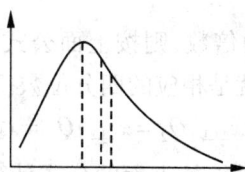 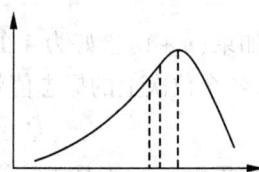

(a) 对称分布　　　　(b) 右偏分布　　　　(c) 左偏分布

图 3-1　　　　　　图 3-2　　　　　　图 3-3

2. 利用位置平均数与算术平均数的关系进行推算。根据经验在分布偏斜程度不太大的情况下,不论右偏态或左偏态,算术平均数、中位数、众数存在一定的比例关系:中位数居中,众数与中位数的距离约为算术平均数与中位数的距离的两倍，即 $M_e - M_0 = 2(\bar{x} - M_e)$。由此可以推出以下三个公式：

$$M_0 = 3M_e - 2\bar{x} \qquad M_e = \frac{M_0 - 2\bar{x}}{3} \qquad \bar{x} = \frac{3M_e - M_0}{2}$$

（四）分位数

中位数是用一个数值或一点将所给数列分成两个相等部分。如果仿照中位数，可以通过求出两个数值，将所给数列分成三个等份；或通过求出三个数值将所给数列分成四个等份；以此类推。可以将所给数列依次分成五等份、六等份等等。统计中常用的是四等份、十等份和百等份三种。依等分方法所求的数值称为分位数。下面分别就四分位数和十分位数的基本方法予以阐述。

1. 四分位数

四分位数是指用三个点或三个数值将数列分成四个等份。该三个点所分别对应的数值统称为四分位数，分别用 Q_1，Q_2 和 Q_3 表示，即 Q_1 表示第一个（或最小）四分位数；Q_2 表示第二个四分位数；Q_3 表示第三个四分位数。

求四分位数的方法与求中位数的方法类似，首先分别确定三个四分位数所处的位置，它们各自所对应的标志值即为四分位数，三个四分位数在数列中的位置分别为：

$$Q_1 \text{ 的位置} = \frac{n+1}{4}$$

$$Q_2 \text{ 的位置} = \frac{2(n+1)}{4} = \frac{n+1}{2}$$

$$Q_3 \text{ 的位置} = \frac{3(n+1)}{4}$$

如果 $(n+1)$ 恰好为 4 的倍数，则按上面公式计算出来的位次都是整数，这时，各个位次上的标志值就是相应的四分位数。即有：

$$Q_1 = x_{\frac{n+1}{4}}, Q_2 = x_{\frac{n+1}{2}}, Q_3 = x_{\frac{3(n+1)}{4}} \tag{3-11}$$

如果 $(n+1)$ 不是 4 的倍数，按上面的公式计算出来的四分位数位次就可能带有小数。这时，有关的四分位数就应该是与该带分数相邻的两个整数数位次上的标志值的某种加权算术平均数。权数的大小取决于两整数位次与四分位数位次距离的远近，距离越近权数越大，距离越远权数越小。

［例 3-20］ 给定总体单元数 $n = 50$，试确定四分位数的位次。

由式（3-11）容易知道：

$$Q_1 \text{ 的位次} = \frac{51}{4} = 12.75$$

$$Q_2 \text{ 的位次} = \frac{51}{2} = 25.5$$

$$Q_3 \text{ 的位次} = \frac{3 \times 51}{4} = 38.25$$

这时,三个四分位数就应该分别为:

$$Q_1 = 0.25x_{12} + 0.75x_{13} = x_{12} + 0.75(x_{13} - x_{12})$$
$$Q_2 = 0.5x_{25} + 0.5x_{26} = x_{25} + 0.5(x_{26} - x_{25})$$
$$Q_3 = 0.75x_{38} + 0.25x_{39} = x_{38} + 0.25(x_{39} - x_{38})$$

在实际运用中,由于标志值序列中的相邻变量值常常相同,因而并非一定要通过计算才能得到有关的四分位数。

以上的方法适用于总体未分组的数据资料和单项变量数列。对于组距式变量数列,计算四分位数的基本原理与求中位数相类似。首先从变量数列的累计频数列中找出第 $\frac{\sum f}{4}, \frac{\sum f}{2},$ 和 $\frac{3}{4}\sum f$ 个单元所在的组,即三个四分位数所在的组。这些组的上、下限分别规定了三个四分位数的可能取值范围。假定在三个四分位数所在组中,有关各单元是均匀分布的,则可利用下面的公式计算四分位数的近似值(这里仅给出下限公式,仿此可得到相应的上限公式)。

$$Q_1 = L_{Q_1} + \frac{\frac{1}{4}\sum f - S_{Q_{1-1}}}{fQ_1} \times d_{Q_1}$$

$$Q_2 = L_{Q_2} + \frac{\frac{1}{2}\sum f - S_{Q_{2-1}}}{fQ_2} \times d_{Q_2} \quad\quad (3-12)$$

$$Q_3 = L_{Q_3} + \frac{\frac{3}{4}\sum f - S_{Q_{3-1}}}{fQ_3} \times d_{Q_3}$$

其中,$S_{Q_{i-1}}(i = 1, 2, 3)$ 是第 i 个四分位数所在组的前面一组为止的向上累计频数,$L_{Q_i}(i = 1, 2, 3)$ 是第 i 个四分位组的下限;$d_{Q_i}(i = 1, 2, 3)$ 是第 i 个四分位数的组距。

[例 3 – 21] 依据前面例 3 – 16 中给出的居民家庭年收入资料(见表 3 – 7),求居民收入水平的三个四分位数。

从表 3 – 7 可知,第三、四、五组分别是各个四分位数所在的组,利用有关公式计算可得:

$$Q_1 = 10\ 000 + \frac{250 - 92}{180} \times 5\ 000 \approx 14\ 389(元)$$

$$Q_2 = 15\ 000 + \frac{500 - 272}{240} \times 5\ 000 \approx 19\ 750(元)$$

$$Q_3 = 20\ 000 + \frac{750 - 512}{260} \times 5\ 000 \approx 24\ 577(元)$$

上述计算结果表明,该城市有 $\frac{1}{4}$ 的居民家庭年收入不足 14 389 元;有一半居民家庭年收入不到 19 750 元;有 $\frac{3}{4}$ 的居民家庭年收入不足 24 577 元,而有 $\frac{1}{4}$ 居民家庭年收入超过 24 577 元。

2. 十分位数

用九个数值(或九个点)将所给数列划分为十个等份,该九个点所对应单元的标志值称为十分位数。用 $D_1,D_2,\cdots,D_9$ 分别表示第一个十分位数,第二个十分位数,……,第九个十分位数。参照四分位数的计算公式,对于一群未分组的数列,各十分位数的位置可分别用以下公式求得:

$$D_1 \text{ 的位置} = \frac{n+1}{10}$$

$$D_2 \text{ 的位置} = \frac{2(n+1)}{10}$$

……

$$D_9 \text{ 的位置} = \frac{9(n+1)}{10}$$

上述各位置所对应的标志值即为对应的分位数。

对于一个组距数列,各十分位数可分别用下列公式求得:

$$D_1 = L_{D_1} + \frac{\frac{1}{10}\sum f - S_{D_{1-1}}}{f_{D_1}} \times d_{D_1},$$

$$D_2 = L_{D_2} + \frac{\frac{2}{10}\sum f - S_{D_{2-1}}}{f_{D_2}} \times d_{D_2}, \qquad (3-13)$$

…………

$$D_9 = L_{D_9} + \frac{\frac{9}{10}\sum f - S_{D_{9-1}}}{f_{D_9}} \times d_{D_9}$$

式中:L_{D_i}——十分位数在第 i 组的下限($i = 1,2,\cdots,9$);

$\sum f$——数列频数总和；

$S_{D_{i-1}}$——十分位数所在第 i 组的前一组累计频数 $(i=1,2,\cdots,9)$；

f_{D_i}——十分位数所在第 i 组的频数 $(i=1,2,\cdots,9)$；

d_{D_i}——十分位数所在第 i 组的组距 $(i=1,2,\cdots,9)$。

第四节　变异指标

一、变异指标概述

与平均指标一样,变异指标也是统计分析和一般经济分析中广泛运用的指标形式,但两者的分析作用却互不相同。

平均指标是反映总体的一般水平或分布的集中趋势,而变异指标是揭示总体中各单元标志值的差异程度和平均数的代表程度。在统计分析中,变异指标与平均指标是相互补充的,常常需要结合起来加以运用,各自从不同的角度反映同质总体的某些共同特征。

变异指标的主要作用体现在以下三个方面:第一,变异指标可以揭示数据分布的离中趋势。一般而言,如果变异指标数值越大,说明总体各变量值差异越大,平均来说离中心点越远;反之,说明总体各变量值差异越小,平均来说离中心点越近。第二,变异指标是衡量均值代表性高低的尺度。如果变异指标数值越大,则均值代表性就越低;反之,则均值代表性就越高。例如,有甲、乙两种投资方案,其平均收益相同,但如果甲种投资方案的变异指标偏大,平均收益的代表性必然较低,显示该种投资的风险也相应较大。若乙种投资方案的变异指标偏小,平均收益的代表性必然较高,该种投资的风险相应较小。第三,变异指标可以反映社会经济活动过程的均衡性和稳定性。变异指标愈大,表明社会经济活动过程的均衡性、稳定性就愈差;反之,则表明社会、经济活动过程的均衡性、稳定性就愈好。例如,在进行产品质量检查时,如果变异指标较大,说明产品质量稳定性较差,反之,说明产品质量比较稳定。

总体分布的离散程度可以从不同角度,运用不同的变异指标进行考察。常见的变异指标有极差、分位差、平均差、标准差以及离散系数等。其中标准差是最为重要的变异指标。

二、极差

极差也称全距差,是指总体数列中最大标志值与最小标志值之差。极差

越大,说明标志值越分散;反之,极差越小,说明标志值越集中。极差的计算分为以下两种情况:

1. 未分组数据资料或单项数列,其计算公式为:

$$极差 = 最大标志值 - 最小标志值$$

用符号表示为: $R = \max(x) - \min(x)$ (3-14)

2. 组距数列,计算公式为:

$$极差 = 最高组上限 - 最低组下限$$

用符号表示为: $R = U_{\max} - U_{\min}$ (3-15)

极差反映的是变量分布的变异范围或离散程度。很显然,在总体中任何两个单元的标志值之差都不可能超过极差,即:

$$x_i - x_j \leqslant R,其中\ i \neq j$$

极差计算简单,涵义直观,运用方便。但存在两点不足:一是它仅仅取决于两个极端值的大小,不能反映其间的变量分布情况;二是它受个别极端值的影响过于显著,不符合稳健性的要求,为此,还需要运用其他的变异指标综合分析。

三、分位差

分位差是对极差指标的一种改进。或者说,就是从变量数列中剔除了一部分极端值之后,重新计算的类似于极差的指标。常用的分位差有四分位差、八分位差、十分位差、十六分位差等等。这里仅以四分位差为例加以说明。

计算四分位差的直接目的是排除极端值对变异指标的影响,为此,首先从总体分布中剔除最大和最小各四分之一的单元,再对剩下来占总体半数的单元计算极差。实际上,这个极差就是"上四分位数"与"下四分位数"之差,通常称为"四分位间距",记为 QR

$$QR = Q_3 - Q_1$$

该指标与一般极差的区别仅仅在于计算范围较窄,它反映了处于分布中间的半数单元的变异幅度,但在运用指标进行分析时,人们一般习惯于取四分位间距的一半,称为"四分位差(QD)"

$$QD = \frac{Q_3 - Q_1}{2} \tag{3-16}$$

假若用 C 表示从 Q_1 到 Q_3 的中心数值,即:

$$C = \frac{Q_1 + Q_3}{2}$$

则所给数列的半数项将落在 $C \pm QD$ 之间。

另一方面,四分位差也可以表示成上、下两个四分位数与中位数的平均距离,即:

$$QD = \frac{(Q_3 - M_e) + (M_e - Q_1)}{2} \qquad (3-17)$$

与四分位差类似地,还可以计算总体分布的八分位差、十分位差、十六分位差等等。它们的作用都是排除少数极端值对分布变异范围的异常影响。分位的程度越高,分位差所排除的极端值的比例就越小。在实际应用时,需要根据具体情况和要求有选择地运用。

四、平均差

平均差是指总体各单元标志值与其算术平均数的离差绝对值的算术平均数。这是因为 $\sum (x - \bar{x}) = 0$,因此,计算平均差时采用离差的绝对值 $|x - \bar{x}|$。

根据未分组的数据资料计算平均差的公式为:

$$平均差 AD = \frac{\sum |x - \bar{x}|}{n} \qquad (3-18)$$

根据分组的数据资料计算平均差的公式为:

$$平均差 AD = \frac{\sum |x - \bar{x}| f}{\sum f} \qquad (3-19)$$

[**例 3 - 22**] 甲、乙两组学生数学成绩如表 3 - 10 所示,分别求甲、乙两组成绩的平均差。

表 3 - 10 学生数学成绩及离差

甲组($\bar{x} = 70$)			乙组($\bar{x} = 70$)		
成绩 x	离差 $x - \bar{x}$	离差绝对值 $|x - \bar{x}|$	成绩 x	离差 $x - \bar{x}$	离差绝对值 $|x - \bar{x}|$
50	−20	20	60	−10	10
60	−10	10	65	−5	5
70	0	0	70	0	0
80	10	10	75	5	5
90	20	20	80	10	10
合计	−	60	合计	−	30

由公式计算得：

$$AD_{甲} = \frac{\sum |x - \bar{x}|}{n} = \frac{60}{5} = 12(分)$$

$$AD_{乙} = \frac{\sum |x - \bar{x}|}{n} = \frac{30}{5} = 6(分)$$

可见,虽然甲、乙两组学生的平均成绩相同,但甲组学生成绩差异性较大,因而其平均成绩的代表性就不如乙组。

[例3-23]   某公司有50名员工,其月工资如表3-11所示,求该公司职工的月工资的平均差。

表3-11   某公司员工月工资标准

月工资 x(元)	员工人数 f(人)
800	4
1 000	8
1 200	15
1 500	13
2 000	6
2 500	4
合计	50

平均数值为 $\bar{x} = \dfrac{\sum xf}{\sum f} = \dfrac{70\ 700}{50} = 1\ 414$

将平均差的计算过程用表3-12表示如下:

表3-12   某公司员工工资平均差计算表

月工资 x(元)	员工人数 f(人)	$x - \bar{x}$	$|x - \bar{x}|$	$|x - \bar{x}|f$
800	4	-614	614	2 456
1 000	8	-414	414	3 312
1 200	15	-214	214	3 210
1 500	13	86	86	1 118
2 000	6	586	586	3 516
2 500	4	1 086	1 086	4 344
合计	50	-	-	17 956

$$AD = \frac{\sum\limits_{i}^{n} |x - \bar{x}| f_i}{\sum\limits_{i}^{n} f_i} = \frac{17\ 956}{50} = 359.12(元)$$

平均差虽然分析意义完整,但因需要对离差取绝对值,计算处理过程繁琐,数学性质也不十分理想,故在实践中较少运用,常用的指标是标准差和方差。

五、标准差

标准差,又称均方差,是总体所在单元标志值与其平均算术平均数离差平方和的算术平均数的正平方根,标准差的平方即为方差。方差与标准差的作用一样,故在此仅介绍标准差。

标准差越大,表示标志值变异程度越大,各数据离平均数值越远,则平均数的代表性就越低,反之,标准差越小,表示标志值变异程度越小,各数据密集于平均数的周围,则平均数的代表性就越高。所以标准差也可以度量数据的离中趋势或平均的差异程度。

根据掌握的资料不同,标准差也有简单与加权两种计量形式。

(一)简单标准差

简单标准差适合于未分组资料,其计算公式为:

$$\sigma = \sqrt{\frac{\sum (x - \bar{x})^2}{n}} \qquad\qquad (3-20)$$

式中:σ——标准差;

x——单元标志值;

$\bar{x}$——单元标志值的算术平均数;

n——变量值的个数。

(二)加权标准差

加权标准差适合于已分组的资料,其计算公式为:

$$\sigma = \sqrt{\frac{\sum (x - \bar{x})^2 f}{\sum f}} \qquad\qquad (3-21)$$

式中:f——各组权数(频数);

$\sum f$——权数之和。

[例3-24]　按表3-11给出的某公司员工月工资表,求该公司员工的

月工资水平的标准差。

已知平均数为 $\bar{x} = 1\,414$，将标准差的计算过程用表 3 – 13 表示。

表 3 – 13　某公司员工月工资水平的标准差计算表

月工资 x(元)	员工数 f(人)	$x - \bar{x}$	$(x - \bar{x})^2$	$(x - \bar{x})^2 f$
800	4	−614	376 996	1 507 984
1 000	8	−414	171 396	1 371 168
1 200	15	−214	45 796	686 940
1 500	13	86	7 396	96 148
2 000	6	586	343 396	2 060 376
2 500	4	1 086	1 179 396	4 717 584
合计	50	—	—	10 440 200

$$\sigma = \sqrt{\frac{\sum (x - \bar{x})^2 f}{\sum f}} = \sqrt{\frac{10\,440\,200}{50}} = \sqrt{208\,804} = 456.95$$

实际计算标准差时，也可以采用另一种较为简便的方法：

$$\sigma^2 = \overline{x^2} - \bar{x}^2,\text{其中 } \overline{x^2} = \frac{1}{n}\sum_{i=1}^{n} x_i^2,\text{而 } \bar{x}^2 = \left(\frac{\sum_{i=1}^{n} x_i f}{\sum_{i=1}^{n} f_i}\right)^2$$

$$\sigma = \sqrt{\overline{x^2} - \bar{x}^2}$$

从上述平均差与标准差的计算，我们可以看出：

第一，平均差与标准差的大小不仅与数据的离差状况有关，而且与变量值的平均水平有关。变量值的平均数越大，平均差与标准差就会越大，反之则相反。所以，若两个总体的平均数不等，就不能用平均差或标准差来度量变量值的离散程度及平均数的代表性。

第二，平均差与标准差受计量单位、研究对象的影响，是由于平均差与标准差具有计量单位。不同对象、不同单位的平均差或标准差之间没有可比性。

为了解决以上两个问题，下面我们将引出离散系数。

六、离散系数

离散系数又称变异系数,是指消除平均数大小的影响后的标志值变异指标。其形式为相对数,因此,也称为标志变异相对数指标,可用它测定数据相对离差的大小。常用的离散系数有两种,即平均差系数与标准差系数。其计算公式如下:

$$平均差系数\ V_{AD} = \frac{AD}{\bar{x}} \times 100\% \qquad (3-22)$$

$$标准差系数\ V_{\sigma} = \frac{\sigma}{\bar{x}} \times 100\% \qquad (3-23)$$

[例3-25]　某管理局抽查了所属的8家企业,其产品销售数据见表3-14,试比较产品销售额与销售利润的离散程度。

表3-14　某管理局所属8家企业的产品销售数据

企业编号	产品销售额(万元)	销售利润(万元)
1	170	8.1
2	220	12.5
3	390	18.0
4	430	22.0
5	480	26.5
6	650	40.0
7	950	64.0
8	1 000	69.0

销售额与利润的数据水平不同,不能直接用标准差进行比较,需要计算离散系数。我们用标准差系数。直接计算得平均数为:$\bar{x}_1 = 536.25$(万元),$\bar{x}_2 = 32.52$(万元)。

下面将标准差的计算过程用表3-15表示:

表 3 – 15　某管理局所属 8 家企业的产品销售的标准差计算表

企业编号	销售额 x_1(万元)	$(x_1 - \bar{x}_1)^2$	销售利润 x_2(万元)	$(x_2 - \bar{x}_2)^2$
1	170	134 139.1	8.1	596.3
2	220	100 014.1	12.5	400.8
3	390	21 389.1	18.0	210.8
4	430	11 289.1	22.0	110.7
5	480	3 164.1	26.5	36.2
6	650	12 939.1	40.0	56.0
7	950	171 189.1	64.0	991.0
8	1 000	215 064.1	69.0	1 330.8
合计	–	669 187.8	–	3 732.6

$$\sigma_1^2 = \frac{669\ 187.8}{8} = 83\ 648.5, \qquad \sigma_1 = 289.2$$

$$V_{\sigma_1} = \frac{\sigma_1}{\bar{x}_1} = \frac{298.2}{536.25} \approx 0.56$$

$$\sigma_2^2 = \frac{3\ 732.6}{8} = 466.6, \qquad \sigma_2 = 21.6$$

$$V_{\sigma_2} = \frac{\sigma_2}{\bar{x}_2} = \frac{21.6}{32.52} \approx 0.66$$

计算结果表明,$V_{\sigma_1} < V_{\sigma_2}$,说明产品销售额的离散程度小于销售利润的离散程度。

第五节　偏态与峰度

数值平均数和位置平均数都是对数据集中趋势的测定,变异指标是对数据分布集中趋势的测定,集中趋势和离散程度是数据的两个重要特征,但要全面了解数据分布的特点,还需要了解数据分布的形态是否对称,偏斜的程度以及分布的扁平度。偏态和峰度就是对这些分布特征的进一步描述。

一、偏态及其测定

偏态是指数据分布不对称的方向和程度,它可以通过不同的方式来测定。这里仅介绍比较常见的两种。

(一)皮尔逊(Pearson)偏态测定法

皮尔逊偏态测定方法是利用算术平均数与众数间的关系,或算术平均数与中位数之间的关系测定偏态的一种方法。该法因由皮尔逊所创立而得名。计算公式为:

$$SK_p = \frac{\bar{x} - M_0}{\sigma}$$

式中:SK_p——皮尔逊偏态测定值;

　　M_0——众数;

　　$\bar{x}$——算术平均数;

　　σ——标准差。

SK_p 为无量纲的系数,通常取值在 $-3 \sim 3$ 之间。其绝对值大,表明偏斜程度大;反之,则表明偏斜程度小。我们知道,当分布是右偏态时,有 $\bar{x} > M_0$ 即 $\bar{x} - M_0 > 0$,此时 $SK_p > 0$,故亦称之为正偏态;反之称为负偏态。当 $\bar{x} = M_0$,即 $SK_p = 0$ 时,称分布为对称分布。

[例3-26]对表3-11给出的某公司员工月工资数据,计算偏态系数 SK_p。

因为 $\bar{x} = 1\ 414$, $\sigma = 456.95$, $M_0 = 1\ 200$

所以,偏态系数 $SK_p = \dfrac{1\ 414 - 1\ 200}{456.95} \approx 0.47$

由此可知,某公司员工月工资数据分布略为向右偏斜,或称正偏态。

(二)鲍雷(A・L・BowLey)偏态测定法

鲍雷偏态测定法是利用四分位数的关系测定偏态的一种方法。该法因由鲍雷首先提出而得名,其计算公式为:

$$SK_B = \frac{Q_1 + Q_3 - 2M_e}{Q_3 - Q_1} \tag{3-25}$$

式中:SK_B——鲍雷偏态测定值;

　　Q_i——四分位数的第 i 个值;$(i = 1, 2, 3)$

　　M_e——中位数。

SK_B 的值在 -1 至 1 之间变动。

下面我们以[例 3 - 16]的表 3 - 7 给出的某城市居民家庭收入的抽样数据,计算鲍雷偏态系数 SK_B。

由[例 3 - 16]的计算可知,$Q_1 = 14\ 389$, $Q_2 = M_e = 19\ 750$, $Q_3 = 24\ 577$

$$SK_B = \frac{Q_1 + Q_3 - 2M_e}{Q_3 - Q_1} = \frac{14\ 389 + 24\ 577 - 2 \times 19\ 750}{24\ 577 - 14\ 389}$$

$$= \frac{-534}{10\ 188} = -0.05$$

计算结果表明,该城市居民家庭收入呈负向倾斜(向左倾斜),但偏态很微弱。

二、峰度及其测定

峰度是指数据分布图形的尖峭程度。如果一个总体在众数周围的集中程度很高,其分布的图形比较陡峭;如果总体在众数周围的集中程度较低,其分布图形就会比较平坦,如图 3 - 4 所示。峰度指标就是反映分布在这方面情况的一个数值特征。

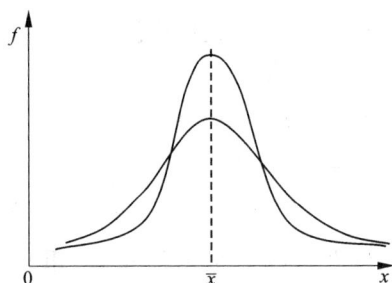

图 3 - 4　峰度不同的分布图形

测定分布的峰度可用标准差的四次方除离差四次方(四阶中心矩)求得,峰度系数记为 β。即

$$\beta = \frac{v_4}{\sigma_4}, \qquad \text{其中 } v_4 = \frac{\sum\limits_{i=1}^{k} (x_i - \bar{x})^4 f_i}{\sum\limits_{i=1}^{k} f_i}$$

式中:β——峰度系数;

　　σ——标准差;

　　v_4——四阶中心矩。

一般而言,当 $\beta = 3$ 时,变量数列的曲线为正态曲线;当 $\beta > 3$ 时,为尖峭曲线,表明变量数列的次数比较集中于众数的位置,且 β 值越大,顶部尖峭程度越高;当 $\beta < 3$ 时,为平顶曲线,表明变量数列的次数在众数附近比较分散,且 β 值越小,顶部就越趋平坦;当 $\beta < 1.8$ 时,变量数列的曲线就是 U 型分布。

本章小结

1. 总量指标是社会经济统计的基础指标，是统计资料经过汇总整理后得到的反映总体规模和水平的总和指标。总量指标分为实物量指标、价值量指标和劳动量指标。

2. 相对指标是指两个有联系的统计指标对比的比值，反映数量之间的关系和变动程度。可以用于社会经济现象、工作业绩的比较和评价。常用的相对指标有：计划完成相对指标，结构相对指标，比较相对指标，强度相对指标及动态相对指标。

3. 平均指标是反映总体一般水平的代表值和描述数量分布集中趋势的重要特征值。同相对指标一样，在社会经济统计中，可以用于纵向和横向的比较、评价。平均指标分为两大类：第一类是数值平均数，包括算术平均数、调和平均数、几何平均数；第二类是位置平均数，包括众数、中位数、分位数。它们都有各自的特点和适用的条件，计算方法不同，对同一资料的计算结果也不同。因此，必须根据研究的具体目的和数据分布的特点，正确选择平均指标。

4. 变异指标反映分布的离散趋势，是与平均指标相匹配的重要特征值。常用的变异指标有极差、四分位差、平均差和标准差等，其中标准差是最重要、应用最为广泛的一种。但如果要对平均水平相差较大、计量单位不同的变量的离散程度进行比较，还需计算离散系数。

5. 偏态与峰度。偏态是指分布曲线的不对称性，通过对偏态测定而得的数值称为偏态测定数，测定偏态的方法有皮尔逊偏态测定法和鲍雷偏态测定法。峰度是指分布曲线顶峰的尖锐程度，用峰度系数表示。

思考与练习

1. 什么是总量指标？怎样区分时期总量指标和时点总量指标？在社会经济统计中总量指标有哪些重要作用？

2. 什么是相对指标？在社会经济统计中，相对指标有何作用？常用的相对指标有哪几种？试简述它们的特点。

3. 什么是平均指标？在社会经济中，平均指标有何作用？常用的平均指标有哪几种？试比较它们的优缺点。

4. 什么是"权数"？在计算平均数中，权数采用频数和频率是否相同？如果各组频数等比例变化，权数的影响是否变化？

5. 在计算平均数时，算术平均数与调和平均数分别适用于怎样的资料条件？

6. 数值平均数和位置平均数是依照什么来区分的？这两类平均数之间有何异同？

7. 如何理解算术平均数、众数和中位数三者之间的关系？

8. 什么是变异指标？它有什么作用？

9. 在描述一个分布数列的特征时,为什么要用偏态与峰度指标? 这两个指标分别是如何计算的?

10. 已知甲地区 2002 年计划国内生产总值为 180 亿元,实际完成的数值为 194.4 亿元。该年年初人口数为 295 万人,年末人口数为 300 万人。2002 年国内生产总值的第一、二、三产业情况如下表所示。

	计划数(亿元)	实际数(亿元)
国内生产总值	180.0	194.4
第一产业	45.0	44.7
第二产业	81.0	85.5
第三产业	54.0	64.2

又知该地区 2001 年国内生产总值为 168 亿元。乙地区 2002 年完成的国内生产总值为 195 亿元。依据上述资料,运用相对数(结构相对数、比例相对数、强度相对数、比较相对数、动态相对数;计划完成程度相对数)进行统计分析。

11. 某地区甲乙两个企业生产三种产品的单位成本和总成本资料如下表所示。

产品	单位成本	总成本(元)	
		甲企业	乙企业
A	10	10 000	15 000
B	15	30 000	15 000
C	20	40 000	40 000

比较哪个企业的总平均成本高,并分析出现该结果的原因。

12. 下表是某邮购公司一周内收到的定单价值的分布:

定单的价格(元)	定单数(件)
10 ~ 20	4
20 ~ 30	16
30 ~ 50	27
50 ~ 70	24
70 ~ 100	19
100 ~ 150	15
总计	105

试计算以下指标：

(1)平均数;(2)中位数;(3)众数;(4)四分位数;(5)标准差。

13. 某投资银行的年利率按复利计算,10 年的年利率分配是:有 1 年为 7%,有 3 年为 8%,有 4 年为 10%,有 2 年为 11%,试求平均年利率是多少?

14 某企业 2002 年 3 月份职工工资分组资料如下表所示

按工资金额分组(元)	职工人数
700 以下	40
700～750	100
750～800	170
800～850	220
850～900	190
900～950	150
950～1 000	130
1 000 以上	120
合计	1 120

根据以上资料,计算工资平均数、工资的众数和中位数;并绘制分布曲线图,观察算术平均数、中位数和众数的位置。

15. 某市城市调查队间隔五年各抽取 1 000 户职工作平均每人年书报杂志购买金额调查,得到有关资料如下:

按年购买金额分组(元)	职工人数(人)	
	2000 年	1995 年
0～10	100	250
10～20	400	640
20～30	260	80
30～40	100	20
40～50	80	8
50 以上	60	2
合计	1 000	1 000

根据以上资料,计算 2000 年、1995 年人均书报杂志消费额的算术平均数、标准差、标

准差系数、偏态系数和峰度系数,并作两年的比较分析。

参考答案

10. 结构相对数:22.99%:43.98%:33.03%;

比例相对数:1:1.91:1.44;

强度相对数:6 535 元/人·年;

比较相对数:甲地区 GDP 是乙地区的 0.997 倍;

动态相对数:115.71%;

计划完成程度相对数:108.0%。

11. 甲企业 16 元,乙企业 15.56 元。甲企业总平均成本比高的原因在于产品结构不一样所致。

12. (1)平均数:51.56 元/件;(2)中位数:54.58(元);

(3)众数:45.71(元);(4)四分位数:49.44(元);54.58(元);82.24(元);

(5)标准差:34.38(元)。

13. 平均年利率 9.29%.

14. $\bar{x} = 863.84$(元);$M_0 = 831.25$(元);$M_e = 857.89$(元)。

15. 2000 年: $\bar{x} = 23.4$ 元, $\sigma = 13.17$ 元, $V_\sigma = 56.28\%$; $SK = 0.499$; $\beta = 1.35$.

1995 年: $\bar{x} = 14.02$ 元, $\sigma = 7.10$ 元, $V_\sigma = 50.64\%$; $SK = -0.013$; $\beta = 1.35$.

第四章　概率分布

自然界和社会上发生的现象是多种多样的。有一类现象,在一定条件下必然发生,这类现象称之为确定现象。另一类现象,在一定条件下,可能出现这样的结果,也可能出现那样的结果,而在试验或观察之前不能预知确切的结果,这类现象称之为不确定性现象。不过,人们的经验和研究表明,有许多不确定性现象,虽然个别试验中其结果呈现出不确定性,但在大量重复试验中其结果又具有某种规律性,这类现象我们称之为随机现象。由于随机现象在自然界和社会系统中大量存在,因而寻找随机现象所遵循的统计规律性,尤其是估算随机现象发生的可能性大小,有着重要的理论和现实意义。这一章,我们首先介绍事件及事件运算,然后重点分析随机变量的概率及常见类型的概率分布规律。

第一节　概率及其计算

一、事件及其运算

(一)随机事件与样本空间

1. 随机试验。我们常遇到各种试验。在这里,我们把试验作为一个含义广泛的术语。它包括各种各样的科学实验,甚至对某一事物的某一特征的观察也认为是一种试验。下面举例说明。

E_1:抛一枚硬币,观察正面H(有币值的一面)和反面T出现的情况。

E_2:将一枚硬币抛掷三次,观察出现正面的次数。

E_3:掷一颗骰子,观察出现的点数。

E_4:记录电话交换台一分钟内接到的呼唤次数。

上面所举试验例子,它们有着共同的特点。概括起来,这些试验的共同特点有以下三条:

(1)可以在相同条件下重复地进行;

(2)每次试验的可能结果不止一个,并且能事先明确试验的所有可能结果;

（3）进行每一次试验之前,不能确定哪一个结果会出现。

我们把具有上述性质的试验称为随机试验,简称为试验,记为 E。我们通过研究随机试验来研究随机现象。本章中所提到的试验都是指随机试验。

2. 样本空间。在随机试验中,虽然每次试验之前不能预知试验的结果,但试验的所有可能组成的集合是已知的。随机实验 E 的所有基本结果的全体称为样本空间,记为 S。样本空间的元素,即 E 的每个基本结果,称为样本点。

下面写出以上试验 $E_k(k=1,2,\cdots,4)$ 的样本空间 S_k:

$S_1: \{H,\ T\}$

$S_2: \{HHH, HHT, HTH, THH, HTT, THT, TTH, TTT\}$

$S_3: \{1,2,3,4,5,6\}$

$S_4: \{0,1,2,3,\cdots\}$

3. 随机事件。在实际中,人们进行随机试验时,常常关心是满足某种条件的哪些样本点所组成的集合。一般地,我们称试验 E 的样本空间 S 的子集为 E 的随机事件,简称事件。在每次试验中,当且仅当这一子集的一个样本点出现时,称这一事件发生。

特别地,由一个样本点组成的单点集,称为基本事件。例如试验 E_1 有两个基本事件 $\{H\}$ 和 $\{T\}$。

样本空间 S 包含的所有样本点,是 S 自身的子集,在每次试验中它总是发生的,称为必然事件。空集中不包含任何样本点,它也是 S 的子集,它在每次试验中都不发生,称为不可能事件。例如试验 E_1 中定义事件 A 为“H,T 都不出现”,则 A 就是不可能事件。

（二）事件关系及其运算

事件是一个集合,因而事件间的关系与事件的运算可按照集合论中集合之间的关系和集合运算来处理。下面根据“事件发生”的含义,给出这些关系及其运算在概率论中的表述及其含义。

设试验 E 的样本空间为 S,事件 $A,B,A_k(k=1,2,3,\cdots)$ 是 S 的子集。

（1）若 $A \subset B$,则称事件 B 包含事件 A。指的是事件 A 发生必然导致事件 B 发生。

若 $A \subset B, B \subset A$,即 $A=B$,则称事件 A 与事件 B 相等。

（2）事件 $A \cup B = \{x | x \in A \text{ 或 } x \in B\}$ 称为事件 A 与事件 B 的和事件。指的是当且仅当 A,B 中至少一个发生时,事件 $A \cup B$ 发生。

类似地,称 $\bigcup\limits_{k=1}^{n} A_k$ 为 n 个事件 $A_1,A_2,\cdots,A_n$ 事件;称 $\bigcup\limits_{k=1}^{\infty} A_k$ 为可列个事件 A_1,

$A_2,\cdots$的和事件。

（3）事件$A\cap B$称为事件A与事件B的积事件。当且仅当A,B同时发生时，事件$A\cap B$发生。$A\cap B$也记为AB。

类似地，称$\bigcap_{k=1}^{n}A_k$为n个事件$A_1,A_2,\cdots,A_n$的积事件；称$\bigcap_{k=1}^{\infty}A_k$为可列个事件$A_1,A_2,\cdots$的积事件。

（4）事件$A-B=\{x|x\in A$且$x\notin B\}$称为事件A和事件B的差事件。当且仅当A发生，B不发生时事件$A-B$发生。

（5）若$A\cap B=\varphi$，则称事件A和事件B互不相容，或互斥。其含义是指事件A和事件B不能同时发生。基本事件是两两互不相容的。例如S_1中，事件$\{H\}$和事件$\{T\}$是不相容的。

（6）若$A\cup B=S$且$A\cap B=\varphi$，则事件A与事件B互为逆事件，又称事件A和事件B互为对立事件。例如S_1中，事件$\{H\}$和事件$\{T\}$互为对立事件。事件A和事件B的对立关系表明，在每次试验中，事件A,B中必有一个发生，且仅有一个发生。A的对立事件记为$\bar{A}$。$\bar{A}=S-A$。

为直观地描述（1）～（6）事件关系与运算，我们用维思图分别加以表示。

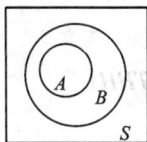

图4-1 $A\subset B$

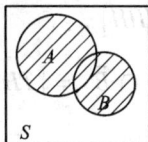

图4-2 $A\cup B$

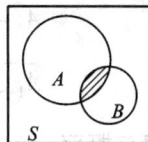

图4-3 $A\cap B$

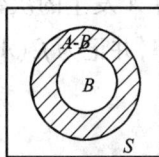

图4-4 $A-B$

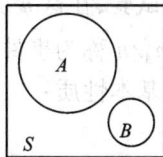

图4-5 $A\cap B=\varphi$

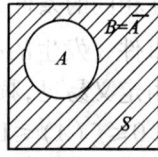

图4-6 $A\cup B=S$且$A\cap B=\varphi$

注：圆A与圆B分别表示事件A和事件B，正方形表示样本空间S。

事件的运算和集合的运算一样，经常要用到下述定律。设A,B,C为事件，则有：

1. 交换定律

$$A \cup B = B \cup A; A \cap B = B \cap A$$

2. 结合律

$$(A \cup B) \cup C = A \cup (B \cup C)$$
$$A \cap (B \cap C) = (A \cap B) \cap C$$

3. 分配律

$$(A \cup B) \cap C = AC \cup BC$$
$$(A \cap B) \cup C = (A \cup C) \cap (B \cup C)$$

4. 德·摩根律

$$\overline{A \cup B} = \bar{A} \cap \bar{B}, \overline{A \cap B} = \bar{A} \cup \bar{B}$$

[**例 4 – 1**]　在 E_2 中事件 $A_1 =$ "第一次出现的是 H",即

$$A_1 = \{HHH, HHT, HTH, HTT\}$$

事件 $A_2 =$ "三次出现同一面",即

$$A_2 = \{HHH, TTT\}$$

则有

$$A_1 \cup A_2 = \{HHH, HHT, HTH, HTT, TTT\},$$
$$A_1 \cap A_2 = \{HHH\},$$
$$A_2 - A_1 = \{HHH\},$$

$$\overline{A_1 \cup A_2} = \bar{A}_1 \cap \bar{B}_2 = \{THT, TTH, THH\}$$

二、频率与概率

(一)频率定义

在相同的条件下,进行 n 次试验,在这 n 次试验中,事件 A 发生的次数 n_A 称为事件 A 发生的频数。比值 n_A/n 称为事件 A 发生的频率,并记为 $f_n(A)$。

由定义易见,频率具有以下基本性质:

1. $0 \leqslant f_n(A) \leqslant 1$;

2. $f_n(S) = 1$

3. 若 $A_1, A_2, \cdots, A_k$ 是两两不相容事件,则

$$f_n(A_1 A_2 \cdots A_K) = f_n(A_1) + f_n(A_2) + \cdots + f_n(A_K)$$

(二)概率定义

设 E 是随机试验,S 是它的样本空间,对于 E 的每一事件 A 赋予一个实数,记为 $P(A)$,称为事件 A 的概率,如果集合函数 $P(\cdot)$ 满足下列条件:

1. 对于每一事件,有 $P(A) \geqslant 0$;

2. $P(S) = 1$；

3. 设 $A_1, A_2, \cdots$, 是两两不相容的事件, 即对于 $i \neq j$, $A_i A_j = \varphi i, j = 1, 2, \cdots$ 则有

$$P(A_1 \cup A_2 \cup \cdots) = P(A_1) + P(A_2) + \cdots \qquad (4-1)$$

式 $(4-1)$ 称为概率的可列可加性。

由概率的定义, 可以推得概率的一些重要性质。

性质 1　$P(\varphi) = 0$

性质 2　若 $A_1, A_2, \cdots, A_n$ 是两两不相容事件, 则有

$$P(A_1 \cup A_2 \cup \cdots U A_n) = P(A_1) + P(A_2) + \cdots + P(A_n) \qquad (4-2)$$

性质 3　设 A, B 是两个事件, 若 $A \subset B$, 则有

$$P(B - A) = P(B) - P(A) \qquad (4-3)$$

$$P(B) = P(A) \qquad (4-4)$$

性质 4　对于任何一事件 A,

$$P(A) \leqslant 1$$

性质 5　对于任一事件 A, 有

$$P(\bar{A}) = 1 - P(A)$$

性质 6　对于任意两事件 A, B 有

$$P(A \cup B) = P(A) + P(B) - P(AB) \qquad (4-5)$$

三、概率计算

(一)古典概型

1. 古典概型定义

一种试验, 如果具有以下两个特点, 则称为古典概型: (1)试验的样本空间的元素只有有限个; (2)试验中每个基本事件发生的可能性相同。

2. 古典概型事件概率计算公式

依据古典概型定义, 样本空间 $S = \{e_1, e_2, \cdots, e_n\}$ 中每个基本事件发生的可能性相同, 即有:

$$P(\{e_1\}) = P(\{e_2\}) = \cdots = P(\{R_n\})$$

又由于基本事件是两两不相容的, 所以

$$1 = P(S) = P(\{e_1\} \cup \{e_2\} \cup \cdots \cup \{e_n\}) = P(\{e_1\}) + P(\{e_2\}) + \cdots + P(\{e_n\})$$

$$= n P(\{e_i\})$$

$$P(\{e_i\}) = \frac{1}{n}, \quad i = 1, 2, \cdots, n$$

若事件 A 包含 k 个基本事件,即 $A = \{e_{i1}\} \cup \{e_{i2}\} \cup \cdots \cup \{e_{ik}\}$ $(1 = i_1 < i_2 < \cdots < i_k \leqslant n)$,则有:

$$P(A) = \sum_{i=1}^{n} P(\{e_{ij}\}) = \frac{k}{n} = \frac{A \text{ 包含的基本事件数}}{S \text{ 中基本事件的总数}} \quad (4-6)$$

式(4-6)就是古典概型中事件 A 的概率的计算公式。

[**例 4-2**]　滨江宾馆共有职工 200 人,其中女性 160 人,现从所有职工中任选一人,选得男性的概率是多少?

解　现样本点总数为 200,事件 A "选得男性"中包含的样本点数即男职工人数为 $200 - 160 = 40$ 人,因此:

$$P(A) = \frac{40}{200} = \frac{1}{5} = 0.2$$

(二)条件概率计算

1. 条件概率。设 A, B 是两个事件,且 $P(A) > 0$,称

$$P(BA) = \frac{P(AB)}{P(A)} \quad (4-7)$$

为事件 A 发生的条件下事件 B 发生的条件概率。

不难验证,条件概率 $P(\cdot A)$ 符合概率定义中的三个条件,即

(1)对于每一事件 B,都有 $P(B|A) \geqslant 0$;

(2)$P(S) = 1$;

(3)设 $B_1, B_2, \cdots,$ 是两两不相容的事件,则有

$$P(\bigcup_{i=1}^{\infty} B_i \mid A) = \sum_{i=1}^{\infty} P(B_i \mid A)$$

2. 乘法定理。由条件概率的定义(4-7),我们可以得到下述定理。乘法定理设 $P(A) > 0$,则有

$$P(A|B) = P(B|A) \cdot P(A) \quad (4-8)$$

一般地,式(4-8)可以推广到多个事件的积事件的情况。例如,设 $A_1, A_2, \cdots, A_n$ 个 n 个事件,$n \geqslant 2$,且 $P(A_1, A_2, \cdots, A_{n-1}) > 0$,则有

$$P(A_1, A_2, \cdots, A_n) = P(A_n A_1, A_2 \cdots A_{n-1}) \cdot P(A_{n-1} A_1, A_2 \cdots A_{n-2})$$
$$\cdots P(A_2 A_1) P(A_1)$$

3. 全概率公式。设事件 $B_1, B_2, \cdots, B_n$ 是样本空间 S 的一个部分,且 $P(B_i) > 0 (i = 1, 2, \cdots, n)$,则

$$P(A) = P(A|B_1)P(B) + P(A|B_2)P(B_2) + \cdots + P(A|B_n)P(B_n) \quad (4-9)$$

式(4-9)称为全概率公式。当事件 A 比较复杂,而 $P(B_i)$ 和 $P(AB_i)$ 都容易计算或已知时,可以利用全概率公式求解。

4. 贝叶斯(Bayes)公式。贝叶斯公式在概率论和概率计算中具有重要地位。在满足全概率公式条件下,由式(4-7)、(4-8)或(4-9)可得

$$P(B_i \mid A) = \frac{P(A \mid B_i)P(B_i)}{\sum_{i=1}^{n} P(A \mid B_i)P(B_i)} \quad (i = 1,2,\cdots,n) \quad (4-10)$$

[例4-3] 某电子设备制造厂所用的晶体管是由三家元件制造厂提供的。根据以往的记录,有以下数据。

元件制造厂	次品率	提供晶体管的份额
1	0.02	0.15
2	0.01	0.80
3	0.03	0.05

设这三家工厂的产品在仓库中均匀混合且无区别标志。(1)在仓库中随机地取一只晶体管,求它是次品的概率;(2)在仓库中随机地取一只晶体管,若已知取到的是次品,为分析此次品出自何厂,需求出此次品由三家工厂生产的概率分别是多少。

解 设 A 表示"取到的是一只次品",$B_i(i=1,2,3)$ 表示"所取到的产品为第 i 家工厂生产提供的"。易知 B_1,B_2,B_3 是样本空间 S 的一个部分,且有 $P(B_1)=0.15$,$P(B_2)=0.80$,$P(B_3)=0.05$,$P(A|B_1)=0.02$,$P(A|B_2)=0.01$,$P(A|B_3)=0.03$。

(1)由全概率公式

$$P(A) = P(A|B_1)P(B_1) + P(A|B_2)P(B_2) + P(A|B_3)P(B_3)$$
$$= 0.0125$$

(2)由贝叶斯公式

$$P(B_1|A) = \frac{P(A|B_1) \cdot P(B_1)}{P(A)} = \frac{0.02 \times 0.15}{0.0125} = 0.24$$

同理

$$P(B_2|A) = 0.64, \quad P(B_3|A) = 0.12$$

以上结果表明,这只次品来自第2家工厂的可能性最大。

5. 独立性。设 A,B 是两事件,如果具有等式

$$P(AB) = P(A)P(B) \qquad (4-11)$$

则称事件 A,B 为相互独立的事件。

推论　若 A,B 相互独立,且 $P(A) > 0$,则 $P(BA) = P(B)$,反之亦然。

第二节　随机变量及其概率分布

一、随机变量

定义　设 E 是随机试验,它的样本空间是 $S = \{e\}$。如果对于每一个 $e \in S$,有一个实数 $X(e)$ 与之对应,这样就得到一个定义在 S 上的单值实值函数 $X = X(e)$,称为随机变量,或者说为一维随机变量。

在实际问题中,对于某些随机试验的结果需同时用两个或两个以上的随机变量来描述。如炮弹着地点的位置需要由它的横坐标和纵坐标来确定,而横坐标和纵坐标是定义在同一个样本空间的两个随机变量。

一般,设 E 是一个随机试验,它的样本空间是 $S = \{e\}$,设 $X_1 = X_1(e)$, $X_2 = X_2(e)$,$\cdots$,$X_n = X_n(e)$ 是定义在 S 上的随机变量,由它们构成的一个 n 维向量 $(X_1, X_2, \cdots, X_n)$ 叫做 n 维随机向量或 n 维随机变量。$n = 2$ 时,就为二维随机变量。

二、随机变量的概率分布

(一)一维随机变量的概率分布

设 X 是一个随机变量,x 是任意实数,函数

$$F(X) = P\{X \leqslant x\}$$

称为 X 的分布函数。

对于任意实数 $x_1, x_2 (x_1 < x_2)$,有

$$P\{x_1 < x < x_2\} = P\{X \leqslant x_2\} - P\{X \leqslant x_1\} = F(x_2) - F(x_1) \qquad (4-12)$$

因此,若已知随机变量 X 的分布函数,我们就知道 X 落在任意区间 (x_1, x_2) 上的概率,从这一意义上讲,分布函数完整地描述了随机变量的统计规律性。

若将 X 视为数轴上的随机点的坐标,那么,分布函数在 x 处的值就表示 X 落在区间 $(-\infty, x)$ 上的概率。

分布函数有如下基本性质。

1. $F(x)$ 是一个非减函数。

事实上,式(4-12)表明

$$F(x_2) - F(x_1) = P\{x_1 < X \leqslant x_2\} \geqslant 0, \ x_2 > x_1$$

2. $0 \leqslant F(x) \leqslant 1$,且

$$F(-\infty) = \lim_{x \to -\infty} F(x) = 0; \quad F(\infty) = \lim_{x \to -\infty} F(x) = 1$$

3. $F(x+0) = F(x)$,即 $F(x)$ 是右连续的。

[例4-4] 若随机变量 X 的分布律为

x	-1	2	3
P_x	$\dfrac{1}{4}$	$\dfrac{1}{2}$	$\dfrac{1}{4}$

试求 X 的分布函数 $F(x)$,并求 $P\{x \leqslant \frac{1}{2}\}$, $P\{\frac{3}{2} < x \leqslant \frac{5}{2}\}$, $P\{2 \leqslant X \leqslant 3\}$。

解 由概率的有限可加性得

$$F(x) = \begin{cases} 0, & x < -1, \\ \dfrac{1}{4}, & -1 \leqslant x < 2, \\ \dfrac{1}{4} + \dfrac{1}{2}, & 2 \leqslant x < 3, \\ \dfrac{1}{4} + \dfrac{1}{2} + \dfrac{1}{4}, & x \geqslant 3. \end{cases}$$

所以

$$P\{X \leqslant \frac{1}{2}\} = F(\frac{1}{2}) = \frac{1}{4}$$

$$P\{\frac{3}{2} < x \leqslant \frac{5}{2}\} = F(\frac{5}{2}) - F(\frac{3}{2}) = \frac{3}{4} - \frac{1}{4} = \frac{1}{2}$$

$$P\{2 \leqslant x \leqslant 3\} = F(3) - F(2) + P\{x = 2\} = 1 - \frac{3}{4} + \frac{1}{2} = \frac{3}{4}$$

(二)二维随机变量概率分布

设 (X, Y) 是二维随机变量,对于任意实数 x, y,二元函数

$$F(x, y) = P\{(X \leqslant x) \cap (Y \leqslant y)\} \triangleq P\{X \leqslant x, Y \leqslant y\}$$

称为二维随机变量(X,Y)的分布函数,或称为随机变量X和Y的联合分布函数。

如果将二维随机变量(X,Y)看成是平面上随机点的坐标,那么,分布函数$F(x,y)$在(x,y)处的函数值就是随机点(X,Y)。图4-7所示为以(x,y)为顶点而位于该点下方的无穷矩形域内的概率。

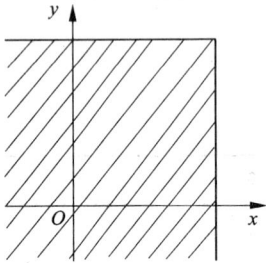

图4-7

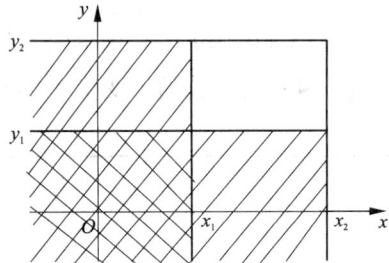

图4-8

依上述解释,借助于图4-8容易算出随机点(X,Y)落在矩形域$[x_1 < x \leqslant x_2 ; y_1 < y \leqslant y_2]$的概率为

$$P\{x_1 < x \leqslant x_2 ; y_1 < y \leqslant y_2\} = F(x_2,y_2) - F(x_2,y_1) - F(x_1,y_2) + F(x_1,y_1)$$

$$(4-13)$$

二元随机变量分布函数$F(x,y)$有如下基本性质:

1. $F(x,y)$是变量x,y的非减函数。对于任意固定的y,当$x_2 > x_1$时,$F(x_2,y) \geqslant F(x_1,y)$;同样,对于任意固定的$x$,当$y_2 > y_1$时,$F(x,y_2) \geqslant F(x,y_1)$。

2. $0 \leqslant F(x,y) \leqslant 1$,且

对于任意固定的$y,F(-\infty,y) = 0$,

对于任意固定的$x,F(x,-\infty) = 0$;

$$F(-\infty,-\infty) = 0; \qquad F(+\infty,+\infty) = 1$$

3. $F(x,y) = F(x+0,y) = F(x,y+0)$,即$F(x,y)$关于$x$右连续,关于$y$右连续。

4. 对于任意点(x_1,y_1)、(x_2,y_2),$x_1 < x_2,y_1 < y_2$,下述不等式成立。

$$F(x_2,y_2) - F(x_2,y_1) + F(x_1,y_1) - F(x_1,y_2) \geqslant 0$$

第三节 离散随机变量概率分布

有些随机变量,它全部可能取到的值是有限个或可列无限多个。这种随机变量叫做离散型随机变量。容易知道,要掌握一个离散型随机变量 X 的统计规律,必须且只需知道 X 的所有可能的值以及取每一个可能值的概率。

一、一维离散型随机变量概率分布

设离散型随机变量 X 所有可能取的值为 $X_k(k=1,2,\cdots)$,X 取各个可能值的概率,即事件 $\{X=X_k\}$ 的概率,为

$$P\{X=X_k\}=P_k, \quad k=1,2,\cdots \tag{4-14}$$

由概率的定义,P_k 满足如下两个条件

1. $P_k \geqslant 0$(非负性),$1,2,\cdots$; $\tag{4-15}$

2. $\displaystyle\sum_{k=1}^{\infty} P_k = 1$(归一性)。 $\tag{4-16}$

我们称式(4-14)为一维离散型随机变量的概率分布或分布律。分布律也可以用表格的形式来表示:

X	x_1	x_2	$\cdots$	x_n	$\cdots$
P_k	P_1	P_2	$\cdots$	P_n	$\cdots$

[**例 4-5**] 同时掷两骰子,观察它们出现的点数,求两颗骰子出现的最大点数的概率分布。

解 设两颗骰子出现的最大点数为 X,则 X 的可能值为 $1,2,3,4,5,6$;且事件 $\{X=k\}$ 表示 $\{$一颗骰子的点数为 k,另一骰子的点数小于或等于 $k\}$。

基本事件总数为 6^2,$\{x=1\}=\{$两颗骰子都出现 1 点$\}$ 包含的基本事件只有 1 个;$\{X=k\}$($k=2,3,4,5$)有两类情况:一类是两颗骰子都出现 k 点(1 种);另一类是一颗骰子出现 k 点,另一颗骰子出现的点数小于 $k[C_i \cdot 1 \cdot C_{k-1} = 2(k-1)]$。故有利于事件 $\{X=k\}$ 的均函数等于 $1+2(k-1)=2k-1$,由古典概率的定义得

$$P(X=k) = \frac{2(k-1)}{36} \qquad (k=1,2,3,4,5,6)$$

于是得 X 的概率分布律为

X	1	2	3	4	5	6
P_k	$\frac{1}{36}$	$\frac{1}{12}$	$\frac{5}{36}$	$\frac{7}{36}$	$\frac{1}{4}$	$\frac{11}{36}$

二、二维离散型随机变量的概率分布

（一）二维随机变量的概率分布

设二维离散型随机变量 (X,Y) 所有可能取值为 (x_i,y_j)，$i,j=1,2,\cdots$，记 $P\{X=x_i,Y=y_i\}=P_{ij}$，$i,j=1,2,\cdots$，则由概率的定义有

$$P_{ij} \geq 0(非负性)，\sum_{i=1}^{\infty}\sum_{j=1}^{\infty}P_{ij}=1(归一性)$$

我们称 $P\{X=x_i,Y=y_i\}=P_{ij}$，$i,j=1,2,\cdots$，为二维离散型随机变量 (X,Y) 的概率分布或发布律，或随机变量 X 和 Y 的联合分布律。

[例 4-6] 设盒内有 2 件次品，3 件正品，现分别进行有放回和无放回抽取。用 X,Y 分别表示第一次、第二次取得次品的个数，求 (X,Y) 的分布律。

解 依据题意，X,Y 都是离散型随机变量，因每一次取一件只有两种结果："取得次品"和"取得正品"，故 X 和 Y 都可定义为：

$$X=\begin{cases}0,第一次取得次品；\\1,第一次取得正品。\end{cases} \qquad Y=\begin{cases}0,第二次取得次品；\\1,第二次取得正品。\end{cases}$$

（1）有放回抽取，这时 X 与 Y 相互独立，故

$$P_{00}=P(X=0,Y=0)=P(X=0)P(Y=0)=\frac{2}{5}\cdot\frac{2}{5}=\frac{4}{25}$$

$$P_{01}=P(X=0,Y=1)=P(X=0)P(Y=1)=\frac{2}{5}\cdot\frac{3}{5}=\frac{6}{25}$$

$$P_{10}=P(X=1,Y=0)=P(X=1)P(Y=0)=\frac{3}{5}\cdot\frac{2}{5}=\frac{6}{25}$$

$$P_{11}=P(X=1,Y=1)=P(X=1)P(Y=1)=\frac{3}{5}\cdot\frac{3}{5}=\frac{9}{25}$$

于是 (X,Y) 的联合分布律为

X Y	0	1
0	4/25	6/25
1	6/25	9/25

(2)无放回,这时 X 与 Y 不独立,故

$$P_{00} = P(X=0, Y=0) = P(X=0)P(Y=0 \mid X=0) = \frac{2}{5} \cdot \frac{1}{4} = \frac{1}{10}$$

$$P_{01} = P(X=0, Y=1) = P(X=0)P(Y=1 \mid X=0) = \frac{2}{5} \cdot \frac{3}{4} = \frac{3}{10}$$

$$P_{10} = P(X=1, Y=0) = P(X=1)P(Y=0 \mid X=1) = \frac{3}{5} \cdot \frac{2}{4} = \frac{3}{10}$$

$$P_{11} = P(X=1, Y=1) = P(X=1)P(Y=1 \mid X=1) = \frac{3}{5} \cdot \frac{2}{4} = \frac{3}{10}$$

于是 (X,Y) 的分布律为

X Y	0	1
0	1/10	3/10
1	3/10	3/10

(二)二维随机变量的边际概率分布

称 $P_X(X_i) = P(X = X_i) = \sum\limits_{j} P_{ij}$ 为关于 X 的边际概率分布(或边际分布),

称 $P_Y(y_j) = P(Y = y_j) = \sum\limits_{j} P_{ij}$ 为关于 Y 的边际概率分布或边际分布。

[例4-7] 求[例4-6]中的二维随机变量 (X,Y) 关于 X 和关于 Y 的边际分布。

解 在[例4-6]第(1)中有

X Y	0	1	$P(Y=y_j) = P_j$
0	4/25	6/25	2/5
1	6/25	9/25	3/5
$P(X=X_i) = P_i$	$\dfrac{2}{5}$	$\dfrac{3}{5}$	1

[例4-6]第(2)中有

Y \ X	0	1	$P(Y = y_i) = P_j$
0	1/10	3/10	2/5
1	3/10	3/10	3/5
$P(X = X_i) = P_i$	$\frac{2}{5}$	$\frac{3}{5}$	1

我们常常将边际分布写在联合分布律表格的边际上,如上表所示。这就是"边际分布律"这个词的来源。

(三)几种重要的离散型随机变量的概率分布

1.(0-1)分布

设随机变量 X 只可能取值0与1两个值,它的分布律是

$$P\{X = k\} = P^k (1-P)^{1-k}, \quad k = 0,1 (0 < P < 1),$$

则称 X 服从(0-1)分布。

(0-1)分布的分布律也可写成

X	0	1
P_R	$1-P$	P

2. 二项分布

即随机变量 X 为 n 重独立重复试验(n 重伯努利试验)中事件 A 发生的次数,X 可能取的值为 $0,1,2,\cdots,n$,且相应的概率为

$$B(k;n,P) = P\{X = k\} = \binom{n}{k} P^k q^{n-k} \qquad (4-17)$$

$$k = 0,1,2,\cdots,n; \quad 0 < P < 1, \quad q = 1 - P$$

称 X 服从的分布为参数为 n,P 的二项分布,简记 $B(n,P)$

事实上,$B(k;n,P)$ 是二项式 $(P+q)^n$ 展开式的各项,而二项分布正是因此而得名的。

[例4-8] 某人进行射击,每次射击的命中率为0.02,独立射击400次,试求至少击中两次的概率。

解 将每次射击看成一次试验,设击中的次数为 X,则 $X \sim B(400,0.02)$。X 的分布律为

$$P\{X=k\}=\binom{400}{k}(0.02)^{k}(0.98)^{400-k}, \quad k=0,1,\cdots,400$$

于是所求概率为

$$P\{X\geqslant2\}=1-P\{X=0\}-P\{X=1\}$$
$$=1-(0.98)^{400}-400(0.02)(0.98)^{398}$$

直接计算上式是麻烦的。下面我们给出 n 很大、P 很小时的近似计算公式。这就是有名的二项分布的泊松逼近。

泊松(Poisson)定理　设 $\lambda>0$ 是一常数，n 是任意正整数，设 $nP_n=\lambda$，则对于任意一固定非负整数 k，有

$$\lim\binom{n}{k}P_n^k(1-P_n)^{n-k}=\frac{\lambda^k}{k!}e^{-\lambda}$$

证明　由 $P_n=\dfrac{\lambda}{n}$ 有

$$\binom{n}{k}P_n^k(1-P_n)^{n-k}=\frac{n(n-1)\cdots(n-k+1)}{k!}\left(\frac{\lambda}{n}\right)^k\left(1-\frac{\lambda}{n}\right)^{n-k}$$

$$=\frac{\lambda^k}{k!}\left[1\cdot(1-\frac{1}{n})(1-\frac{2}{n})\cdots(1-\frac{k-1}{n})\right](1-\frac{\lambda}{n})^n(1-\frac{\lambda}{n})^{-k}$$

对于任意固定的 k，当 $n\to\infty$ 时

$$\left[1\cdot(1-\frac{1}{n})(1-\frac{2}{n})\cdots(1-\frac{k-1}{n})\right]\to1$$

$$(1-\frac{\lambda}{n})^n\to-\lambda, \quad (1-\frac{\lambda}{n})^{-k}\to1$$

故有

$$\lim_{n\to\infty}\binom{n}{k}P_n^k(1-P_n)^{n-k}=\frac{\lambda^k}{k!}e^{-\lambda} \tag{4-18}$$

其中 $\lambda=np$。

依据泊松定理，[例 4-8] 中概率 $P(X\geqslant2)$ 可以较方便地计算出来。因为

$$P\{X=k\}=\binom{n}{k}P^k(1-P)^{n-k}\approx\frac{\lambda^k}{k!}e^{-\lambda}, \lambda=np=8$$

于是　　　　　　　　$P\{X=0\}\approx e^{-8}; \quad P\{X=1\}=8e^{-8}$

所以　　　　　　　　$P(X=2)=1-e^{-8}-8e^{-8}=0.997$

这一概率很接近 1，结果有重要的实际意义。其一，虽然每次射击的命中率很小(为 0.02)，但如果射击 400 次，则击中目标至少两次几乎是肯定的。这一事实说明，在独立性重复试验中，只要试验的次数很多，小概率事件几乎是肯定发生的。这就告诉人们决不能轻视小概率事件。其二，如果射手在 400 次

射击中,击中目标的次数竟不到两次,根据实际推断原理,我们将怀疑"每次射击的命中率为0.02"这一假设,即认为该射手射击的命中率达不到0.02。

3. 泊松分布

设随机变量 X 所有可能取的值为 $0,1,2,\cdots$,而取各个值的概率为

$$P\{X = k\} = \frac{\lambda^k}{k!}e^{-\lambda}, k = 0,1,2,\cdots$$

其中 $\lambda > 0$ 为常数。则称 X 服从参数为 λ 的泊松分布,记为 $X \sim \pi(\lambda)$ 为知,$P(X = k) \geq 0, k = 0,1,2,\cdots$,且有

$$\sum_{k=0}^{\infty} P\{X = k\} = \sum_{k=0}^{\infty} \frac{\lambda^k}{k!}e^{-\lambda} = e^{-\lambda} \sum_{k=0}^{\infty} \frac{\lambda^k}{k!} = e^{-\lambda} e^{\lambda} = 1$$

即 $P\{X = k\}$ 满足离散型概率分布的充分必要条件。

第四节　连续型概率分布

一、一维连续型概率分布

(一)一维连续型概率密度

如果对于随机变量 X,具有满足式(4 – 12)的分布函数 $F(x)$,存在非负函数 $f(x)$,使对于任意实数 x 有

$$F(x) = \int_{-\infty}^{x} f(t)\,\mathrm{d}t \qquad\qquad (4 – 19)$$

则称 X 为连续型随机变量,其中函数 $f(x)$ 称为 X 的概率密度函数,简称密度函数。

由式(4 – 19)可知,连续型随机变量的分布函数是连续型函数。

(二)一维连续随机变量概率密度性质

由定义式知,一维连续随机变量的概率密度 $f(x)$ 具有以下性质:

(1) $f(x) \geq 0$;

(2) $\int_{-\infty}^{\infty} f(x) = 1$;

(3) $P\{X_1 < X \leq X_2\} = F(X_2) - F(X_1) = \int_{X_1}^{X_2} f(x)\,\mathrm{d}x, (X_1 \leq X_2)$;

(4) 若 $f(x)$ 在点 X 处连贯,则有 $F(X) = f(x)$。

[例4 – 9]　设随机变量 X 具有概率密度

$$f(x) = \begin{cases} k \cdot e^{-3x}, & x > 0 \\ 0, & x \leq 0 \end{cases}$$

试求常数 k 和 $P\{x > 0.1\}$。

解 由于 $\int_{-\infty}^{\infty} f(x) = 1$ ，即有 $\int_0^{\infty} k e^{-3x} dx = 1$ ，解得 $k = 3$ ，于是 X 的概率密度为

$$f(x) = \begin{cases} 3e^{-3x}, & x > 0 \\ 0, & x \leqslant 0 \end{cases}$$

而 $P\{x > 0.1\} = \int_{0.1}^{\infty} f(x) dx = \int_{0.1}^{\infty} 3e^{-3x} dx = 0.7408$

一般，如随机变量 X 具有概率密度

$$f(x) = \begin{cases} \dfrac{1}{\lambda} e^{-\frac{x}{\lambda}}, & x > 0 \\ 0, & x \leqslant 0 \end{cases} \tag{4-20}$$

其中 $\lambda > 0$ 为常数，则称 X 服从参数为 λ 的指数分布。

特别需要指出的是，对于连续型随机变量 X 来说，分布函数 $F(x)$ 连续，则有

$$P\{a < x \leqslant b\} = P\{a \leqslant x < b\} = P\{a \leqslant x \leqslant b\}$$

二、二维连续型概率分布

（一）二维连续型概率函数及密度函数

与一维随机变量相似，对于二维随机变量 (X, Y) 的分布函数 $F(x, y)$ 及密度函数 $f(x, y)$ ，我们有相似的定义。

如果存在非负函数 $f(x, y)$ 使对于任意 x, y 有

$$F(x, y) = \int_{-\infty}^{y} \int_{-\infty}^{x} f(u, v) du dv \tag{4-21}$$

则称 (X, Y) 是连续二维随机变量，函数 $f(x, y)$ 称为二维随机变量 (X, Y) 的概率函数，或称为随机变量 X 和 Y 的联合概率密度，函数 $F(x, y)$ 为对应的函数分布函数。

（二）二维连续型密度函数性质

由定义可推知 $f(x, y)$ 具有以下性质：

(1) $f(x, y) \geqslant 0$ ；

(2) $\int_{-\infty}^{\infty} \int_{-\infty}^{\infty} f(x, y) dx dy = F(\infty, \infty) = 1$ ；

(3) 若 $f(x, y)$ 在点 (x, y) 连续，则有

$$\frac{\partial^2 F(x, y)}{\partial x \partial y} = f(x, y)$$

(4)设 G 是 XOY 平面上的一个区域,点 (X,Y) 落在 G 内的概率为

$$P\{(X,Y) \in G\} = \iint_G f(x,y)\mathrm{d}x\mathrm{d}y \qquad (4-22)$$

在几何上,$z=f(x,y)$ 表示空间的一个曲面。由性质(2)可知,介于它和 XOY 平面的空间区域体积为 1。由性质(4)可推知,$P\{(X,Y) \in G\}$ 的值等于以 G 为底,以曲面 $z=f(x,y)$ 为顶面的柱体体积。

[**例 4-10**]　设 (X,Y) 的联合分布密度函数为

$$f(x,y) = \begin{cases} 6\mathrm{e}^{-(2x+3y)}, & x>0,y>0 \\ 0, & \text{其他} \end{cases}$$

求:(1) (X,Y) 的联合分布函数;

(2) $P\{4<x\le 1, -2<y\le 2\}$

解　(1)因 $f(x,y)$ 的非零值域为 $x>0,y>0$.

当 $x<0$ 或 $y<0$ 时,$f(x,y)=0$,于是

$$F(x,y) = \int_{-\infty}^{x}\int_{-\infty}^{y} 0\mathrm{d}x\mathrm{d}y = 0$$

当 $x\ge 0$,当 $y\ge 0$ 时,

$$F(x,y) = \int_{-\infty}^{x}\int_{-\infty}^{y} f(x,y)\mathrm{d}x\mathrm{d}y = \int_{0}^{x}\int_{0}^{y} 6e^{-(2x+3y)}\mathrm{d}x\mathrm{d}y = (1-\mathrm{e}^{-2x})(1-\mathrm{e}^{-3y})$$

综合上述情况,(X,Y) 的分布函数为

$$F(X,Y) = \begin{cases} (1-\mathrm{e}^{-2x})(1-\mathrm{e}^{-3x}), & x\ge 0,y\ge 0, \\ 0, & \text{其他} \end{cases}$$

(2)由分布函数的性质得

$P\{-1<x\le 1, -2<y\le 2\} = F(1,2) - F(-1,2) - F(1,-2) + F(-1,-2) = (1-\mathrm{e}^{-2})(1-\mathrm{e}^{-6})$

(三)二维连续型随机变量 (X,Y) 的边际分布

1. 边际分布函数

二维连续随机变量 (X,Y) 作为一个整体,具有分布函数 $F(x,y)$,而 X 和 Y 都是随机变量,各有分布函数,将它们分别记为 $F_X(x)$,$F_Y(y)$,依次称为二维随机变量 (X,Y) 关于 X 和关于 Y 的边际分布函数。

边际分布函数 $F_X(x)$,$F_Y(y)$ 由 (X,Y) 的分布函数 $F(x,y)$ 来确定,$F_X(x)$,$F_Y(y)$ 分别为

$$F_X(x) = P\{X\le x\} = P\{X\le x, Y<\infty\} = F(x,\infty),$$

即
$$F_X(x) = F(x,\infty) \qquad (4-23)$$

就是说,只要在 $F(x,y)$ 中令 $y \to \infty$ 就得到 $F_X(x)$。同样

$$F_Y(y) = F(y, \infty) \tag{4-24}$$

2. 边际概率分布密度

对于连续型随机变量 (X,Y),设它的概率密度为 $f(x,y)$

由

$$F_X(x) = F(x, \infty) = \int_{-\infty}^{x} \left[\int_{-\infty}^{\infty} f(x,y) \, \mathrm{d}y \right] \mathrm{d}x$$

知道 X 是一个连续型随机变量,且其概率密度为

$$F_X(x) = \int_{-\infty}^{\infty} f(x,y) \, \mathrm{d}y \tag{4-25}$$

同样,Y 也是一个连续型随机变量,其概率密度为

$$F_Y(y) = \int_{-\infty}^{\infty} f(x,y) \, \mathrm{d}x \tag{4-26}$$

分别称 $F_X(x)$,$F_Y(y)$ 为 (X,Y) 关于 X 和关于 Y 的边际概率密度。

三、连续随机变量的条件分布与独立分布

(一)条件分布

定义 (X,Y) 是二维随机变量。给定 y,设对于任意固定的正数 ε,$P\{y - \varepsilon < Y \leqslant y + \varepsilon\} > 0$,若对于任意实数 x,极限

$$\lim_{\varepsilon \to 0^+} P\{X \leqslant x \mid y - \varepsilon < Y \leqslant y + \varepsilon\} = \lim_{\varepsilon \to 0^+} \frac{P\{X \leqslant x, y - \varepsilon < Y \leqslant y + \varepsilon\}}{P\{y - \varepsilon < Y \in y + \varepsilon\}}$$

存在,则称此极限为条件 $Y = y$ 下 X 的条件分布函数,写成 $P\{X \leqslant x \mid Y = y\}$ 或记为 $F_{X|Y}(x|y)$。

设 (X,Y) 的分布函数为 $F(x,y)$,概率密度为 $f(x,y)$。若在点 (x,y) 处 $f(x,y)$ 连续,边际概率密度 $f_Y(y)$ 连续,且有 $f_Y(y) > 0$,则有

$$F_{X|Y}(x \mid y) = \frac{\int_{-\infty}^{x} f(u,y) \, \mathrm{d}u}{f_Y(y)} \tag{4-27}$$

或写成

$$F_{X|Y}(x \mid y) = \int_{-\infty}^{x} \frac{f(u,y)}{f_Y(y)} \, \mathrm{d}u \tag{4-28}$$

若记 $f_{X|Y}(x|y)$ 为在条件 $Y = y$ 下 X 的条件概率密度,则由式(4-28)可知

$$f_{X|Y}(x|y) = \frac{f(x,y)}{f_Y(y)} \tag{4-29}$$

类似地可以定义 $F_{X|Y}(y|x)$ 和 $f_{Y|X}(y|x) = \dfrac{f(x,y)}{f_x(x)}$。

[例 4 – 11]   设 (X,Y) 的联合分布密度为

$$f(x,y) = \begin{cases} 3x, & 0 \leqslant x \leqslant 1, 1 < y < x, \\ 0, & \text{其他} \end{cases}$$

求 $P\{Y \leqslant \dfrac{1}{8} | X = \dfrac{1}{4}\}$

解   关于 X 的边际密度为

$$f_x(x) = \int_{-\infty}^{+\infty} f(x,y)\,\mathrm{d}y = \begin{cases} \int_0^x 3x\mathrm{d}y, & 0 \leqslant x \leqslant 1, \\ 0, & \text{其他} \end{cases} = \begin{cases} 3x^2, & 0 \leqslant x \leqslant 1, \\ 0, & \text{其他} \end{cases}$$

故 $$f_{Y|X}(y|x) = \frac{f(x,y)}{f_X(x)} = \begin{cases} \dfrac{3x}{3x^2} = \dfrac{1}{x}, & 0 < y < x < 1 \\ 0, & \text{其他} \end{cases}$$

于是

$$P\{Y = \frac{1}{8} | X = \frac{1}{4}\} = \int_{-\infty}^{\frac{1}{8}} f_{Y|X}(Y = y | x = \frac{1}{4})\mathrm{d}y = \int_0^{\frac{1}{8}} 4\mathrm{d}y = \frac{1}{2}$$

(二)独立分布

定义   设 $F(x,y)$ 及 $F_X(x)$，$F_Y(y)$ 分别是二维连续随机变量 (X,Y) 的分布函数及边缘分布函数。若对于所有 x,y 有

$$P\{X \leqslant x, Y \leqslant y\} = P\{X \leqslant x\} P\{Y \leqslant y\} \qquad (4-30)$$

即 $$F(x,y) = F_X(x) \cdot F_Y(y) \qquad (4-31)$$

则称随机变量 X 和 Y 是相互独立的。

设 (X,Y) 是连续型随机变量，$f(x,y)$，$f_X(x)$，$f_Y(y)$ 分别为 (X,Y) 的概率密度和边缘概率密度，则 X 和 Y 相互独立的条件可以分为

$$f(x,y) = f_X(x) \cdot f_Y(y) \qquad (4-32)$$

四、几种重要的连续型随机变量分布

(一)一维均匀分布

设连续型随机变量 X 具有概率密度

$$f(x) = \begin{cases} \dfrac{1}{b-a}, & a < x < b \\ 0, & \text{其他} \end{cases} \qquad (4-33)$$

则称 X 在区间 (a,b) 上服从一维均匀分布。

一维均匀分布的分布函数为

$$F(x) = \begin{cases} 0, & x < a, \\ \dfrac{x-a}{b-a}, & a \leqslant x < b, \\ 1, & x \geqslant b. \end{cases} \qquad (4-34)$$

(二)二维均匀分布

设 G 是平面上的有界区域,面积为 A,若二维随机变量 (X,Y) 具有概率密度

$$f(x,y) = \begin{cases} \dfrac{1}{A}, & (x,y) \in G, \\ 0, & \text{其他} \end{cases}$$

则称 (X,Y) 在 G 上服从二维均匀分布。

(三)一维连续正态分布

设连续型随机变量 X 的概率密度为

$$f(x) = \frac{1}{8\sqrt{2\pi}} e^{-\frac{1}{2\delta^2}(x-\mu)^2}, \quad -\infty < x < \infty \qquad (4-35)$$

则称 X 服从参数为 μ,δ 的一维正态分布或高斯(Gauss)分布,通常记为 $X \sim N(\mu,\delta^2)$。

当 $\mu = 0, \delta = 1$ 时称 X 服从标准正态分布,其概率密度和分布函数分别用 $\varphi(x), \phi(x)$ 表示,则有

$$\varphi(x) = \frac{1}{\sqrt{2\pi}} e^{-\frac{x^2}{2}} \qquad (4-36)$$

$$\phi(x) = \int_{-\infty}^{x} \varphi(t)\,dt = \int_{-\infty}^{x} \frac{1}{\sqrt{2\pi}} e^{-\frac{t^2}{2}}\,dt \qquad (4-37)$$

$$\phi(-x) = 1 - \phi(x) \qquad (4-38)$$

一般,若 $X \sim N(\mu,\delta^2)$,我们只要通一个线性变换就能将它化成标准形式。下面通过例题来说明。

[例 4-12]　若 $X \sim N(\mu,\delta^2)$,则随机变量 $z = \dfrac{x-\mu}{\delta} \sim N(0,1)$ 分布。

解　因 $X = N(\mu,\delta^2)$,则随机变量 $z = \dfrac{x-\mu}{\delta}$ 的分布函数为

$$P\{z \leqslant x\} = P\left\{\frac{x-\mu}{\delta} \leqslant x\right\} = P\{x \leqslant \mu + \delta x\} = \frac{1}{\sqrt{2\pi}\delta} \int_{-\infty}^{\mu+\delta x} e^{-\frac{(t-\mu)^2}{2\delta^2}}\,dt$$

令 $\dfrac{t-\mu}{\delta}=u$,得:

$$P\{z \leqslant x\} = \frac{1}{\sqrt{2\pi}}\int_{-\infty}^{x} e^{-\frac{u^2}{2}}\mathrm{d}u = \phi(x)$$

本章小结

1. 社会生活与生产活动中存在着大量的随机现象。本章通过试验、样本空间、事件等基本概念,对概率论的研究对象——随机现象作了描述,并在此基础上论述了事件之间的各种关系与运算。这些内容对于整个概率论以至数理统计具有最基本的重要性。

2. 频率稳定性是概率定义的基础,弄清频率与概率的关系,对于理解概率论与客观实践的联系很重要。进一步,我们给出了概率的一些基本性质,简介了古典概型、条件概型、条件概率与独立性等基本概念,给出了与条件概率有关的乘法公式、全概率公式和贝叶斯公式和其相关运用的例子。

3. 随机变量使我们量化描述各种随机现象变得极为方便。随机变量可分为离散型随机变量与连续型随机变量。这两种随机变量的取值具有完全不同的特性,因而它们的描述方法和处理方法也有所不同,但它们可以用分布函数的形式统一起来。分布函数完整地描述了随机变量取哪些值以及取到这些值的概率。同时,对离散型随机变量说,这种描述也可以用分布列、对连续型随机变量则可以用密度函数。

4. 本章介绍了概率中最重要的正态分布、二项分布、泊松分布三大分布,还介绍了其他一些常用的分布和几种常见的随机变量的函数的分布。这些分布,在理论和实际应用中非常重要。

5. 从一维随机变量扩展到二维以至 n 维随机变量的研究,关键在于除了各个分量本身的性质之外,还必须考虑各个分量之间的联系。为此,本章讨论了独立性、相关性等概念。

思考与练习

1. 写出下列随机试验的样本空间及下列事件包含的样本点:

(1)掷一颗骰子,出现奇数点;

(2)将一枚均匀硬币抛两次;

    A:第一次出现正面

    B:两次出现同一面

    C:至少有一次出现正面

(3)将 a,b 两只球随机地放到盒子中去,第一个盒子中至少有一个球。

2. 指出下列各等式命题是否成立,并说明理由:

(1) $A \cup B = (A \bar{B}) \cup B$;   (2) $\overline{A} B = A \cup B$;

(3) $\overline{A \cup B} \cap C = \bar{A} \bar{B} \bar{C}$;   (3) $(AB)(A \bar{B}) = \phi$。

3. 设一只口袋中装有 a 只白球和 b 只黑球,从中陆续取出三只球(不放回),求三只球依次为黑白黑的概率。

4. 袋中装有 $1, 2, \cdots, N$ 号的球各一只,采用:(1)有放回方式摸球;(2)不放回方式摸球。试分别求出在第 K 次摸球时首次摸到 1 号球的概率。

5. 某工厂有甲、乙、丙三个车间生产同一种产品,各个车间的产量分别占全厂产量的 $25\%, 35\%, 40\%$,各车间产品的次品率分别为 $5\%, 4\%, 2\%$,求全厂产品的次品率。

6. 电路由电池 A 与两个并联的电池 B 及 C 串联而成。设电池 A, B, C 损坏的概率分别是 $0.3, 0.2, 0.2$,求电路发生断电的概率。

7. 设每次射击时命中率为 0.2,问至少必须进行多少次独立射击才能至少击中一次的概率不小于 0.9?

8. 设随机变量 ε 的分布列为

$$P\{\varepsilon = k\} = \frac{k}{15}, \quad k = 1, 2, 3, 4, 5。$$

试求:(1) $P\{\varepsilon = 1$ 或 $\varepsilon = 2\}$;(2) $P\{\frac{1}{2} < \varepsilon < \frac{5}{2}\}$;(3) $P\{1 < \varepsilon < 2\}$。

9. 设某商店中每月销售某种商品的数量服从参数为 7 的泊松分布,问在月初进货时要库存多少此种商品,才能保证当月不脱销的概率为 0.999。

10. 设随机变量的分布函数为

$$F(x) = \begin{cases} 1 - (1 + x)^{e-x}, & x \geqslant 0 \\ 0, & \text{其他} \end{cases}$$

试求相应的密度函数,且求 $P\{\varepsilon \leqslant 1\}$。

11. 设 x 服从 $(0, 1)$ 分布,其分布律为 $P\{x = k\} = P^k (1 - P)^{1-k}, k = 0, 1$,求 x 的分布函数,并作出其图形。

12. 在区间 $[0, a]$ 上任意投掷一个质点。以 x 表示这个质点的坐标。设这个质点落在 $[0, a]$ 中任意小区间的概率与这个小区间的长度成正比,试求 x 的分布函数。

13. 设 x 服从标准正态分布,其概率密度为 $\varphi(x)$,试验证

$$\int_{-\infty}^{\infty} \varphi(x) \mathrm{d}x = 1$$

14. 设 k 在 $(0, 5)$ 服从均匀分布,求方程

$$4x^2 + 4kx + k + 2 = 0$$

有实根的概率。

15. 设 $X \sim N(3, 2^2)$,(1)求 $P\{2 < X \leqslant 5\}, P\{-4 < X \leqslant 10\}, P\{|X| > 2\}$;(2)确定 C 使得 $P\{X > C\} = P\{X \leqslant C\}$。

参考答案

2.(1)成立,(2)不成立,(3)不成立,(4)成立。

3. $\dfrac{ab(b-1)}{(a+b)(a+b-1)(a+b-2)}$

4.(1) $\dfrac{(N-1)^{k-1}}{N^k}$ 　(2) $\dfrac{1}{N}$

5. 0.0345　　6. 0.328

7. 11 次　　8.(1) $\dfrac{1}{5}$ 　(2) $\dfrac{1}{5}$ 　(3) $\dfrac{1}{5}$

9. 16

11. $P(x)=\begin{cases} x^{e-x}, & x\geqslant0, \\ 0, & x<0。\end{cases}$ 　$P\{\varepsilon\leqslant1\}=1-\dfrac{2}{e}$

12. $F(x)=\begin{cases} 0, & x<0 \\ 1-P, & 0\leqslant x<1 \\ 1, & x\geqslant1\end{cases}$

13. $F(x)=\begin{cases} 0, & x<0 \\ \dfrac{x}{a}, & 0\leqslant x<a \\ 1, & x\geqslant a\end{cases}$

14. $\dfrac{3}{5}$

15.(1) $P\{2<x\leqslant5\}=0.5328$ 　$P\{-4x\leqslant10\}=0.9996$ 　$P\{|x|>2\}=0.6977$ 　$P\{x>3\}=0.5$ 　(2) $c=3$

第五章 抽样推断

抽样推断是统计调查工作的重要内容,是利用样本资料对总体进行估计和判断的方法。本章在抽样推断概念的基础上,介绍抽样及抽样分布的理论、参数估计的基本方法、参数估计的评价标准、几种常见的参数估计,以及抽样组织形式的设计和必要样本容量的确定等。

第一节 抽样推断概述

一、抽样调查及其特点

(一)抽样调查的概念

抽样调查是非全面调查,它是按照随机原则从调查对象(即总体)中抽取部分单位进行调查,用调查所得指标数值对调查对象相应指标数值作出具有一定可靠性的估计和判断的一种统计调查方法。因此,抽样调查也叫抽样推断。例如,从一定地区的消费者中,通过随机抽样,抽取若干消费者进行消费水平的实测,计算平均消费水平,以此来推断该地区的平均消费水平,还可以利用平均消费水平乘以全部人口,推算出该地区的消费总水平。又如,对一批产品进行质量检查时,从全部产品中随机抽取部分产品进行检测,通过计算该部分产品的合格率,以此来推断全部产品的合格率,并估计这种推断的可靠程度。

可见,作为统计工作的重要环节,抽样调查既是搜集统计资料的方法,也是对调查对象进行科学估计和推断的方法。

(二)抽样调查的特点

1. 遵循随机原则。和其他调查方式不同,抽样调查遵循随机原则。所谓随机原则,是指从调查对象中抽取部分单位,调查对象中每个调查单位都有同等机会被抽中,而哪个单位被抽中纯粹是随机的。

抽样调查为什么要遵循随机原则?首先,遵循随机原则才能使调查对象中每个单位有同等机会被抽中或抽不中,当抽取足够多的单位时,才能使被抽中单位的次数分布类型与总体相同;其次,遵循随机原则才能使被抽中单位对总体的代表性有保证;再次,遵循随机原则才能计算抽样误差,从而正确推断总体。

2. 由部分推断总体。抽样调查是用部分单位的指标数值去推断和估计总体的指标数值。和全面调查相比,虽然目的一致,都是为了达到对总体数量的认识,但是达到目的的手段和途径完全不同。抽样调查是通过科学的推断达到目的的,全面调查是通过综合汇总达到目的的。

3. 存在抽样误差。抽样调查必然会产生抽样误差,这个误差,不但事前可以计算,而且可以采取措施使其控制在一定范围之内,从而使抽样推断达到一定的可靠程度。而其他非全面调查尽管也能用部分单位的指标数值去估计总体的指标数值,但是这种估计不能计算误差,也不能说明估计的精度和可靠程度。

(三)抽样调查的作用

1. 有些现象无法进行全面调查,但为了测算总体情况,必须进行抽样调查。如对无限总体的调查、破坏性调查以及在理论上可以全面调查但实际上有困难的调查等等。

2. 抽样调查的结果可以对全面调查的结果进行检查和修正。全面调查涉及面宽,工作量大,参加人员多,调查结果容易出现各种差错。因此,在全面调查(如人口普查)之后进行抽样复查,根据复查结果计算差错率,并以此为依据检查和修正全面调查结果,从而提高全面调查的质量。

3. 抽样调查可用于生产过程的质量控制。在产品成批或大量连续生产的过程中,利用抽样调查可以及时提供产品质量信息,进行质量控制,保证生产质量稳定。

总之,抽样调查是一种科学实用的调查方法,既可以节省人力、物力、费用和时间,又可以提高调查结果的时效性,达到统计工作的目的和效果。目前它不仅在政府部门得到广泛应用,也越来越多地被企业单位所采用。随着抽样理论的发展,抽样技术的进步和完善,可以预计,抽样调查在社会经济统计中的应用将更加普及。

二、抽样推断的几个基本概念

(一)全及总体和抽样总体

1. 全及总体就是调查对象。全及总体简称总体,它是由许多性质相同的调查单位组成。通常用大写字母 N 代表全及总体单位数。

2. 抽样总体就是按照随机原则从全及总体中抽取的一部分单位。抽样总体简称样本,它也是由许多性质相同的单位组成。通常用小写字母 n 代表样本的单位数,n 也称样本容量。组成样本的每个单位称样本单位。

例如,某地区有 50 万个消费者,要采用抽样调查的方法研究该地区消费者的消费支出情况,则该地区全部消费者构成全及总体,$N = 500\ 000$。如果从全部消费者中随机抽取千分之一即 500 个进行调查,则被抽中的 500 个消费者构成抽样总体即样本,$n = 500$。

样本按照样本单位数的多少分为大样本和小样本。一般地说,$n \geqslant 30$ 为大样本,$n < 30$ 为小样本。在对社会经济现象进行抽样调查时,多数采用大样本。从一个全及总体中可以抽取一个样本,也可以抽取多个样本。

(二)全及指标和抽样指标

1. 全及指标,又称总体指标。它是指全及总体的统计指标。一般而言,全及指标主要有四个:全及平均数、全及成数、总体标准差及方差、总体是非标志标准差及方差。

(1)全及平均数,又称总体平均数。它是全及总体各单位标志值的平均数,通常用 $\bar{X}$ 表示。

在总体未分组情况下:

$$\bar{X} = \frac{\sum_{i=1}^{N} X_i}{N} = \frac{\sum X}{N}$$

式中,$X_i(i = 1, 2, \cdots, N)$——总体各单位标志值。

在总体分组的情况下:

$$\bar{X} = \frac{\sum_{i=1}^{k} X_i f_i}{\sum_{i=1}^{k} f_i} = \frac{\sum Xf}{N}$$

式中,$X_i(i = 1, 2, \cdots, k)$——总体各组组中值;

　　　$f_i(i = 1, 2, \cdots, k)$——总体各组次数;

　　　k——总体组数。

(2)全及成数,又称总体成数。它是指全及总体中具有某一相同标志表现的单位数占全及总体单位数的比重,通常用 P 表示。全及总体 N 中具有"是"标志表现的单位数用 N_1 表示,显然 $P = \dfrac{N_1}{N}$。

(3)总体标准差。它是指全及总体中根据各单位标志值计算的标准差,

记作 σ。

在总体未分组的情况下：

$$\sigma = \sqrt{\dfrac{\sum\limits_{i=1}^{N}(X_i - \bar{X})^2}{N}}$$

在总体分组的情况下：

$$\sigma = \sqrt{\dfrac{\sum\limits_{i=1}^{k}(X_i - \bar{X})^2 f_i}{\sum\limits_{i=1}^{k} f_i}}$$

总体标准差的平方叫总体方差，记作 σ^2。

（4）总体是非标志标准差。它是指全及总体中根据是非标志计算的标准差。根据是非标志标准差与方差的计算，总体是非标志的标准差为 $\sqrt{P(1-P)}$，方差为 $P(1-P)$。

2. 抽样指标，又称样本指标。它是指抽样总体的统计指标。和全及总体一样，抽样总体也有四个对应指标：抽样平均数、抽样成数、样本标准差及方差、样本是非标志标准差及方差。

（1）抽样平均数，又称样本平均数。它是抽样总体各单位标志值的平均数，记作 $\bar{x}$。

在样本未分组情况下　　$\bar{x} = \dfrac{\sum\limits_{i=1}^{n} x_i}{n}$

式中　$x_i(i=1,2,\cdots,k)$ 表示样本各单位标志值。

在样本分组的情况下：

$$\bar{x} = \dfrac{\sum\limits_{i=1}^{k} x_i f_i}{\sum\limits_{i=1}^{k} f_i} = \dfrac{\sum\limits_{i=1}^{k} x_i f_i}{n}$$

式中　$x_i(i=1,2,\cdots,k)$——样本各组组中值；

$f_i(i=1,2,\cdots,k)$——样本各组次数；

k——样本组数。

（2）抽样成数，又称样本成数。它是指样本中具有某一相同标志表现的单位数占样本容量 n 的比重，记作 p。样本中具有"是"标志表现的单位数记

作 n_1，显然

$$p = \frac{n_1}{n}$$

（3）样本数量标志标准差。它是指样本中根据各单位标志值计算的标准差，记作 S。

在样本未分组的情况下：

$$S = \sqrt{\frac{\sum_{i=1}^{n} (x_i - \bar{x})^2}{n}}$$

在样本分组的情况下：

$$S = \sqrt{\frac{\sum_{i=1}^{k} (x_i - \bar{x})^2 f_i}{\sum_{i=1}^{k} f_i}}$$

样本标准差的平方叫样本方差，记作 S^2。

（4）样本是非标志标准差。它是指样本中根据是非标志计算的标准差。很显然，样本是非标志标准差为 $\sqrt{p(1-p)}$，方差为 $p(1-p)$。

三、抽样的基本方法

按抽取样本的方式不同，抽样方法分为重置抽样和不重置抽样两种。

（一）重置抽样

所谓重置抽样，是指在抽取样本时，记录一个样本单位有关标志表现以后，把它重新放回到全及总体中去，再从全及总体中随机抽取下一个样本单位，记录它的有关标志表现以后，也把它放回全及总体中去，照此下去直到抽选第 n 个样本单位。

可见，重置抽样时全及总体单位数在抽选过程中始终未减少，总体各单位被抽中的可能性前后相同，而且一些单位有被重复抽中的可能。

（二）不重置抽样

所谓不重置抽样，是指从全及总体抽取一个样本单位，记录该单位有关标志表现后，这个样本单位不再放回全及总体。然后，从总体中剩下的单位中随机抽选下一个样本单位，记录了该单位有关标志表现以后，该单位也不放回全及总体中去，照此下去直到抽选出第 n 个样本单位。

可见，不重置抽样时，总体单位数在抽选过程中在逐渐减少，各单位被抽中的可能性前后不断变化,而且各单位没有重复被抽中的可能。

在总体有限,且抽样比例较大的情况下,两种抽样方法会产生三个差别:
(1)抽样误差的计算公式不同;(2)抽样误差的大小不同;(3)同样抽样误差
要求(允许误差)情况下,抽取的必要样本数目不同。

四、抽样调查的理论基础

抽样调查是建立在概率论的大数定律和中心极限定理基础上的。大数定
律是阐明大量随机现象平均结果稳定性的一系列定理的总称。它说明如果被
研究的总体是由大量的相互独立的随机因素所构成,而且每个因素对总体的
影响都相对的小,那么对这些大量因素加以综合平均的结果,单一因素的个别
影响将相互抵消,而呈现出共同作用的影响,使总体具有稳定的性质。

大数定律证明:随着样本容量 n 的增加,抽样平均数 $\bar{x}$ 接近于总体平均
数 $\bar{X}$ 的趋势,几乎是具有实际必然性。

大数定律论证了抽样平均数趋于总体平均数的趋势,这为抽样调查提供
了重要的理论依据。但是,抽样平均数和总体平均数离差究竟有多大? 离差
不超过一定范围的概率(把握程度或可靠程度)有多大? 这个问题要用概率
论中的中心极限定理来研究。通俗地说,中心极限定理论证:如果总体变量存
在有限的平均数和方差,那么,不论这个总体的分布如何,随着样本容量 n 的
增加,抽样平均数的分布便趋近正态分布。在现实生活中,一个随机变量服从
正态分布未必很多,但是多个随机变量和的分布趋于正态分布则是普遍存在
的。抽样平均数也是一种随机变量和的分布,因此在样本容量 n 充分大的条
件下,抽样平均数也趋近于正态分布,这为抽样误差的概率估计理论提供了理
论基础。

第二节　　抽样分布

一、抽样分布概念

抽样分布是抽样推断的基础,是指样本统计量的概率分布。所谓样本统
计量,也称样本指标,是一个随机变量。由于样本是随机抽取的,随着抽到的
样本单位不同,其观察值也会变化,统计量的取值也随之变化,因此,样本统计
量是定义在样本空间上的样本随机变量的函数。根据统计推断的需要,一个
样本可以构造出许多统计量,如样本平均数、样本成数、样本方差等等。

　　从同一总体中,抽取样本容量相同的所有可能样本后,计算每个样本统计量的取值和相应的概率,就组成样本统计量的概率分布,简称抽样分布。

　　统计量的取值不但和样本容量有关,而且和抽样方法有关。为了简便起见,本节讨论限于简单随机样本,分别研究重置抽样的抽样分布和不重置抽样的抽样分布,并对抽样分布的数学性质进行证明。

二、重置抽样分布

(一)样本平均数的分布

　　样本平均数分布是由总体中全部样本平均数的可能取值和与之相应的概率组成。先举例说明。

　　[例5-1]　某次调查资料中4个被调查者的月消费为410元、450元、480元、500元。为研究方便,不妨设这4个被调查者构成总体,则总体被调查者平均月消费为

$$\bar{X} = \frac{\sum x}{N} = \frac{410 + 450 + 480 + 500}{4} = 460(元)$$

方差

$$\sigma^2(X) = \frac{(410-460)^2 + (450-460)^2 + (480-460)^2 + (500-460)^2}{4}$$

$$= 1\ 150$$

$$\sigma(X) = \sqrt{\sigma^2(X)} = \sqrt{1\ 150} = 33.91(元)$$

　　用重置抽样的方法,从4人中间随机抽2个构成样本,并通过求样本平均月消费来推断总体的平均月消费水平。由于是重置抽样,所以共有16个样本,各样本的平均月消费如表5-1所示。

表5-1　样本平均月消费　　　　　　单位:元

样本变量	410	450	480	500
410	410	430	445	455
450	430	450	465	475
480	445	465	480	490
500	455	475	490	500

从上表容易看出样本的平均数及其次数,可以整理列出样本平均数的分布表示如下:

表 5 - 2 样本平均月消费分布

样本月平均消费(元)	频　数	频　率
410	1	1/16
430	2	2/16
445	2	2/16
450	1	1/16
455	2	2/16
465	2	2/16
475	2	2/16
480	1	1/16
490	2	2/16
500	1	1/16
合　　计	16	1

根据以上资料,可以计算样本平均月消费的平均数 $E(\bar{x})$ 和样本平均月消费的方差 $\sigma^2(\bar{x})$。

$$E(\bar{x}) = \frac{\sum \bar{x} f}{\sum f}$$

$$= \frac{1}{16}(410 \times 1 + 430 \times 2 + 445 \times 2 + 450 \times 1 + 455 \times 2 + 465 \times 2$$

$$+ 475 \times 2 + 480 \times 1 + 490 \times 2 + 500 \times 1)$$

$$= 460(元)$$

$$\sigma^2(\bar{x}) = \frac{\sum [\bar{x} - E(\bar{x})]^2 f}{\sum f}$$

$$= \frac{1}{16}[(410 - 460)^2 + (430 - 460)^2 \times 2 + (445 - 460)^2 \times 2$$

$$+ (450 - 460)^2 + (455 - 460)^2 \times 2 + (465 - 460)^2 \times 2$$

$$+ (475 - 460)^2 \times 2 + (480 - 460)^2 + (490 - 460)^2 \times 2 + (500 - 460)^2]$$

$$= 575$$

$$\sigma(\bar{x}) = \sqrt{\sigma^2(\bar{x})} = \sqrt{575} = 23.98(元)$$

以上计算表明,重置抽样条件下,样本平均数的分布有两个重要的性质:

1. 重置抽样的样本平均数($\bar{x}$)的平均数等于总体平均数,即:

$$E(\bar{x}) = \bar{X} \qquad (5-1)$$

在上例中,两者都等于 460 元。这说明虽然每个样本平均数的取值可能与总体平均数不同,有一定离差,但从总体来看,所有样本平均数平均说来和总体平均数是相同的,不再存在离差。

2. 抽样平均数的标准差反映样本平均数与总体平均数的平均误差程度,这是因为

$$\sqrt{E[\bar{x} - E(\bar{x})]^2} = \sqrt{E(\bar{x} - \bar{X})^2}$$

因为这一误差是由于抽样而产生的,故称为抽样平均误差,以符号 μ 表示。重置抽样的抽样平均误差等于总体标准差除以样本单位数的平方根。即

$$\mu = \sigma(\bar{x}) = \frac{\sigma(X)}{\sqrt{n}} \qquad (5-2)$$

在上例中,直接以总体标准差 $\sigma(X)$ 和样本单位数 n 代入式(5-2)得

$$\mu = \sigma(\bar{x}) = \sqrt{\frac{\sigma^2(X)}{n}} = \sqrt{\frac{1\,150}{2}} = 23.98(元)$$

所得结果和上面计算的结果完全一致。它表明所有样本平均月消费和总体平均月消费的平均离差为 23.98 元。

以上的结论可以进行数学上的推导,具体见本节第四部分。

从这一等式可以看出两项重要的事实:首先,抽样平均误差比总体标准差小得多,仅为总体标准差的 $1/\sqrt{n}$,所以用样本平均数来代表总体平均数是更有效的;其次,抽样平均误差和总体标准差成正比变化,而和样本单位 n 的平方根成反比变化。例如,在同一总体中,如果抽样平均误差允许增加一倍,则样本单位数只需原来的 1/4,如果样本容量扩大为原来的 9 倍,则抽样平均误差就缩小 2/3,等等。

（二）抽样成数的分布

对于是非标志,其总体平均数就是总体成数本身,$\bar{X}_p = P$,总体方差 $\sigma^2(P) = P(1-P)$。在总体中用重置抽样方法抽取 n 个单位计算样本成数 p,则样本平均数分布的性质可以推广到抽样成数的分布,即有

$$E(p) = \bar{X}_p = P \qquad (5-3)$$

式(5-3)表示,样本成数 p 的平均数等于总体成数平均数,即总体成数

本身。

$$\mu(p) = \sigma(p) = \frac{\sigma(P)}{\sqrt{n}} = \sqrt{\frac{P(1-P)}{n}} \qquad (5-4)$$

式(5-4)表示,样本成数的抽样平均误差亦即样本成数的标准差等于总体成数的方差除以样本单位数之商的平方根。

[例5-2]　已知某产品的合格品率为90%,现在用重置抽样方法从中抽取400件,求样本合格品率的抽样平均误差。

$$\mu(p) = \sqrt{\frac{P(1-P)}{n}} = \sqrt{\frac{0.9 \times 0.1}{400}} = 1.5\%$$

这就表明,样本成数与总体成数的抽样误差平均达到1.5%。若样本容量增加,抽样平均误差将减少。

三、不重置抽样分布

(一)样本平均数的分布

[例5-3]　仍以[例5-1]为例,某次调查资料中4个被调查者的月消费为410元、450元、480元、500元,平均月消费 $\overline{X} = 460$ 元,方差 $\sigma^2(X) = 1\,150$,用不重置抽样方法抽取2个构成样本,并求样本平均月消费来推断总体的平均月消费。共有 $4 \times 3 = 12$ 个样本,各样本的平均月消费可以列表如下:

表5-3　样本平均月消费　　　　　　　　单位:元

样本变量	410	450	480	500
410	—	430	445	455
450	430	—	465	475
480	445	465	—	490
500	455	475	490	—

经过整理列出样本的平均数的分布表如下:

表5－4　样本平均月消费分布

样本日平均工资 （元）	频　数	频　率
430	2	2/12
445	2	2/12
455	2	2/12
465	2	2/12
475	2	2/12
490	2	2/12
合　计	12	1

现在根据以上资料计算样本平均数的平均数和样本平均数的方差。

$$E(\bar{x}) \frac{\sum \bar{x}f}{\sum f}$$

$$= \frac{430 \times 2 + 445 \times 2 + 455 \times 2 + 465 \times 2 + 475 \times 2 + 490 \times 2}{12}$$

$$= 460(元)$$

$$\sigma^2(\bar{x}) = \frac{\sum [\bar{x} - E(\bar{x})]^2 f}{\sum f}$$

$$= \frac{1}{12}[(430 - 460)^2 \times 2 + (445 - 460)^2 \times 2 + (455 - 460)^2 \times 2$$

$$+ (465 - 460)^2 \times 2 + (475 - 460)^2 \times 2 + (490 - 460)^2 \times 2]$$

$$= 383.33$$

$$\sigma(\bar{x}) = \sqrt{\sigma^2(\bar{x})} = \sqrt{383.33} = 19.58(元)$$

以上计算表明,不重置抽样条件下,样本平均数的分布仍然具有两个重要的性质:

1. 不重置抽样分布虽然与重置抽样分布不同,但它的样本平均数的平均数仍等于总体平均数,即

$$E(\bar{x}) = \bar{X} \tag{5-5}$$

本例两者都等于460元,这也表明,用不重置样本平均数来估计总体平均数,

所有样本平均数的平均数与总体平均数也没有离差。

2. 抽样平均数的标准差 $\sigma(\bar{x})$ 也是反映样本平均数与总体平均数的平均误差程度。即

$$\sqrt{E[\bar{x} - E(\bar{x})]^2} = \sqrt{E(\bar{x} - \bar{X})^2} \qquad (5-6)$$

这和重置抽样一样,抽样平均数的标准差也即抽样平均误差,用 μ 来表示,但不重置抽样的抽样平均误差和重置抽样不同的是,其等于重置抽样平均误差乘以修正因子 $\sqrt{1 - \dfrac{n-1}{N-1}}$,即

$$\mu = \sigma(\bar{x}) = \sqrt{\frac{\sigma^2(X)}{n}\left(1 - \frac{n-1}{N-1}\right)} \qquad (5-7)$$

用各项数字代入上式得

$$\mu = \sigma(\bar{x}) = \sqrt{\frac{1\,150}{2}\left(1 - \frac{2-1}{4-1}\right)} = \sqrt{383.33} = 19.58(元)$$

所得结果与上面按定义计算的完全一致。和[例5-1]相比较,可以发现不重置抽样的平均误差总是小于重置抽样的平均误差,或者说,从样本平均数分布来看,不重置抽样的样本平均数更集中于总体平均数。但如果总体单位数 N 很大,修正因子 $\sqrt{1 - \dfrac{n-1}{N-1}}$ 接近于1,则两者几乎没有什么差别,因此在大样本情况下,通常可以用重置抽样误差来代替不重置抽样误差。

以上的结论可以进行数学上的推导,具体见本节第四部分。

特别是,当总体 N 很大时,$N - 1 \approx N$ 则有

$$\mu = \sqrt{\frac{\sigma^2(X)}{n}\left(1 - \frac{n}{N}\right)} \qquad (5-8)$$

(二)样本成数的分布

总体成数 P 可以表现为是非标志的平均数,而它的标准差 σ_p 也可以从总体成数推出来。即

$$\bar{X}_P = P; \sigma_P = \sqrt{P(1-P)}$$

从总体 N 个单位中,用不重置抽样方法取 n 个单位计算样本成数 p,它的分布就是是非标志样本不重置平均数的分布。即有

$$E(p) = P$$

$$\mu_p = \sqrt{\frac{P(1-P)}{n}\left(1 - \frac{n-1}{N-1}\right)} \approx \sqrt{\frac{P(1-P)}{n}\left(1 - \frac{n}{N}\right)}$$

在得不到总体成数 P 的资料时,也可以用实际样本的抽样成数 p 来代替。

[**例 5 - 4**]　　已知某产品的合格品率为 90% ,现在用不重置抽样方法从中抽取 5% 构成样本,求样本合格品率的抽样平均误差。

根据已知条件: $p = 90\%$

合格率的抽样平均误差 μ_p 为

$$\mu_p = \sqrt{\frac{P(1-P)}{n}\left(1 - \frac{n}{N}\right)} = \sqrt{\frac{0.9 \times 0.1}{400} \times (1 - 5\%)} = 1.46\%$$

和重置抽样相比,抽样平均误差相差较少。若总体的单位数很大时,不重置抽样分布将趋近于重置抽样分布,抽样平均误差接近一致。

四、抽样分布数学性质的证明

前面已经讲到,样本平均数的分布有两个重要的性质。本部分则对此进行数学推导:

(一)重置抽样分布样本平均数数学性质的证明

设总体变量 $X : X_1, X_2, \cdots, X_N$,其平均数为 $\bar{X}$,标准差为 $\sigma(\bar{X})$ 。样本容量为 n 的变量 $x : x_1, x_2, \cdots, x_n$ 。

$$\bar{x} = \frac{x_1 + x_2 + \cdots + x_n}{n}$$

1. 按照平均数的定义和数学性质,有

$$E(\bar{x}) = E\left[\frac{x_1 + x_2 + \cdots + x_n}{n}\right]$$

$$= \frac{1}{n}[E(x_1) + E(x_2) + \cdots + E(x_n)]$$

重置抽样条件下,由于 $x_1, x_2, \cdots, x_n$ 是相互独立的,而且都从总体 $X : X_1, X_2, \cdots, X_N$ 中抽取,每个中选机会相等,概率均为 $1/N$ 。

$$E(x_1) = E(x_2) = \cdots = E(x_n)$$

$$= \sum_{i=1}^{N} X_i P_i$$

$$= \frac{1}{N}[X_1 + X_2 + \cdots + X_N]$$

$$= \bar{X}$$

所以

$$E(\bar{x}) = \frac{1}{n}[E(x_1) + E(x_2) + \cdots + E(x_n)]$$

$$= \frac{1}{n}[\bar{X} + \bar{X} + \cdots + \bar{X}]$$

$$= \frac{1}{n}(n\bar{X})$$

$$= \bar{X}$$

2. 按照方差定义以及它的数学性质,有

$$\sigma^2(\bar{x}) = \sigma^2\left[\frac{x_1 + x_2 + \cdots + x_n}{n}\right]$$

$$= \frac{1}{n^2}\sigma^2[x_1 + x_2 + \cdots + x_n]$$

$$= \frac{1}{n^2}[\sigma^2(x_1) + \sigma^2(x_2) + \cdots + \sigma^2(x_n)]$$

在重置抽样条件下,由于 $x_1, x_2, \cdots, x_n$ 是相互独立的,而且都从总体 $X: X_1, X_2,$ $\cdots, X_N$ 中抽取,所以变量 x_i 与总体 X 是同分布的,因而有

$$\sigma^2(x_1) = \sigma^2(x_2) = \cdots = \sigma^2(x_n) = \sigma^2(X)$$

所以 $$\sigma^2(\bar{x}) = \frac{1}{n^2}[\sigma^2(x_1) + \sigma^2(x_2) + \cdots + \sigma^2(x_n)]$$

$$= \frac{1}{n^2}[\sigma^2(X) + \sigma^2(X) + \cdots + \sigma^2(X)]$$

$$= \frac{1}{n^2}[n\sigma^2(X)] = \frac{\sigma^2(X)}{n}$$

$$\mu = \sigma(\bar{x}) = \frac{\sigma(X)}{\sqrt{n}}$$

(二)不重置抽样分布样本平均数数学性质的证明

设总体变量 $X: X_1, X_2, \cdots, X_N$,其平均数为 $\bar{X}$,标准差为 $\sigma(X)$。样本容量为 n 的变量 $x: x_1, x_2, \cdots, x_n$。

$$\bar{x} = \frac{x_1 + x_2 + \cdots + x_n}{n}$$

1. 按照平均数的定义和性质有

$$E(\bar{x}) = E\left(\frac{x_1 + x_2 + \cdots + x_n}{n}\right)$$

$$= \frac{1}{n} [E(x_1) + E(x_2) + \cdots + E(x_n)]$$

在不重置抽样条件下,$x_1, x_2, \cdots, x_n$ 的抽选不是独立的,现在分别讨论 $E(x_1), E(x_2), \cdots, E(x_n)$。

$E(x_1)$ 表示抽第 1 单位为 $X_1, X_2, \cdots,$ 或 X_N 的平均数。但要第 2 单位抽中某 X_i 则必须第 1 单位不为 X_i,所以第 1 单位不为 X_i 而第 2 单位为 X_i 的概率为

$$P_i = \frac{N-1}{N} \cdot \frac{1}{N-1} = \frac{1}{N}$$

$$E(x_2) = \sum_{i=1}^{N} X_i P_i = \frac{1}{N} \sum_{i=1}^{N} X_i = X$$

$$E(x_3) = \sum_{i=1}^{N} X_i P_i = \sum_{i=1}^{N} X_i \frac{N-1}{N} \cdot \frac{N-2}{N-1} \cdot \frac{1}{N-2}$$

$$= \frac{1}{N} \sum X_i$$

$$= \bar{X}$$

$$E(x_n) = \sum_{i=1}^{N} X_i P_i = \sum_{i=1}^{N} X_i \frac{N-1}{N} \cdot \frac{N-2}{N-1} \cdot \cdots \cdot \frac{1}{N-n+1}$$

$$= \frac{1}{N} \sum X_i$$

$$= \bar{X}$$

所以

$$E(\bar{x}) = \frac{1}{n} [E(x_1) + E(x_2) + \cdots + E(x_n)]$$

$$= \frac{1}{n} [\bar{X} + \bar{X} + \cdots + \bar{X}]$$

$$= \bar{X}$$

2. 按照抽样平均误差的定义:

$$\mu^2 = E[\bar{x} - E(\bar{x})]^2 = E(\bar{x} - \bar{X})^2$$

$$= E\left[\frac{x_1 + x_2 + \cdots + x_n}{n} - \frac{\bar{X} + \bar{X} + \cdots + \bar{X}}{N} \right]^2$$

$$= \frac{1}{n^2} E[(x_1 - \bar{X}) + (x_2 - \bar{X}) + \cdots + (x_n - \bar{X})]^2$$

$$= \frac{1}{n^2} \left[\sum E(x_i - \bar{X})^2 + \sum_{i \neq j} E(x_i - \bar{X})(x_j - \bar{X}) \right]$$

由于是不重置抽样,样本 x_i 与 x_j 不是独立的,共有 $n(n-1)$ 项的 $E(x_i - \bar{X})(x_j - \bar{X}) \neq 0$,现在分别讨论 $E(x_i - \bar{X})^2$ 与 $E(x_i - \bar{X})(x_j - \bar{X})$。

$$E(x_i - \bar{X})^2 = \sum_{i=1}^{N} P_i(X_i - \bar{X})^2 = \frac{1}{N} \sum_{i=1}^{N} (X_i - \bar{X})^2 = \sigma^2(X)$$

$$E(x_i - \bar{X})(x_j - \bar{X}) = \sum_{k \neq L} P_{K,L}(X_K - \bar{X})(X_L - \bar{X})$$

$$= \frac{1}{N(N-1)} \sum_{k \neq L} (X_k - \bar{X})(X_L - \bar{X})$$

式中 $K, L = 1, 2, \cdots, N$;$P_{K,L}$ 表示第 i 个被抽中的单位取值为 X_k,第 j 个被抽中的单位取值为 X_L 的概率。其概率等于 $\frac{1}{N(N-1)}$。

又由于

$$\sum_{k \neq L} (X_k - \bar{X})(X_L - \bar{X}) = \left[\sum_{j=1}^{N} (x_j - \bar{X}) \right]^2 - \sum_{j=1}^{N} (X_j - \bar{X})^2$$

$$= - \sum_{j=1}^{N} (X_j - \bar{X})^2 = - N\sigma^2(X)$$

代入上式求得

$$E(x_i - \bar{X})(x_j - \bar{X}) = \frac{-N\sigma^2(X)}{N(N-1)} = \frac{-\sigma^2(X)}{N-1}$$

所以 $$\mu^2 = \frac{1}{n^2} \left[\sum E(x_i - \bar{X})^2 + \sum_{i \neq L} E(x_i - \bar{X})(x_j - \bar{X}) \right]$$

$$= \frac{1}{n^2} \left[n\sigma^2(X) + n(n-1) \frac{-\sigma^2(X)}{N-1} \right]$$

$$= \frac{\sigma^2(X)}{n} \left(1 - \frac{n-1}{N-1} \right)$$

$$\mu = \sqrt{\frac{\sigma^2(X)}{n} \left(1 - \frac{n-1}{N-1} \right)}$$

第三节　参数估计

一、参数估计的基本概念

(一)估计量

在参数估计中,要有合适的统计量作为估计量。统计量是样本变量的函数。根据样本变量可以构造多种统计量,但不是所有的统计量都能够充当良好的估计量。例如,从一个样本可以计算样本平均数、中位数、众数等等。现在要估计总体平均数,究竟以哪个样本统计量作为估计量更合适?如果采用样本平均数作为估计量,就需要回答样本平均数和总体平均数存在怎样的内在联系,以样本平均数作为良好估计量的标准是什么,等等。只有这些问题解决了,才能通过样本的实际观察确定估计值。

(二)允许误差

允许误差又称极限误差,指样本统计量与被估计总体参数的离差绝对值可允许变动的范围。只要估计值与被估计值之间的离差不超过允许范围,这种估计都是有效的。例如估计高一男生身高 160 cm,允许误差 16 cm,这意味着如果实际的身高在 144～176 cm 之间都应该认为估计是有效的。我们把允许误差的区间 144～176 cm 称为估计区间,允许误差与估计值之比称为误差率,(1 - 误差率)称为估计精度,上例误差率为 16/160 = 10%,估计精度为 1 - 10% = 90%。显然,允许误差愈小,表明抽样估计的精度愈高,反之,就表明精度愈低。由于统计量本身也是随机变量,所以要使所做的估计完全没有误差是难以实现的。但估计误差也不能太大,估计误差如果超过了一定限度,参数估计本身也就会失去价值。但并不是误差越小的估计就越好,因为减少误差势必增加费用、时间,增加人力、物力、财力的负担,这样甚至会失去组织抽样调查的意义。所以在做估计的时候,应该根据所研究对象的变异程度和任务的要求,确定一个合理的允许误差。

(三)置信度

置信度又称估计推断的概率保证程度,表明估计的可靠程度。由于抽样是随机抽样,统计量是随机变量,估计值所确定的估计区间也是随机性的,在实际抽样中并不能保证被估计的参数真值都落在允许误差的范围内,这就产生要有多大可靠性相信所作估计的问题。如果一种估计可信度很低,这种估计也就没有什么价值。例如我们要求 95% 的可靠程度,这表示如果进行多次重复估计,则平均每 100 次估计将有 95 次是正确的,只有 5 次估计错误。95% 就称为置信度或称概率保证程度。在抽样估计中,要求达到 100% 的置信度是不大可能的。但置信度小了,估计结论的可靠性太低,又会影响估计本身的价值,所以在做估计的时候,也应该根据所研究问题的性质和工作的需要确定一个可接受的估计置信度。当然估计置信度的要求和估计精度的要求应该结合起来考虑,估计精度很高而置信度很低或估计精度很低而置信度很高都是不合适的。

二、参数估计的优良标准

估计总体参数,可以用多个统计量。例如估计总体平均数,可以用样本平均数,也可以用样本中位数、众数等等。应当以哪一种统计量作为总体参数估计量才是最优的,这就有评价统计量的优良估计标准问题。作为优良的估计量应该符合以下三个标准。

(一)无偏性

即样本统计量的期望值(平均数)等于被估计的总体参数。

用符号表示,如果 θ 是被估计的参数,$\hat{\theta}$ 是样本统计量,则当 $E(\hat{\theta}) = \theta$ 时 $\hat{\theta}$ 为 θ 的无偏估计量。就是说,虽然每一次抽样,所决定的统计量取值和总体参数的真值可能有误差,误差可正可负,可大可小,但在多次反复的估计中,所有样本统计量取值的平均数应该等于总体参数本身。或者说,样本统计量的估计平均说来是没有偏误的。前节已经证明,样本算术平均数作为总体算术平均数的估计量是符合无偏性要求的。即

$$E(\bar{x}) = \bar{X}$$

(二)一致性

即当样本的单位数充分大时,样本统计量也充分靠近总体参数。一般地说,如果样本容量 n 增大时,估计量 $\hat{\theta}$ 更紧密地趋近于参数 θ,我们就称 $\hat{\theta}$ 为 θ 的一致估计量。就是说随着样本容量 n 的无限增加,样本统计量和被估计的总体参数之差的绝对值小于任意给定小数。可以证明,以样本平均数估计总体平均数,也符合一致性的要求,即存在关系式

$$\lim_{n \to \infty} P(|\bar{x} - \bar{X}| < \varepsilon) = 1$$

式中,ε 为任意小数。

(三)有效性

即作为优良估计量的方差应该比其他估计量的方差小。一般地说,对于

同一样本,如果 $\hat{\theta}_1$ 和 $\hat{\theta}_2$ 都是 θ 的无偏估计量,而 $\hat{\theta}_1$ 的方差 $\sigma^2(\hat{\theta}_1)$ 小于 $\hat{\theta}_2$ 的方差 $\sigma^2(\hat{\theta}_2)$,我们可以说 $\hat{\theta}_1$ 相对来说是更有效的估计量。

例如用样本平均数或总体任一变量来估计总体平均数,虽然两者估计量都是无偏的,而且在每次估计中,两种估计值与总体平均数都可能有离差,但样本平均数更集中于总体平均数的周围,样本平均数的方差只及总体变量方差的 $1/n$,就是说,平均说来样本平均数的偏差更小,样本平均数是更为有效的估计量。即

$$\sigma^2(\bar{x}) < \sigma^2(x)$$

可以证明,抽样成数是是非标志平均数的表现形式,所以也完全符合优良估计三个标准的要求。

不是所有估计量都符合以上标准。可以说符合以上标准的估计量要比不符合或不完全符合以上标准的估计量更为优良。例如在正态分布的情况下,总体平均数和中位数是相重合的,样本平均数是总体中位数的无偏估计量和一致估计量,而且样本平均数比样本中位数作为总体中位数的估计量也更有效,因为样本平均数的方差比样本中位数的方差更小。在正态分布的情况下,样本中位数是总体平均数的无偏估计量和一致估计量。但对比样本平均数却不是更有效的估计量,因为它的方差比样本平均数的方差大,当然样本中位数也不是总体中位数的有效估计量。

三、参数估计方法

(一)点估计

点估计又称定值估计,它是直接以样本统计量作为相应总体参数的估计量。例如 $\bar{x} = \hat{\bar{X}}$,表示以样本算术平均数作为总体算术平均数 $\bar{X}$ 的估计量,并根据实际抽样调查资料计算样本平均值作为总体平均数的估计值。

[**例 5 - 4**]　根据某班男生身高服从 $X \sim N(\mu, \sigma^2)$,样本资料为 $165, 167,$ $169, 172, 173, 175$ (单位:cm),试估计 μ 和 σ 值。

解　由于 $\bar{x}$ 和 S 分别是 μ 和 σ 的优良估计量,而

$$\bar{x} = \frac{1}{n} \sum x = \frac{1}{6}(165 + 167 + 169 + 172 + 173 + 175)$$

$$= 170.17(\text{cm})$$

$$S^2 = \frac{1}{n-1} \sum (x - \bar{x})^2 = 14.57$$

$$S = 3.82(\mathrm{cm})$$

故 μ 和 σ 的点估计值分别是 170.17 cm 和 3.82 cm。

点估计的优点在于简便、直观,能够提供总体参数的具体估计值,可以作为行动决策的数量依据。点估计不足之处在于不能提供误差情况如何和误差程度有多大的信息。

(二)区间估计

总体参数的点估计事实上几乎不可能做到完全准确,更谈不上有多大的置信度。如果换一种思路,估计总体参数落在某一区间内,这就有把握多了。区间估计是根据给定的置信度要求,指出总体参数被估计的上限和下限。一般地说,对于总体被估计参数 θ,找出样本的两个估计量 $\hat{\theta}_1$ 和 $\hat{\theta}_2$(其中 $\hat{\theta}_2 > \hat{\theta}_1$),使区间 $(\hat{\theta}_1, \hat{\theta}_2)$ 涵盖被估计参数真值的概率为 $1-a$,其中 a 为介于 $0 \sim 1$ 之间的已知数,即

$$P(\hat{\theta}_1 \leqslant \theta \leqslant \hat{\theta}_2) = 1 - a$$

称区间 $(\hat{\theta}_1, \hat{\theta}_1)$ 为总体参数的估计区间,$\hat{\theta}_1$ 为估计下限,$\hat{\theta}_2$ 为估计上限,$1-a$ 为估计置信度,a 为显著性水平。

和点估计不同,区间估计不是指出被估计参数的确定数值,而是指出被估计参数的可能范围,同时对这一范围涵盖被估计参数真值的概率给定相应的概率保证程度。正如上面已经指出的那样,参数的可能范围是估计的精度问题,而相应的概率保证程度(置信度)是估计的可靠性问题。一般而言,在作估计时常常希望精度尽可能高,且可靠性不能小,但是这两个要求是矛盾的。在样本容量不变的条件下,要缩小估计区间,提高估计的精度,势必减少置信度,降低估计的可靠性。因此,在区间估计的时候,我们不可能对抽样误差范围和估计置信度都提出要求,只能根据给定的置信度(概率保证程度)来推算抽样误差范围的上下限,或根据给定的允许范围,来推算相应的置信度(概率保证程度)。

可以证明,在样本单位数足够多($n \geqslant 30$)的情况下,样本平均数(成数)接近于正态分布,因而我们可以根据正态分布逼近的原理直接利用《正态分布概率表》查找确定所需要的概率或估计区间。但有一点必须说明,根据正态分布理论,抽样误差 $|\bar{x} - \bar{X}| \leqslant \Delta$ 的概率,是指样本平均数 $\bar{x}$ 落在 $(\bar{X} - \Delta, \bar{x} + \Delta)$ 区间的概率,即 $\bar{X} - \Delta \leqslant \bar{x} \leqslant \bar{X} + \Delta$ 的概率。然而实际上总体平均数 $\bar{X}$ 是未知的,而样本平均数 $\bar{x}$ 在这里却已求知,不需要再去估计,需要估计

的是未知总体平均数 $\bar{X}$ 所在的区间,所求的应该是总体平均数 $\bar{X}$ 落在$(\bar{x} -\Delta, \bar{x} +\Delta)$区间内的概率,即 $\bar{x} -\Delta \leqslant \bar{x} \leqslant \bar{x} \leqslant \bar{X} +\Delta$ 的概率。那么我们可不可以用概率表所求的 $P(\bar{X} -\Delta \leqslant \bar{x} \leqslant \bar{X} +\Delta)$ 来代替 $P(\bar{x} -\Delta \leqslant \bar{X} \leqslant \bar{x} +\Delta)$ 呢? 回答是肯定的。因为不等式 $\bar{X} -\Delta \leqslant \bar{x} \leqslant \bar{X} +\Delta$ 和 $\bar{x} -\Delta \leqslant \bar{X} \leqslant \bar{x} +\Delta$ 是等价的,所以

$$P(\bar{X} -\Delta \leqslant \bar{x} \leqslant \bar{X} +\Delta) = P(\bar{x} -\Delta \leqslant \bar{X} \leqslant \bar{x} +\Delta) \qquad (5-9)$$

可以将从概率表查得的 $P(\bar{X} -\Delta \leqslant \bar{x} \leqslant \bar{X} +\Delta)$ 概率作为 $P(\bar{x} -\Delta \leqslant \bar{X} \leqslant \bar{x} +\Delta)$ 的概率使用。

对于估计置信度 $1-a$(例如95%),也可以这样来理解:虽然总体参数是固定的,而样本估计区间$(\bar{x} -\Delta, \bar{x} +\Delta)$是可变的,但反复抽样的结果,将有 $1-a$(即95%)的估计区间$(\bar{x} -\Delta, \bar{x} +\Delta)$包含着总体参数 $\bar{X}$ 在内,而其余5%的估计区间不包含总体参数 $\bar{X}$。因此在一次抽样估计中我们认为在$(\bar{x} -\Delta, \bar{x} +\Delta)$区间涵盖 $\bar{X}$ 的判断只有 $1-a$(即95%)的可信度。

在进行区间估计时,需要先将允许误差 Δ 加以标准化,即以抽样平均误差 μ 除以极限误差 Δ 求得 z 值,表示以 μ 为单位的相对误差。

$$z = \frac{\Delta}{\mu} = \frac{|\bar{x} - \bar{X}|}{\mu}; \quad \Delta = z\mu \qquad (5-10)$$

z 称为概率度。求 z 值的过程也就是样本变量 $\bar{x}$ 的标准化过程。标准变量 z 服从标准正态分布,z 值大小是确定正态分布函数 $F(z)$ 的决定因子,由 z 值从正态分布表查到总体参数(总体平均数)在估计区间内的概率。

[**例5-5**]　经抽样调查计算,样本消费者月人均消费支出 800 元,并求得抽样平均误差为 50 元,现在给定允许极限误差为 60 元,求估计区间涵盖总体月人均消费支出的概率。

解　$\bar{x} = 800$ 元,$\mu = 50$ 元,并给定 $\Delta = 60$ 元
则估计区间为$(800-60, 800+60) = (740, 860)$

$$z = \frac{\Delta}{\mu} = \frac{|\bar{x} - \bar{X}|}{\mu} = \frac{60}{50} = 1.2$$

查正态概率表得,落在估计区间内的概率为

$$F(z) = F(1.2) = 88.49\%$$

这一结果表明,如果多次重复抽样,每组样本值都可以确定一个估计区间 $(\bar{x}-\Delta, \bar{x}+\Delta)$,每个区间或者包含总体参数的真值,或者不包含总体参数真值,包含真值的样本区间占 $F(z)$,即每 10 000 次抽样,就有 8 849 个样本估计区间包括总体平均数,其余 1151 个样本区间不包括总体平均数。

四、常见的参数估计

(一)总体平均数估计

上面已指出在进行区间估计的时候,可以给定置信度的要求,去估计总体参数的可能范围;也可以给定允许极限误差的要求,去推算概率保证程度。

1. 第一种情况:根据置信度 $F(z)$ 的要求,估计极限抽样误差 Δ,并指出估计区间。具体步骤是:

(1)抽取样本,并根据调查所得的样本单位标志值,计算样本平均数 $\bar{x}$;计算样本标准差;在大样本下用其代替总体标准差推算抽样平均误差 μ。

(2)根据给定的置信度 $F(z)$ 的要求,查《正态分布概率表》,求得概率度 z 值。

(3)根据概率度 z 和抽样平均误差 μ 计算极限抽样误差,$\Delta = z\mu$,并据以计算估计区间的上下限。

[例 5-6]   某地区消费者 10 000 人,以重置抽样方法从中随机抽取 100 人实测求得样本平均人均月消费支出 520 元,标准差 61 元。要求以 95.45% 的可靠度,估计极限误差及人均月消费支出区间。

解   样本平均数和标准差

$$\bar{x} = 520\ 元, \sigma = 61\ 元$$

$$\mu = \frac{\sigma}{\sqrt{n}} = \frac{61}{10} = 6.1\ 元$$

根据给定的置信度 $F(z) = 95.45\%$,查概率表得 $z = 2.0$。

计算 $\Delta = z\mu = 2.0 \times 6.1 = 12.2\ 元$。据此估计总体人均月消费支出,

$$下限 = \bar{x} - \Delta = 520 - 12.2 = 507.8\ 元$$

$$上限 = \bar{x} + \Delta = 520 + 12.2 = 532.2\ 元$$

结论:以 95.45% 的概率保证,总体人均月消费支出在 507.8 ~ 532.2 元之间。

2. 第二种情况:根据给定的极限抽样误差范围 Δ,求概率保证程度 $F(z)$。具体步骤是:

（1）抽取样本,根据样本单位标志值计算样本算术平均数,作为总体平均数的估计值,并计算样本标准差以推算抽样平均误差 μ。

（2）根据给定的极限抽样误差 Δ,估计总体平均数的下限 $\bar{x} - \Delta$ 和总体平均数的上限 $\bar{x} + \Delta$。

（3）根据给定的极限误差 Δ 除以抽样平均误差 μ,求出概率度 z,即 $z = \dfrac{\Delta}{\mu}$,再根据 z 值查《正态分布概率表》,求出相应的置信度 $F(z)$。

［例 5 – 7］ 在上例中,若要求极限误差不超过 10 元,试对该地区消费者的人均月消费支出和月总消费支出作估计。

解 样本平均数和标准差

$$\bar{x} = 520 \,元, \sigma = 61 \,元$$

$$\mu = \frac{\sigma}{\sqrt{n}} = \frac{61}{10} = 6.1 \,元$$

给定的 $\Delta = 10$ 元,计算上限和下限。

$$人均月消费支出下限 = \bar{x} - \Delta = 520 - 10 = 510(元)$$
$$人均月消费支出上限 = \bar{x} + \Delta = 520 + 10 = 530(元)$$
$$月总消费支出下限 = 10\,000 \times 510 = 510(万元)$$
$$月总消费支出上限 = 10\,000 \times 530 = 530(万元)$$

根据 $z = \dfrac{\Delta}{\mu} = \dfrac{10}{6.1} = 1.64$,查概率表得 $F(1.64) = 0.90$。

结论:以概率 90.0% 保证,该地区人均月消费支出在 510 ~ 530 元之间;月总消费支出在 510 ~ 530 万元之间。

（二）总体成数估计

总体成数估计和总体平均数估计相类似,也有两种情况。

1. 第一种情况:根据给定的置信度 $F(z)$ 要求,来估计极限抽样误差 Δ_p。具体步骤是:

（1）抽取样本,计算样本成数 p 和标准差 σ_p,并由此推算抽样平均误差 μ_p。

（2）根据给定的置信度 $F(z)$ 的要求,查概率表得概率度 z 值。

（3）根据概率度和抽样平均误差计算极限抽样误差,$\Delta_p = z\mu_p$,并据以计算总体成数估计区间的下限 $p - \Delta_p$ 和上限 $p + \Delta_p$。

［例 5 – 8］ 在一项新促销活动的跟踪调查中,在被调查的 500 人中有 400 人表示赞赏。试求总体成数的 95% 置信度的估计区间。

解 根据样本资料计算

$$p = \frac{n_1}{n_2} = \frac{400}{500} = 80\%$$

$$\sigma = \sqrt{p(1-p)} = 405$$

$$\mu_p = \sqrt{\frac{p(1-p)}{n}} = \sqrt{\frac{0.8 \times 0.2}{500}} = 1.79\%$$

根据给定的置信度要求 $F(z) = 0.95$，查概率表求 z 值，得 $z = 1.96$。

根据 $\Delta_p = z\mu_p = 1.96 \times 1.79\% = 3.5\%$，则总体成数的上下限为

$$下限 = p - \Delta_p = 80\% - 3.5\% = 76.5\%$$

$$上限 = p + \Delta_p = 80\% + 3.5\% = 83.5\%$$

结论：以概率95%的保证程度，估计该项活动赞赏的人士在 76.5% ~ 83.5% 之间。

2. 第二种情况：根据已经给定的极限抽样误差 Δ_p，求概率保证程度。具体步骤是：

(1)抽取样本，计算样本成数 p 及其标准差 σ_p，并据此推算抽样平均误差 μ_p。

(2)根据给定的极限抽样误差 Δ_p，估计总体成数估计区间的下限 $p - \Delta_p$ 和上限 $p + \Delta_p$。

(3)将极限抽样误差 Δ_p 除以抽样平均误差 μ_p，求出概率度 z 值，再根据 z 值查概率表，求出相应的置信度 $F(z)$。

[例 5 – 9] 在上例中，若给定极限误差为 4.5%，试对抽样的概率保证程度进行估计。

解 抽取样本，计算样本成数、标准差，并推算抽样平均误差 μ_p。

$$P = \frac{n_1}{n_2} = \frac{400}{500} = 80\%$$

$$\sigma = \sqrt{p(1-p)} = 40\%$$

$$\mu_p = \sqrt{\frac{p(1-p)}{n}} = \sqrt{\frac{0.8 \times 0.2}{500}} = 1.79\%$$

根据给定的 $\Delta_p = 4.5\%$，计算总体成数估计区间的下限和上限。

$$估计区间下限 = p - \Delta_p = 80\% - 4.5\% = 75.5\%$$

$$估计区间上限 = p + \Delta_p = 80\% + 4.5\% = 84.5\%$$

根据 $z = \dfrac{\Delta_p}{\mu_p} = \dfrac{4.5\%}{1.79\%} = 2.51$。查概率表得 $F(2.51) = 99.39\%$。

　　结论:以概率99.39%的保证程度,估计该项活动赞赏的人士在75.5% ~ 84.5%之间。

　　(三)两个总体均值之差的估计

　　在实际中,经常遇到需要比较两个总体均值的问题。例如,某企业需要比较由两个供应商提供的原材料所带来的产量;某超市想在两个可供选择的地区设一分店,为了确定应设在何处,该超市应该根据两个地区居民的平均消费支出的比较来确定,等等。这通常要对两个总体均值之差作抽样估计。

　　1. 两个总体的方差已知情况下的估计

　　当两个总体均服从正态分布,或虽然两个总体的分布形式未知,但抽自两个总体的两个样本为大样本,且两个总体的方差 σ_1^2, σ_2^2 已知时,可以证明,由两个独立样本算出的 $\bar{X}_1 - \bar{X}_2$ 的抽样分布服从正态分布,标准误差为

$$\sigma(\bar{X}_1 - \bar{X}_2) = \sqrt{\frac{\sigma_1^2}{n_1} + \frac{\sigma_2^2}{n_2}} \qquad (5-11)$$

$\mu_1 - \mu_2$ 在 $1-\alpha$ 置信水平下的置信区间为

$$(\bar{X}_1 - \bar{X}_2) \pm Z_{\frac{\alpha}{2}} \sqrt{\frac{\sigma_1^2}{n_1} + \frac{\sigma_2^2}{n_2}} \qquad (5-12)$$

　　[例5-10]　某市场负责人想知道两个地区的月消费水平。他从两地各抽取了一个由100个消费者组成的随机样本。样本平均值如下:地区 A,650元;地区 B,500元。设已知两个总体服从方差分别为 $\sigma_A^2 = 2\,500$ 和 $\sigma_B^2 = 3\,600$ 的正态分布。试求置信度95%,$\mu_A - \mu_B$ 的区间估计。

　　解　根据题意知:

$$\bar{x}_A \sim N(\mu_A, 2\,500)$$

$$\bar{x}_B \sim N(\mu_B, 3\,600)$$

$$\bar{x}_A \sim 500, \bar{x}_B \sim 650, n_A = n_B = 100$$

因而 $\mu_A - \mu_B$ 置信度为95%的区间估计为

$$(\bar{x}_A - \bar{x}_B) \pm Z_{\frac{\alpha}{2}} \sqrt{\frac{\sigma_A^2}{n_A} + \frac{\sigma_B^2}{n_B}}$$

其中 $\sigma_A^2 = 2\,500, \sigma_B^2 = 3\,600$。

　　置信度为95%时,$Z = 1.96$,故此时的区间估计为

$$(650 - 500) \pm (1.96) \sqrt{\frac{2\,500}{100} + \frac{3\,600}{100}}$$

即 $150 \pm 15.31 = (134.69, 165.31)$。

结论:以概率 95% 的保证程度,估计两个地区的月消费水平差异在 134.69 ~ 165.31 元之间。

2. 两个总体方差 σ_1^2, σ_2^2 未知情况下的估计

(1)两个总体均服从正态分布,且 $\sigma_1^2 = \sigma_2^2$。当 σ_1^2, σ_2^2 均未知时,此时的区间估计中所有未知参数均须估计。由于 $\sigma_1^2 = \sigma_2^2$,则可设 $\sigma_1^2 = \sigma_2^2 = \sigma^2$,$\sigma^2$ 未知。为了给出 σ^2 的估计,我们必须利用两个样本中关于 σ^2 的信息联合起来估计 σ^2,这个联合估计量为

$$S_p^2 = \frac{(n_1 - 1)S_1^2 + (n_2 - 1)S_2^2}{n_1 + n_2 - 2} \qquad (5-13)$$

这时估计量 $(\bar{X} - \bar{X}_2)$ 的标准误差为

$$\sqrt{\frac{S_p^2}{n_1} + \frac{S_p^2}{n_2}} = S_p \sqrt{\frac{1}{n_1} + \frac{1}{n_2}} \qquad (5-14)$$

可以证明

$$t = \frac{(\bar{X}_1 - \bar{X}_2) - (\mu_1 - \mu_2)}{S_p \sqrt{\frac{1}{n_1} + \frac{1}{n_2}}} \qquad (5-15)$$

服从自由度为 $n_1 + n_2 - 2$ 的 t 分布。因此,当两个总体服从正态分布,它们的方差未知但相等时,则两个总体均值之差 $\mu_1 - \mu_2$ 的 $1 - \alpha$ 置信水平下的置信区间为

$$(\bar{X}_1 - \bar{X}_2) \pm t_{\frac{\alpha}{2}}(n_1 + n_2 - 2)S_p \sqrt{\frac{1}{n_1} + \frac{1}{n_2}} \qquad (5-16)$$

[例 5-11] 为了比较两位超市收银员为顾客办理个人结账的平均时间长度,分别给两位职员随机安排了 10 位顾客,并记录下了为每位顾客办理账单所需的时间(单位:分钟),相应的样本均值和方差为: $\bar{x} = 22.2, S_1^2 = 16.63$; $\bar{x}_2 = 28.5, S_2^2 = 18.92$。假定每位职员办理账单所需时间均服从正态分布,且方差相等,试求两位职员办理账单的服务时间之差的 95% 置信度的区间估计。

解 依题意知两总体均为正态分布且方差相等,未知。$\mu_1 - \mu_2$ 的置信度为 $1 - \alpha$ 的区间估计为:

$$(\bar{x}_1 - \bar{x}_2) \pm t_{\frac{\alpha}{2}}(n_1 + n_2 - 2)S_p \sqrt{\frac{1}{n_1} + \frac{1}{n_2}}$$

其中 $\bar{x}_1 = 22.2, \bar{x}_2 = 28.5, n_1 = n_2 = 10$

$S_1^2 = 16.63, S_2^2 = 18.92$

$$S_p = \sqrt{\frac{(n_1 - 1)S_1^2 + (n_2 - 1)S_2^2}{n_1 + n_2 - 2}}$$

$$= \sqrt{\frac{(10 - 1)(16.63) + (10 - 1)(18.92)}{10 + 10 - 2}}$$

$$= 4.2$$

其中,　　　　　　　 $t_{\frac{\alpha}{2}}(n_1 + n_2 - 2) = 2.1$

从而所求区间估计为

$$(22.2 - 28.5) \pm 2.1 \times 4.2 \times \sqrt{\frac{1}{10} + \frac{1}{10}}$$

即　　　　　　　 $(-6.3) \pm 3.9 = (-10.2, -2.4)$

结论: 以 95% 的概率推断,第一个职员服务的平均时间比第二个职员服务的平均时间最少快 2.4 分钟,最多快 10.2 分钟。

(3)两个总体均服从正态分布,且 $\sigma_1^2 \neq \sigma_2^2$ 未知且不等时,可用 S_1^2 和 S_2^2 分别估计 σ_1^2 和 σ_2^2,从而得到 $\sigma^2(\bar{X}_1 - \bar{X}_2)$ 的估计为 $\left(\dfrac{S_1^2}{n_1} + \dfrac{S_2^2}{n_2}\right)$,此时

$\dfrac{(\bar{X}_1 - \bar{X}_2) - (\mu_1 - \mu_2)}{\left(\dfrac{S_1^2}{n_1} + \dfrac{S_2^2}{n_2}\right)^{\frac{1}{2}}}$ 的抽样分布近似服从自由度 f 的 t 分布。f 的计算公

式为:

$$f = \frac{\left(\dfrac{S_1^2}{n_1} + \dfrac{S_2^2}{n_2}\right)^2}{\dfrac{(S_1^2/n_1)^2}{n_1 - 1} + \dfrac{(S_2^2/n_2)^2}{n_2 - 1}}$$

如 f 不是整数,则取与 f 最接近的整数作为自由度的取值,也可用插值法求 t 分布分位数值。

这样,$\mu_1 - \mu_2$ 的置信度为 $(1 - \alpha)$ 的近似区间估计为:

$$(\bar{X}_1 - \bar{X}_2) \pm t_{\frac{\alpha}{2}}(f)\sqrt{\frac{S_1^2}{n_1} + \frac{S_2^2}{n_2}} \qquad (5 - 17)$$

[**例 5 - 12**] 继续考虑上例,假定两个总体的方差不等。此时,为了求出 $\mu_1 - \mu_2$ 的区间估计,首先计算出自由度如下:

$$f = \frac{\left(\dfrac{16.36}{10} + \dfrac{18.02}{10}\right)^2}{\left(\dfrac{16.36}{10}\right)^2 \times \dfrac{1}{10-1} + \left(\dfrac{18.92}{10}\right)^2 \times \dfrac{1}{10-1}} = 17.9 \approx 18$$

则 $t = 2.1009$，从而求 $\mu_1 - \mu_2$ 的近似的 95% 区间估计为

$$(22.2 - 28.5) \pm (2.1009) \sqrt{\frac{16.36}{10} + \frac{18.92}{10}}$$

即 $(-10.25, -2.35)$

从计算结果知所求近似区间估计与 [例 5 - 11] 相差很小。

另外，估计两个平均值之差的置信区间，如果两个总体的方差不等，而且在两个总体不服从正态分布时，如 n_1 和 n_2 很大时，则可运用中心极限定理，并可将 S_1 和 S_2 分别用作 σ_1 和 σ_2 的估计值。

第四节　抽样设计

一、抽样设计的基本要求

样本资料是统计推断的基础，而样本资料的有效收集又要依赖于科学的抽样设计。在实际工作中，抽样设计不仅关系到抽样工作的顺利进行，而且决定了抽样估计和检验的成败，甚至影响全局。因此，科学地设计抽样组织方式，以取得最佳的抽样效果，是一个十分重要的问题。

在抽样设计中，要科学地设计抽样组织方式，必须满足一些基本要求。

(一)要保证随机原则的实现

样本选取的随机性是抽样推断的前提，失去这一前提，推断的理论和方法也就失去存在的意义。从理论上说，随机原则就是要保证总体每一单位都有同等的中选机会，或样本抽选的概率是已知的。但实践上，如何保证这个原则的实现，从而保证样本的代表性，需要考虑许多问题。最主要的是，一定要有合适的抽样框。抽样框除了要具备可实施的条件，可以从中抽取样本单位外，还必须考虑它是不是能覆盖总体的所有单位。例如，某产品进行消费者调查，如果仅以该地区各超市的消费者为抽样框显然是不合适的，因为并不是所有消费者都来超市购物，这样取得的样本资料难有全面的代表性。

(二)要采取合适的组织形式

不同的抽样组织形式，会有不同的抽样误差，其抽样估计的效果也不一

样。一种科学的组织形式往往有可能以更少的样本单位数,取得更好的抽样效果。在抽样设计时必须充分利用已经掌握的辅助信息,对总体单位加以预处理,并采取合适的组织形式取样。例如粮食生产按地理条件分类,并分别取样。或按历史单产资料、当前估产资料,将各单位顺序排队,并等距取样等,都能收到更好的抽样效果。还应该指出,即使是同一种抽样组织形式,由于采用的分类标志不同,群体的划分不同等原因,仍然会产生不同的效果。因此应该认真细致地估计不同组织形式和不同抽样方法的抽样误差,并进行对比分析,从中选择有效和切实可行的抽样方案。

(三)要重视调查费用因素

调查费用可以分为可变费用和不变费用。可变费用随着调查单位的多少、远近、难易而变化,如差旅费、数据处理费和人工费等。不变费用是指不随工作量大小而变化的固定费用,如调研设备折旧费、报告出版费等。节约调查费用往往集中于可变费用的开支上。在设计方案中,应该力求调查费用节省的方案。同时还要注意到,提高精确度的要求和节省费用的要求并非一致,有时是相互矛盾的。抽样误差要求愈小,则样本容量要求愈大,调查费用往往需要愈大,因此并非抽样误差愈小的方案便是愈好的方案,抽样设计的任务就是在一定允许误差的要求下选择费用最少的方案;或在一定的费用条件下,选择抽样误差最小的方案。

二、抽样组织设计

考虑到实际工作需要,下面介绍几种常用的抽样组织形式,如简单随机抽样、类型抽样、等距抽样、整群抽样等的设计问题。

(一)简单随机抽样

简单随机抽样是按随机原则直接从总体 N 个单位中取 n 个单位作为样本。不论是重置抽样或不重置抽样,都要保证每个单位在抽选中有相等的中选机会。由于这种抽样组织形式对于总体除了抽样框的名单外,不需要利用任何其他信息,所以也称为单纯随机抽样。简单随机抽样是抽样中最基本也是最简单的方式,它适用于均匀总体,即具有某种特征的单位均匀地分布于总体的各个部分。在抽样之前要求对总体各单位加以编号,然后用抽签的方式或根据《随机数表》来抽选必要的单位数。以上各节所介绍的抽样方法都是就简单随机抽样而言的。抽样平均误差的计算公式见表 5-5:

表 5 - 5   简单随机抽样形式下抽样平均误差的计算公式

	重置抽样	不重置抽样	备注
样本平均数误差	$\mu_{\bar{X}} = \sqrt{\dfrac{\sigma^2(X)}{n}}$	$\mu_S = \sqrt{\dfrac{\sigma^2(X)}{n}\left(1 - \dfrac{n}{N}\right)}$	可用 S 代替 σ
样本成数误差	$\mu_P = \sqrt{\dfrac{P(1-P)}{n}}$	$\mu_P = \sqrt{\dfrac{P(1-P)}{n}\left(1 - \dfrac{n}{N}\right)}$	可用 p 代替 P

[例 5 - 13]   根据某班男生身高服从 $X \sim N(\mu, \sigma^2)$,按 30% 比例抽样,样本资料为 165,167,169,172,173,175(单位:cm),试计算抽样平均误差:(1)重置抽样;(2)不重置抽样。

解   由于

$$\bar{x} = \frac{1}{n}\sum x = \frac{1}{6}(165 + 167 + 169 + 172 + 173 + 175)$$

$$= 170.17(\text{cm})$$

$$S^2 = \frac{1}{n-1}\sum (x - \bar{x})^2 = 14.57$$

$$n = 6, \frac{n}{N} = 30\%$$

故重置抽样条件下,

$$\mu_x = \sqrt{\frac{\sigma^2(X)}{n}} = 1.56(\text{cm})$$

不重置抽样条件下,

$$\mu_x = \sqrt{\frac{\sigma^2(X)}{n}\left(1 - \frac{n}{N}\right)} = 1.30(\text{cm})$$

显然,不重置抽样方式比重置抽样方式的抽样平均误差要小。

简单随机抽样的优点是简便、直观,但在实践上受到许多限制,如当总体很大时对每个单位编号、抽签等都会遇到难以克服的困难。在理论上说,简单随机抽样最符合随机原则,它的抽样误差容易得到数学上的论证,所以可以作为发展其他更复杂的抽样设计的基础,同时也是衡量其他抽样组织形式抽样效果的比较标准。

(二)类型抽样

类型抽样也称分层抽样,是实际工作中广泛应用的抽样方式。其抽样方法是:先按一定标志对总体各单位进行分类,然后分别从每一类中按随机原则抽取一定单位,从而构成样本。具体而言,设总体由 N 个单位组成,把总体分为 k 组,使:$N = N_1 + N_2 + \cdots + N_k$,然后从每组的 N_i 中取 n_i 单位构成总容量为 n 的样本,即 $n = n_1 + n_2 + \cdots + n_k$。由于 k 组是根据一定标志划分的,各组单位数一般是不同的,怎样从 N_i 中取 n_i 呢? 通常是按比例取样,即按各组单位数占总体单位数的比例来分配各组应抽样本单位数,单位数较多的组应该多取样,单位数较少的组则少取样,保持各组样本单位数与各组单位数之比都等于样本总容量与总体单位数之比。即

$$\frac{n_1}{N_1} = \frac{n_2}{N_2} = \cdots = \frac{n}{N}$$

所以各组的样本单位数应为

$$n_i = \frac{nN_i}{N}(i = 1, 2, \cdots, k)$$

采用等比例抽样是为了保持样本结构和总体结构相同,避免样本平均数由于各组比重差异而引起的误差。

类型抽样的样本平均数计算是:首先,计算各组抽样平均数:

$$\bar{x}_i = \frac{\sum\limits_{j=1}^{n_i} x_{ij}}{n_i}(i = 1, 2, \cdots, k)$$

然后将各组抽样平均数 $\bar{x}_i$ 以各组单位数 N_i 或样本单位 n_i 为权数,计算样本平均数:

$$\bar{x} = \frac{\sum\limits_{i=1}^{k} N_i \bar{x}_i}{N} = \frac{\sum\limits_{i=1}^{k} n_i \bar{x}_i}{n}$$

类型抽样的抽样平均误差计算是:由于类型抽样是对每一组抽样,以组为考察对象,相当于全面调查,组间方差不带来抽样误差,所以抽样平均误差取决于各组内方差的平均水平。首先计算各组内方差:

$$\sigma_i^2 = \frac{\sum(X_i - \bar{X}_i)^2}{N_i} \approx \frac{\sum(x_i - \bar{x})^2}{n_i}$$

再以各组样本单位数 n_i 为权数,计算各组内方差的平均数:

$$\bar{\sigma}_i^2 = \frac{\sum n_i \sigma_i^2}{n}$$

这样,样本平均数的抽样平均误差可以按下列公式计算:

在重置抽样条件下,

$$\mu_x = \sqrt{\frac{\sigma_i^2}{n}}$$

在不重置抽样条件下,

$$\mu_x = \sqrt{\frac{\sigma_i^2}{n}\left(1 - \frac{n}{N}\right)}$$

[例 5 - 14] 某地区农户外出劳动力 10 000 人,现在按高中和初中以下人员两组等比例抽取其中 5%,计算各组平均月收入 $\bar{x}_i$ 和各组月收入准差 σ_i,如表 5 - 6 所示。求样本平均月收入 $\bar{x}$ 和抽样平均误差 μ_x。

表 5 - 6 农户收入样本资料

学历	全部人员 N_i	样本数量 n_i	样本平均月收入 $\bar{x}_i$(元)	月收入标准差 σ_i(元)
高中	4 000	200	1 200	120
初中	6 000	300	800	160
合计	10 000	500	960	-

解

$$\bar{x} = \frac{\sum n_i \bar{x}_i}{n} = \frac{1\ 200 \times 200 + 800 \times 300}{500} = 960\ (元)$$

$$\bar{\sigma}_i^2 = \frac{\sum n_i \sigma_i^2}{n} = \frac{120^2 \times 200 + 160^2 \times 300}{500} = 21\ 120$$

在不重置抽样条件下:

$$\mu_x = \sqrt{\frac{\bar{\sigma}_i^2}{n}} = \sqrt{\frac{21\ 120}{500}(1 - 5\%)} = 63.\ 35\ (元)$$

由于类型抽样的平均误差决定于组内方差的平均水平,我们可以推导出两点重要的结论:(1)类型抽样的平均误差一般小于简单随机抽样的平均误差。根据总体方差等于组间方差与组内平均方差之和的定理,组内平均方差要小于总体方差,所以类型抽样的平均误差一般小于简单随机抽样的平均误差。(2)抽样误差减少的途径在于恰当分组。由于总体方差是惟一确定的数值,因此在类型抽样分组时应该尽可能扩大组间方差,缩小组内方差,这样就可以减少抽样误差,提高抽样效果。

（三）等距抽样

等距抽样也称机械抽样或系统抽样，它先按某种标志对总体各单位进行顺序排列，然后按固定间隔来抽取样本单位。等距抽样需要事先有一定的辅助信息，能够据以确定各单位的排队位置。在各单位大小顺序排队基础上，按某种规则依一定间隔取样，这样可以保证所取到的样本单位均匀地分布在总体的各个部分，保证样本的代表性。

作为总体各单位顺序排列的标志，可以是无关标志也可以是有关标志。所谓无关标志是指排列的标志和单位标志值的大小无关或不起主要的影响作用。设总体由 N 个单位组成，现在需要抽取一个容量为 n 的样本，先将总体 N 个单位按一定标志排队，然后将 N 划分为 n 个单位相等部分，每部分包含 k 个单位，即 $\dfrac{N}{k}=n$。现在从第一部分顺序为 $1,2,\cdots,i,\cdots,k$ 单位中随机抽取第 i 个单位，而在第二部分中抽取第 $i+k$ 单位，第三部分中抽取第 $i+2k$ 单位，$\cdots$，在第 n 个部分抽取第 $i+(n-1)k$ 单位，共 n 个单位组成一个样本，而且每一个样本单位的间隔为 k。由此可见等距抽样当第一个单位随机确定之后，其余各个单位的位置也就确定了。用这种方法共可能抽取 k 套样本。

在对总体各单位的变异情况有所了解的情况下，也可以采用有关标志进行总体单位排列。所谓有关标志是指作为排列顺序的标志，和单位标志值的大小有密切的关系。例如居民收入调查，按居民平均收入排队，抽取调查居民户。按有关标志排队实质上是运用类型抽样的一些特点，以提高样本的代表性。

按有关标志顺序排队，并根据样本单位数加以 n 等分之后，对每一部分抽取一个样本单位有两种方法。

1. 半距中点取样。即取每一部分处于中间位置的单位。如第一部分顺序为 $1,2,\cdots,k$ 单位中取第 $\dfrac{1}{2}k$ 个单位，第二部分取第 $1\dfrac{1}{2}k$ 个单位，第三部分取第 $2\dfrac{1}{2}k$ 个单位，$\cdots$，第 n 部分取第 $(n-1)\dfrac{1}{2}k$ 个单位，每单位的距离都是 k，共有 n 个单位构成样本。中点取样方式优点在于，按有关标志排队，各组单位都按从大到小或从小到大的顺序排列，抽取处于中间位置的单位最能代表这一组的一般水平。但这种取样随机性比较差，而且只能抽取一套样本，这是它的不足之处。

2. 对称等距取样。对有关标志按大小顺序排队之后，第一部分随机取第 i 个单位，第二部分则取倒数第 i 个单位，如此反复使两组保持对称等距。例

如第一部分顺序为 $1,2,\cdots,k$ 单位中随机取第 i 个单位,则第二部分应取第 $2k-i$ 单位,第三部分取第 $2k+i$ 单位,第四部分应取第 $4k-i$ 单位,$\cdots$,第 $n-1$ 部分取第 $(n-2)k+i$ 单位,第 n 部分取第 $nk-i$ 单位,等等。所以要对称等距取样,是因为按有关标志排列,当第一个取偏小的标志值时,第二个必然取偏大的标志值,这样既能实现随机原则,又从总体上说可以取得到比较有代表性的样本,而且一次排列可以随机抽取 k 套样本。

用等距抽样的方式抽取一个样本,就可以计算样本平均数 $\bar{x}$:

$$\bar{x} = \frac{\sum x}{n}$$

关于等距抽样的平均误差,它和标志排列的顺序有关,情况比较复杂。如果用来排队的标志是无关标志,而且随机起点取样,那么它的抽样误差就十分接近简单随机抽样的误差,为了简便起见,可以采用简单随机抽样误差公式来近似反映。即

$$\mu_x = \frac{\sigma}{\sqrt{n}} \text{或} \mu_x = \sqrt{\frac{\sigma^2}{n}\left(1 - \frac{n}{N}\right)}$$

(四)整群抽样

和前面三种抽样组织形式不同,整群抽样是将总体各单位划分为若干群,然后从其中随机抽取部分群,对中选群的所有单位进行全面调查的抽样组织方式。

例如,对一城市居民进行生活水平调查,如果是从该城市全部 50 个居民区中随机抽选 10 个居民区,对被选中的居民区所有住户都进行调查,这就是整群抽样。该城市每个居民区就是一群,则全及总体有 50 群,样本有 10 群。再如,对连续生产企业,每小时都抽选最初 5 分钟生产的全部产品进行调查,那么,这 5 分钟生产的全部产品就是一群。如果一天 24 小时生产的全部产品构成全及总体,则全及总体有 288 群,样本有 24 群。

整群抽样的优点是节约和方便。例如,整群抽样不需要编制总体单位名单,只需编制总体的名单。两者相比后者工作量少多了。在社会经济调查中,总体单位通常总是以某种社会经济组织形式结合为群体,所以利用这些群体为整群抽样的"群",会给调查的组织工作和搜集资料工作提供方便。

设总体的全部 N 单位划分为 R 群,每群包含 M 单位。则 $N = RM$。现在从总体 R 群中随机抽取 r 群组成样本,并分别对中选 r 群的所有 M 单位进行调查。

第 i 群的样本平均数　$\bar{x}_i = \dfrac{\displaystyle\sum_{j=1}^{M} x_{ij}}{M}(i = 1,2,\cdots,r)$　　　　　　$(5-18)$

全部样本平均数　$\bar{x} = \dfrac{\displaystyle\sum_{i=1}^{r}\sum_{j=1}^{M} x_{ij}}{rM} = \dfrac{\displaystyle\sum_{i=1}^{r} \bar{x}_i}{r}$　　　　$(5-19)$

从上式可以看出,整群抽样实质上是以群代替总体单位,以群平均数代替总体单位标志值之后的简单随机抽样。因此样本平均数的抽样平均误差 μ_x 也可以按这一方法来求得。

设　　　　　$\delta^2 = \dfrac{\sum (\bar{X}_i - \bar{X})^2}{R}$ 或 $\delta^2 = \dfrac{\sum (\bar{x}_i - \bar{x})^2}{r}$

整群抽样都采用不重置抽样的方法,所以抽样平均误差为

$$\mu_x = \sqrt{\dfrac{\delta^2}{r}\left(1 - \dfrac{r-1}{R-1}\right)} \qquad (5-20)$$

[**例 5-15**]　某车间连续生产,要检验某日产品质量,每 3 小时抽取 5 分钟产品进行全面检验,共抽检 8 批产品,合格率结果如下(%):95,92,98,91,96,93,95,97。试以 95% 置信度推断该日产品平均合格率。

解　$R = 288, r = 8,$

$$p = \dfrac{\displaystyle\sum_{i=1}^{r} p_i}{r} = 94.625\%$$

$$\delta^2 = \dfrac{\sum (p_i - p)^2}{r} = 0.0005234$$

$$\mu_p = \sqrt{\dfrac{\delta^2}{r}\left(1 - \dfrac{r-1}{R-1}\right)} = 0.81\%$$

$F(z) = 95\%$,则 $z = 1.96$,从而该日产品平均合格率的 95% 区间估计为

$$94.625\% \pm 1.96 \times 0.81\%$$

即　　　　　　　$(93.07\%, 96.21\%)$

从以上计算知道,整群抽样是对中选群进行全面调查,所以只存在群间抽样误差。这一点和类型抽样只存在组内抽样误差,不存在组间抽样误差恰好相反。因此整群抽样和类型抽样虽然都要对总体各单位进行分组,但对分组所起的作用则是完全不同的,类型抽样分组的作用在于尽量缩小组内的差异程度,达到扩大组间方差、提高效果的目的。而整群抽样分组的作用则在于尽

量扩大群内的差异程度,从而达到缩小群间方差、提高效果的目的。

三、必要样本容量的计算

组织抽样调查的一项重要工作是要确定合适的样本容量。在设计的时候,通常是先根据研究问题的性质确定允许误差 Δ 和必要的概率保证程度(或概率度 t),然后根据历史资料或其他试点资料确定总体的标准差 σ,通过抽样平均误差公式来推算必要样本单位数 n。

以简单随机抽样为例,在重置抽样下,样本平均数的误差公式:

$$\mu_x = \frac{\sigma}{\sqrt{n}}; \Delta_x = Z\mu = \frac{Z\sigma}{\sqrt{n}}$$

所以必要样本容量 $$n = \frac{Z^2\sigma^2}{\Delta_x^2} \qquad (5-21)$$

在不重置抽样下,样本平均数的误差公式:

$$\mu_x = \sqrt{\frac{\sigma^2}{n}\left(1 - \frac{n}{N}\right)}; \Delta_x = Z\mu_x = \sqrt{\frac{Z^2\sigma^2}{n}\left(1 - \frac{n}{N}\right)}$$

必要样本容量 $$n = \frac{NZ^2\sigma^2}{N\Delta_x^2 + Z^2\sigma^2} \qquad (5-22)$$

从不重置平均数抽样误差公式中,可知在比例 $\frac{n}{N}$ 很小,可以忽略不计的情况下,重置抽样的必要样本容量 $n = \frac{Z^2\sigma^2}{\Delta_x^2}$ 也可适用于不重置抽样的场合。

同样,重置抽样和不重置抽样的成数样本必要样本容量分别为

$$n = \frac{Z^2P(1-P)}{\Delta_p^2} \qquad (5-23)$$

$$n = \frac{NZ^2P(1-P)}{N\Delta_P^2 + Z^2P(1-P)} \qquad (5-24)$$

在比例 $\frac{n}{N}$ 很小,可以忽略不计时,成数抽样的必要样本容量可以是

$$n = \frac{Z^2P(1-P)}{\Delta_P^2}$$

从上式可以看出,必要样本容量受允许误差 Δ 的制约,Δ 要求愈小则样本单位数 n 就需要愈多。以重置抽样来说,在其他条件不变的情况下,误差范围 Δ 缩小一半,则样本单位数必须增至四倍,而 Δ 扩大一倍,则样本单位数只需扩大原来的1/4。所以在抽样组织中对抽样误差可以允许的范围要十分慎重

地考虑。

[**例 5 – 16**]　某市开展居民收入调查,根据历史资料该市居民家庭平均每年收入的标准差为 3 600 元,而家庭消费的恩格尔系数(家庭食品支出占消费总支出的比重)为 41%。现在用重置抽样的方法,要求在 95% 的概率保证下,平均收入的极限误差不超过 250 元,恩格尔系数的极限误差不超过 3.5%,求必要样本容量。

解　根据公式,在重置抽样条件下:

样本平均数的必要样本容量 $n = \dfrac{Z^2 \sigma^2}{\Delta_x^2} = \dfrac{1.96^2 \times 3\ 600^2}{250^2} = 797(户)$

样本成数的必要样本容量 $n = \dfrac{Z^2 P(1-P)}{\Delta_x^2} = \dfrac{1.96^2 \times 0.41 \times 0.59}{0.035^2}$

$$= 759(户)$$

两个抽样指标所要求的单位数不同,应采取其中比较多的单位数,即抽 797 户进行调查以满足共同的要求。

本章小结

1. 抽样调查是非全面调查,它是按照随机原则从调查对象(即总体)中抽取部分单位进行调查,用调查所得指标数值对总体相应指标数值作出具有一定可靠性的估计和判断的一种统计调查方法。因此,抽样调查也叫抽样推断。

2. 全及总体和抽样总体。全及总体就是调查对象,简称总体,是由许多性质相同的调查单位组成的。通常用大写字母 N 代表全及总体单位数。抽样总体就是按照随机原则从全及总体中抽取的一部分单位。抽样总体简称样本,也是由许多性质相同的单位组成的。通常用小写字母 n 代表样本的单位数,n 也称样本容量。组成样本的每个单位称样本单位。

3. 全及指标和抽样指标。全及指标又称总体指标。它是指全及总体的统计指标。一般而言,全及指标主要有四个:全及平均数、全及成数、总体标准差及方差、总体是非标志标准差及方差。抽样指标,又称样本指标。它是指抽样总体的统计指标。和全及总体一样,抽样总体也有四个对应指标:抽样平均数、抽样成数、样本标准差及方差、样本是非标志标准差及方差。

4. 按抽取样本的方式不同,抽样方法分为重置抽样和不重置抽样两种。所谓重置抽样,是指在抽取样本时,记录一个样本单位有关标志表现以后,把它重新放回到全及总体中去,再从全及总体中随机抽取下一个样本单位,记录它的有关标志表现以后,也把它放回全及总体中去,照此下去直到抽选第 n 个样本单位。所谓不重置抽样,是指从全及总体抽取一个样本单位,记录该单位有关标志表现后,这个样本单位不再放回全及总体。然后,从总体中剩下的单位中随机抽选下一个样本单位,记录了该单位有关标志表以后,该单位也不放回全及总体中去,照此下去直到抽选出第 n 个样本单位。

5. 抽样分布。从同一总体中,抽取样本容量相同的所有可能样本后,计算每个样本统计量的取值和相应的概率,就组成样本统计量的概率分布,简称抽样分布。统计量的取值不但和样本容量有关,而且和抽样方法有关。在简单随机抽样条件下,重置抽样的抽样平均误差等于总体标准差除以样本单位数的平方根。不重置抽样的平均误差总是小于重置抽样的平均误差,在数量上等于后者乘以修正因子。另外,样本平均数的分布具有两个重要的性质,这些性质可以进行数学证明。

6. 参数估计就是利用样本指标数值去估计总体相应指标数值。在参数估计中,要有合适的统计量作为估计量,要有一定的允许误差或极限误差,要有一个可接受的估计置信度。参数估计中作为优良的估计量应该符合三个标准:无偏性、一致性和有效性。参数估计方法有点估计和区间估计两种方法,其中区间估计应用最为广泛。和点估计不同,区间估计不是指出被估计参数的确定数值,而是指出被估计参数的可能范围,同时对这一范围涵盖被估计参数真值的概率给定相应的概率保证程度。常见的参数估计是总体平均数估计、总体成数估计和两个总体均值之差的估计。

7. 科学地设计抽样组织方式,是一个十分重要的问题,必须要满足一些基本要求。如要保证随机原则的实现、要采取合适的组织形式、要重视调查费用因素等。

8. 抽样组织设计有多种形式,如简单随机抽样、类型抽样、等距抽样、整群抽样等。简单随机抽样的抽样方法是,按随机原则直接从总体 N 个单位中取 n 个单位作为样本。类型抽样的抽样方法是,先按一定标志对总体各单位进行分类,然后分别从每一类中按随机原则抽取一定单位,从而构成样本。等距抽样的抽样方法是,先按某种标志对总体各单位进行顺序排列,然后按固定间隔来抽取样本单位。整群抽样是将总体各单位划分成若干群,然后从其中随机抽取部分群,对中选群的所有单位进行全面调查的抽样组织方式。

9. 必要样本容量的确定是组织抽样调查的一项重要工作。在设计的时候,通常是先根据研究问题的性质确定允许误差 Δ 和必要的概率保证程度(或概率度 z),然后根据历史资料或其他试点资料确定总体的标准差 σ,通过抽样平均误差公式来推算必要样本容量 n。

思考与练习

1. 什么是抽样调查?它有什么特点和作用?
2. 全及指标和抽样指标有哪些?
3. 抽样调查有哪几种不同的方式,其主要特点是什么?
4. 为什么不重置抽样的平均误差小于重置抽样的平均误差?
5. 抽样平均误差、极限误差、置信度三者之间有何关系?

6. 参数估计中优良估计量的评价标准是什么?

7. 什么是点估计和区间估计? 抽样推断的可靠程度用什么来保证?

8. 抽样设计有哪些组织形式? 抽样方法和误差来源有何不同?

9. 确定必要容量的依据有哪些? 怎样计算必要样本容量?

10. 对某产品的质量进行抽样调查,随机抽取 1%,共 100 件,其中有不合格品 4 件,试计算不合格品率的抽样平均误差。

11. 某电子厂对一批元件的质量进行抽样检验,随机抽出 200 台,发现 6 台不合格,要求:(1)试按 68.27% 的概率保证程度推断这批收录机的合格品率。(2)若概率保证程度提高到 95%,则抽样推断的合格品率范围是多少?

12. (1)如抽样单位数增加 3 倍时,随机重置抽样平均误差如何变化? (2)如抽样单位数减少一半时,抽样平均误差又将怎样变化? (3)如果在随机不重置抽样中,样本容量从 3% 增加到 20%,其他条件不变,则抽样平均误差如何变化?

13. 某地区有农户 10 000 户,随机抽取 100 户,得到其年收入的分配数列如下:

年收入(元)	户数
5 000 以下	8
5 000 ~ 7 000	22
7 000 ~ 9 000	50
9 000 以上	20

试以 95.45% 的可靠度估计该地区农户的平均年收入。

14. 某企业对某批新试制产品的使用寿命进行纯随机抽样测定,随机抽取了 100 件,测得其平均寿命为 1800 小时,标准差为 80 小时。试计算:(1)按概率 0.6827,推断该批新产品的平均使用寿命的范围。(2)如果要使误差范围压缩为原来的一半,概率仍为 0.6827,则应该抽查多少件产品? (3)如果要使误差范围压缩为原来的三分之一,而概率又要提高到 0.9545,则又应该抽查多少件产品?

15. 某灯泡厂有甲、乙两个车间,都生产 A 型灯泡,由于甲车间引进了新设备,提高了生产效率,产量是乙车间的 1.5 倍。现要了解该厂灯泡的使用寿命,按产量比例分别在甲乙两个车间进行抽样检验,共抽验 100 个灯泡,取得的样本资料如下:甲车间产品平均使用寿命 200 小时,标准差 6 小时;乙车间产品平均使用寿命 160 小时,标准差 10 小时。试按概率 95.45%,推断该厂产品的平均使用寿命的范围。

16. 某地区有居民 100 000 户,按 1% 比例在农村和城市进行计算机拥有量的抽样调查,资料如下:

居民分类	抽样户数	计算机拥有量比重(%)
农村	700	15
城市	300	80

试以80%概率推断该地区计算机拥有量比重的范围。

17. 某车间连续生产,要检验某日产品质量,每小时抽取10分钟产品进行全面检验,共抽检24批产品,平均合格率96%,组间标准差5%。试以95.45%置信度推断该日产品平均合格率。

18. 某饮料企业为了检查瓶装啤酒容量,从成品库随机抽取100瓶,结果平均每瓶650.5毫升,标准差2毫升。(1)试以99.73%可靠度估计平均每瓶啤酒容量的置信区间。(2)如果允许误差减少到原来的2/3,其他条件不变,问需要抽取多少瓶?

参考答案

10. 1.96%

11. (1)95.79% ~98.21%;(2)94.64% ~99.36%

12. (1)减少为原来的1/2;(2)增加为原来的1.414倍;(3)减少为原来的90.8%

13. 7 304 ~7 976 元

14. (1)1 792 ~1 808 小时;(2)400 件;(3)3 600 件

15. 182.43 ~185.57 小时

16. 33.08% ~35.92%之间

17. 94.13% ~97.87%

18. (1)649.9 ~651.1 毫升;(2)125 瓶

第六章 假设检验

假设检验是抽样推断统计中应用最普遍、也是最重要的统计方法。假设检验是利用样本的实际资料来检验事先对总体某些数量特征所作的假设是否可信的一种统计分析方法。假设检验可分为参数假设检验和非参数假设检验两类。若总体分布形式已知,检验的目的是对总体的参数及其性质作出判断,称为参数假设检验;若总体分布形式未知,需对总体分布函数形式或总体之间的关系进行推断,则称为非参数假设检验。本章只讨论对总体均值、成数和方差这几种参数检验。

第一节 假设检验概述

一、假设检验的概念

假设检验是利用样本的实际资料来检验事先对总体某些数量特征所作的假设是否可信的一种统计分析方法。它通常用样本统计量和总体参数假设值之间差异的显著性来说明,差异小,假设值的真实性就可能大;差异大,假设值的真实性就可能小。因此假设检验又称为显著性检验。

为了对假设检验有一个直观的认识,我们先看一个例子。例如,某企业生产袋装食品,质量规定每袋重量不得低于 500 克。现从该企业某天生产的大批袋装食品中随机抽取 50 袋,发现有 6 袋低于质量规定要求。若规定不符合标准的比例达到 5% 食品就不得出厂,要求判断该批食品能否出厂。

对于该批袋装食品的不合格率我们事先并不知道,需根据样本的不合格率进行推断,然后与规定的标准进行比较,作出该批袋装食品能否出厂的决策。也就是说,我们先假设该批袋装食品的不合格率不超过 5% ,然后用样本不合格率来检验假设是否正确,这便是一个假设检验问题。

因此,假设检验的主要目的在于判断原假设的总体和当前抽样所取自的总体是否发生了显著的差异。

二、假设检验的检验法则

假设检验过程就是比较样本观察结果与总体假设的差异。差异显著,超过了临界点,拒绝 H_0;反之,差异不显著,接受 H_0。

[例 6 - 1] 海达手表厂生产的女表表壳,在正常情况下,其直径(单位:mm)服从正态分布且 $N(20,1)$。为了检查该厂某天生产是否正常,对生产过程中的手表表壳随机地抽查了 5 只,测得表面直径分别为 19,19.5,19,20,20.5。问:这天生产是否正常?

由问题的提出可知,我们实际上是要检查这天生产的手表表壳的直径 μ 是否为 20。如果 $\mu = 20$,则认为这天生产正常;反之则认为不正常。为此,可提出如下假设:

$$H_0 : \mu = \mu_0 = 20$$
$$H_1 : \mu \neq \mu_0 \neq 20$$

这是两个对立的假设,其中,H_0 称为原假设(零假设);H_1 称为备择假设(对立假设)。在某些实际问题中,备择假设也可不写。这样,问题就转化为如何利用抽查得到的样本去检验零假设 $H_0 : \mu = \mu_0 = 20$ 的真伪。这就需要设置一种检验的规则,以及对如何根据规则进行检验作进一步的讨论。

先设置规则。在确定了待检假设以后,我们必须在 H_0 与 H_1 之间作出抉择,而对一个假设的确定只有接受和拒绝两种,如在[例 6 - 1]中,如果我们接受 H_0,即表示该厂这天的生产是正常的;如果拒绝 H_0,亦即接受 H_1,则表示该天生产不正常。为此,必须设计一种合理的规则,根据这一规则,可利用已得到的样本作出判断。在[例 6 - 1]中,由于要检验的假设涉及总体均值 μ,故容易想到可否借助样本均值 $\bar{x}$ 这一统计量来进行判断。这是因为 $\bar{x}$ 是 μ 的无偏估计,样本均值 $\bar{x}$ 的大小在一定的程度上反映了 μ 的大小。因此,当假设 H_0 为真时,则观测值 $\bar{x}$ 与 $\mu_0 = 20$ 的偏差 $|\bar{x} - 20|$ 一般应较小;否则,$|\bar{x} - 20|$ 一般应较大。因此,我们可根据 $|\bar{x} - 20|$ 的大小,即差异是否显著来决定接受还是拒绝原假设 H_0。$|\bar{x} - 20|$ 越大,我们就越倾向于怀疑假设 H_0 的正确性并拒绝 H_0。那么,$|\bar{x} - 20|$ 大到何种程度才能作出决定拒绝原假设呢?为此,就需要制定一个检验规则(简称检验):

当 $|\bar{x} - 20| \geq C$ 时,拒绝原假设 H_0;

当 $|\bar{x} - 20| < C$ 时,接受原假设 H_0。

其中 C 是一个待定的常数,称为临界值,不同的 C 值表示不同的检验临界值。我们把拒绝原假设 H_0 的范围称为拒绝域,接受原假设的 H_0 的范围称为接受域。因此,确定一个检验规则,实质上就是确定一个拒绝域。

又考虑到当 H_0 成立时,统计量 $\dfrac{\bar{x}-\mu}{\sigma/\sqrt{n}} \sim N(0,1)$,这样,衡量 $|\bar{x}-\mu_0|$ 的大小就可等价地归结为衡量统计量 $\dfrac{|\bar{x}-\mu_0|}{\sigma/\sqrt{n}}$ 的大小。由此我们可适当限定一正数 k,使得当 $\bar{x}$ 满足不等式 $\dfrac{|\bar{x}-\mu_0|}{\sigma/\sqrt{n}} \geq k$ 时就拒绝 H_0;反之,若 $\dfrac{|\bar{x}-\mu_0|}{\sigma/\sqrt{n}} < k$ 时则接受 H_0。正数 k 的每一个选择都对应着一个不同的检验法则。

三、假设检验中的两类错误

我们做出判断的依据是通过比较检验统计量的样本数值作出统计决策。由于统计量是随机变量,据之所作的判断不可能保证百分之百的正确,即我们进行假设检验时不可避免地会出现误判而犯错误。在假设检验中,可能犯两类错误:

第 I 类错误:当 H_0 为真时,可能作出拒绝实际上成立的 H_0 的判断,这类错误称为犯第 I 类错误,也称为"弃真"或"拒真"。所谓"弃真",顾名思义,就是原假设实际上是正确的,却被当成错误拒绝了。犯第 I 类错误的概率为

$$P\{拒绝\ H_0 | H_0\ 为真\} = \alpha$$

α 一般称为检验水平。

第 II 类错误:当 H_0 不真时,却作出接受实际上不成立的 H_0 的判断,这类错误称为犯第 II 类错误,也称为"取伪"或"受伪"。所谓"取伪",顾名思义,本来原假设是错误的,却被当成正确的内容接受了。犯第 II 类错误的概率为

$$P\{接受\ H_0 | H_0\ 为假\} = \beta$$

检验决策与两类错误的关系见表 6 - 1。

表 6 - 1 检验决策与两类错误的关系

H_0 状况 检验决策	H_0 为真	H_0 非真
拒绝 H_0	犯 I 类错误(α)	正确
接受 H_0	正确	犯 II 类错误(β)

　　无论是"弃真"还是"取伪",在现实中都是无法避免的,这就是我们通常所说的"决策失误"。因此,人们自然希望将犯这两类错误的概率控制在一定的限度之内。但是,在一定样本容量下,不能同时做到犯这两类错误的概率都很小。因为减少 α 会引起 β 增大,减少 β 会引起 α 增大。若要使 α 和 β 同时变小,就须增加样本容量。但样本容量不可能没有限制,否则就会使抽样推断失去意义。鉴于这种情况,奈曼(Neyman)和皮尔逊(Pearson)提出一个原则,即在控制犯第 I 类错误的概率 α 的条件下,尽量使犯第 II 类错误的概率 β 小。这一原则的含义是,原假设要受到维护,使它不致轻易被否定;若检验结果否定原假设,则说明否定的理由是充分的,同时,作出否定判断的可靠程度(即概率)也得到保证。从实用的观点看,原假设是什么常常是明确的,而备择假设是什么则常常是模糊的。在[例 6 – 1]中,原假设 $H_0 : \mu = 20$ mm 的数量标准十分清楚,而备择假设 $H_1 : \mu \neq 20$ mm 的数量标准则比较模糊。我们不知道是 $\mu > 20$ mm,还是 $\mu < 20$ mm,而究竟大多少或小多少也不清楚。显然,对于一个含义清楚的假设和一个含义模糊的假设,我们更愿意接受前者,于是我们就更为关心如果 H_0 为真而我们却把它拒绝了,犯这种错误的可能性有多大。

　　在统计推断中,这种只控制 α 而不考虑 β 的假设检验,称为显著性检验,α 称为显著性水平。最常用的 α 值为 0.01,0.05,0.10 等。一般情况下,根据研究的问题,如果犯弃真的错误损失大,为减少这类错误,α 取值小些;反之,α 值大些。

　　在[例 6 – 1]中,如果给定 $\alpha = 0.05$,当原假设 $H_0 : \mu = 20$ mm 为真时,则临界值 C 应满足:

$$P(| \bar{x} - 20 | \geqslant C) = \alpha \qquad\qquad (6-1)$$

令

$$Z = \frac{| \bar{x} - 20 |}{1/\sqrt{5}}$$

于是

$$P\left(|Z| \geqslant \frac{C}{1/\sqrt{5}} \right) = \alpha$$

由于 $Z \sim N(0,1)$,故

$$\frac{C}{1/\sqrt{5}} = Z_{\frac{\alpha}{2}}, C = \frac{1}{\sqrt{5}} \cdot Z_{\frac{\alpha}{2}}$$

统计量 $\dfrac{| \bar{x} - 20 |}{1/\sqrt{5}}$ 在检验的构造过程中起着关键作用,一般称其为检验统计量。

我们要求在 H_0 为真时,检验统计量的分布应是确定(已知)的,且不含任何未知参数。由于事件 $\{|\bar{x}-20|\geqslant C\}$ 与事件 $\{|Z|\geqslant Z_{\frac{\alpha}{2}}\}$ 相等,所以有时把 $Z_{\frac{\alpha}{2}}$ 称为临界值,此时,检验规则为:

当 $\dfrac{|\bar{x}-20|}{1/\sqrt{5}}\geqslant Z_{\frac{\alpha}{2}}$ 时,拒绝原假设 H_0;

当 $\dfrac{|\bar{x}-20|}{1/\sqrt{5}}<Z_{\frac{\alpha}{2}}$ 时,接受原假设 H_0。

这个检验规则与前面的检验规则实质上是一致的。

这里 $Z_{\frac{\alpha}{2}}$ 可由标准正态分布表查得

$$Z_{\frac{\alpha}{2}}=Z_{0.025}=1.96$$

又根据样本资料可算得

$$x=\frac{\sum x}{n}=\frac{19+19.5+19+20+20.5}{5}=1.96$$

代入检验统计量中可得

$$\frac{|\bar{X}-20|}{1/\sqrt{5}}=|19.6-20|\sqrt{5}=0.8944<Z_{\frac{\alpha}{2}}=1.96$$

这表明样本值落在接受域内,故应接受 H_0,从而认为该天生产的女表表壳的直径的均值是 20 mm,亦即认为该天的生产是正常的。

[**例 6 - 2**]　按照美国法律,在证明被告有罪之前先假定他是无罪的。也就是设立原假设 H_0:被告无罪;备择假设 H_1:被告有罪。陪审团可能犯的第 Ⅰ 类错误是:被告无罪但判他有罪;第 Ⅱ 类错误是:被告有罪但判他无罪。犯第 Ⅰ 类错误的性质是"冤枉了好人",第 Ⅱ 类错误的性质是"放过了坏人"。为了减少"冤枉好人"的概率,应尽可能接受原假设 H_0,判被告无罪,这就有可能增大了"放过坏人"的概率;反过来,为了不"放过坏人",陪审团增大拒绝原假设的概率,相应地就又增加了"冤枉好人"的可能性,这就是前面介绍的 α 和 β 的关系。当然,这只是在"一定的证据下"的两难选择。如果进一步收集有关的证据,在充分的证据下,就有可能做到既不冤枉好人,又不放过坏人。在现有证据不充分的条件下,陪审团控制两类错误概率的实践是:疑罪从无,免得冤枉了好人,影响当事人"一生的前程"。我国修正后的刑事诉讼法吸收了西方无罪推定的精神,明确规定了疑罪从无的处理原则,这在人权保护上,比原刑事诉讼法对此回避规定,导致不少疑案久拖不决,犯罪嫌疑人长押不放,无

疑是一大进步。

四、假设检验的基本思想

假设检验的基本思想是小概率原理和反证法思想。

(一)反证法思想

假设检验中的反证法思想就是通过检验原假设 H_0 的真伪来反证研究假设备择 H_1 的真伪。原假设 H_0 与备择假设 H_1 是相互对立的,两者有且只有一个正确。即若 H_0 为真,则 H_1 必为假;而 H_0 为假,H_1 即为真。备择假设的含义是:一旦否定原假设,这个假设 H_1 备你选择。所谓假设检验问题,就是要判断原假设 H_0 是否正确,从而决定接受还是拒绝原假设 H_0。若拒绝原假设 H_0,就接受备择假设 H_1。

(二)小概率原理

假设检验中的"小概率原理"认为:小概率事件在一次试验中基本上不会发生。如果小概率事件在一次试验中居然发生了,则有理由怀疑原假设的真实性,从而拒绝原假设。其实在我们日常生活中,不仅不肯接受概率为0的事件,而且对小概率事件也持否定态度。如果小概率事件突然在生活中发生了,人们就感到不可思议,不肯接受这个事实上已发生的结果。比如,一人外出,不必担心天空降落陨石砸伤自己,虽然偶尔也有媒体报道陨石降落的消息。

"小概率原理"关于小概率的值并没有统一的规定,因为这不是理论问题,而是实际问题。通常做法是根据实际问题的要求规定一个显著性水平 α($0 < \alpha < 1$),当一个事件的概率不大于 α 时,即认为它是小概率事件。α 通常可取 0.1,0.05,0.025,0.01,$\cdots$

从理论上看,小概率事件也有可能发生,只是发生的概率小而已,但是从假设检验的基本思想看,这就可能导致前面所介绍的 I、II 两类错误。

例如,某厂商声称其产品的合格率高达99%,那么从一批产品(如100件)中随机抽取1件,这一件恰好是不合格品的概率就非常小,只有1%。如果厂商的宣称是真的,随机抽取1件是不合格品的情况就几乎是不可能发生的。但如果这种情况居然发生了,我们就有理由怀疑原来的假设,即产品中只有1%的不合格品的假设是否成立,这时就可以推翻原来的假设。当然,推断也可能会犯错误,即这100件产品中确实只有1件是不合格品,而这1件产品恰好被抽到了。但在此例中犯这种错误的概率只有1%,即我们仅需冒1%的风险作出厂商宣称是假的这样一个推断。

五、假设检验的步骤

一个完整的假设检验过程,通常包括以下 5 个步骤:

(一)根据题意合理地建立零假设 H_0 和备择假设 H_1

一般地,假设有下面 3 种形式:

1. $H_0:\mu=\mu_0$;$H_1:\mu\neq\mu_0$。这种形式的假设检验称为双侧检验。如[例 6 - 1]中可提出假设:$H_0:\mu=20$ mm;$H_1:\mu\neq20$ mm。

2. $H_0:\mu=\mu_0$;$H_1:\mu<\mu_0$(或 $H_0:\mu\geqslant\mu_0$;$H_1:\mu<\mu_0$)。这种形式的假设检验称为左侧检验。

3. $H_0:\mu=\mu_0$;$H_1:\mu<\mu_0$(或 $H_0:\mu\leqslant\mu_0$;$H_1:\mu>\mu_0$)。这种形式的假设检验称为右侧检验。

左侧检验和右侧检验统称为单侧检验。用单侧检验还是是双侧检验,使用左侧检验还是右侧检验,决定于备择假设中不等式的形式与方向。与"不相等"对应的是双侧检验,与"小于"相对应的是左侧检验,与"大于"相对应的是右侧检验。采用哪种假设,要根据所研究的实际问题而定。如果对所研究的问题只需判断有无显著差异或要求同时注意总体参数偏大或偏小的情况,则采用双侧检验。如果所关心的是总体参数是否比某个值偏大(或偏小),则宜采用单侧检验。

(二)选择适当的检验统计量,并确定其分布形式

根据资料的类型和特点,需选择不同的统计量作为检验统计量。例如,用于进行检验的样本是大样本还是小样本,总体方差是已知还是未知,等等。在不同条件下应选择不同的检验统计量。

(三)选定显著性水平 α,并根据相应统计量的统计分布表查出临界值

显著性水平 α 表示 H_0 为真时拒绝 H_0 的概率,即拒绝原假设所冒的风险。选定了显著性水平 α,就可由有关的的概率分布表查得临界值,从而确定 H_0 的接受区域和拒绝区域。临界值就是接受区域和拒绝区域的分界点。

对于不同形式的假设,H_0 的接受区域和拒绝区域也有所不同,双侧检验的拒绝区域位于统计量分布曲线的两侧;左侧检验的拒绝区域位于统计量分布曲线的左侧;右侧检验的拒绝区域位于统计量分布曲线的右侧。如图 6 -1、图 6 -2 和图 6 -3 所示。

(四)根据样本观察值计算检验统计量的观察值

在提出了 H_0 和 H_1 的假设,确定了检验统计量,并规定了显著性水平 α 后,接下来就要根据样本数据计算检验统计量的观察值。其计算的基本公

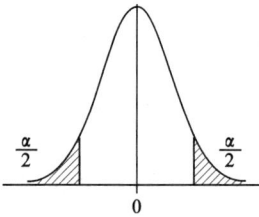

图6-1 双侧检验的
拒绝域分配

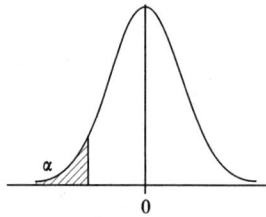

图6-2 左侧检验的
拒绝域分配

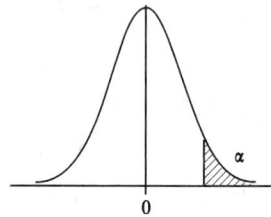

图6-3 右侧检验的
拒绝域分配

式为:

$$Z = \frac{\bar{x} - \mu_0}{\sigma/\sqrt{n}} \qquad (6-2)$$

式中:$\bar{x}$——样本均值;

μ_0——被假设的参数值;

σ——总体标准差;

n——样本容量。

上式也是 Z 这个检验统计量的一般表达式。虽然进行检验时有可能选择不同的检验统计量,上式也不是计算检验统计量的惟一公式,但它却很好地表现了检验统计量的一般结构。在[例6-1]中,我们所用的统计量是 $Z = \frac{\bar{x} - \mu_0}{\sigma/\sqrt{n}}$,在 H_0 为真时,$Z \sim N(0,1)$。

(五)根据检验规则作出接受或拒绝 H_0 的判断

根据显著性水平 α 和统计量的分布,可以找出接受域和拒绝域的临界点,用计算出的检验统计量的值与临界点值相比较,就可作出接受原假设或拒绝原假设的判断。

六、进行假设检验应注意的问题

(1)做假设检验之前,应注意资料本身是否有可比性。

(2)当差别有统计学意义时应注意这样的差别在实际应用中有无意义。

(3)根据资料类型和特点选用正确的假设检验方法。

(4)根据专业知识及经验确定是选用单侧检验还是双侧检验。

（5）当检验结果为拒绝无效假设时，应注意有发生 I 类错误的可能性，即错误地拒绝了本身成立的 H_0，发生这种错误的可能性预先是知道的；当检验结果为不拒绝无效假设时，应注意有发生 II 类错误的可能性，即仍有可能错误地接受了本身就不成立的 H_0，发生这种错误的可能性预先是不知道的，但与样本含量和 I 类错误的大小有关系。

（6）判断结论时不能绝对化，应注意无论接受或拒绝检验假设，都有判断错误的可能性。

（7）报告结论时应注意说明所用的统计量、检验的单双侧及 P 值的确切范围。

第二节 总体均值的假设检验

总体均值的假设检验是常用的参数检验的方法。它是检验当前的总体均值是否和事先假设的总体均值（例如生产规程规定的产品平均质量水平、根据理论计算的标准水平和根据历史资料计算的平均水平等）存在着显著性差异。可根据研究问题的要求和样本资料的条件灵活运用各种检验方法。

均值的假设检验可分单一总体均值的假设检验和两总体均值之差的假设检验。它们的检验统计量的确定要根据总体是否服从正态分布，总体方差是否已知，以及样本的大小来确定。通常采用 Z 检验法和 t 检验法。Z 检验法适用于总体方差已知的平均值检验，而 t 检验法则适用于总体方差未知以及在小样本情况下的平均值检验。分别讨论如下：

一、单一总体均值的假设检验

（一）正态总体均值的检验——总体方差已知

当总体为正态分布，且总体方差已知时，可选择的检验统计量为 Z。

$$Z = \frac{\bar{x} - \mu_0}{\sigma/\sqrt{n}}$$

当 $\mu = \mu_0$ 时，统计量服从 $N(0,1)$。

给定显著性水平 α，检验 3 种类型的检验规则分别为：

1. 双侧检验：

$$H_0 : \mu = \mu_0 ; H_1 : \mu \neq \mu_0$$

检验规则为：

当 $|z| = \dfrac{|\bar{x} - \mu_0|}{\sigma/\sqrt{n}} \geqslant Z_{\frac{\alpha}{2}}$ 时,拒绝 H_0;当 $|Z| = \dfrac{|\bar{x} - \mu_0|}{\sigma/\sqrt{n}} < Z_{\frac{\alpha}{2}}$ 时,接受 H_0。

2. 左侧检验:

$$H_0 : \mu \geqslant \mu_0 ; H_1 : \mu < \mu_0$$

检验规则为:

当 $Z = \dfrac{\bar{x} - \mu_0}{\sigma/\sqrt{n}} \leqslant -Z_\alpha$ 时,拒绝 H_0;当 $z = \dfrac{\bar{x} - \mu_0}{\sigma/\sqrt{n}} > -Z_\alpha$ 时,接受 H_0。

3. 右侧检验:

$$H_0 : \mu \leqslant \mu_0 ; H_1 : \mu > \mu_0$$

检验规则为:

当 $Z = \dfrac{\bar{x} - \mu_0}{\sigma/\sqrt{n}} \geqslant Z_\alpha$ 时,拒绝 H_0;当 $Z = \dfrac{\bar{x} - \mu_0}{\sigma/\sqrt{n}} < Z_\alpha$ 时,接受 H_0。

[例 6-3] 某机床企业加工一种零件,根据经验得知,该企业加工的零件椭圆度服从正态分布,其总体均值为 0.081 mm,总体标准差为 0.025 mm。今换一种新机床进行加工,取 200 个零件进行检验,测得椭圆度均值为 0.076 mm。问新机床加工零件的椭圆度总体均值与以前有无显著差别。

解 因为问题是关于"新机床加工零件的椭圆度总体均值与老机床加工零件的椭圆度均值为 0.081 mm 有无显著差异",而不考虑是正差异还是负差异。所以,这是一个双侧检验的问题。

(1)建立零假设 H_0 和备择假设 H_1:

$H_0 : \mu = 0.081$ mm,即没有显著差异,所发生的差异完全是随机性的。

$H_1 : \mu \neq 0.081$ mm,即有显著差异。

(2)选择适当的检验统计量:

$$Z = \frac{\bar{x} - \mu_0}{\sigma/\sqrt{n}}$$

统计量 Z 服从正态分布。

(3)选定显著性水平 α。这里我们不妨取 $\alpha = 0.05$,查表可得临界值:

$$Z_{\frac{0.05}{2}} = 1.96$$

(4)根据样本观察值计算检验统计量的观察值:

$$Z = \frac{\bar{x} - \mu_0}{\sigma/\sqrt{n}} = \frac{0.076 - 0.081}{0.025/\sqrt{200}} = -2.83$$

运用熟练后,也可以把步骤 2 与步骤 4 合并,直接计算出检验统计量的值。

(5)根据检验规则作出判断。

由于 $|z| > Z_{\frac{\alpha}{2}}$,即 $2.83 > 1.96$,所以拒绝 H_0,接受 H_1。这意味着新机床加工零件的椭圆度总体均值与以前相比发生了显著差别。

(二)正态总体均值的检验——总体方差未知

当总体服从正态分布,但总体方差 σ^2 未知时,需用样本方差 S^2 替代。此时应取 t 作为检验统计量,并且 t 服从自由度为 $n-1$ 的 t 分布,即

$$t = \frac{\bar{x} - \mu_0}{S/\sqrt{n}} \qquad (6-3)$$

给定显著水平 α,检验 3 种类型的检验规则分别为:

1. 双侧检验:

$$H_0 : \mu = \mu_0 ; H_1 : \mu \neq \mu_0$$

检验规则为:

当 $|t| \geq t_{\frac{\alpha}{2}}(n-1)$ 时,拒绝 H_0;当 $|t| < t_{\frac{\alpha}{2}}(n-1)$ 时,接受 H_0。

2. 左侧检验:

$$H_0 : \mu \geq \mu_0 ; H_1 : \mu < \mu_0$$

检验规则为:

当 $t \leq -t_{\alpha}(n-1)$ 时,拒绝 H_0;当 $t < -t_{\alpha}(n-1)$ 时,接受 H_0。

3. 右侧检验:

$$H_0 : \mu \leq \mu_0 ; H_1 : \mu > \mu_0$$

检验规则为:

当 $t \geq t_{\alpha}(n-1)$ 时,拒绝 H_0;当 $t < t_{\alpha}(n-1)$ 时,接受 H_0。

换句话说,当总体方差未知而用样本方差替代时,只需用 t 统计量取代 Z 统计量,其他步骤与前面完全相同。

[例 6-4]　某广告公司在广播电台做流行歌曲磁带广告,它的插播广告是针对平均年龄为 21 岁的年轻人的。这家广告公司经理想了解其节目是否为目标听众所接受。假定听众的年龄服从正态分布,现随机抽取 400 多位听众进行调查,样本平均数为 25 岁,样本方差为 16,以 0.05 的显著性水平判断广告公司的广告策划是否符合实际?

解　首先,建立原假设 H_0 和备择假设 H_1:

$H_0 : \mu = 21$,即为目标听众所接受;

$H_1 : \mu \neq 21$,即不为目标听众所接受。

然后,选择检验统计量,由于已知总体服从正态分布,但 σ^2 未知,用 S^2 替代,所以可用 t 作为检验统计量:

$$t = \frac{\bar{x} - \mu_0}{S/\sqrt{n}} = \frac{25 - 21}{4/\sqrt{400}} = 20$$

当 $\alpha = 0.01$,自由度 $n - 1 = 399$ 时,查表得 $t_{\frac{\alpha}{2}}(399) \approx 1.96$。

根据前述双侧检验的判断法则,因为本题 $t > t_{\frac{\alpha}{2}}$,所以拒绝 H_0,即调查结果表明该广告公司的节目并没有吸引它所预期的听众,广告策划不符合实际,需作改变和调整。

（三）正态总体均值的检验

我们讨论的许多总体,其变量并非都服从正态分布。但当样本为大样本,即样本容量 n 很大（如 $n \geq 30$）时,根据中心极限定理知 $\bar{X}$ 的抽样分布近似为正态分布,如 σ^2 已知,可选用 $Z = \dfrac{\bar{x} - \mu_0}{\sigma/\sqrt{n}}$ 作为检验统计量,当 $\mu = \mu_0$ 时,统计量近似服从 $N(0,1)$。如果 σ^2 未知,则可用 S^2 替代,当 $\mu = \mu_0$ 时,统计量仍近似服从 $N(0,1)$。检验方法与正态总体条件下的检验相同。

上述检验方法归纳如表 6 - 2。

二、总体均值之差的假设检验

在各门学科中经常遇到的问题之一,是把一个试验的结果与控制的目标进行比较,以观察试验是否产生了有意义的结果。解决这种问题的一个方法是:检验被试验的两个总体均值是否在本质上相同。

对两总体均值之差的假设检验,仍要根据总体的分布形式、总体方差是否已知,以及样本大小来选择检验统计量。

（一）两正态总体均值之差的检验——两总体方差已知

当两总体均为正态分布,且两总体方差 σ_1^2, σ_2^2 已知时,可用检验统计量 Z 进行检验:

$$Z = \frac{(\bar{x}_1 - \bar{x}_2) - (\mu_1 - \mu_2)}{\sqrt{\dfrac{\sigma_1^2}{n_1} + \dfrac{\sigma_2^2}{n_2}}} \tag{6-3}$$

当 $\mu_1 = \mu_2$ 时,统计量近似服从 $N(0,1)$。

表 6 - 2　总体均值的检验

类型	条　件	检验统计量	H_0, H_1	拒绝域
I	正态总体 σ^2 已知	$Z = \dfrac{\bar{x} - \mu_0}{\sigma/\sqrt{n}}$	$(1) H_0 : \mu = \mu_0$ $\quad H_1 : \mu \neq \mu_0$	
			$(2) H_0 : \mu \geqslant \mu_0$ $\quad H_1 : \mu > \mu_0$	
			$(3) H_0 : \mu \geqslant \mu_0$ $\quad H_1 : \mu < \mu_0$	
II	正态总体 σ^2 未知 $(n < 30)$	$t = \dfrac{\bar{x} - \mu_0}{S/\sqrt{n}}$	$(1) H_0 : \mu = \mu_0$ $\quad H_1 : \mu \neq \mu_0$	
			$(2) H_0 : \mu \leqslant \mu_0$ $\quad H_1 : \mu > \mu_0$	
			$(3) H_0 : \mu \geqslant \mu_0$ $\quad H_1 : \mu < \mu_0$	
III	非正态总体 $n \geqslant 30$ σ^2 已知或未知	$Z = \dfrac{\bar{x} - \mu_0}{\sigma/\sqrt{n}}$ $Z = \dfrac{\bar{x} - \mu_0}{S/\sqrt{n}}$	$(1) H_0 : \mu = \mu_0$ $\quad H_1 : \mu \neq \mu_0$	
			$(2) H_0 : \mu \geqslant \mu_0$ $\quad H_1 : \mu > \mu_0$	
			$(3) H_0 : \mu \geqslant \mu_0$ $\quad H_1 : \mu < \mu_0$	

给定显著水平 α,检验 3 种类型的检验规则分别为:

1. 双侧检验:

$$H_0: \mu_1 - \mu_2 = D_0; \quad H_1: \mu_1 - \mu_2 \neq D_0$$

检验规则为:

当 $|Z| \geqslant Z_{\frac{\alpha}{2}}$ 时,拒绝 H_0;当 $|Z| < Z_{\frac{\alpha}{2}}$ 时,接受 H_0。

2. 左侧检验:

$$H_0: \mu_1 - \mu_2 \geqslant D_0; \quad H_1: \mu_1 - \mu_2 < D_0$$

检验规则为:

当 $Z \leqslant -Z_{\alpha}$ 时,拒绝 H_0;当 $Z > -Z_{\alpha}$ 时,接受 H_0。

3. 右侧检验:

$$H_0: \mu_1 - \mu_2 \leqslant D_0; \quad H_1: \mu_1 - \mu_2 > D_0$$

检验规则为:

当 $Z \geqslant Z_{\alpha}$ 时,拒绝 H_0;当 $Z < Z_{\alpha}$ 时,接受 H_0。

[例 6-5] 有两种方法可用于制造某种以抗拉强度为重要特征的产品。根据以往的资料得知,两种方法生产出的产品其抗拉强度的标准差分别为 3 kg 和 4 kg。从两种方法生产的产品中各抽一个随机样本,样本容量分别为 10 个和 14 个,所得样本均值分别为 20 kg 和 17 kg。在显著性水平 0.05 条件下,这两种方法生产出来的产品平均抗拉强度是否有显著差别?

解 由于检验两种方法生产出的产品在抗拉强度上是否存在显著差别,并未涉及方向,所以是双侧检验。

按题意,建立假设:

$H_0: \mu_1 = \mu_2$,即没有显著差别;

$H_1: \mu_1 \neq \mu_2$,即有显著差别。

本题中 σ_1^2, σ_2^2 已知,应选用 Z 作为检验统计量进行检验,即

$$Z = \frac{(\bar{x}_1 - \bar{x}_2) - (\mu_1 - \mu_2)}{\sqrt{\dfrac{\sigma_1^2}{n_1} + \dfrac{\sigma_2^2}{n_2}}}$$

由题中条件: $\bar{x}_1 = 20$, $\bar{x}_2 = 17$, $\sigma_1^2 = 3^2$, $\sigma_2^2 = 4^2$, $n_1 = 10$, $n_2 = 14$,将有关数据代入,得

$$Z = \frac{20 - 17 - 0}{\sqrt{\dfrac{3^2}{10} + \dfrac{4^2}{14}}} = 2.1$$

当 $\alpha = 0.05$ 时,查表可得 $Z_{\frac{\alpha}{2}} = 1.96$。由于 $Z > Z_{\frac{\alpha}{2}}$,所以拒绝原假设 H_0,接受 H_1。即两种方法生产出来的产品其抗拉强度有显著差别。

(二)两正态总体均值之差的检验——两总体方差未知但相等

当两总体均为正态分布,但两总体方差 σ_1^2,σ_2^2 未知时,可用样本方差 S_1^2,S_2^2 替代,且可用 t 作为检验统计量,即:

$$t = \frac{(\bar{x}_1 - \bar{x}_2) - (\mu_1 - \mu_2)}{S_P \sqrt{\dfrac{1}{n_1} + \dfrac{1}{n_2}}} \sim t(n_1 + n_2 - 2) \qquad (6-4)$$

式中:$S_P = \sqrt{\dfrac{(n_1 - 1)S_1^2 + (n_2 - 1)S_2^2}{n_1 + n_2 - 2}}$

当 $\mu_1 = \mu_2$ 时,统计量服从自由度为 $n_1 + n_2 - 2$ 的 t 分布。

给定显著水平 α,检验 3 种类型的检验规则分别为:

1. 双侧检验:

$$H_0 : \mu_1 = \mu_2 ; \quad H_1 : \mu_1 \neq \mu_2$$

检验规则为:

当 $|t| \geq t_{\frac{\alpha}{2}}(n_1 + n_2 - 2)$ 时,拒绝 H_0;当 $|t| < t_{\frac{\alpha}{2}}(n_1 + n_2 - 2)$ 时,接受 H_0。

2. 左侧检验:

$$H_0 : \mu_1 - \mu_2 \geq D_0 ; \quad H_1 : \mu_1 - \mu_2 < D_0$$

检验规则为:

当 $t \leq t_{\alpha}(n_1 + n_2 - 2)$ 时,拒绝 H_0;当 $t > t_{\alpha}(n_1 + n_2 - 2)$ 时,接受 H_0。

3. 右侧检验:

$$H_0 : \mu_1 - \mu_2 \leq D_0 ; \quad H_1 : \mu_1 - \mu_2 > D_0$$

检验规则为:

当 $t \geq -t_{\alpha}(n_1 + n_2 - 2)$ 时,拒绝 H_0;

当 $t < -t_{\alpha}(n_1 + n_2 - 2)$ 时,接受 H_0。

[例6-6] 一个车间研究用两种不同的工艺组装某种产品所用的时间是否相同。让一个组的 10 名工人用第一种工艺组装该种产品,平均所需时间为 26.1 分钟,样本标准差为 12 分钟。另一个组的 8 名工人用第二种工艺组装,平均所需时间为 17.6 分钟,样本标准差为 10.5 分钟。已知用两种工艺组装产品所用时间服从正态分布,且 $\sigma_1^2 = \sigma_2^2$,在显著性水平 $\alpha = 0.05$ 条件下,试问能否认为用第二种方法组装比第一种方法更好?

解 根据题意,若 $\mu_1 = \mu_2$,则两种组装方法在所需时间上没有区别;若

$\mu_1 > \mu_2$,则表示第二种方法所需时间少,因而比第一种方法好,所以是单侧检验。

按题意,建立假设:

$H_0: \mu_1 \leqslant \mu_2$,即不认为第二种方法组装更有效;

$H_1: \mu_1 > \mu_2$,即第二种组装方法更有效。

本题中总体方差 σ_1^2, σ_2^2 未知,故可用 t 作为检验统计量,由于是小样本,且已知 $\sigma_1^2 = \sigma_2^2$,即

$$t = \frac{(\bar{x}_1 - \bar{x}_2) - (\mu_1 - \mu_2)}{S_P \sqrt{\dfrac{1}{n_1} + \dfrac{1}{n_2}}} \sim t(n_1 + n_2 - 2)$$

由题中条件: $\bar{x}_1 = 26.1$, $\bar{x}_2 = 17.6$, $S_1^2 = 12^2$, $S_2^2 = 10.5^2$, $n_1 = 10$, $n_2 = 8$,将有关数据代入得:

$$S_P = \sqrt{\frac{(n_1 - 1)S_1^2 + (n_2 - 1)S_2^2}{n_1 + n_2 - 2}} = \sqrt{\frac{(10 - 1)12^2 + (8 - 1)10.5^2}{10 + 8 - 2}} = 11.37$$

$$t = \frac{(\bar{x}_1 - \bar{x}_2) - (\mu_1 - \mu_2)}{S_P \sqrt{\dfrac{1}{n_1} + \dfrac{1}{n_2}}} = \frac{26.1 - 17.6 - 0}{11.37 \sqrt{\dfrac{1}{10} + \dfrac{1}{8}}} = 1.576$$

当 $\alpha = 0.05$, t 的自由度为 $n_1 + n_2 - 2 = 10 + 8 - 2 = 16$ 时,查 t 分布表,$t_{0.05}(16) = 1.7459$。由于 $t < -t_\alpha$,所以接受 H_0。即还不能认为第二种方法组装更有效。

(三)两非正态总体均值之差的检验

当两样本容量 n_1 和 n_2 都足够大时,根据中心极限定理可推知 $\bar{X}_1 - \bar{X}_2$ 的抽样分布近似为正态分布,因此检验统计量为

$$Z = \frac{\bar{X}_1 - \bar{X}_2}{\sqrt{\dfrac{\sigma_1^2}{n_1} + \dfrac{\sigma_2^2}{n_2}}} \qquad (6-5)$$

如果总体方差 σ_1^2, σ_2^2 未知,可用样本方差 S_1^2, S_2^2 分别替代。当 $\mu_1 = \mu_2$ 时,统计量近似服从 $N(0,1)$。检验方法与正态总体条件下的检验相同。

上述检验方法归纳如表 6-3。

表 6-3 两个总体均值之差的检验

类型	条件	检验统计量	H_0、H_1	拒绝域
I	两个正态总体 σ_1^2，σ_2^2 已知	$Z = \dfrac{(\bar{x}_1 - \bar{x}_2) - (\mu_1 - \mu_2)}{\sqrt{\dfrac{\sigma_1^2}{n_1} + \dfrac{\sigma_2^2}{n_2}}}$	(1) $H_0: \mu_1 = \mu_2$ $H_1: \mu_1 \neq \mu_2$	
			(2) $H_0: \mu_1 \leqslant \mu_2$ $H_1: \mu_1 > \mu_2$	
			(3) $H_0: \mu_1 \geqslant \mu_2$ $H_1: \mu_1 < \mu_2$	
II	两个正态总体 σ_1^2，σ_2^2 未知，但相等	$t = \dfrac{(\bar{x}_1 - \bar{x}_2) - (\mu_1 - \mu_2)}{S_P \sqrt{\dfrac{1}{n_1} + \dfrac{1}{n_2}}}$ $S_P = \sqrt{\dfrac{(n_1-1)S_1^2 + (n_2-1)S_2^2}{n_1 + n_2 - 2}}$	(1) $H_0: \mu_1 = \mu_2$ $H_1: \mu_1 \neq \mu_2$	
			(2) $H_0: \mu_1 \leqslant \mu_2$ $H_1: \mu_1 > \mu_2$	
			(3) $H_0: \mu_1 \geqslant \mu_2$ $H_1: \mu_1 < \mu_2$	
III	两个非正态总体 $n_1 \geqslant 30$，$n_2 \geqslant 30$，σ_1^2，σ_2^2，已知或未知	$Z = \dfrac{\bar{x}_1 - \bar{x}_2}{\sqrt{\dfrac{\sigma_1^2}{n_1} + \dfrac{\sigma_2^2}{n_2}}}$ $Z = \dfrac{\bar{x}_1 - \bar{x}_2}{\sqrt{\dfrac{S_1^2}{n_1} + \dfrac{S_2^2}{n_2}}}$	(1) $H_0: \mu_1 = \mu_2$ $H_1: \mu_1 \neq \mu_2$	
			(2) $H_0: \mu_1 \leqslant \mu_2$ $H_1: \mu_1 > \mu_2$	
			(3) $H_0: \mu_1 \geqslant \mu_2$ $H_1: \mu_1 < \mu_2$	

第三节　总体成数的假设检验

由抽样分布定理可知,样本成数服从二项分布,因此可由二项分布来确定对总体成数进行假设检验的临界值,但其计算往往十分繁琐。大样本情况下,二项分布近似服从正态分布。因此,对总体成数的检验通常是在大样本条件下进行的,根据正态分布来近似确定临界值,即采用 Z 检验法。其检验步骤与均值检验的步骤相同,只是检验统计不同。

一、单一总体成数的假设检验

根据中心极限定理,在大样本条件下,若 np 和 nq 都大于 5 时,样本成数 P 的抽样分布近似服从正态分布,因此,我们可用 Z 作为检验统计量,即:

$$Z = \frac{P - P_0}{\sqrt{\dfrac{P_0(1 - P_0)}{n}}} \qquad (6-6)$$

给定显著性水平 α,检验 3 种类型的检验规则分别为:

1. 双侧检验:

$$H_0 : P = P_0 ; H_1 : P \neq P_0$$

检验规则为:

当 $|Z| \geqslant Z_{\frac{\alpha}{2}}$ 时,拒绝 H_0;

当 $|Z| < Z_{\frac{\alpha}{2}}$ 时,接受 H_0。

2. 左侧检验:

$$H_0 : P \geqslant P_0 ; H_1 : P < P_0$$

检验规则为:

当 $Z \leqslant -Z_\alpha$ 时,拒绝 H_0;

当 $Z > -Z_\alpha$ 时,接受 H_0。

3. 右侧检验:

$$H_0 : P \leqslant P_0 ; H_1 : P > P_0$$

检验规则为:

当 $Z \geqslant Z_\alpha$ 时,拒绝 H_0;

当 $Z < Z_\alpha$ 时,接受 H_0。

[例 6-7]　某厂商声称,在他的用户中,有 75% 以上的用户对其产品的质量感到满意。为了解该厂家产品质量的实际情况,组织跟踪调查。在对 60

名用户的调查中,有 50 人对该厂产品质量表示满意。在显著性水平 0.05 条件下,跟踪调查的数据是否充分支持该厂商的说法?

解 由于该厂商声称 75% 以上的用户满意其产品质量,现要根据跟踪调查的数据检验该厂商的说法是否属实。我们希望厂商说的是实话,所以使用总体成数的右侧检验。

根据题意,建立假设:

$$H_0 : P \leqslant 75\% ;$$

$$H_1 : P > 75\%$$

$$样本成数 \ P = \frac{50}{60} = 83\%$$

由于 $np = 49.80 > 5$, $n(1-p) = 10.2 > 5$,近似服从正态分布,因此可用检验统计量 Z 进行检验:

$$Z = \frac{P - P_0}{\sqrt{\dfrac{P_0(1-P_0)}{n}}}$$

将有关数据代入得:

$$Z = \frac{P - P_0}{\sqrt{\dfrac{P_0(1-P_0)}{n}}} = \frac{83\% - 75\%}{\sqrt{\dfrac{75\%(1-75\%)}{60}}} = 1.43$$

当 $\alpha = 0.05$ 时,查正态分布表可得 $Z_\alpha = 1.645$。由于 $Z < Z_{0.05}$,所以接受原假设 H_0,对该厂商质量感到满意的用户比例小于或等于 75%。即可得出的结论为:调查的数据没有提供充分的证据支持该厂商的说法。

二、两总体成数之差的假设检验

对于两总体成数之差 $P_1 - P_2$ 的概率分布,可证明其近似地服从正态分布。若总体成数未知,且 $n_1 p_1$,$n_1(1-p_1)$ 和 $n_2 p_2$,$n_2(1-p_2)$ 都大于 5 时,我们可用样本成数 p_1 和 p_2 来替代。因此,我们可用 Z 作为检验统计量,即

$$Z = \frac{(P_1 - P_2) - P}{\sqrt{\dfrac{P_1(1-P_1)}{n_1} + \dfrac{P_2(1-P_2)}{n_2}}} \qquad (6-7)$$

给定显著水平 α,检验 3 种类型的检验规则分别为:

1. 双侧检验:

$$H_0 : (P_1 - P_2) = D_0 ; H_1 : (P_1 - P_2) \neq D_0$$

检验规则为：

当 $|Z| \geqslant Z_{\frac{\alpha}{2}}$ 时，拒绝 H_0；

当 $|Z| < Z_{\frac{\alpha}{2}}$ 时，接受 H_0。

2. 左侧检验：

$$H_0 : (P_1 - P_2) \geqslant D_0 ; H_1 : (P_1 - P_2) < D_0$$

检验规则为：

当 $Z \leqslant -Z_\alpha$ 时，拒绝 H_0；

当 $Z < -Z_\alpha$ 时，接受 H_0。

3. 右侧检验：

$$H_0 : (P_1 - P_2) \leqslant D_0 ; H_1 : (P_1 - P_2) < D_0$$

检验规则为：

当 $Z \geqslant Z_\alpha$ 时，拒绝 H_0；

当 $Z > Z_\alpha$ 时，接受 H_0。

[例 6-8] 某市场调查公司的业务是对消费者进行上门调查。有些被调查者会非常配合地回答访问员的问题，而有些被调查者则不愿配合调查。访问人员认为男士对市场调查的合作比例要高于女士 0.05。调查中发现，在被随机调查的 150 位男士消费者和 160 位女士消费者当中分别有 113 人和 104 人愿配合调查。试问在显著性水平 0.05 条件下，能否由此说明该访问员的说法是真实的。

解 设男士愿配合调查的比例为 P_1，女士为 P_2。

根据题意，建立假设：

$$H_0 : (P_1 - P_2) \leqslant 0.05$$
$$H_1 : (P_1 - P_2) > 0.05$$

样本成数分别为

$$P_1 = \frac{113}{150} = 75\% , P_2 = \frac{104}{160} = 65\%$$

由于 n_1 和 n_2 较大，可近似地认为服从正态分布，因此可用检验统计量 Z 进行检验：

$$Z = \frac{(P_1 - P_2) - P}{\sqrt{\dfrac{P_1(1 - P_1)}{n_1} + \dfrac{P_2(1 - P_2)}{n_2}}}$$

将有关数据代入得

$$Z = \frac{(P_1 - P_2) - P}{\sqrt{\dfrac{P_1(1 - P_1)}{n_1} + \dfrac{P_2(1 - P_2)}{n_2}}} = \frac{(0.75 - 0.65) - 0.05}{\sqrt{\dfrac{0.75(1 - 0.75)}{150} + \dfrac{0.65(1 - 0.65)}{160}}} = 1$$

当 $\alpha = 0.05$ 时,查正态分布表可得 $Z_\alpha = 1.645$。由于 $Z < Z_{0.05}$,所以接受原假设 H_0,这就是说,根据这些数据,我们没有充分的证据说明该访问员的说法是真实的。

上述检验方法归纳如表 6-4。

表 6-4　总体成数的检验

类型	条件	检验统计量	H_0、H_1	拒绝域
I.(P)	$np \geqslant 5$ $nq \geqslant 5$	$Z = \dfrac{P - P_0}{\sqrt{\dfrac{P_0(1 - P_0)}{n}}}$	(1) $H_0 : P = P_0$ $H_1 : P \neq P_0$	
			(2) $H_0 : P \leqslant P_0$ $H_1 : P > P_0$	
			(3) $H_0 : P \geqslant P_0$ $H_1 : P < P_0$	
II. $(P_1 - P_2)$	$n_1 p_1 \geqslant 5$ $n_1 q_1 \geqslant 5$ $n_2 p_2 \geqslant 5$ $n_2 q_2 \geqslant 5$	$Z = \dfrac{(P_1 - P_2) - P}{\sqrt{\dfrac{P_1(1 - P_1)}{n_1} + \dfrac{P_2(1 - P_2)}{n_2}}}$	(1) $H_0 : P_1 = P_2$ $H_1 : P_1 \neq P_2$	
			(2) $H_0 : P_1 \leqslant P_2$ $H_1 : P_1 > P_2$	
			(3) $H_0 : P_1 \geqslant P_2$ $H_1 : P_1 < P_2$	

第四节　总体方差的假设检验

在前面两节中我们致力于说明有关总体均值和总体成数统计推断的方法。在本节中我们将讨论的范围扩展到总体方差的推断。方差或标准差是衡量变量偏离总体均值程度的尺度和研究生产活动的均衡性、产品质量的稳定性等最常用的指标,也是正态总体的重要参数之一。所以对总体方差的检验也是常见的一类假设检验问题。我们这里仅讨论正态总体方差的检验。

方差的假设检验分为两种情况:一种情况是样本方差与总体方差差异的检验,用卡方检验;另一种情况是两个样本方差差异性的检验,用 F 检验。

下面我们将讨论有关单一正态总体方差和两不同正态总体方差的假设检验的方法。

一、单一正态总体方差的假设检验

由于样本方差 S^2 是总体方差 σ^2 的无偏估计量,自然可将 S^2 与 σ^2 对比来构造检验统计量。为了用样本方差去推断总体方差,须找到一个含有 σ^2 的统计量,而 $\dfrac{(n-1)S^2}{\sigma^2}$ 满足这个要求。可以证明,在正

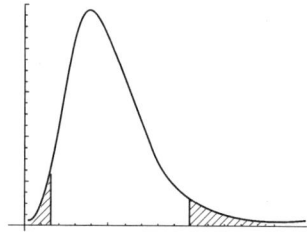

图 6-4　χ^2 分布图

态分布总体下,统计量 $\dfrac{(n-1)S^2}{\sigma^2}$ 近似地服从自由度为 $n-1$ 的卡方(chi-square)即 χ^2 分布,可记作 $\chi^2(n-1)$。χ^2 分布曲线全部处于第一象限,而自由度 $n-1$ 是分布的惟一参数,随着自由度不同而有不同的偏斜程度,自由度愈小偏斜度愈大,当自由度超过 30 时,曲线接近于正态分布。但它又与正态分布不同,正态分布是对称的,而 χ^2 分布是非对称的。图 6-4 是 χ^2 分布图。我们可证明 χ^2 分布的均值为 n,方差为 $2n$。

χ^2 分布的面积或概率已有现成的表可查。从 χ^2 分布表中,对应一定的自由度和给定显著性检验水平 α,查 χ^2 分布表就可确定临界值和拒绝区域。

单一正态总体方差检验的判断法则:

1. 采用双侧检验时

建立假设:

$$H_0 : \sigma^2 = \sigma_0^2 ; H_1 : \sigma^2 \neq \sigma_0^2$$

若

$$\chi^2_{1-\frac{\alpha}{2}} < \chi^2 = \frac{(n-1)S^2}{\sigma^2_0} < \chi^2_{\frac{\alpha}{2}}$$

则接受 H_0;

若

$$\chi^2 \leqslant \chi^2_{1-\frac{\alpha}{2}}(n-1) \text{ 或 } \chi^2 \geqslant \frac{2}{\alpha}(n-1)$$

则拒绝 H_0。

2. 采用左侧检验时

建立假设:

$$H_0 : \sigma^2 = \sigma^2_0 (\text{或 } \sigma^2 \geqslant \sigma^2_0) ; H_1 : \sigma^2 < \sigma^2_0$$

若

$$\chi^2 = \frac{(n-1)s^2}{\sigma^2_0} > \chi^2_{1-\alpha}(n-1)$$

则接受 H_0;

若

$$\chi^2 = \frac{(n-1)S^2}{\sigma^2_0} \leqslant \chi^2_{(1-\alpha)}(n-1)$$

则拒绝 H_0。

3. 采用右侧检验时

建立假设:

$$H_0 : \sigma^2 = \sigma^2_0 (\text{或 } \sigma^2 \leqslant \sigma^2_0) ; H_1 : \sigma^2 > \sigma^2_0 ,$$

若

$$\chi^2 = \frac{(n-1)S^2}{\sigma^2_0} < \chi^2_{\alpha}(n-1)$$

则接受 H_0;

若

$$\chi^2 = \frac{(n-1)S^2}{\sigma^2_0} \geqslant \chi^2_a(n-1)$$

则拒绝 H_0。

[**例 6 – 9**] 炮弹火药装配车间,规定炮弹的火药重量服从标准差为 20 克的正态分布,现从生产线中随机取 16 枚炮弹,实测样本标准差为 24 克。要求在显著性水平 0.02 条件下,检验炮弹的火药重量是否有显著变异。

解 (1)根据题意,建立假设:

$$H_0 : \sigma^2 = 20^2 = 400 ; H_1 : \sigma^2 \neq 400 。$$

（2）给定显著性水平 $\alpha = 0.02$，自由度为 $n - 1 = 16 - 1 = 15$，查 χ^2 分布表，得下临界值 $\chi^2_{1-\frac{\alpha}{2}} = \chi^2_{0.99} = 5.229$，上临界值 $\chi^2_{\frac{\alpha}{2}} = \chi^2_{0.01} = 30.578$。

（3）根据样本信息，计算 χ^2 统计量的实际值：

$$\chi^2 = \frac{(n-1)S^2}{\sigma_0^2} = \frac{15 \times 24^2}{20^2} = 21.6$$

（4）检验判断。由于 $\chi^2_{0.99} < \chi^2 < \chi^2_{0.01}$，即 $5.229 < 21.6 < 30.578$，所以，应接受原假设，即认为总体方差没有显著变异。

[例 6 - 10]　某机器加工某型钢管的长度服从标准差为 2.4 mm 的正态分布，经技术调整后，选出新生产的 25 根钢管的一个随机样本，求得样本标准差为 2.1 mm。要求以显著性水平 0.01 判断该机器生产的钢管长度的变异性是否已显著减少。

解　（1）根据题意，建立假设：

$$H_0 : \sigma^2 \geqslant 2.4^2 = 5.76 ; H_1 : \sigma^2 < 5.76$$

（2）给定显著性水平 $\alpha = 0.01$，自由度为 $n - 1 = 25 - 1 = 24$，查 χ^2 分布表，得左临界值 $\chi^2_{1-\alpha} = \chi^2_{0.99} = 10.856$。

（3）根据样本信息，计算 χ^2 统计量的实际值：

$$\chi^2 = \frac{(n-1)s^2}{\sigma_0^2} = \frac{24 \times 2.1^2}{2.4^2} = 18.375$$

（4）检验判断。由于 $\chi^2 > \chi^2_{0.99}$，即 $18.375 > 10.856$，所以，应接受原假设，即认为钢管长度的方差没有显著缩小。

[例 6 - 11]　某汽车运输公司为增进公司的良好形象，采取措施激励其驾驶员准时行车。该公司希望各站到达时间的方差尽量地小，即要求每辆汽车均能按时到达各站。因此，该公司规定的标准是，到站时间的方差必须等于或小于 4 分钟。为判断该标准是否符合实情，该公司定期从沿途各汽车站收集了汽车到站时间的资料。假定从某一特定市区十字路口抽取 10 辆汽车到站时间作为一个随机样本，并已知该总体的到站时间服从正态分布，样本方差为 4.8，试以显著性水平 $\alpha = 0.05$ 检验该标准能否维持。

解　（1）根据题意，建立假设：

$$H_0 : \sigma^2 \leqslant 4 ; H_1 : \sigma^2 > 4$$

（2）给定显著性水平 $\alpha = 0.05$，自由度为 $n - 1 = 10 - 1 = 9$，查 χ^2 分布表，得右临界值 $\chi^2_{\alpha} = \chi^2_{0.05} = 16.919$。

（3）根据样本信息，计算 χ^2 统计量的实际值：

$$\chi^2 = \frac{(n-1)s^2}{\sigma_0^2} = \frac{9 \times 4.8}{4} = 10.8$$

（4）检验判断。由于 $\chi^2 < \chi_{0.05}^2$，即 $10.8 < 16.919$，所以，接受原假设，即该标准符合实际，可以维持。

上述例题是总体方差右侧检验，在实务上有关总体右侧检验是最常见的，也是运用比较多的。如汽车的到达时间、生产时间、零件加工的尺寸等情况通常都希望总体的变异性较小，即方差较小，而较大的方差将会被拒绝。为说明可容忍的最大方差，我们通常检验方差小于或等于前述最大数值的零假设，而此时的对立假设则指方差大于该值。

二、两不同正态总体方差的假设检验

在某些统计应用的例子中，我们常遇到比较两总体方差的情况。例如，我们常需要比较两种不同生产过程而导致的产品质量的变异性，两种不同装配方法的装配时间的变异性，或者两种不同取暖装置温度的变异性等。

在比较两总体方差是否相同时，我们将利用从两独立随机样本所收集而来的资料，其中一个样本来自第 1 总体，另一个来自第 2 总体。在使用两样本方差数 S_1^2 和 S_2^2 作为推断 σ_1^2 和 σ_2^2 的基础时，我们发现两样本方差的比率 $\frac{S_1^2}{S_2^2}$ 近似地服从分子自由度为 n_1-1，分母自由度为 n_2-1 的 F 分布。

通过 F 分布表能查出它的相应值。F 分布是一种非对称分布，其图形如图 6-5 所示。

两正态总体方差检验的判断法则：

1. 在双侧检验的情况下，

建立假设：

$$H_0: \sigma_1^2 = \sigma_2^2; H_1: \sigma_1^2 \neq \sigma_2^2$$

把具有较大样本方差的总体作为分子即第 1 总体，较小的方差作为分母即第 2 总体，检验统计量为：

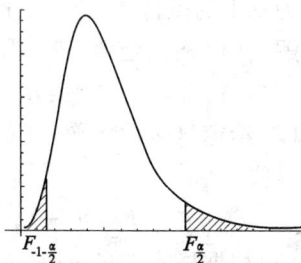

图 6-5 F 分布图

$$F = \frac{S_1^2}{S_2^2} \sim F(n_1-1, n_2-1)$$

在显著性水平下，其临界值为 $F_{1-\frac{\alpha}{2}}$ 和 $F_{\frac{\alpha}{2}}$。

若 $F < F_{\frac{\alpha}{2}}$，则接受 H_0；

若 $F \geqslant F_{\frac{\alpha}{2}}(n_1 - 1, n_2 - 1)$ 或 $F \leqslant F_{1-\frac{\alpha}{2}}(n_1 - 1, n_2 - 1) = \dfrac{1}{F_{\frac{\alpha}{2}}(n_1 - 1, n_2 - 1)}$

则拒绝 H_0。

2. 在单侧检验的情况下,我们也只需一个右侧的 F 分布表即可。这是因为对任何单侧检验,我们都可将零假设的基础建立在其拒绝域必定发生的右侧,即选取假定具有较大方差的总体为第 1 总体作为分子。两总体方差的单侧检验的法则为:

建立假设:

$$H_0 : \sigma_1^2 \leqslant \sigma_2^2; H_1 : \sigma_2^2 > \sigma_2^2$$

把具有较大样本方差的总体作为分子即第 1 总体,较小的方差为分母即第 2 总体,检验统计量为:

$$F = \frac{S_1^2}{S_2^2} \sim F(n_1 - 1, n_2 - 1)$$

在显著性水平下,其临界值为 $F_{1-\alpha}$ 和 F_α。

若 $F < F_\alpha$,则接受 H_0;

若 $F \geqslant F_\alpha$,则拒绝 H_0。

[**例 6 - 12**] 某研究单位设计了一种测量器,用来测量某一物体 11 次,测得样本方差为 1.263。用进口的同类仪器也重复测量某一个物体 11 次,得样本方差为 3.789。若两种仪器的测量误差均服从正态分布,那么,在显著性水平为 0.1 的条件下,自己设计的仪器和进口仪器的性能是否相同?

解 (1)根据题意,建立假设:

$$H_0 : \sigma_1^2 = \sigma_2^2; H_1 : \sigma_2^2 \neq \sigma_2^2$$

(2)给定显著性水平 $\alpha = 0.1$,自由度为 $n_1 - 1 = n_2 - 1 = 10$,查 F 分布表,得临界值

$$F_{\frac{\alpha}{2}}(n_1 - 1, n_2 - 1) = F_{0.05}(10, 10) = 2.98$$

(3)根据样本信息,计算 F 统计量的实际值。

把具有较大样本方差的总体作为分子即第 1 总体,较小的方差为分母即第 2 总体,检验统计量为

$$F = \frac{S_1^2}{S_2^2} = \frac{3.789}{1.263} = 3$$

(4)检验判断。由于 $F > F_{\frac{\alpha}{2}}(n_1 - 1, n_2 - 1)$,即 $3 > 2.98$,所以拒绝原假设,即认为两种仪器有差异。但由于 $S_2^2 < S_1^2$,因此,说明我们自己设计的仪器比进口的仪器性能稳定。

上述检验方法归纳如表 6 – 5。

表 6 – 5　总体方差的检验

类型	条件	检验统计量	H_0、H_1	拒绝域
Ⅰ．一个总体方差的检验	总体服从正态分布	$\chi^2 = \dfrac{(n-1)S^2}{\sigma^2}$	(1) $H_0: \sigma^2 = \sigma_0^2$ $H_1: \sigma^2 \neq \sigma_0^2$	$\chi^2_{1-\frac{\alpha}{2}(n-1)}$　$\chi^2_{\frac{\alpha}{2}(n-1)}$
			(2) $H_0: \sigma^2 \leqslant \sigma_0^2$ $H_1: \sigma^2 > \sigma_0^2$	$\chi^2_{\alpha(n-1)}$
			(3) $H_0: \sigma^2 \geqslant \sigma_0^2$ $H_1: \sigma^2 < \sigma_0^2$	$\chi^2_{1-\alpha(n-1)}$
Ⅱ．两个总体方差之比	两个总体均服从正态分布	$F = \dfrac{S_1^2}{S_2^2}$	(1) $H_0: \sigma_1^2 = \sigma_2^2$ $H_1: \sigma_1^2 \neq \sigma_2^2$	$1/F_{1-\frac{\alpha}{2}(n_1-1, n_2-1)}$　$F_{\frac{\alpha}{2}(n_1-1, n_2-1)}$
			(2) $H_0: \sigma_1^2 \leqslant \sigma_2^2$ $H_1: \sigma_1^2 > \sigma_2^2$	$F_{\alpha(n_1-1, n_2-1)}$
			(3) $H_0: \sigma_1^2 \geqslant \sigma_2^2$ $H_1: \sigma_1^2 < \sigma_2^2$	$1/F_{1-\alpha(n_1-1, n_2-1)}$

本章小结

1. 假设检验是利用样本的实际资料来检验事先对总体某些数量特征所作的假设是否可信的一种统计分析方法。在检验时，可建立原假设 H_0 和备择假设 H_1，它们是相互对立的。在假设检验中，犯第Ⅰ类错误的概率记为 α，称为检验水平，第Ⅰ类错误为弃真错误；犯第Ⅱ类错误的概率记为 β，第Ⅱ类错误为取伪错误。在统计推断中，将只控制 α 而不考虑 β 的假设检验称为显著性检验，α 又称为显著性水平。假设检验的基本思想是小概率原理和反证法思想。

2. 根据检验问题的不同,假设检验可分为双侧检验和单侧检验。假设检验的主要步骤主要包括:

(1)根据题意合理地建立零假设 H_0 和备择假设 H_1;

(2)选择适当的检验统计量,并确定其分布形式;

(3)选定显著性水平 α,并根据相应统计量的统计分布表查出临界值;

(4)根据样本观察值计算检验统计量的观察值;

(5)根据检验规则作出接受或拒绝 H_0 的判断。

3. 总体均值的假设检验具体包括单一总体均值的假设检验和两个总体均值之差的假设检验。

4. 总体成数的假设检验具体包括单一总体成数的假设检验和两个总体成数之差的假设检验。

5. 总体方差的假设检验具体包括单一正态总体方差的假设检验和两个不同正态总体方差的假设检验。

思考与练习

1. 什么是假设检验?与参数估计有什么区别?

2. 什么是显著性水平?与置信水平有什么区别?

3. 如何区别双侧检验和单侧检验,左侧检验和右侧检验?

4. 试述第 Ⅰ 类错误和第 Ⅱ 类错误的关系。

5. 某奶粉生产厂的罐装生产线,其设计标准是平均每罐装 500g 奶粉。随机抽取了某段时间内的罐装奶粉作为样本,观察该生产线工作是否正常。若样本显示罐装奶粉的重量超过或达到标准,就停机进行检验。(1)建立原假设和备择假设;(2)原假设被接受意味着什么?(3)原假设被拒绝意味着什么?

6. 原假设和备择假设为 $H_0: \mu \geq 25$ $H_1: \mu < 25$,样本容量为 100,总体标准差为 12,显著性水平为 $\alpha = 0.05$。已知所抽取样本的平均数如下,请计算检验统计量 Z 的值,并作出决策。(1)样本平均数为 24;(2)样本平均数为 22.8;

7. 某厂采用自动包装机分装产品,假定每包产品的重量服从正态分布,每包标准重量为 1 000 克,某日随机抽取 9 包,测得样本平均重量为 986 克,样本标准差是 24 克。试问在 $\alpha = 0.05$ 的显著性水平上,能否认为这天自动包装机工作正常。

8. 据统计,美国 1989 年时做一例心脏分流术的平均成本是 26 100 美元,每年大约要做 230 000 例。在某一城市随机抽取 36 例,其平均成本为 250 00 美元,标准差为 2 400 美元。要求在显著性水平 $\alpha = 0.05$ 的标准下,检验该城市心脏分流术的平均成本是否低于 26 100 美元。

9. 原假设和备择假设为:$H_0: (\mu_1 - \mu_2) = 0$;$H_1: (\mu_1 - \mu_2) \neq 0$。从两个总体中分别抽取的两个独立样本的资料为:样本容量分别为 $n_1 = 80$ 和 $n_2 = 70$,样本平均数分别为 $\bar{x}_1 =$

104 和 $\bar{x}_2 = 106$，样本标准差分别为 $S_1 = 8.4$ 和 $S_2 = 7.6$。在显著性水平 $\alpha = 0.05$ 的标准下,你的检验结果是什么?

10. 某市高校教师男性所占比例 6 年前为 30%。最近为了解此比例是否发生了显著变化,随机抽取了 1 000 人,其中男教师为 350 人。试以 0.05 的显著性水平判断该市高校女教师所占的比例较 5 年前是否发生了显著变化。

11. 某工厂生产的汽车电瓶的寿命服从正态分布 $N(\mu, 0.9^2)$,今从新生产的一批汽车电瓶中抽取 10 个,测得其寿命的样本标准差为 1.2 年,能否认为这批电瓶的寿命的标准差比 0.9 大($\alpha = 0.05$)?

12. 用两种不同的方法生产同一种材料,对于第一种配方生产的材料进行了 7 次试验,测得材料的标准差 $S_1 = 3.9$ 公斤/cm^2;对于第二种配方生产的材料进行了 8 次试验,测得标准差为 $S_2 = 4.7$ 公斤/cm^2。已知两种工艺生产的材料强度都服从正态分布,问在显著性水平 $\alpha = 0.05$ 下,能否认为用两种配方生产的材料强度的方差相等?

参考答案

5. (1) $H_0: \mu = 500; H_1: \mu \neq 500$。

(2) 没有足够根据认为该生产线工作不正常。

(3) 有足够的根据认为该生产线工作不正常,应停机进行检验。

6. $Z_{\frac{\alpha}{2}} = -1.645$ (1) $Z = -0.83$,接受原假设;(2) $Z = -1.83$,拒绝原假设。

7. 临界值 $t_{\frac{\alpha}{2}}(n-1) = t_{0.025}(8) = 2.306$,检验统计量 $t = -1.75$,检验统计量的样本取值落入接受区域,接受 H_0。样本数据说明这天的自动包装机工作正常。

8. $H_0: \mu \geqslant 26\ 100; H_1: \mu < 26\ 100$。$Z_{\frac{\alpha}{2}} = -1.645; Z = -2.75$,拒绝原假设,即有根据认为平均成本在 26 100 美元以下。

9. $Z = -1.53, Z_{\frac{\alpha}{2}} = 1.96$,不能拒绝原假设。

10. $H_0: P = 0.3; H_1: P \neq 0.3$。$|Z_{\frac{\alpha}{2}}| = 1.96, Z = 3.45$,拒绝原假设,即该市高校男教师所占比例较 5 年前发生了显著变化。

11. 临界值 $x_\alpha^2(n-1) = \chi_{0.05}^2(9) = 3.325$,检验统计量 $\chi^2 = 16.1$,故接受 H_0,即认为这批电瓶的寿命的标准差大于 0.9 年。

12. 临界值 $F_{\frac{\alpha}{2}}(n_1-1, n_2-1) = F_{0.025}(6,7) = 0.1953, F_{1-\frac{\alpha}{2}}(n_1-1, n_2-1) = F_{0.975}(6,7) = 5.12$,检验统计量 $F = 0.689$,故接受 H_0,即认为用两种配方生产的材料强度的方差相等。

第七章 非参数统计

前面第五章、第六章分别介绍了总体参数的估计与假设检验,这些都是在已知总体分布 $F(x,\theta)$ 的条件下,只对其中的参数 θ 进行估计或检验。在实际的社会经济管理中,我们往往并不知道客观现象的总体的分布情况,因此,应用前面的方法就会有困难。例如要检验两个总体均值是否相同,利用 t 分布进行检验,就需要假设两个总体都是服从正态分布的。若不知道总体分布或总体不满足正态分布的假设,就不好使用 t 检验。有时候我们不知道客观现象服从何种分布,而需要根据样本的信息来推断总体是否属于某种理论分布。要解决这一类问题就需要发展和采用其他方法。非参数统计方法就是对不考虑原来的总体分布或者无法用数量来表示的客观现象(诸如一些属性的指标)采用符号或按等级的顺序排列后进行比较和判断的方法。非参数统计又称非参数检验。

本章主要介绍应用最广泛的五种非参数统计方法:χ^2 检验、成对比检验(符号检验)、曼 – 惠特尼 U 检验、游程检验和等级相关检验。

第一节 χ^2 检验

一、χ^2 检验的原理

χ^2 分布在参数估计中可用于方差的估计和假设检验,它在非参数统计中具有更加广泛的用途。χ^2 检验是利用随机样本对总体分布与某种特定分布拟合程度的检验,即检验观察值与理论值之间的紧密程度。首先介绍由英国统计学家皮尔逊于1900年提出的皮尔逊定理。当样本容量充分大时,如将样本分成类,每类实际出现的次数用 f_0 表示,其理论期望次数为 f_e,则 χ^2 统计量为:

$$\sum_{i=1}^{k} (f_0 - f_e)^2 / f_e \sim \chi^2(k-1) \tag{7-1}$$

其中 $k-1$ 为自由度。

以下就 $k = 2$ 作为特例加以证明。

设 X_1, X_2 是一个服从多项式分布的随机变量,其参数为 n, p_1, p_2,则 X_1 的期望值为 np_1, X_2 的期望值为 np_2,令统计量

$$\chi^2 = \sum_{i=1}^{2} \frac{(X_i - np_i)^2}{np_i}$$

则

$$\chi^2 = \frac{(X_1 - np_1)^2}{np_1} + \frac{(X_2 - np_2)^2}{np_2}$$

由于样本只分为两类,所以 $p_1 + p_2 = 1$ 或 $p_1 = 1 - p_2$。若在 n 次试验中第一类出现 X_1 次,则第二类出现 $n - X_1$ 次,即 $X_2 = n - X_1$,代入上式:

$$\chi^2 = \frac{(X_1 - np_1)^2}{np_1} + \frac{[n - X_1 - n(1 - p_1)]^2}{n(1 - p_1)}$$

$$= \frac{(X_1 - np_1)^2}{np_1(1 - p_1)} = \left[\frac{x_1 - E(X_1)}{\delta(x_1)} \right]^2 \sim \chi^2(1)$$

χ^2 检验具有以下两点显著优势:

(1)有很多非参数的假设检验问题可以转化为检验观察次数与其期望次数之间紧密程度的问题。这时检验统计量并不依赖于总体的分布形式(甚至并不知道总体分布形式),而是采用检验总体分布是否为某种特定的概率分布的方法进行检验。

(2)χ^2 检验所要求搜集的资料,可以是定距测定资料,也可以是定名测定资料。例如灯泡的质量既可以用使用寿命(小时数)来测试(即定距测定资料),也可以按预先的标准将灯泡分为正品与次品(即定名测定资料)来测试。

χ^2 检验主要用于拟合优度检验和独立性检验。

二、拟合优度检验

拟合优度检验也称为吻合性检验或分布的假设检验。它是利用样本信息对总体分布做出推断,检验客观现象是否服从某种理论分布。其方法是把样本分成 k 个互斥的类,然后根据要检验的理论分布算出每一类的理论频数 $np_1(f_e)$,与实际的观察频数 f_0 进行比较,计算

$$\chi^2 = \frac{\sum_{i=1}^{k} (f_0 - f_e)^2}{f_e}$$

的值。原假设 H_0:研究对象服从该理论分布,当原假设为真时,该统计量服从 $\chi^2(k-1)$ 分布。显然 f_0 与 f_e 之间的差别应比较小,即 χ^2 值比较小。因此,在确定置信系数 α 时,其拒绝域在右侧,设临界值为 χ_α^2,将 χ^2 与 χ_α^2 进行比较,以作决策。

拟合优度检验的基本步骤为:

(1)确定原假设与备择假设,原假设 H_0 表示总体服从设定的分布,备择假设表示总体不服从设定的分布。同时,确定拒绝原假设的显著性水平 α。

(2)从要研究的总体中,随机地抽取一个观察值样本。

(3)按照"原假设为真"导出一组期望频数或理论频数。通常假设某概率分布适合于所研究的总体。

(4)将观察频数和理论频数进行比较,如果它们之间的差异太大,在现在研究的显著性水平下,χ^2 大于 χ_α^2,则可以拒绝原假设。

[例 7 – 1] 某电子公司新产品开发工作管理得力。他们设有一个经理人员和各方面专家组成的 10 人委员会,负责审议和批准一项新产品建议,每个成员对一项待审批产品作出肯定或否定的表示。总工程师认为这一审批程序服从以 0.25 为肯定比率的二项分布,即每个成员有 25% 的机会对每一项新产品建议投赞成票。从历史积累的大量新产品开发案例中随机抽取了 100 例,其获赞成票的频数分布如表 7 – 1 所列:

表 7 – 1   随机抽取 100 例中获赞成票数情况

肯定票数	0	1	2	3	4	5	6 及以上
案例数	6	24	32	21	14	2	1

这一审批程序是否服从以 0.25 为成功比率的二项分布(给定显著性水平为 10%)?

解   根据题意可提出如下一对假设:

H_0:此分布是一个以 $n = 10$,$f = 0.25$ 为参数的二项分布。

H_1:此分布不是一个以 $n = 10$,$f = 0.25$ 为参数的二项分布。

从二项分布概率表可查得当 $n = 10$,$f = 0.25$ 时,$X = 0,1,2,3,4,5$ 和 6 及以上的概率值,以此作为计算期望频数的基础。

表 7 – 2　某电子公司表决票期望值计算($n = 10, f = 0.25$)

X	累计概率	单值概率	期望频率 f_e(100 例)
0	0.0563	0.0563	5.63
1	0.2440	0.1877	18.77
2	0.5236	0.2816	28.16
3	0.7759	0.2503	25.03
4	0.9219	0.1460	14.60
5	0.9803	0.0584	5.84
6 及以上	…	0.0197	1.97

对于 $k = 6$, 自由度为 $k - 1 = 5$, $\alpha = 10\%$

$\chi^2_{5,0.10} = 9.488$

表 7 – 3　某电子公司表决票拟合优度检验

赞成票数 X	观察频数 f_0	期望频数 f_e	$\dfrac{(f_0 - f_e)^2}{f_e}$
0	6	5.63	0.0243
1	24	18.77	1.4573
2	32	28.16	0.5236
3	21	25.03	0.6489
4	14	14.60	0.0247
5	2	5.84	2.5249
6 及以上	1	1.97	0.4776

$$\chi^2 = \frac{\sum (f_0 - f_e)^2}{f_e} = 5.6412 < \chi^2_{5,0.10}$$

样本 χ^2 导致接受 H_0。

结论:可以认为该电子公司审批程序服从以 $n = 10, f = 0.25$ 为参数的二项分布。

[例7－2]　某台装瓶机设定装瓶重量为250克。检查员随机从该机装瓶的成品中抽取125只,查得装瓶重量的频数分布如下表:

表7－4　某台装瓶机125只成品重量分布

重　量(克)	瓶　数(个)	重　量(克)	瓶　数(个)
242～244	4	250～252	43
244～246	10	252～254	15
246～248	15	254～256	6
248～250	32	合　计	125

试以0.10的显著水平检验该机装瓶重量是否服从以250克为平均数的正态分布。

解　本题没有指出待检验的总体的方差,因而有待于由样本数据进行估计。

经计算得:$S = 2.74$

一对假设可以表述如下:

H_0:装瓶重量服从正态分布 $N(250, 2.74^2)$

H_1:装瓶重量不服从正态分布 $N(250, 2.74^2)$

根据拟定假设可以计算期望频数(f_e)。

表7－5　装瓶重量期望频率计算

重量 X	标准化组织 $Z = \dfrac{X - H}{S}$	正态分布概率	期望频率(125瓶) f_e
242～244	－1.29 以上	0.0143	1.77
244～246	－1.29～1.46	0.0578	7.23
246～248	－1.46～0.73	0.1606	20.08
248～250	－0.73～0	0.2673	33.42
250～252	0～0.73	0.2673	33.42
252～254	0.73～1.46	0.1606	20.08
254～256	1.46 以上	0.0721	9.00

在计算期望频数时,为使得总和等于125,对首组频数和末组频数的尾数进行了调整。

现在可知 $k = 7$,自由度为 $7 - 1 - 2 = 4$(注:2 即为总体待估参数的个数,两个约束条件又使自由度损失2),查表有 $\chi^2_{4,0.10} = 7.779$。因此,决策规则是:若样本 $\chi^2 > 7.779$,拒绝 H_0,否则接受 H_0。

表 7 – 6　装瓶重量分布拟合优度检验

重　量 X	观察频数 f_0	期望频数 f_e	$\dfrac{(f_0 - f_e)^2}{f_e}$
242 ~ 244	4	1.77	2.8095
244 ~ 246	10	7.23	1.0613
246 ~ 248	15	20.08	1.2852
248 ~ 250	32	33.42	0.0603
250 ~ 252	43	33.42	2.7462
252 ~ 254	15	20.08	1.2852
254 ~ 256	6	9.00	1.0000

$$\chi^2 = \frac{\sum (f_0 - f_e)^2}{f_e} = 10.2477 > 7.779$$

样本 X 导致拒绝 H_0。

结论:不能认为该机装瓶重量服从以250克为平均数的正态分布。

三、独立性检验

χ^2 检验也常用于判断两组或多组的资料是否互相关联的问题。如果不是互相关联,就称为独立,此种检验称为独立性检验。χ^2 独立性检验的特点在于其理论频数不是预先确定而需要从样本资料中获得。

χ^2 独立性检验的基本步骤为:

1. 确定列联表。所谓列联表,指抽自某一总体的样本,同时按照两个或两个以上标准进行分类的资料排成一个行、列交织的统计表,如下表:

表 7-7   *rxc* 列联表

		A						
		A_1	A_2	$\cdots$	A_j	$\cdots$	A_c	合计
	B_1	n_{11}	n_{12}	$\cdots$	n_{1j}	$\cdots$	n_{1c}	$n_{1.}$
B	B_2	n_{21}	n_{22}	$\cdots$	n_{2j}	$\cdots$	n_{2c}	$n_{2.}$
	$\cdots$	$\cdots$	$\cdots$	$\cdots$	$\cdots$	$\cdots$	$\cdots$	$\cdots$
	B_r	n_{r1}	n_{r2}	$\cdots$	n_{rj}	$\cdots$	n_{rc}	$n_{r.}$
合计		$n_{.1}$	$n_{.2}$	$\cdots$	$n_{.j}$	$\cdots$	$n_{.c}$	n

表中有两个变量,分别以 A,B 表示。一般来说,两个变量没有因果关系,或研究中不考察是谁影响谁,则称为对称关系。这种情况下哪个变量为 A,哪个变量为 B 均可。但若两个变量之间存在因果关系,并要研究这种关系,则要考虑哪个为因变量,哪个为自变量。因变量常列入表的横行,自变量列入表的纵列。

从表中可见,变量 A 有 c 类,变量 B 有 r 类,属于 A_j 和 B_j 的个体数目为 n_{ij}; $i=1,2,\cdots,r$; $j=1,2,\cdots,c$。类似地,对应表 7-7*rxc* 列联表的多项概率分布表如下:

表 7-8   多项概率分布

		A						
		A_1	A_2	$\cdots$	A_j	$\cdots$	A_c	合计
	B_1	P_{11}	P_{12}	$\cdots$	P_{1j}	$\cdots$	P_{1c}	$P_{1.}$
B	B_2	P_{21}	P_{22}	$\cdots$	P_{2j}	$\cdots$	P_{2c}	$P_{2.}$
	$\cdots$	$\cdots$	$\cdots$	$\cdots$	$\cdots$	$\cdots$	$\cdots$	$\cdots$
	B_r	P_{r1}	P_{r2}	$\cdots$	P_{rj}	$\cdots$	P_{rc}	$P_{r.}$
合计		$P_{.1}$	$P_{.2}$	$\cdots$	$P_{.j}$	$\cdots$	$P_{.c}$	1

表中 P_{ij} 称为同属于 B_i 和 A_j 类的概率,通常称为联合概率。表中最后一行的 $P_{.j}$ 称以变量 A 分类的一向多项概率分布,通常称为边际概率分布,在表最右边一列中,相应的概率 $P_{i.}$ 也称为边际概率分布。

2. 建立如下一对假设：

H_0：两个变量无关（独立）；

H_1：两个变量不独立。

若 H_0 成立，则 $P_{ij} = P_i \cdot P_j, i = 1, 2, \cdots, r, j = 1, 2, \cdots, c$，即联合概率应等于两个变量的边际概率乘积。

3. 确定统计量。若 H_0 成立，则实际频数 (n_{ij}) 应与期望频数 $E(n_{ij})$ 相等，即其差值为 0。因此，实际频数 n_{ij} 与期望频数 $E(n_{ij})$ 的差值大小可以用来度量两个变量相关程度。相差愈大，表明 H_0 为真的可能性愈小，即 A 与 B 无关的可能性愈大。为了避免实际频数 n_{ij} 与期望频数 $E(n_{ij})$ 差值的正负抵消，可采用差值平方和，即用 χ^2 统计量作为检验统计量

$$\chi^2 = \sum_{i=1}^{r} \sum_{j=1}^{c} \frac{[n_{ij} - E(n_{ij})]^2}{E(n_{ij})} \qquad (7-2)$$

式中 $E(n_{ij})$ 是指在零假设成立时，每一类中的期望频数，故 $E(n_{ij}) = np_{ij} = nP_{\cdot i} = nP_{\cdot j}$，统计量 χ^2 近似服从自由度为 $(r-1)(c-1)$ 的 χ^2 分布，但必须满足 n 足够大，使每一类期望频数等于或超过 5。

4. 统计判断。若统计量 χ^2 大于在给定显著水平 α 及自由度下，查 χ^2 分布表，得为 H_0 真时的临界值 χ_α^2，则拒绝 H_0，表明变量 A 和 B 之间不独立，存在相关；反之，则不能拒绝 H_0，表明 A 与 B 独立，不存在相关。

当列联表为 2×2 时，χ^2 值的计算公式可以简化为

$$\chi^2 = \frac{n(ad - bc)^2}{(a+c)(b+d)(a+b)(c+d)} \qquad (7-3)$$

行＼列	1	2	合计
1	a	b	$a+b$
2	c	d	$c+d$
合计	$a+c$	$b+d$	n

[例 7-3]　某公司要了解职工对现行奖励制度是否满意，共调查了 210 名职工，有关资料分别按男、女整理如下：

表 7 – 9 职工满意度列联表

性别		满意程度		合计
		满意	不满意	
性别	男职工	30	70	100
	女职工	45	65	110
合计		75	135	210

要求在 $\alpha = 0.05$ 的显著水平下,分析男职工与女职工对奖励制度的看法是否有显著差异。

解 建立假设:

H_0:男职工与女职工之间对奖励制度的看法无差别;

H_1:男职工与女职工之间对奖励制度的看法有差别。

如果男职工与女职工之间没有显著差别,则他们中表示满意的人数所占比例应该是一致的。计算 χ^2 检验统计量:

$$\chi^2 = \frac{210 \times (30 \times 65 - 70 \times 45)^2}{75 \times 135 \times 100 \times 110} = 2.72$$

自由度为 $(r-1)(c-1) = (2-1)(2-1) = 1$,查 χ^2 分布表得到 $\chi^2_{0.05}(1) = 3.81$,$\chi^2 < \chi^2_{0.05}(1)$,故接受原假设 H_0,亦即男职工与女职工对奖励制度的态度没有明显差别。

[**例 7 – 4**] 某市场调查公司对甲产品与乙产品的购买者进行了一次调查,以此来分析两产品的购买者文化层次,作为向有关产品制造公司提供选择不同文化层次的购买者开展广告活动的参考资料,调查结果如下:

表 7 – 10 甲与乙产品购买者各文化层次人数

文化程度	购买甲产品人数	购买乙产品人数	合计
文盲	150	110	260
小学	120	170	290
初中	100	80	180
高中或中专	140	100	240
大专	100	130	230
大学	150	130	280
大学以上	90	110	200
合计	850	830	1 680

试分析两种产品购买者的文化程度是否一致。

解 依题意,建立以下假设:

H_0:两种产品的购买者的文化程度无差异;

H_1:两种产品的购买者的文化程度有显著差异。

首先在 H_0 成立条件下,计算期望频数 $E(n_{ij})$ 的估计表。

表 7 – 11 甲与乙产品购买者期望频数

文化程度	购买甲产品期望频数	购买乙产品期望频数	合计
文盲	131.55	128.45	260
小学	146.73	143.27	290
初中	91.07	88.93	180
高中或中专	121.42	118.57	240
大专	116.37	113.63	230
大学	141.67	138.33	280
大学以上	101.19	98.81	200
合计	850	830	1 680

表中

$$E_{11}=\frac{n_1\times n_1}{n}=\frac{850\times260}{1\,680}=131.55 \quad E_{12}=\frac{n_2\times n_1}{n}=\frac{830\times260}{1\,680}=128.45$$

$$E_{21}=\frac{n_1\times n_2}{n}=\frac{850\times290}{1\,680}=146.73 \quad E_{22}=\frac{n_2\times n_2}{n}=\frac{830\times290}{1\,680}=143.27$$

依此类推。

由表可以看出,所有 $E(n_{ij})>5$,$n=1\,680$ 足够大,统计量

$$\chi^2=\sum_{i=1}^{v}\sum_{j=1}^{c}\frac{[n_{ij}-E(n_{ij})]^2}{E(n_{ij})}\sim\chi^2(6)$$

$$\chi^2=\sum_{i=1}^{7}\sum_{j=1}^{2}\frac{[n_{ij}-E(n_{ij})]^2}{E(n_{ij})}=\frac{(150-131.55)^2}{131.55}+\frac{(120-146.73)^2}{146.73}$$

$$+\cdots+\frac{(110-98.81)^2}{98.81}=30.78$$

对给定的 $\alpha=0.05$,查表得 $\chi^2_{0.05}(6)=12.59$。

由于 $\chi^2 > \chi^2_{0.05}(6)$，故在 0.05 显著水平上否定 H_0，即可认为两产品购买者的文化层次有显著差异，表明消费者选择产品与其文化程度有关。

第二节 成对比较检验

成对比较检验包括正负号检验和威尔科克森符号等级检验。

一、正负号检验

在比较两个总的均值是否相等的假设检验时，其数据并不是在两个总体中独立抽取的，而是对同一对象进行两种不同"处理"的结果，或者是同一对象通过某种"处理"前后的比较。正负号检验是应用较早而且比较简便的非参数统计方法。在成对数据的比较检验中，每对数据之差用 d_i 表示，若 d_i 为连续变量并服从正态分布，一般可以用 t 检验。但是若 d_i 的总体 D_i 不是正态分布且为小样本时，就只能用非参数统计方法。正负号检验又称为符号检验，它不必计算 d_i 的具体数值，若 $d_i > 0$，可用正号表示；若 $d_i < 0$，则用负号表示，根据样本的大小和正负号出现的数目，对两种"处理"或"处理"前后是否有差别作出推断。符号检验更适用于对无法用数字计量的情况进行比较。符号检验的缺点在于忽略数值差别，未利用可以利用的信息。

正负号检验的基本步骤是：

（1）确定配对样本，分别计算差异正与负的数目，无差异则记为 0，将它从样本中剔除，并相应地减少样本容量 n，把正负号数目之和视为有效样本容量。

（2）建立假设：

$H_0: p = 0.5$

$H_1: p \neq 0.5$

（3）观察样本容量，如果 $n \leq 30$，则作为二项分布处理；如果 $n > 30$，则作为正态近似处理。

（4）设定显著性水平 α，并查表确定临界值，进行比较和作出判断。

[**例 7-5**] 某消费者协会决定对两种不同型号的啤酒打分，随机抽取 60 名消费者，采用蒙目检验的办法，即蒙住品尝人的眼睛，让他们给甲、乙两种牌子的啤酒打分，规定分数从 1 到 5，1 代表味道最好，5 代表味道最差，其他分数分别代表适当的中间等级。

表 7 - 12　对甲、乙两种牌号啤酒的打分

品尝者 (1)	甲的得分 (2)	乙的得分 (3)	差别的符号 (4)
A	3	2	+
B	4	1	+
C	2	4	-
D	3	3	0
E	1	2	-
…	…	…	…

注:表中的最高分为1,最低分为5,从而正号表示乙种饮料受欢迎,负号表示甲种饮料受欢迎;0表示得分相等,消费者对这两种饮料中的任何一种无偏爱。

汇总其得分结果:"+"号为 35 个,"-"号为 15 个,0 为 10 个,总计为 60。符号为 0 的个数应从样本中剔除,因此,用于检验的符号个数由 35 个 "+"号和 15 个"-"号所构成,样本容量可以视为 50。现在要问两种牌号的饮料是否同等受欢迎?

令 p 表示得到正号的概率,得到如下一对假设:

$H_0 : p = 0.5$

$H_1 : p \neq 0.5$

对于上述问题,从理论上说应该使用二项分布来处理。但是,由于比较的样本容量大于 30,所以,可用正态近似处理。作为成数(比例)指标,则该抽样分布的均值和标准差分别为:

$$\mu_p = p = 0.5$$

$$S_p = \sqrt{\frac{p(1-p)}{n}} = \sqrt{\frac{0.5(1-0.5)}{50}} = 0.071$$

设定显著性水平 $\alpha = 0.05$,如果 $Z < -1.96$ 或 $Z > 1.96$,则拒绝原假设。本例中观察到的"+"号的比率 $\hat{p} = \dfrac{35}{50} = 0.70$,于是有 $Z = \dfrac{\hat{p} - p}{S_p} = \dfrac{0.70 - 0.50}{0.071} = 2.82$。

由于 $Z > 1.96$,所以拒绝原假设 H_0,接受备择假设 H,也即乙种牌号的饮料比甲种牌号的饮料更受欢迎。

在正负号检验中,需根据不同情况选择双侧检验(如本例)或单侧检验。另外,如果样本 $n < 30$,就不宜用正态逼近来处理,而应该用二项分布来处理。

[例 7 - 6]　设有 20 个工人,他们一天生产的产品件数,抽样结果如下:

168,163,160,172,162,168,152,153,167,165,164,142,173,166,160,165,
171,186,167,170。试以 $\alpha = 0.10$ 的检验水平,判定总体中位数是否是160。

解 第一步作出假设:

$H_0: Me = 160$;

$H_1: Me \neq 160$。

第二步,计数。对样本数据,大于160的记下" + ",小于160的记下
" – ",等于160的,予以剔除(以0记之),结果如下:

$$+ +0 + + + - - + + + - + +0 + + + + +$$

计数以上" + "号的个数是 $n^+ = 15$," – "号的个数是 $n^- = 3$,剔除数据2
个,最后有效的样本个数为 $n = n^+ + n^- = 18$。

第三步,确定拒绝域。显著性水平 $\alpha = 0.10$,由于进行双侧检验,拒绝域
分布在两边,每侧概率 $\alpha/2 = 0.05$,查二项分布临界值表,得到拒绝域的临界
值是13。

第四步,选择 n^+,n^- 较大者,再与临界值比较。结果是 $15 > 13$。

第五步,判断。由上一步的比较结果可知,样本落入拒绝域,所以拒绝原
假设,即样本数据不能证明总体中位数等于160。

二、威尔科克森符号等级检验

威尔科克森符号等级检验是20世纪40年代首先由威尔科克森
(F. Wilcoxon)提出的符号秩次检验法。由于该法不仅研究配对数据的符号,
而且还计算配对数据的差值大小,因此,它的精度比正负号检验值高,利用样
本提供的信息更充分,适用的范围更广。

威尔科克森符号等级检验法步骤为:

1. 建立以下假设组:

H_0:两样本无显著差异;

H_1:两样本有显著差异。

2. 计算两个样本中每对数据的差数,并用正负号表示,若第一个样本数
据大于第二个样本的数据,记正号;反之,记负号;两样本数据相等,记为零。

3. 将差值取绝对值 $|d|$,按大小顺序排列并编上等级。对于相邻的等值,
取其位序的平均数为等级,再给每个等级恢复原来的正负号,分别将正负号的
等级相加,用 T_+ 和 T_- 表示,并取较小的值作检验统计量,再计算带有正号和
负号差数值的总个数 n。

4. 统计判断。在给定显著水平 α 及 n,若 $n < 25$ 时,从威尔科克森 T 值表

中查出临界值 T_α,当 T 检验统计量不大于临界 T_α 时,可以拒绝 H_0;反之,T 检验统计量大于临界值 T_α 时,则可接受 H_0。若 $n \geqslant 25$,T 接近正态分布,其服从 $N\left(\dfrac{n(n+1)}{4}, \dfrac{n(n+1)(2n+1)}{24}\right)$,此时可以利用正态分布性质,以统计量

$$Z = \frac{|u - E(u)|}{\sqrt{\sigma^2(u)}} = \frac{T - \dfrac{n(n+1)}{4}}{\sqrt{\dfrac{n(n+1)(2n+1)}{24}}} \qquad (7-4)$$

来检验。

[**例 7 -7**]　某大学教师随机抽取 10 名同学的统计学期中和期末考试的成绩,期中考试的成绩分别为 75,87,72,65,93,85,59,73,64,71 分;期末考试成绩分别为 72,94,92,67,86,85,58,79,69,82 分。试问这两次考试成绩有没有显著区别。

解　利用威尔科克森符号等级检验法来解决这一问题。首先建立以下一对假设:

H_0:两次考试成绩没有显著差异;

H_1:两次考试成绩有显著差异。

表 7 -13　威尔科克森符号检验的计算过程

学生编号	期中考试成绩 X_1	期末考试成绩 X_2	成绩之差 $d = X_1 - X_2$	(d) 等级	T_+	T_-
1	75	72	-3	3		3
2	87	94	+7	6.5	6.5	
3	72	92	+20	9	9	
4	65	67	+2	2	2	
5	93	86	-7	6.5		6.5
6	85	85	0			
7	59	58	-1	1		1
8	73	79	+6	5	5	
9	64	69	+5	4	4	
10	71	82	+11	8	8	
合计	-	-	-	-	34.5	10.5

在表 7 -13 中,由于排为第 6 等级和第 7 等级的两项 (d) 相同,因此将这

两项按位序的平均数$(6+7)/2=6.5$排列。如果相同的项多于两项,可类似处理。如果某项配对观察值的差数为0,如表7-13中第6位,该项就应剔除,样本容量相应减少1。本例中的样本容量调整为9。

由表7-13可知,正的等级和$T_+=34.5$,负的等级和$T_-=10.5$。从逻辑上讲,若H_0为真,即两次考试成绩没有差异时,T_+和T_-应该相等,而且

$$|T_+| + |T_-| = 1 + 2 + \cdots + n = \frac{n(n+1)}{2},\ \text{其均值}\ \bar{T} = \frac{n(n+1)}{4} =$$

$\dfrac{9 \times (9+1)}{4} = 22.5$

所以较小的T值总是小于22.5,若接近于22.5,应判断H_0为真。如果较小的T值离22.5较远以致超出临界值T_α时,就拒绝H_0。本例为双侧检验,$n=9$,查表得到临界值$T_{0.05}=5$,而较小的T值(T_-)为10.5,$T>T_\alpha$,故接受H_0,因此,可以得出结论:参加期中考试和期末考试的学生这一样本中,两次考试成绩没有显著差别。

第三节　曼-惠特尼 U 检验

一、曼-惠特尼 U 检验的基本原理

曼-惠特尼 U 检验法(Mann-Whitney U 检验法)简称 M-W U 检验法,该法主要用于判断两个独立随机样本所属总体是否具有相同分布,或者用于检验两个总体的相对次数分布是否相同。它是基于使用混合样本中一个样本的观察值超过另一个样本观察值个数的和 U 作为统计量,这种方法是由 H. B. 曼(Mann)和 D. R. 惠特尼(Whitney)在威尔斯克森符号等级检验的基础上发展起来的,该法的特点是用顺序数据,而不是正负号,故其方法也比符号检验法的运用更广泛。

M-W U 检验法的基本步骤为:

1. 建立假设组:

H_0:两个总体分布相同;

H_1:两个总体分布不相同。

2. 分别从两个总体中随机抽取一个样本,样本容量分别是 n_1 和 n_2,再将样本容量为 n_1 和 n_2 的第一样本和第二样本混合并按数值大小排序,由小到大排列,排序后各数值所在位置的名次即为秩。数值相同的数据,它们的秩等

于它们所占名次的平均数,即取平均秩。排序后分别求各样本各自的秩 T_1 和 T_2。

3. 构造并计算统计量 U。统计量 U 表示在混合样本中一个样本的观察值超过另一个观察值的次数。统计量 U 可根据 T_1、T_2,按下列公式计算:

$$U_1 = n_1 n_2 + \frac{n_1(n_1+1)}{2} - T_1$$

$$U_2 = n_1 n_2 + \frac{n_2(n_2+1)}{2} - T_2$$

其中 $U_1 + U_2 = n_1 n_2$

4. 统计判断。在给定显著性水平为 α 及两个样本容量 n_1 和 n_2,查曼 – 惠特尼 U 检验的临界值表中 U 的临界值 U_α,再取 $U = \min(U_1, U_2)$ 作为检验统计量,若 U 大于临界值 U_α,则接受 H_0;若 U 小于临界值 U_α,则拒绝 H_0,接受 H_1。如果在大样本的情况下($n_1 \geq 8, n_2 \geq 8$),U 的分布则趋近正态分布,且

$$E(U) = \frac{n_1 n_2}{2} \quad \sigma^2(U) = \frac{n_1 n_2(n_1+n_2+1)}{12}$$

故可利用正态分布的统计量

$$Z = \frac{\left| U - \dfrac{n_1 n_2}{2} \right|}{\sqrt{\dfrac{n_1 n_2(n_1+n_2+1)}{12}}} \tag{7-5}$$

来判断。

二、小样本 U 检验

[**例 7-8**] 有 A, B 两家厂商供应同一种商品,两家商品价格与性能一致,但使用寿命是否一致有待检验。今分别从两家生产的产品中抽出样本,测定产品使用寿命(单位:小时):

A 厂商产品:5 11 6 9 7 10

B 厂商产品:8 6 10 7 8

试以 0.05 的显著性水平,检验两厂商产品寿命是否有差异。

解 第一步:作出以下假设:

$H_0: M_A = M_B$;

$H_1: M_A \neq M_B$。

原假设是两厂商生产的产品没有差异,平均寿命相同,备选假设是平均寿

命不相同,是双侧检验。

第二步:求秩和。

将样本混合并排序

数据:	5	6	6	7	7	8	8	9	10	10	11
秩号:	1	2.5	2.5	4.5	4.5	6.5	6.5	8	9.5	9.5	11

以上数据下面划横线表示为 B 厂商产品寿命。B 厂商产品样本容量小,看做总体 I,$n_1 = 5$;A 厂商产品是总体 II,$n_2 = 6$。总体 I 的秩和 $T = 2.5 + 4.5 + 6.5 + 6.5 + 9.5 = 29.5$。

第三步:确定拒绝域。显著性水平 $\alpha = 0.05$,进行双侧检验,查"秩和检验表",$n_1 = 5$,$n_2 = 6$,得临界值 $T_1(\alpha) = 20$,$T_2(\alpha) = 40$。

第四步:比较秩和与临界值大小。结果是:$20 < 29.5 < 40$,即 $T_1(\alpha) < T < T_2(\alpha)$

第五步:统计判断。样本落入接受域,所以应接受原假设,样本数据证明 A、B 两厂商产品的寿命无显著差异。

三、大样本的 U 检验

[例 7-9] 从某工厂假定抽取 15 个男工和 25 个女工进行测验,其测验的成绩按次序排列后的等级如下:

男工: 26 6 38 10 14 24 30 17 40 3 25 32 34 12 22

$n_1 = 15$ $T_1 = 333$

女工: 7 33 39 16 19 20 1 2 37 29 27 9 5 23 31

28 13 36 15 18 4 21 8 11 35

$n_1 = 25$ $T_2 = 487$

试检验男工与女工的成绩是否有显著差异($\alpha = 0.05$)。

解 建立以下假设:

H_0:男工和女工成绩无显著差异;

H_1:男工和女工成绩有显著差异。

$$U_1 = n_1 n_2 + \frac{n_1(n_1 + 1)}{2} - T_1 = 15 \times 25 + \frac{15 \times 16}{2} - 333 = 162$$

$$U_2 = n_1 n_2 + \frac{n_2(n_2+1)}{2} - T_2 = 15 \times 25 + \frac{25 \times 26}{2} - 487 = 213$$

$$U = \min(U_1, U_2) = 162$$

$$E(U) = \frac{n_1 n_2}{2} = \frac{15 \times 25}{2} = 187.5$$

$$\sigma^2(U) = \frac{n_1 n_2 (n_1 + n_2 + 1)}{12} = \frac{15 \times 25 \times (15 + 25 + 1)}{12} = 1\,281.25$$

$$Z = \frac{U - E(U)}{\sqrt{\sigma^2(U)}} = \frac{162 - 187.5}{\sqrt{1\,281.25}} = \frac{162 - 187.5}{35.9} = -0.71$$

当 $\alpha = 0.05$，双尾检验 $Z_{\frac{\alpha}{2}} = \pm 1.96$，$Z$ 落入接受域，因此接受 H_0，说明该工厂与女工之间成绩无显著差异。

第四节 游程检验

一、游程检验的基本原理

在统计分析中，常常遇到样本的随机性问题。只有确认了一个样本是随机样本，才好相信此样本所作统计推断的可靠性。游程检验是检验样本随机性的一种重要方法。

游程检验可用来检验一个样本是否是"随机"地来自总体。样本中具有某特征的单位分布越"零乱"，越不具有规律性、倾向性，就越说明样本的随机性强。

如果将两个随机样本的观察值 $x_1, x_2, \cdots, x_n$ 和 $y_1, y_2, \cdots, y_n$ 混合起来，按从小到大的递增顺序，排列为如下的序列 $x\,x\,y\,y\,y\,x\,y\,x\,x\,x\,x\,y\,y\,y$，则将每个连续出现某一样本的观察值的段称为一个游程，而将每个游程所包含某一样本观察值的个数称为游程长度。例如上述序列就有一个长度为 1 的 x 游程，一个长度为 1 的 y 的游程，一个长度为 2 的 x 游程，两个长度为 3 的 y 的游程，一个长度为 4 的 x 游程。所以上述序列中的 x 的游程为 3 个，y 的游程为 3 个，共有 6 个游程。在游程检验中，有游程个数和游程长度两类检验。

二、游程个数的检验

游程个数的检验指利用对游程个数的检验去判断两个抽取样本的总体分布是否相等，或者一个样本观察值的出现是否具有随机性。其理论依据和方法如下：

假设随机变量 x 和 y 来自同一总体，即两个抽取样本的分布来自同一分布总体。抽取样本组成的混合有序样本所形成的游程个数。在这两个随机样本来自同一总体的 H_0 假设的条件下，混合样本容量 $n+m$ 中出现 x 的 n 个观察值和出现 y 的 m 个观察值，来考察游程个数 r 的概率 $P(R=r)$。

下面分两种情况加以讨论。

1. 当 r 为偶数时，可设 $r=2k$（k 为另一正整数）

$$P(R=r=2k) = \frac{2C_{n-1}^{k-1}C_{m-1}^{k-1}}{C_{m+n}^{n}}$$

2. 当 r 为奇数时，可设 $r=2k+1$。

$$P(R=r=2k+1) = \frac{C_{n-1}^{k}C_{m-1}^{k-1}+C_{m-1}^{k}C_{n-1}^{k-1}}{C_{m+n}^{n}}$$

可令 r_0 表示在一定显著性水平下拒绝或接受 H_0 假设的临界值。对双侧检验有两个临界值，即 r_l 代表临界下限，r_u 代表临界值上限，显著性水平为 α，则两侧各占 $\frac{\alpha}{2}$，当 $r_l < r < r_u$ 时就接受原假设 H_0，即随机变量 x 和 y 来自同一总体。当 $r \leqslant r_l$ 或 $r \geqslant r_u$，就拒绝 H_0 假设，即随机变量 x 和 y 不是来自同一总体。

[**例7－10**]　某工程需要一套除尘设备，除考虑成本外，还需考虑其除尘性能，为此在相似条件下对两种除尘器进行试验，记录其除尘率数据如下：

除尘器甲(%)　　80.0　79.0　80.0　81.5　79.0　77.5　75.0　76.0

除尘器乙(%)　　77.0　79.5　78.5　75.5　76.0

试在 0.05 显著性水平下，比较两者有无显著性差异。

解　本题要求比较两种除尘器性能有无显著差异，故属双侧检验。

依题意，建立以下假设组：

H_0：两种除尘器性能无显著差异；

H_1：两种除尘器性能有显著差异。

为确定游程总数，将两个样本数据混合并按由小到大顺序排列（除尘器乙的数据下划横线表示），再换成 x 和 y 的序列（除尘器甲记为 x，除尘器乙记为 y）。

混合数据序列：75.0　<u>75.5</u>　76.0　<u>76.0</u>　77.0　77.5　<u>78.0</u>　79.0　79.0　<u>79.5</u>　80.0　80.0　81.5

对应 xy 混合序列：$x\,y\,x\,y\,y\,x\,y\,x\,x\,y\,x\,x\,x$

可知 $r=9$，在 $\alpha=0.05$，$n=8$，$m=5$ 下，查表得 $r_l=3$，$r_u=11$。由于 $r_l<r=9<r_n$，故不能拒绝 H_0，表明在 0.05 显著性水平下，可认为两种除尘器性能无显著性差异。

当 n,m 值较大时（一般地，$n>10$ 且 $m>10$），即在大样本情况下，游程个数 r 的分布近似于正态分布，可利用查正态分布表来检验。其均值和方差分别为：

$$\mu_r=\frac{2nm}{n+m}+1$$

$$\sigma_r^2=\frac{2nm(2nm-n-m)}{(n+m)^2(n+m-1)}$$

Z 统计量：
$$Z=\frac{r-\left(\dfrac{2nm}{n+m}+1\right)}{\sqrt{\dfrac{2nm(2nm-n-m)}{(n+m)^2(n+m-1)}}} \tag{7-6}$$

[**例 7-11**]　某汽油站有两种商标的汽油 A 和 B，某天出售的 50 桶汽油可按商标 A 和 B 排成这样的顺序：

AABAABABBAAABBABBABBABBAB

BAABBBBAABABABABAAABAAAAABB

试问这一序列是否具有随机性。

解　依题意，可建立以下假设：

H_0：题中序列具有随机性；

H_1：题中序列不具有随机性。

这是双侧检验。A 的数目 $n=26$，B 的数目 $m=24$，游程个数 $r=28$，由于 n_1,n_2 都大于 10，因此可利用上述统计量来检验。

$$Z=\frac{r-\left(\dfrac{2nm}{n+m}+1\right)}{\sqrt{\dfrac{2nm(2nm-n-m)}{(n+m)^2(n+m-1)}}}$$

$$=\frac{28-\left(\dfrac{2\times26\times24}{26\times24}+1\right)}{\sqrt{\dfrac{2\times26\times24\times(2\times26\times24-26-24)}{(26+24)^2\times(26+24-1)}}}=0.58$$

取显著性水平 $\alpha=0.05$，则值在 -1.96 和 $+1.96$ 之间才能接受汽油购货序列具有随机性这一原假设,本例 $Z = 0.58$,介于 ± 1.96 之间,因此接受原假设 H_0,则该汽油站出售 A 和 B 两种汽油的序列具有随机性。

三、游程长度的检验

(一)最长游程的检验

设 $x_1, x_2, \cdots, x_n$ 和 $y_1, y_2, \cdots, y_m$,是从两个总体中分别抽取的两个相互独立的随机样本,并且 x, y 是连续分布的随机变量。据此检验如下假设:

H_0: x 的分布与 y 的分布相等;

H_1: x 的分布与 y 的分布不相等。

现将两个样本混合起来,按观察值由小到大的顺序排列起来,若以 w 表示样本观察值 x 或观察值 y 中最长的游程长度,则用 w 作为统计量来检验 H_0 假设的准则是:

当显著性水平为 α 时,H_0 假设成立的条件是 $P(w \geq w_0) < \alpha$,即以 α 的显著性水平拒绝 H_0 假设;如果 $w < w_0$,就接受 H_0 假设。

[例 7-12]　试以显著性水平 $\alpha = 0.05$,检验以下两个样本是否来自同一总体。X 的观察值为 $13.3, 14.6, 13.6, 17.2, 14.1, 10.6, 15.9, 14.7, 14.2, 18.0$;$y$ 的观察值为 $14.1, 15.1, 9.9, 14.5, 17.9, 16.1, 16.8, 15.1, 13.2$。

解　将 x 和 y 的观察值混合并按由小到大的顺序排列(并在 x 值下划横线):

9.2　<u>10.6</u>　13.2　<u>13.3</u>　<u>13.6</u>　14.1　<u>14.1</u>　14.5　<u>14.6</u>　<u>14.7</u>

15.1　15.1　<u>15.9</u>　16.1　16.8　<u>17.2</u>　17.9　<u>18.0</u>

从以上排列的结果中,可以看出最长游程的长度为 $w = 2$。

根据 $n = 10, m = 9, \alpha = 0.05$,查有关最长游程的临界值表得出 $w_\alpha = w_{0.05} = 7$。由于 $w < w_\alpha$,故接受 H_0 假设,即两个样本来自同一总体。

(二)游程长度平方和的检验

设有两个样本用 $x_i^j (i = 1, 2, \cdots; j = 1, 2)$ 若以 $N_j(k)$ 表示第 j 个样本长度为 k 的游程数,那么统计量

$$w = \sum_{j=1}^{2} \sum_{k=1}^{m} k^2 \cdot N_j(k) (m \text{ 为游程的最大长度})$$

可检验如下的假设

H_0: $x_i^{(1)}$ 和 $x_i^{(2)}$ 来自同一总体;

H_1: $x_i^{(1)}$ 和 $x_i^{(2)}$ 来自不同总体。

若显著性水平为 α,那么 H_0 假设成立的条件是 $p(w \geq w_\alpha) \leq \alpha$,如果 $w \geq$

w_α 即以 α 的显著水平拒绝 H_0 假设；如果 $w < w_\alpha$，就接受 H_0 假设。

［例 7 – 13］ 试以显著性水平 $\alpha = 0.05$ 对以下样本进行检验。

$$x_i^{(1)} = 3,3.5,6.5,2.5$$

$$x_i^{(1)} = 7,2.9,4.0,6.0$$

解 构造以下一对假设：

H_0：$x^{(1)}$ 的分布与 $x^{(2)}$ 的分布相等；

H_1：$x^{(1)}$ 的分布与 $x^{(2)}$ 的分布不相等。

现将两个样本观察值混合并按从小到大的顺序进行排列，并在 $x^{(1)}$ 观察值下面划线以示区别：

2.5　2.9　3　3.5　4　6　6.5　7

这时 $n = 4$，样本 $x^{(1)}$ 长度为 1（即 $k = 1$）的游程数有 2 个，即 $N_1(1) = 2$，长度为 2 的游程数有 1 个，即 $N_2(2) = 1$。因此，

$$W = \sum_{j=1}^{2} \sum_{k=1}^{m} k^2 N_j(k) = \sum_{j=1}^{2} \left[1^2 N_j(1) + 2^2 N_j(2) \right]$$

$$= 1^2 \times N_1(1) + 1^2 \times N_2(1) + 2^2 \times N_1(2) + 2^2 \times N_2(2) = 12$$

又知 $n = 4$，$\alpha = 0.05$，查有关游程长度平方和检验的临界值表得：$w_{0.05} = 32$，这样，$w < w_{0.05}$，故不能拒绝 H_0 假设，即两个样本服从同一分布，也就是说两个样本来自同一总体。

第五节　等级相关检验

一、等级相关检验的基本原理

本书在阐述相关分析时用相关系数来测定变量之间关系密切程度的方法。但是对许多难以用数字准确计量的现象，比如事态轻重、才智高低、色泽深浅、艺术水平等，就不能用相关系数来测定它们之间关系的密切程度，而要用等级相关的非参数方法来测定，即将变量按顺序等级排列然后计算等级相关系数。由于等级相关不是根据观察值而是根据观察值的等级顺序来计算的，因此，计算是十分方便的。

直线相关系数的公式是

$$r = \frac{\sum (x_i - \bar{x})(y_i - \bar{y})}{\sqrt{\sum (x_i - \bar{x})^2 \sum (y_i - \bar{y})^2}}$$

计算等级相关系数的方法与计算普通的直线相关系数相类似,所不同的是其变量是用顺序的等级来代替。

若 x_i 的等级排列用 R_i 表示,y_i 的等级排列用 T_i 表示,则等级相关系数(用 r_s 表示)的公式为

$$r_s = \frac{\sum (R_i - \bar{R})(T_i - \bar{T})}{\sqrt{\sum (R_i - \bar{R})^2 \sum (T_i - \bar{T})^2}}$$

其中 R_i 和 T_i 均为顺序的等级($i = 1, 2, \cdots, n$),因此

$$\bar{R} = \bar{T} = \frac{(1 + 2 + \cdots + n)}{n} = \frac{n+1}{2}$$

$$\sum (R_i - \bar{R}) = \sum (T - \bar{T})^2 = (1^2 + 2^2 + \cdots + n^2) - n[(n+1)/2]^2$$

$$= \frac{n(n+1)(2n+1)}{6} - \frac{n(n+1)^2}{4}$$

$$= \frac{n(n^2-1)}{12}$$

代入等级相关系数的公式

$$r_s = \frac{\sum \left(R_i - \frac{n+1}{2}\right)\left(T_i - \frac{n+1}{2}\right)}{\frac{n(n^2-1)}{12}} \qquad (7-7)$$

若将每一对变量之间等级的差用 d_i 表示,即 $d_i = R_i - T_i$,则等级相关系数的公式可以进一步简化为

$$r_s = 1 - \frac{6 \sum d_i^2}{n(n^2-1)} \qquad (7-8)$$

这一公式是由斯皮尔曼(Spearman)提出的,故也称为斯皮尔曼等级相关系数。

由公式可知 x_i 和 y_i 之间的差别越大,$\sum d_i^2$ 就越大。若所有差数都为 0,则 $\sum d_i^2 = 0$,$r_s = 1$,因而两个等级可以认为完全正相关。若在 x_i 和 y_i 之间观察到可能有的最大差数,即相关程度弱于完全相关时,r_s 将处于 $+1$ 与 -1 之间。需要指出的是,r_s 所度量的是两等级之间的联系强度,而不是被分成等级的变量的数值的密切关系。

当 $n > 30$ 时,如果 x 与 y 存在等级相关关系,则 r_s 的抽样分布近似服从正

态分布,其均值和方差的公式如下:

$$\mu_{r_s} = 0$$

$$\sigma_{r_s}^2 = \frac{1}{n-1}$$

Z 统计量为:$Z = \dfrac{r - \mu_{r_s}}{\sqrt{\sigma_{r_s}^2}} = \dfrac{r_s}{\sigma_{r_s}} = \sqrt{(n-1)r_s^2}$

二、斯皮尔曼等级相关检验的应用

斯皮尔曼等级相关检验的基本步骤是:

1. 利用斯皮尔曼等级相关系数,可以用于以下的假设检验:

(1)H_0: x_i 和 y_i 相互独立;

　　H_1: x_i 和 y_i 不独立。

(2)H_0: x_i 和 y_i 非正相关;

　　H_1: x_i 和 y_i 正相关。

(3)H_0: x_i 和 y_i 非负相关;

　　H_1: x_i 和 y_i 负相关。

其中:(1)为双侧检验,(2)和(3)为单侧检验。如果想知道能否作出"x_i 的大值倾向于同 y_i 的小值相配对"这一结论,可采取第(3)种假设;如果想知道能否作出"x_i 的大值同 y_i 的大值相配对"这一结论,可采取第(2)种假设;如果要检验任何一方对独立性的偏离,则可采取第(1)种假设。

2. 计算斯皮尔曼统计量。找出所有 x_i 在 x 样本中的等级 R_i 和所有 y_i 在 y 样本中的等级 T_i,再对每一对观察值的等级进行比较。记 $d_i^2 = (R_i - T_i)^2$,这可以看成为某种距离的度量。显然如果 d_i^2 很大,说明两个变量可能负相关,而如果它们很小则可能正相关。

$$r_s = \frac{\sum\limits_{i=1}^{n}(R_i - \bar{R})(T_i - \bar{T})}{\sqrt{\sum\limits_{i=1}^{n}(R_i - \bar{R})^2 \sum\limits_{i=1}^{n}(T_i - \bar{T})^2}} = 1 - \frac{6\sum\limits_{i=1}^{n}d_i}{n(n^2-1)}$$

$|r_s|$ 表明 x、y 完全相关,$r_s = +1$ 为完全正相关,$r_s = -1$ 为负相关,$|r_s|$ 越接近于1表明相关程度越高;反之,$|r_s|$ 越接近于0,表明相关程度越低,$r_s = 0$ 为完全不相关,$r_s > 0$ 为正相关,$r_s < 0$ 为负相关,通常认为 $|r_s| > 0.8$ 为高度相关。

上述公式一般在没有打结或打结很少时成立（"打结"指两个变量具有相同值的数据），但打结很多时，需利用以下修正公式来计算

$$r_s = \frac{n(n^2-1) - 6\sum(R_i - T_i)^2 - 6(U+V)}{\sqrt{[n(n^2-1) - U][n(n^2-1) - V]}} \qquad (7-9)$$

其中 $U = \sum(u_j^3 - u_j)$；$V = \sum(v_j^3 - v_j)$。

$u_1, u_2, \cdots; v_1, v_2, \cdots$ 分别代表 x 和 y 的各个结的观察值数目。

3. 统计判断。当 $n \le 30$ 时，根据 r_s 值，在斯皮尔曼等级相关统计量表中，依据 n 和 r_s 值查找相应的概率 p，这是 H_0 为真时，R 为某值可能的概率。若 p 值小于显著性水平 α，则数据拒绝 H_0；若 p 值大于显著性水平 α，则数据接受 H_0。

[例7-14]　某研究机构对某地区10家市场调查公司进行调查，以此了解市场调查公司质量的信息。一项对调查结果的分析给出有关专家对10家市场调查公司机构人员综合能力排序和公司发展潜力排序，有关数据如表7-14。

表7-14　对10家市场调查公司职工综合能力和公司发展潜力的排序

公司	公司职工潜力的排序	公司发展潜力的排序
A	4	6
B	6	8
C	8	5
D	3	1
E	1	2
F	2	3
G	5	7
H	10	9
I	7	4
J	9	10

试问这些数据能否说明公司职工综合能力与公司发展潜力排序有关联（$\alpha = 0.10$）？

　　解　本题关心的是10家市场调查公司职工综合能力和公司发展潜力的排序有无关联，故属双侧检验。

依题意,建立如下一对假设:

H_0:10 家市场调查公司职工综合能力与公司发展潜力的排序无关联;

H_1:10 家市场调查公司职工综合能力与公司发展潜力的排序有关联。

根据斯皮尔曼等级相关检验法列表如下:

表 7 – 15　公司职工综合能力和公司发展潜力斯皮尔曼相关系数的计算

公司	公司职工潜力的排序 x_i	公司发展潜力的排序 y_i	$d_i = x_i - y_i$	d_i^2
A	4	6	−2	4
B	6	8	−2	4
C	8	5	3	9
D	3	1	2	4
E	1	2	−1	1
F	2	3	−1	1
G	5	7	−2	4
H	10	9	1	1
I	9	4	3	9
J	7	10	−1	1

$$r_s = 1 - \frac{6 \sum_{i=1}^{10} d_i^2}{n(n-1)} = 1 - \frac{6 \times 38}{10 \times (10^2 - 1)} = 0.77$$

$n = 10$ 时,r_s 的可能概率为 $0.007 \times 2 = 0.014 < \alpha(0.10)$,故数据不支持 H_0。表明在 0.1 显著性水平上,可认为公司职工综合能力排序与公司发展潜力排序存在着正相关。

三、肯达尔等级相关检验

肯达尔(Kendall)等级相关检验的研究对象与斯皮尔曼的研究对象大致相同,其相关系数公式为

$$r_K = \frac{z(N_c - N_d)}{n(n-1)}$$

式中 N_c 为观察值一致对总数,N_d 为非一致对总数。

在容量为 n 的双变量的随机样本 (x_i, y_i) 中,如果某一观察值的两个变量都分别比另一个观察值的两个变量值高,就称这两个观察值为一致对。如两

个双变量观察值为(1.3,2.2)和(1.6,2.7),它们就是一致对。如果某一观察值的两个变量值与另一个观察值的两个变量值以相反的方向变化(即一个减少而另一个增加),则称这两个变量为非一致对。如两个双变量的观察值为(1.3,2.2)和(1.6,1.1),它们就是非一致对。把所有观察值的一致对和非一致对总数求出,就可计算肯达尔等级相关系数。

有了 N_c 和 N_d 值,可使用 T 统计量进行有关单侧或双侧检验:

H_0:x 与 y 是相互独立的;

H_1:x 与 y 不是相互独立的。

T 检验统计量计算式:$T = N_c - N_d$

根据样本大小和显著性水平 α,T 的临界值可由肯达尔检验统计表查出。如果 T 超过 $1-\alpha$ 所对应的临界值,就拒绝 H_0 假设;如果 T 小于 α 所对应的临界值,就接受不相互独立的备择假设。

[例 7-15] 某幼儿园对 9 对双胞胎的智力进行测试,并按百分制打分,得如下资料:

双胞胎对数编号:	1	2	3	4	5	6	7	8	9
先出生的儿童(x_i):	86	77	68	91	70	71	85	87	63
后出生的儿童(y_i):	88	76	64	96	65	80	81	72	60

试分析两组双胞胎的相关程度。

解 将资料(x_i,y_i)按 x_i 次序排列,计算结果为

表 7-16 两组双胞胎的肯达尔相关系数的计算

(x_i,y_i)	(x_i,y_i)以下的一致对	(x_i,y_i)以下的非一致对
63,60	8	0
68,64	7	0
70,65	6	0
71,80	3	2
77,76	3	1
85,81	2	1
86,88	1	1
87,72	1	0
91,96	0	0
合计	31	5

$$r_K = \frac{2(N_c - N_d)}{n(n-1)} = \frac{2 \times (31-5)}{9 \times 8} = 0.722$$

建立以下一对假设：

H_0：x 与 y 是相互独立的；

H_1：x 与 y 不是相互独立的。

因 $n=9$，$\alpha = 0.05$，查肯达尔检验统计量表，得双侧检验的两个临界值：$w_{0.975} = 18$，$w_{0.025} = -18$。由于 $T = 24 > w_{0.975} = 18$，因此可以 0.05 的显著性水平拒绝 H_0 假设，接受 x 与 y 之间存在正相关的备择假设。

本章小结

1. 非参数统计也称非参数检验,主要内容是对总体的某种判断或假设进行检验。它与参数检验的主要区别在于：

(1)不需要事先确定或设定总体的分布状况；

(2)对数据要求不严格,一般为定名级和序列级数据；

(3)当样本容量很小(如 $n=6$ 或更小),不宜用参数检验时,却可用非参数方法来检验。

因此,在社会经济管理中,非参数统计具有广泛的适用性,而且计算比较简单。

值得注意的是,由于非参数统计测定的层次比较低,样本比较小,主要为定名级和序列级数据,相对于参数检验,其判断的可靠性比较差。

2. 非参数检验方法很多,各种非参数检验方法适用的条件和范围不同,必须根据具体的研究任务和研究对象的特点,针对性地选择适当的非参数检验方法,不可误用。

(1)当需要知道某个变量是否服从一种已知的理论分布(如正态分布、均匀分布、二次分布等),或者要知道两组或几组资料彼此是否关联时,便可采用 χ^2 检验。前者称为拟合优度检验,后者则称为独立性检验。在独立性检验中通常采用列联表的形式,用 2×2 列联表时,统计量公式可以简化,计算比较方便。应用 χ^2 检验,必须有一个足够大的样本使各组的理论频数不小于 5。

(2)当要对两组资料是否有差别,或是一组超过另一组作出判断时,可采用成对比较检验,它包括正负号检验和威尔科克森符号等级检验。它们都是用成对符号进行比较作出推断的方法。正负号检验既可用于单一样本,也可用于两个样本的比较；既可用于独立样本,也可用于两个相关样本的检验。由于这种方法只以符号为依据,忽略数值差别,故比较粗略。威尔科克森符号等级检验则是它的一种改进方法,更适宜于两组相关数据的比较。由于它不仅考虑两数据之间差异的方向,而且还计算其差异的大小,因此,信息利用比较充分,作出的判断相对更加有效。

(3)曼－惠特尼 U 检验可用于两独立样本是否取自均值相等的总体,或两个总体的相对频数分布是否相同的检验。包括小样本的 U 检验和大样本的 U 检验。它适用于序列级数据,并且两个独立样本大小可以不同,常常可以代替 t 检验。曼－惠特尼 U 检验有两个特点:第一,它的统计量有两个公式,可以计算得到两个不同的 U 值,检验时择其小者而用。第二,判断的准则与其他检验相反:U 值超出临界点时接受 H_0;反之,则拒绝 H_0。

(4)游程检验用于对一组数据或某种现象是否具有随机性的判断。包括游程个数的检验和游程长度的检验。

(5)等级相关检验是将变量按顺序等级排列然后计算等级相关系数,以此来判断许多难以用数字来加以准确计量的现象之间的关联关系。包括斯皮尔曼等级相关检验和肯达尔等级相关检验。

3. 非参数统计的计算并不复杂,查表方法也较简单。学习和运用非参数统计重要的是掌握各种非参数统计方法思想,熟练各种方法的基本步骤,正确构造原假设和备择假设,多练多用,才能做到融合贯通,运用自如。

思考与练习

1. 什么是非参数统计? 它与参数检验有什么区别?

2. 什么是 χ^2 检验? χ^2 检验用于什么情况? 其方法特点和应用的基本步骤是什么?

3. 正负号检验和威尔科克森符号等级检验适用于什么情况? 这两种方法各有什么特点?

4. 试述曼—惠特尼 U 检验的方法、原则、特点和基本步骤。

5. 试述游程检验的原则,并分述游程个数的检验和游程长度的检验的基本步骤。

6. 什么是斯皮尔曼等级相关系数和科达尔等级相关系数? 进行斯皮尔曼等级相关检验和科达尔等级相关检验的基本步骤是什么?

7. 比较五类非参数统计方法(χ^2 检验、成对比较检验、曼—惠特尼 U 检验、游程检验和等级相关检验)的特点和应用范围,并作出有关评价。

8. 某证券研究机构为了了解某年度股票价值变化规律,随机抽取一个样本(115 支该年度股票),它们在一年间其最高价与最低价之差的频数分布,如下表:

价格差额	股票数	价格差额	股票数
0～4.999	3	25～29.999	10
5～9.999	27	30～34.999	4
10～14.999	35	35～39.999	1
15～19.999	25	40～44.999	2
20～24.999	8	合　计	115

试根据 χ^2 检验方法在显著性水平 0.05 上,推断这些数据是否来自服从正态分布的价格总体。

9. 为了研究某种农药防治农作物病害的效果,特进行对比试验,取得如下资料:

处　　理	存活数	死亡数	合　　计
进行药物防治	132	18	150
对照试验	114	36	150

要求根据以上资料利用 χ^2 检验法检验施用农药的死亡率与不施用药物的死亡率之间是否存在明显差异($\alpha = 0.05$)。

10. 兹给出成对实验中用两种不同饲料喂养生猪的增重结果:

配对序号	A 饲料	B 饲料	符号	配对序号	A 饲料	B 饲料	符号
1	25	19	+	10	28	26	+
2	30	32	−	11	32	30	+
3	28	21	+	12	29	25	+
4	34	34	0	13	30	29	+
5	23	19	+	14	30	31	−
6	25	25	0	15	31	25	+
7	27	25	+	16	29	25	+
8	35	31	+	17	23	20	+
9	30	31	−	18	26	25	+

取 $\alpha = 0.05$,用正负号检验,问饲料 A 是否对生猪的增重更有利?

11. 从某校学生中用简单随机抽样方式抽取 20 名学生,记录其成绩,期中和期末先后两次测验结果如下表。试用威尔科克森符号等级检验推断该校学生期中与期末考试相比,该项成绩水平有无显著差异(显著性水平 $\alpha = 0.05$)。

学生	期中考试 x_i	期末考试 y_i	学生	期中考试 x_i	期末考试 y_i
1	32	68	11	21	40
2	71	57	12	48	30
3	35	17	13	45	39
4	31	52	14	57	80
5	42	47	15	72	79
6	100	80	16	35	64
7	76	81	17	87	77
8	44	62	18	50	36
9	83	100	19	72	89
10	64	70	20	38	38

12. 某工厂管理人员为考察装配线的男职工和女职工的技能有无差别,随机抽取 9 名男职工和 5 名女职工进行技能测试,9 名男职工的分数为:1 500,1 600,670,800,1 100,800,1 320,1 150,600;5 名女职工分数为:1 400,1 200,780,1 350,890。试用曼—惠特尼 U 检验推断男职工与女职工的技能有无显著差异( )。

13. 某公司的市场调研经理从该公司的两个销售区中各抽取 15 名推销员组成一个简单随机样本,进行销售额的比较,把两地区推销员上年推销额排列后,其等级顺序如下:

地区 A:1　2　4　7　8　10　12　13　14　17　21　24　26　27　28

地区 B:3　5　6　9　11　15　16　18　19　20　22　23　25　29　30

试利用曼—惠特尼 U 检验法判断两地区的平均销售水平有无显著差异($\alpha = 0.05$)。

14. 某个随机样本的 5 个观察值为 79.4,79.6,81.4,80.6,81.2,另一个随机样本的 7 个观察值为 85.2,81.8,76.8,82.1,78.9,84.4,82.7。试利用游程检验推断抽取样本的两个总体分布是否相等。

15. 某厂某车间生产某种尺寸的零件,假设该厂在 10 小时内,每隔半小时进行一次测定,其数值记录如下(单位:mm):76.5,70.4,69.4,68.4,77.3,69.1,69.9,78.4,76,61.3,66.7,76.4,64.2,73.9,72.1,66.2,69.6,79.5。试分析该厂某车间零件生产是否处于控制状态($\alpha = 0.05$)。

16. 某大学学生会调查了该大学学生每周学习时间与得分的平均等级之间的关系,现抽查 10 名学生的资料如下:

变　　量		平均等级	
学习时数	平均成绩	学习时数 x_i	得分等级 y_i
24	3.6	6	7.5
17	2.0	2.5	1
20	2.7	4	4
41	3.6	8	7.5
52	3.7	10	9
23	3.1	5	5
46	3.8	9	10
17	2.5	2.5	3
15	2.1	1	2
29	3.3	7	6

试利用斯皮尔曼等级相关系数检验学习时间与成绩得分的相关性($\alpha=0.05$)。

17. 有一家公司招聘打字员,采用口试和实际操作两种方法来决定是否录用。现有6个申请人的口试和实际操作评分记录如下,要求利用斯皮尔曼等级相关检验来了解口试等级和操作成绩之间是否有关系(A表示口试水平最高,E表示口试水平最低)。

申请人	1	2	3	4	5	6
口试等级	E	B	C	A	F	D
操作等级	29	38	47	56	28	32

18. 某公司在各地有许多分销商,分销商负责当地的销售并提供售后服务。公司抽取15个分销商的资料,从销售、市场份额、销售增长、利润等多方面考察分销商的销售能力。另一方面,公司从顾客投诉、售后服务登记卡等方面对各分销商的售后服务工作进行了考察,并就服务水平、销售能力分别做出排序。试用斯皮尔曼等级相关系数和肯达尔等级相关系数判断销售能力与售后服务水平的关联关系($\alpha=0.01$)。

分销商代号	服务水平等级	销售能力等级
1	6	8
2	2	4
3	13	12
4	1	2
5	7	10
6	4	5
7	11	9
8	15	13
9	3	1
10	9	6
11	12	14
12	5	3
13	14	15
14	8	7
15	10	11

19. 为了研究学生的交卷次序与成绩是否有关,从某大学某次统计学课程考试中抽出 12 名学生进行调查,数据如下:

交卷名次	1	2	3	4	5	6	7	8	9	10	11	12
考试成绩	91	73	73	61	68	86	93	61	78	73	78	63

试用斯皮尔曼等级相关系数和肯达尔等级相关系数检验交卷次序与成绩有无关联($\alpha = 0.05$)。

参考答案

8. $\chi^2 = 23.2212$。拒绝 H_0 假设:数据来自服从正态分布的总体。即表明这些数据不是来自服从正态分布的价格总体。

9. $\chi^2 = 7.3171$。拒绝 H_0 假设：施用药物与不施药物是一致的。即药物处理与对照之间是不独立的,药物处理后死亡率有所下降。

10. $n^+ = 13$。拒绝 H_0 假设：$P = \frac{1}{2}$。样本数据证明 A 饲料对生猪增重更加有利。

11. $Z = 0.8429$,接受 H_0 假设：两次考试该项成绩水平无显著差异。即认为期中和期末考试无显著性差异。

12. $U_A = 19 > U_\alpha$。接受 H_0 假设：男女职工技能没有显著差异。

13. $U_A = 131$,乙 $= 0.77 < 乙_{\frac{\alpha}{2}}$,接受 H_0 假设：两地区的平均销售水平无显著差异。

14. $r = 3, r_0 = 4 (\alpha = 0.076)$ 拒绝 H_0 假设：抽取样本的两个总体分布相等,即以 7.6% 的显著性水平拒绝两个总体分布相等的原假设。

15. $Z = 0.917$,在 ± 1.96 之间。$r_l = 7(6.72), r_u = 15(15.27), r = 13, r_l < r < r_u$,故以 0.05 的显著性水平接受样本随机性假设(H_0 假设：两个样本分布属于同一总体分布)。即该车间生产的产品处于控制状态。

16. $r_s = 0.946 > r_{0.05} = 0.564$,故拒绝原假设 H_0,即学生的学习时间与学生的平均成绩之间存在正相关关系,而且相关程度较高(达 94.6%)。

17. $r_s = 0.943$,口试与操作成绩之间的关系相当密切。

18. (1)斯皮尔曼等级相关系数 $r_s = 0.904 > r_{S0.01} = 0.604$,拒绝原假设 H_0:服务水平与销售能力不存在正向的相关性。即服务水平与销售能力存在正向的相关性。

(2)肯达尔等级相关系数 $r_K = 0.733 > r_{K0.01} = 0.505$,结论同上。

19. (1)斯皮尔曼等级相关系数 $r_s = 0.126 < r_{s0.05} = 0.587$,接受原假设 H_0。交卷名次与成绩无关。

(2)肯达尔等级相关系数 $|r_k| = |-0.110| < r_{K0.05} = 0.455$。结论同上。

第八章　相关与回归

　　相关与回归分析是研究现象之间相互联系的统计分析方法,这种方法已广泛应用于经济、生物、医学、教育、社会、心理学等诸多领域。相关分析着重分析现象之间相互联系的密切程度;回归分析则是利用数学模型研究现象之间数量的变动关系。相关是回归的基础,只有现象存在一定程度的相关关系,才能配合回归方程进行回归分析。本章共五节,主要讲述相关与回归、相关系数的计算、一元线性回归分析、多元线性回归分析和非线性回归分析等五个方面的问题,目的在于提供一套从数量上研究现象之间相互关系的分析方法。

第一节　相关与回归概述

一、相关关系的概念

　　一切客观现象之间都不是孤立的,而是普遍联系、相互依存、相互制约的。因而反映这些现象数量特征的诸变量之间存在着依存关系。例如公司的销售收入与广告费之间、气温的高低与用电量之间、职工的收入与其消费支出之间,等等,无不存在着一定的相互关系。这些变量之间就其关系的变化来说,一般可分为两大类型:一是函数关系,二是相关关系。

(一)函数关系

　　函数关系是指变量之间存在着严格的确定的依存关系。在这种关系中,当一个或几个变量取一定量的值时,另一变量有确定值与之相对应,并且这种关系可以用一个数学表达式反映出来。例如,圆的面积 S 与半径 r 之间的关系,可用函数式 $S = \pi r^2$ 表示,圆的面积完全由半径所确定;总成本 C 与该产品的产量 Q 以及该产品的单位成本 P 之间的关系可用 $C = PQ$ 表达。

　　函数关系用通式表达:设有两个变量 x 和 y,变量 y 随着变量 x 一起变化,并完全依赖于 x,当变量 x 取某个特定的值时,y 依确定的关系取相应的值,则称 y 是 x 的函数,记为 $y = f(x)$,其中,称 x 为自变量,称 y 为因变量。对于 k 个自变量 $x_1, x_2, \cdots, x_k$ 与因变量 y 之间存在的函数关系,可用函数式 $y = f(x_1, x_2, \cdots, x_k)$ 表示。

（二）相关关系

函数关系是一一对应的确定性关系。但在实际问题中,变量之间的关系往往并不是那么简单。例如,某种高档消费品的销售量与居民的收入密切相关,居民收入高,这种消费品的销售量就大。但是居民收入并不能完全确定这种高档消费品的销售量。因为该种高档消费品的销售量还受人们的生活习惯、民族背景、心理因素、其他同类商品的价格高低等诸多因素影响;再如,粮食产量与单位耕地施肥量之间有密切关系,在一定范围内,单位耕地施肥量越多,粮食产量越高。但是,单位耕地施肥量并不能完全确定粮食产量,因为粮食产量还与其他因素的影响有关,如气候、土壤条件、降雨量、田间管理水平等。

相关关系是指变量之间存在的不确定的依存关系。这类关系中,当一个或几个相互联系的变量取一定数值时,与之相对应的变量就会有若干个数值与之相对应,从而表现出一定的波动性。

在自然界和经济领域中,现象之间的函数关系与相关关系虽然是两种不同类型的关系,但从人们认识现象数量关系的过程来看,两者之间并不存在严格的界限。例如,以五个等圆分别让五位同学测量半径再计算圆面积,其结果可能不完全相同,这是因为人们在观察和测量过程中会出现误差,致使函数关系通过相关关系反映出来;当人们的认识不断深化,了解现象之间的内在联系,剔除表面性和随机性,现象之间表现的相关关系就会转化为函数关系。因此,相关关系通常可以用一定的函数关系表达式去近似地描述。

此外相关关系与因果关系也是有区别的。相关关系的概念比因果关系的概念要广。因果关系是指两个或两个以上变量在行为机制上的依赖性,作为结果的变量是由作为原因的变量所决定的,原因变量的变化引起结果变量的变化。具体因果关系的变量之间一定具有相关关系,但具有相关关系的变量并不一定具有因果关系。

在相关关系中,如果相互联系的现象存在着一定的因果关系,则相关关系可用函数式 $y = f(x_1, x_2, \cdots, x_k, u)$ 表示,u 表示未被考查的诸因素对因变量 y 的影响,x 为自变量,是在其中起决定作用的变量,y 为因变量,是受自变量变动影响而发生变化的变量。如果两个变量之间只存在相互联系而不存在明显的因果关系或是互为因果关系,例如身高与体重等,这些现象很难区分哪一个是自变量,哪一个是因变量,在这种情况下,决定的主要标准是研究的目的。如果要研究身高对体重的影响,则把身高作为自变量,体重作为因变量;如果研究体重对身高的影响,则把体重作为自变量,身高作为因变量。

二、相关关系的种类

客观现象之间的相关关系可以按不同的标准进行分类。

(一)按相关关系涉及的自变量多少划分,分为单相关和复相关

单相关又称一元相关,是指一个自变量与一个因变量的依存关系。复相关又称多元相关,是指一个因变量与两个或两个以上自变量之间的依存关系。例如,某种商品的需求量与其价格水平之间呈单相关;而某种商品的需求量与其价格水平、职工收入水平、其他同类商品的价格之间呈复相关。

(二)按相关的方向划分,可分为正相关和负相关

正相关是指两个相关变量变化方向一致。即两个相关现象间,当一个变量的数值增加(或减少)时,另一个变量的数值也随之增加(或减少)。例如,家庭消费支出随着收入的增加而增加等。当一个变量的数值增加(或减少)时,而另一个变量的数值相反地呈减少(或增加)趋势变化,称为负相关。例如,随着劳动生产率的提高,单位产品成本随之下降。

(三)按相关形式划分,可以分为线性相关和非线性相关

线性相关,又称为直线相关,是指当一个变量发生变动,另一个变量随之发生大致均等的变动(增加或减少),从图形上看,其观测点的分布近似地表现为一条直线形式。线性相关又可分为一元线性相关和多元线性相关。

非线性相关,又称为曲线相关,是指当一个变量发生变动,另一个变量也随之发生变动(增加或减少),但是这种变动不是均等的,从图形上看,其观察点的分布表现为各种不同的曲线形式,如指数曲线、二次抛物线、对数曲线、双曲线、罗吉斯成长曲线等等。

(四)按相关关系的程度划分,可分为完全相关、不完全相关和不相关

完全相关是指一个变量的值可由另一个或另一组变量的值所惟一确定,因而,完全相关即为函数关系。例如,圆的周长 L 决定于它的半径 r,即 $L = 2\pi r$。在这种情况下,可以说函数关系是相关关系的一种特例。当两个现象彼此互不影响,其数量变化各自独立时,称这两个现象之间的关系为不相关或零相关。例如,学生的学习成绩与其身高一般认为是不相关的。若两个现象之间的关系介于完全相关和不相关之间,就称为不完全相关。一般的相关现象都是指这种不完全相关,这是相关分析的主要内容。

三、相关分析与回归分析

(一)相关分析

对现象之间相关关系密切程度的研究,叫相关分析。变量间有的相关性很高,有的相关性很低,通过相关分析我们可以得到现象间的相互关系的密切程度和变化规律。

相关分析的主要内容是:

(1)确定现象之间有无相互依存关系,并确定是否是相关关系。判断现象间是否存在着依存关系是相关分析的起始点,有互相依存关系,才有必要采用相关分析法研究。没有这种关系,就没有必要用相关分析去研究。

(2)确定相关关系的表现形式。若存在相关关系,就需进一步确定现象相互关系的表现形式,例如,是线性相关还是非线性相关,这是相关分析的主要内容。

(3)判定相关关系的密切程度和方向。相关关系是一种不严格的、不确定的相互依存关系,通过相关分析,可以判定现象之间相关关系的密切程度和方向,例如,是完全相关、不完全相关还是完全不相关,相关关系是正相关还是负相关,等等。判断的方法主要有绘制相关图、相关表或计算相关系数等。

(二)回归分析

1. 回归与回归分析

回归一词,是英国遗传学家法兰西斯·哥尔登(Francis Galton)于19世纪末期研究孩子及他们的父母的身高时提出来的。根据大量的统计数据,他发现身材较高的父母的成年子女身材也较高,但这些孩子平均起来并不像他们的父母那样高;而身材较矮的父母的成年子女也比较矮,但孩子的平均身高要比他们父母的平均身高高。这个研究发现这样一个趋势,即孩子的身高比身材很矮或很高的父母的身高更加趋于平均值。哥尔登把这种孩子的身高向中间值靠近的趋势称之为一种回归效应。"回归"这个术语现为许多生物学家和统计学家所沿用,也已成为统计上研究相互关系的通用语,用来泛指变量之间的数量关系。

回归分析是对具有相关关系的变量之间的数量关系形式进行测定,将它们之间的关系用数学表达式描述出来,并据此对因变量进行估计和预测的分析方法。这个反映变量之间关系形式的数学表达式,称为回归方程或回归模型。

2. 回归分析的类型

(1)回归分析按所涉及的变量多少不同,可分为一元回归分析和多元回归分析。

一元回归,是指两个变量之间的回归,即一个因变量与一个自变量之间的回归。多元回归也称复回归,是指三个或三个以上变量之间的回归,即一个因变量与多个自变量之间的回归。

（2）回归分析按变量变化的表现形式不同,可分为线性回归分析和非线性回归分析。

线性回归即直线回归,是对具有线性关系的变量配合直线回归方程,并据此估计和观测的分析方法。非线性回归即曲线回归,是指对具有非线性关系的变量配合相应的曲线方程,并据此估计和预测的分析方法。

3. 回归分析的主要内容

回归分析的理论与方法已具有 100 多年的发展历史,已成为数理统计学的一个重要分支,成为计量经济学的一个主要内容。电子计算机的普及与应用,解决了手工难以承担的计算问题,这使回归分析不仅广泛应用于自然科学,而且广泛地应用于经济和社会科学,成为人们研究、认识和掌握现象数量变化规律不可缺少的工具。其主要内容包括:

（1）利用样本数据确定变量之间的数学表达式,即回归方程。

（2）对回归方程、参数估计值进行显著性检验。

（3）根据回归方程对因变量进行估计和预测。

（三）相关分析与回归分析的关系

相关分析与回归分析既有联系又有区别。

1. 二者之间的联系

相关分析与回归分析都是以具有相关关系的现象为研究对象,而且在具体应用时,二者互相补充,相辅相成。通过回归分析可以求出一个估计的回归方程,用来反映变量之间在数量变化上的联系;相关分析通过计算出来的相关指标,反映在回归方程这种固定联系的形式下变量之间联系的紧密程度。相关分析与回归分析是研究变量之间关系的统计分析方法,两者不可偏废。仅仅进行回归分析,回归方程的有效性便遭到怀疑;仅仅进行相关分析,便不能由自变量来推断因变量。相关分析应是回归分析不可缺少的和最得力的助手。

2. 二者之间的区别

（1）两者的任务和目的不同。相关分析只能说明变量之间相关的方向和密切程度,不能指出变量之间相互关系的具体形式,也无法从一个变量的变化来推断另一个变量的变动情况;回归分析则是根据现象之间关系的特点,运用一定的方法,建立最适合变量之间关系的回归方程,而且随着变量的变换,回归方程也会随之改变。回归方程是用来反映变量之间数量的平均变动关系的,是反映变量间相互关系的具体形式,可根据这个方程式由已知变量推断未知的变量。

（2）两者所涉及的变量在性质上的不同。在相关分析中,研究的是变量之间联系的紧密程度,变量间的关系是并列的、对等的,不必确定哪个是自变量、哪个是因变量,所涉及的变量是随机变量,倘若改变两个变量的地位也绝不会影响它们的相关关系。因此,在相关分析中,对于两个变量 x 和 y 来说,由于不区别自变量和因变量,变量间是并列的、对等的关系,因此所计算出来的相关指标如相关系数也只有一个,即 $r_{yx} = r_{xy}$；在回归分析中,研究的是一个变量随其他变量变化的形式,变量间的关系不是并列的、对等的,因此,必须根据研究对象的性质和研究目的,先确定哪个是自变量、哪个是因变量。回归分析中,自变量往往是可以准确测量或控制的非随机变量,因变量的取值事先不能确定,是随机变量。

相关分析与回归分析是对现象间相关关系进行分析的有效的科学方法,在许多领域的研究和预测中被广泛应用。但是必须指出的是,在确定对某现象是否合适用相关和回归分析之前,必须对所要研究的客观现象进行充分的认识和分析,需要有足够的理论知识、专业知识和必要的经验,才能进行定性分析,判断现象之间是否具有真正的相关,是否具有实质性的内在联系。不要把毫无关联的两个事物或现象用来作相关或回归分析,如儿童身高的增长与小树的增长,作相关分析是没有实际意义的(尽管现象间的相关系数值可能会很高)；如果计算由儿童身高推算小树高的回归方程则更无实际意义(也许算得的回归系数是显著的,但也是没有意义的)。因此在应用相关与回归分析对客观现象进行研究时,一定要注意把定性与定量分析结合起来,在定性分析的基础上开展相关和回归的定量分析。

第二节　相关关系的测度

相关关系具有如下两个特点:一是现象之间确实存在着数量上的依存关系。如果一个现象发生数量上的变化,则另一个现象也会相应地发生数量上的变化。例如,商品流通费用增加,一般商品销售额也会增加。反过来,如果商品销售额增加,一般商品流通费用也会增加。二是现象之间数量上的关系不是确定的。这就意味着一个变量虽然受另外一个(或一组)变量影响,却并不由这一个(或一组)变量完全确定。例如,身高为 1.7 米的人其体重有许多个值；体重为 60 公斤的人,其身高也有许多个值。身高与体重之间没有完全严格确定的数量关系存在。由此可见,相关关系是客观现象间确实存在的,但相关关系数值不是完全确定的相互依存关系。

那么如何来确定现象之间这种相关关系呢？这正是相关分析所要解决的问题,通过相关分析我们可以得到变量之间某种关系的密切程度有多大。在分析现象之间的相关关系时,一般是先对现象之间的关系作直观判断,然后再进行相应的定量分析。直观判断的方法主要有两种:一是运用理论知识、专业知识及实际经验对现象之间存在的关系作定性的判断;二是利用相关表和相关图对现象之间存在的相关关系的方向、形式及紧密程度做出大致判断。定量分析则主要是计算相关系数。

一、相关表及相关图

在研究变量之间相关关系时,相关表与相关图是两种简单、直观的工具,借助它们,可对变量间是否存在相关关系,以及存在的相关关系的方向、形式及密切程度等做出大致的判断。

(一)相关表

相关表是根据所掌握的被研究现象的有关资料编制的反映变量之间相关关系的统计表。通过相关表可以初步看出变量之间相关关系的形式、密切程度和相关方向。相关表按表中变量是否分组,可区分为简单相关表和分组相关表。

1. 简单相关表

变量均不分组,将自变量的变量值按大小顺序排列,因变量的变量值则与自变量一一对应排列而形成的统计表,即为简单相关表,如表8-1所示。

表8-1 某部门职工劳动生产率和利润率相关表

职工序号	1	2	3	4	5	6	7	8	9	10
劳动生产率(千元/小时)	6	7	8	10	12	12	13	14	15	16
利润率(%)	4	5	6	7	8	8	8.5	9	11	12

从表中,可以直观看出,随着该部门职工劳动生产率的不断提高,利润率有增长的趋势,两者之间存在一定的相关关系。

2. 分组相关表

分组相关表按变量分组的情况不同,又可分为单变量分组相关表和双变量分组相关表。

单变量分组相关表是在具有相关关系的两个变量中,只对自变量进行分组的相关表,如表8-2所示。

双变量分组相关表就是对自变量和因变量都进行分组的相关表,如表8-3所示。

表8-2 商品销售额与流通费用率单变量分组相关表

商店按商品销售额分组（千元）	商店个数（个）	流通费用率（%）
60 以下	10	9.8
60 ~ 80	15	7.8
80 ~ 100	20	7
100 ~ 120	10	6.5
120 ~ 150	8	6

表8-3 化肥施用量与粮食亩产量双变量分组相关表

按亩产分组	按化肥施用量分组					田块合计
	20	30	40	50	60	
500 ~ 550					2	2
450 ~ 500			1	3	1	5
400 ~ 450			2	2		4
350 ~ 400		3				3
300 ~ 350		2	2			4
250 ~ 300	1	1	1			3
田块合计	1	6	6	5	3	21

（二）相关图

相关图又称为散布图或散点图,它是将相关表中的观测数据利用直角坐标系绘制成的点状图形。绘制方法是,以横轴代表自变量(设为 x),纵轴代表因变量(设为 y),把相关表中的对应观测值一一描绘在坐标图中,形成了反映相关点的分布状况的图形,就可以观测现象间相关关系的情况,图8-1是根据表8-1数据绘制的相关图。

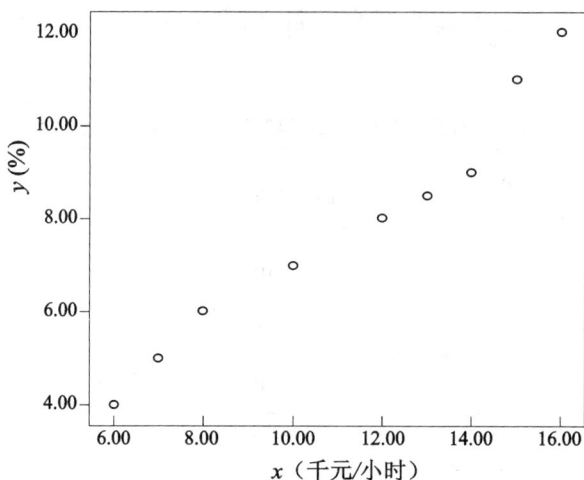

图 8 - 1　某部门职工劳动生产率(x)和利润率(y)相关图

在相关图中,相关点呈现出大致为一条直线,这表明现象间存在相关关系,且为直线相关。

二、相关系数

(一)相关系数的含义

相关系数是测度变量之间相关关系密切程度的指标。在各种相关关系中,两个变量之间的线性相关关系是基本的相关关系形式,是其他相关形式的基础。测定两个变量之间线性关系密切程度的指标称为简单线性相关系数。通常,如不作说明,相关系数往往指的就是简单线性相关系数。下面我们将重点介绍简单线性相关系数。

(二)简单线性相关系数

简单线性相关系数简称为相关系数。如果相关系数是依据总体全部数据计算的,称为总体相关系数(Population Correlation Coefficient),记为 ρ;如果是依据样本数据计算的,则称为样本相关系数(Sample Correlation Coefficient),记为 r。

相关系数的定义公式为

$$r = \frac{\sigma_{xy}^2}{\sigma_x \sigma_y}　　　　　　(8-1)$$

式中　$\sigma_x = \sqrt{\dfrac{\sum (x - \bar{x})^2}{n}}$，是 x 变量数列的标准差；$\bar{x}$ 为 x 变量数列的平均数；

$\sigma_y = \sqrt{\dfrac{\sum (y - \bar{y})^2}{n}}$，是 y 变量数列的标准差；$\bar{y}$ 为 y 变量数列的平均数；

$\sigma_{xy} = \dfrac{1}{n} \sum (x - \bar{x})(y - \bar{y})$，是两变量数列的协方差。

因此，r 的计算公式可写为

$$r = \frac{\dfrac{1}{n} \sum (x - \bar{x})(y - \bar{y})}{\dfrac{1}{n} \sqrt{\sum (x - \bar{x})^2 \sum (y - \bar{y})^2}} = \frac{\sum (x - \bar{x})(y - \bar{y})}{\sqrt{\sum (x - \bar{x})^2 \sum (y - \bar{y})^2}}$$

$$(8-2)$$

式 8-2 称为积差法相关系数公式。积差法是英国统计学家皮尔逊（K·Person）所创的，相关系数通过将各个离差相乘来说明现象相关的密切程度。

为什么相关系数能测度两变量之间相关关系的方向和紧密程度呢？这需要正确理解相关系数的定义公式中各组成部分的意义：

（1）$\sum (x - \bar{x})(y - \bar{y})$ 称为协变差，它用其正号和负号表明变量 x 和 y 是正相关还是负相关。若协变差为正，相关系数也为正，表明 x 与 y 正相关；若协变差为负，相关系数也为负，表明 x 和 y 负相关。相关系数的正负号由协变差的正负号决定。

（2）$\dfrac{\sum (x - \bar{x})(y - \bar{y})}{n}$ 称为协方差。由于协变差 $\sum (x - \bar{x})(y - \bar{y})$ 受观察值（实际值）多少的影响，随观察值项数增多或减少而变化。所以为消除项数多少的影响，就将 n 去除协变差，即得协方差。协方差表明变量 x 和 y 相关程度的大小。协方差的绝对值大，表明 x 和 y 相关程度高；协方差的绝对值小，表明 x 和 y 相关程度低。

（3）由于协方差是一个有量纲的量，受 x 和 y 变量数列原有单位不同的影响，不利于比较和判断不同变量间相关关系的强弱，故用 σ_x 和 σ_y 去除，将其标准化而消除其影响，从而形成了相关系数的计算公式。协方差经过标准化后，转化为无名数，这样，相关系数可以比较不同现象相关程度的高低。

（三）相关系数的取值范围和意义

通过数理证明，我们可以得到，相关系数的取值范围在 -1 和 $+1$ 之间，即

$$-1 \leqslant r \leqslant +1 。$$

当 $r=0$ 时，说明 x 与 y 两变量之间无线性相关关系，如果将 x,y 的数值描述在散点图上，其散点分布是不规则的或呈现曲线形式。

当 $r=\pm 1$ 时，说明 x 与 y 两变量之间完全相关，当 $r=1$ 时，称为完全正相关；当 $r=-1$ 时，称为完全负相关。

当 $0<r<1$ 时，表明两变量之间呈正相关，即随着自变量 x 的增加（或减少），因变量 y 也相应增加（或减少）。随着 r 取值的增大，其相关程度也相应地增强。

当 $-1<r<0$ 时，表明两变量之间呈负相关，即随着自变量 x 的增加（或减少），因变量 y 相应减少（或增加）。相关系数 r 越接近于 -1，即两变量的负相关程度越高。

特别指出的是，相关系数 r 仅表明两个变量 x 与 y 之间的线性相关的密切程度，而不能衡量非线性相关关系的密切程度。即当 $r=0$ 时，仅表明 x 与 y 两变量之间没有线性相关关系，但不能说明两变量之间不存在非线性相关关系。当然，我们也不能就此说不具有线性相关关系的变量一定具有非线性相关关系。

此外，我们在相关关系密切程度的划分时，通常认为相关系数的绝对数 $|r|$ 在 0.3 以下是无直线相关，0.3～0.5 是低度直线相关，0.5～0.8 是中等程度相关，0.8 以上是高度相关。

（三）相关系数的计算

[例 8 – 1] 已知某部门职工劳动生产率和利润率的数据资料，见表 8 – 1，根据表中的资料，计算该部门职工劳动生产率和利润率的相关系数。

1. 按积差法相关系数公式计算

$$r = \frac{\sum (x - \bar{x})(y - \bar{y})}{\sqrt{\sum (x - \bar{x})^2 \sum (y - \bar{y})^2}}$$

具体计算数据见表 8 – 4。

将表中数据代入公式：$r = \dfrac{75.5}{\sqrt{106.1}\sqrt{56}} = 0.979$

即该部门职工劳动生产率与利润率的相关系数为 0.979。

表8-4 相关系数计算表

劳动生产率（千元/小时）x	利润率（%）y	$x - \bar{x}$	$y - \bar{y}$	$(x - \bar{x})(y - \bar{y})$	$(x - \bar{x})^2$	$(y - \bar{y})^2$
6	4	-5.30	-3.85	20.41	28.09	14.82
7	5	-4.30	-2.85	12.26	18.49	8.12
8	6	-3.30	-1.85	6.11	10.89	3.42
10	7	-1.30	-0.85	1.11	1.69	0.72
12	8	0.70	0.15	0.11	0.49	0.02
13	8.5	1.70	0.65	1.11	2.89	0.42
14	9	2.70	1.15	3.11	7.29	1.32
15	11	3.70	3.15	11.66	13.69	9.92
16	12	4.70	4.15	19.51	22.09	17.22
-	-	-	-	75.5	106.1	56

2. 相关系数的简捷计算法

按照积差法这个基本公式计算相关系数时,因为要根据 $x - \bar{x}$, $y - \bar{y}$ 的数值计算,当 $\bar{x}$、$\bar{y}$ 为除不尽的小数时,计算既麻烦又影响准确性。在实际计算时,我们通常采用积差法公式的简化式来简化运算。计算公式如下:

$$r = \frac{n \sum xy - (\sum x)(\sum y)}{\sqrt{n \sum x^2 - (\sum x)^2} \sqrt{n \sum y^2 - (\sum y)^2}} \qquad (8-3)$$

公式证明如下:

$$r = \frac{\sum (x - \bar{x})(y - \bar{y})}{\sqrt{\sum (x - \bar{x})^2 \sum (y - \bar{y})^2}}$$

其中,分子化简:

$$\sum (x - \bar{x})(y - \bar{y}) = \sum (xy + \bar{x}\bar{y} - x\bar{y} - \bar{x}y)$$
$$= \sum xy + \sum \bar{x}\bar{y} - \sum x\bar{y} - \sum \bar{x}y$$
$$= \sum xy + n\bar{x}\bar{y} - \bar{y}\sum x - \bar{x}\sum y$$
$$= \sum xy + n\bar{x}\bar{y} - n\bar{x}\bar{y} - n\bar{x}\bar{y}$$
$$= \sum xy - n\bar{x}\bar{y}$$

同理,分母化简,可得

$$\sigma_x = \sqrt{\frac{\sum (x - \bar{x})^2}{n}} = \sqrt{\frac{\sum x^2}{n} - \left(\frac{\sum x}{n}\right)^2}$$

$$\sigma_y = \sqrt{\frac{\sum (y - \bar{y})^2}{n}} = \sqrt{\frac{\sum y^2}{n} - \left(\frac{\sum y}{n}\right)^2}$$

所以,将分子、分母进行相应的化简,可得简化的计算公式

$$r = \frac{n\sum xy - (\sum x)(\sum y)}{\sqrt{n\sum z^2 - (\sum x)^2}\sqrt{n\sum y^2 - (\sum y)^2}}$$

将上例用简捷法计算,相关数据见表8-5。

$$r = \frac{n\sum xy - (\sum x)(\sum y)}{\sqrt{n\sum x^2 - (\sum x)^2}\sqrt{n\sum y^2 - (\sum y)^2}}$$

$$= \frac{10 \times 962.5 - 113 \times 78.5}{\sqrt{10 \times 1383 - (113)^2}\sqrt{10 \times 672.25 - (78.5)^2}}$$

$$= 0.979$$

表8-5   相关系数简捷法计算表

劳动生产率(千元/小时) x	利润率(%) y	x^2	y^2	xy
6	4	36.00	16.00	24.00
7	5	49.00	25.00	35.00
8	6	64.00	36.00	48.00
10	7	100.00	49.00	70.00
12	8	144.00	64.00	96.00
13	8.5	169.00	72.25	110.50
14	9	196.00	81.00	126.00
15	11	225.00	121.00	165.00
16	12	256.00	144.00	192.00
113	78.5	1 383	672.25	962.5

利用简捷法来计算相关系数,可以不用计算两个变量数列的平均值与标准差,节约工作量,而且可以减少计算平均值除不尽所带来的误差。

第三节 一元线性回归分析

一、一元线性回归模型

(一)总体回归模型

回归分析是对具有相关关系的变量之间的数量关系形式进行测定,并将它们之间的关系用数学表达式描述出来,并据此对因变量进行估计和预测的分析方法。这个反映变量之间关系形式的数学表达式,称为回归方程或回归模型。

如果两个变量间存在着线性相关关系,利用样本数据,将它们之间的关系用函数形式描述出来,并对该函数表达式进行各种统计检验,从而利用这个函数表达式对因变量进行预测和控制,这就是一元线性回归分析。这两个变量的关系可以用一元线性回归模型描述。

例如,家庭消费支出 Y 与家庭收入 X 之间的关系,就是不完全确定的相关关系,虽然每个家庭的收入 X 必然会影响并制约着这个家庭的消费支出 Y,但是消费支出 Y 还要受到其他多种因素的影响,如家庭人口、消费习惯、商品价格、银行存款利率,等等。即使对于同一个家庭在每月收入相同的条件下,每月的消费支出也不会完全相同。这类变量之间的不完全确定的关系可以用函数式表示为:

$$Y = f(X, u)$$

X 为自变量,Y 为因变量;u 表示除了家庭收入 X 之外的各种对家庭消费支出 Y 有影响的因素的总和。

若假定消费支出与家庭收入之间的关系是近似的线性关系,则我们可以用一元线性回归模型来表示:

$$Y_i = \alpha + \beta X_i + u_i \quad (i = 1, 2, \cdots, N) \tag{8-4}$$

式中　X——自变量,是解释引起因变量变化的部分原因,亦称解释变量;

　　　Y——因变量,亦称被解释变量;

　　　i——观察值的下标;

　　　N——总体单位数;

　　　Y_i 和 X_i——Y 和 X 的第 i 次观察值;

　　　α, β——总体回归参数;α 为回归常数,是 $X = 0$ 时 Y 的期望值;β 为回归系数,表示 X 每变动一个单位,Y 的平均变化量;

u_i——随机误差项,表示除 X 以外的其他各种因素对 Y 的影响。

若将家庭消费支出 Y 与家庭收入 X 这种不完全确定的关系在用 X,Y 构成的直角坐标图中表示出来,可以表示为平面上一系列散布点,如图 8 - 2 所示。

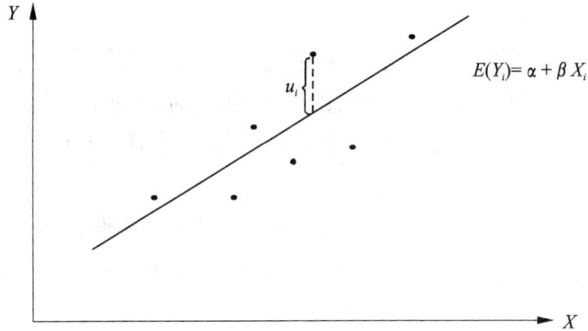

图 8 - 2   不完全确定的相关关系

我们发现,对于某个给定的收入水平 X_i,将可能有多个不同的消费支出 Y_i 与之对应。假如反复观测的次数足够多,所有可能出现的 Y_i 值服从一定的总体分布,且有它自己的期望 $E(Y_i)$ 和方差 $\text{Var}(Y_i)$,波动的中心就是其期望值

$$E(Y_i) = \alpha + \beta X_i \qquad (8-5)$$

式(8-5)称为总体回归方程。从上图中我们可以看到,这些点均匀分布在直线 $E(Y_i) = \alpha + \beta X_i$ 附近,但是不完全落在该直线上。散布点到该直线的垂直坐标距离即为随机误差项 u_i:

$$u_i = Y_i - E(Y_i)$$

可见,在实际研究中,一旦给出总体回归方程,再引入随机误差项,就可完成总体回归模型设定。

(二)样本回归模型

通常在实际研究中,总体回归方程的参数 α,β 是未知的,我们需要利用样本的信息对总体的参数进行估计。设在上例中,对于每一个 X_i,随机抽取一个样本值 Y_i(作一次观察),可得 n 对样本观察值 (x_i, y_i),$(i = 1, 2, \cdots, n)$。根据样本数据拟合的方程,称为样本回归方程。所拟合得到的直线,称为样本回归直线。样本回归方程可表示为

$$\hat{y}_i = a + bx_i \quad (i = 1, 2, \cdots, n) \tag{8-6}$$

式中：a——回归直线在 y 轴上的截距；

　　　b——回归直线的斜率，称为 y 对 x 的回归系数，表明 x 每变动一个单位时，y 的平均变动量；a 和 b 分别是总体参数 α 和 β 的估计值。

　　　i——观察值的下标；

　　　n——样本容量；

　　　$\hat{y}_i$——是 $E(Y_i)$ 的估计值。

样本的实际观测值 y_i 与样本回归方程估计值 $\hat{y}_i$ 并不完全相等，而是存在着一定偏差，这一偏差称为残差，用 e_i 表示。

$$e_i = y_i - \hat{y}_i \tag{8-7}$$

e_i 可作为随机误差项 u_i 的估计，因此有样本回归模型

$$\hat{y}_i = a + bx_i + e_i \tag{8-8}$$

回归分析的任务就是要采用有效的估计方法，使利用样本数据估计得到的样本回归方程尽可能接近真实的总体回归方程，对一元线性回归模型而言，即要使参数估计量 a 和 b 尽可能接近真实的总体参数 α 和 β。

二、回归模型的基本假设

由于回归模型中存在着随机误差项 u_i，使得模型中的参数 α 和 β 的数值不能严格算出，只能进行估计，而能否成功地估计出这些参数值，取决于随机误差项 u 和自变量 x 的性质。通常我们事先会对随机误差项 u_i 和自变量 x 作一些假定，假定在这些理想的状态之下，我们可以寻求得到最恰当有效的参数估计值。这些假定被称为经典回归模型的基本假定，表述如下：

假定 1　每个随机误差项 u_i 的期望值（均值）为 0，即

$$E(u_i) = 0 \quad (i = 1, 2, \cdots, n)$$

假定 2　每个随机误差项 u_i 的方差均为同一个常数，即

$$Var(u_i) = E[u_i - E(u_i)]^2 = \sigma_u^2 \quad (i = 1, 2, \cdots, n)$$

假定 3　不同的误差项 u_i 和 u_j 之间相互独立，即

$$COV(u_i, u_j) = E\{[u_i - E(u_i)][u_j - E(u_j)]\}$$
$$= E(u_i u_j)$$
$$= 0$$
$$(i \neq j; i = 1, 2, \cdots, n; j = 1, 2, \cdots, n)$$

假定 4　解释变量与误差项不相关，即

$$COV(X_i, u_j) = E\{[x_I - E(X_i)][u_i - E(u_i)]\}$$
$$= E[X_i - E(X_i)u_i]$$
$$= 0 \qquad (i = 1, 2, \cdots, n)$$

假定5　u_i 服从正态分布的随机变量,即

$$u_i \sim N(0, \sigma_u^2)$$

上述假定条件中,假定1、假定2、假定5决定了 u_i 的分布。事实上,由于 y_i 是 u_i 的线性函数,而 u_i 服从正态分布,所以 y_i 也服从正态分布,即

$$y_i \sim N(\alpha + \beta X_i, \sigma_u^2)$$

三、一元线性回归方程的拟合

一元线性回归方程的建立,是对两个变量进行回归分析的第一步,下面我们不妨以消费支出与家庭收入之间的关系问题为例来进行说明。

我们通过调查收集到一组样本数据 (x_i, y_i),$(i = 1, 2, \cdots, 10)$,如表 8 − 6 所示。

我们可以在平面直角坐标系上画出家庭收入与家庭消费支出散点图(见图 8 − 3)。

从散点图 8 − 3 中,我们可以看到,这 10 个散点虽然不在一条直线上,但是

表 8 − 6　消费支出与家庭收入

单位:千元

序号	家庭收入 x_i	消费支出 y_i
1	0.8	0.77
2	1.2	1.1
3	2	1.3
4	3	2.2
5	4	2.1
6	5	2.7
7	7	3.8
8	9	3.9
9	10	5.5
10	12	6.6

这些散点基本上处在一条直线的上下或左右,换言之,家庭收入与家庭消费支出之间大致呈线性关系。即这组数据满足一元线性回归模型式(8 − 4),那么如何找到一条直线

$$\hat{y}_i = a + bx_i \qquad (i = 1, 2, \cdots, n)$$

使这条直线尽可能靠近所有的点呢?现在的问题就是要找一条拟合效果最好的直线,而我们判定直线拟合效果的最简单也是最常用的准则就是最小二乘法。

通常直线外一点到直线上的点的距离有三种特殊情况:①点到直线的垂直距离;②点到直线的垂直坐标距离;③点到直线的水平坐标距离。在回归分析中,所使用的是点到直线的垂直距离,即 $(y_i - \hat{y}_i) = e_i$。当点在直线之上,垂直坐标距离为正值,当点在直线之下,垂直坐标距离为负值。我们所要找的直

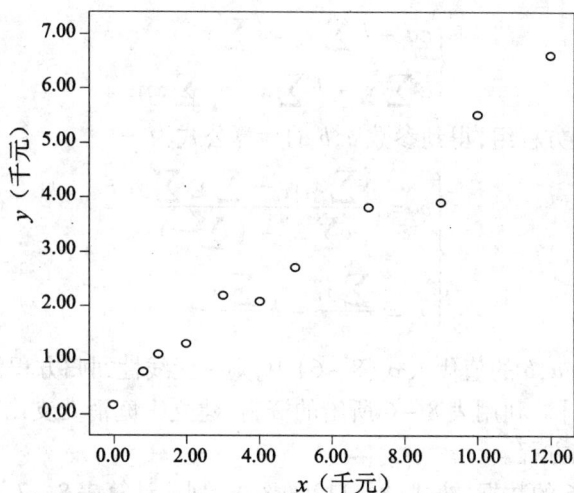

图 8 - 3　家庭收入与家庭消费支出散点图

线,应当是直线上的点与实际观察值的偏差 e_i 尽可能达到最小。

最小二乘法的基本思想是:在这些相关的散点中,拟合一条最理想的直线,它必须满足两个条件:

(1) $\sum (y_i - \hat{y}_i) = 0$

(2) $\sum (y_i - \hat{y}_i)^2 = 最小$

最小二乘法,由于采用逐项平方和的形式,就不存在正负偏差在求和过程中互相抵消的问题,并且考虑了所有点的影响,具有无偏性,是一个很好的准则。下面我们就可以运用最小二乘法和样本观察值,求得参数估计量。

将 $\hat{y}_i = a + bx_i$ 代入第(2)个条件,得到:

$$Q = \sum (y_i - a - bx_i)^2$$

根据数学分析中求极值的原理,令 $Q = \sum (y_i - a - bx_i)^2$ 为 a,b 两个未知数的二元函数,要使 Q 达到最小,可分别对 a,b 求一阶偏导数,并令其为 0,即

$$\begin{cases} \dfrac{\partial Q}{\partial a} = -2 \sum (y_i - a - bx_i) = 0 \\ \dfrac{\partial Q}{\partial b} = -2 \sum (y_i - a - bx_i)x_i = 0 \end{cases} \quad (8-9)$$

经整理后,得到一组二元一次方程组

$$\begin{cases} na + b \sum x_i = \sum y_i \\ a \sum x_i + b \sum x_i^2 = \sum x_i y_i \end{cases} \qquad (8-10)$$

求解联立方程组,得到参数 a,b 的计算公式为

$$\begin{cases} b = \dfrac{n \sum x_i y_i - \sum x_i \sum y_i}{n \sum x_i^2 - (\sum x_i)^2} \\ a = \dfrac{\sum y_i}{n} - b \dfrac{\sum x_i}{n} \end{cases} \qquad (8-11)$$

将解出的 a,b 的值代入式(8-6)中,则一元线性回归方程便得以确定。

[例 8-2] 利用表 8-6 所给的资料,建立家庭消费支出对家庭收入的一元线性回归方程。

将表 8-6 的数据,按式(8-11)的要求,列成计算表 8-7。

表 8-7 家庭收入与消费支出的一元线性回归计算表

序号	家庭收入 x_i	消费支出 y_i	$x_i y_i$	x_i^2	y_i^2	消费支出的估计值 $\hat{y}_i$
1	0.8	0.77	0.62	0.64	0.59	0.77
2	1.2	1.1	1.32	1.44	1.21	0.96
3	2	1.3	2.6	4	1.69	1.35
4	3	2.2	6.6	9	4.84	1.83
5	4	2.1	8.4	16	4.41	2.32
6	5	2.7	13.5	25	7.29	2.8
7	7	3.8	26.6	49	14.44	3.77
8	9	3.9	35.1	81	15.21	4.74
9	10	5.5	55	100	30.25	5.23
10	12	6.6	79.2	144	43.56	6.2
合计	54	29.97	228.94	430.08	123.49	29.97

将表中相应的数据代入式(8-11),得到

$$b = \frac{n \sum x_i y_i - \sum x_i \sum y_i}{n \sum x_i^2 - (\sum x_i)^2}$$

$$= \frac{10 \times 228.94 - 54 \times 29.97}{10 \times 430.08 - (54)^2}$$

$$= 0.4846$$

$$a = \frac{\sum y_i}{n} - b \frac{\sum x_i}{n}$$

$$= \frac{29.97}{10} - 0.4846 \frac{54}{10}$$

$$= 0.38$$

于是,家庭收入与消费支出的一元线性回归方程为

$$\hat{y} = 0.38 + 0.4846 x_i$$

上式中的截距为0.38,表明当收入为零时,也必须有0.38千元的消费支出,这部分支出可视为基本支出;家庭收入每增加1千元,家庭消费支出就平均增加0.4846千元。

四、一元线性回归方程的统计检验

回归方程是依据实际观察的样本数据建立起来的,但该方程是否真正地反映了变量之间的线性依存关系,其代表性如何,还有待于对回归方程进行各种统计检验。这些统计检验包括经济意义检验、统计学检验和计量经济学检验。经济意义检验主要是检验参数估计值的符号和取值范围是否与其相对应的实质性科学理论和实践经验的结论相一致。如果不一致,说明回归方程不能很好地解释现实经济现象,不能通过经济意义检验。计量经济学检验是对回归模型中的随机误差项 u_i 的假设条件是否得到满足进行的检验,包括序列相关检验即DW检验、异方差性检验等。本节主要介绍统计学检验,即回归方程拟合程度检验、变量和方程的显著性检验等。

(一)拟合程度检验

拟合程度检验是检验回归方程对样本观察值的拟合程度,即检验实际样本观察值是否紧密分布在回归直线两侧。判定系数 r^2 和估计标准误差是测定回归方程拟合程度的两项重要指标,它们都是建立在总离差平方和的基础上的。

1. 总离差平方和的分解

线性回归方程拟合程度的好坏实质上是对回归方程误差大小的评价。为了说明,我们来看一看线性回归方程误差的分解图(见图8-4)。

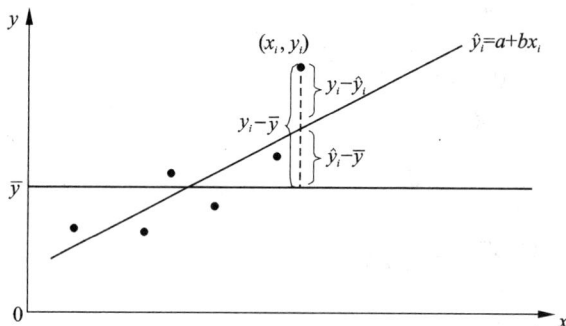

图8-4　离差分解图

对于任意一个因变量的实际观察值 y_i 与其均值 $\bar{y}$ 之间都存在离差($y_i - \bar{y}$),则全部样本观察值与其平均数之间的总离差,可用这些离差的平方和 $\sum (y_i - \bar{y})^2$ 表示。它称为 y 的总离差平方和。

由图8-4可以看到,每个样本观察点的离差($y_i - \bar{y}$)都可分解为两个部分,即

$$y_i - \bar{y} = (\hat{y}_i - \bar{y}) + (y_i - \hat{y}_i) \qquad (8-12)$$

($\hat{y}_i - \bar{y}$)称为回归离差,反映了回归估计值 $\hat{y}_i$ 与样本平均数 $\bar{y}$ 的离差,它是由自变量 x_i 变化引起的,是可以由回归直线解释的部分。

($y_i - \hat{y}_i$)是样本实际观测值与回归估计值的离差,称为剩余离差即残差 e_i,它是除自变量 x_i 以外其他因素的变化引起的,是回归直线不能解释的部分。

对于所有样本观察值的总离差,为解决求和过程中正负抵消的问题,我们采用离差平方和形式表示。现将式(8-12)两边平方后求和,可得

$$\sum (y_i - \bar{y})^2 = \sum [(\hat{y}_i - \bar{y}) + (y_i - \hat{y}_i)]^2$$

$$= \sum (\hat{y}_i - \bar{y})^2 + \sum (y_i - \hat{y}_i)^2 + 2\sum (\hat{y}_i - \bar{y})(y_i - \hat{y}_i)$$

因为 $\sum (y_i - \bar{y})(y_i - \hat{y}_i) = 0$,所以总离差平方和分解为两个部分,即

$$\sum (y_i - \bar{y})^2 = \sum (\hat{y}_i - \bar{y})^2 + \sum (y_i - \hat{y}_i)^2 \qquad (8-13)$$

即:总离差平方和 = 回归离差平方和 + 剩余离差平方和(或残差平方和),用公式表示为

$$TSS = ESS + RSS \qquad (8-14)$$

式中　TSS(Total Sum of Squares)——总离差平方和;

　　　ESS(Explaned Sum of Squares)——回归离差平方和;

　　　RSS(Residual Sum of Squares)——剩余离差平方和或残差平方和。

显然,对于一个拟合效果较好的回归方程,总离差平方和与回归离差平方和应该比较接近。

2. 判定系数 r^2

由式(8-14)可见,当总离差平方和 TSS 一定时,回归离差平方和 ESS 愈大,剩余离差平方和 RSS 就愈小;反之,回归离差平方和 ESS 愈小,剩余离差平方和 RSS 就愈大。若样本观察值 y_i 都紧密地分布在回归直线的两侧,则剩余离差很小,回归离差在总离差中所占比例就很大,表明回归方程拟合的效果很好。因此,可定义回归离差平方和在总离差平方和中所占的比例来作为测定回归方程拟合程度的指标,称为判定系数,记作 r^2。

将式(8-14)两边同除 TSS,得

$$\frac{ESS}{TSS} + \frac{RSS}{TSS} = 1 \qquad (8-15)$$

则判定系数 r^2 为

$$r^2 = \frac{ESS}{TSS} = 1 - \frac{RSS}{TSS} \qquad (8-16)$$

判定系数 r^2 是回归方程对样本观察值拟合程度的综合度量。

其取值范围是 $0 \leqslant r^2 \leqslant 1$。$r^2 = 1$,说明完全拟合,剩余离差平方和 $RSS = 0$,全部样本观察点(散点)都落在回归直线上,y 的总离差可由自变量 x 解释,即可全部由回归直线解释。

$r^2 = 0$,自变量 x 完全无法解释 y 的离差,x 与 y 无关。

$0 < r^2 < 1$,随 r^2 值的增大,回归方程的拟合程度越来越高;随 r^2 的减少,回归方程的拟合程度越来越低。

此外,判定系数和相关系数既有联系又有各自独立的意义。不难证明,判定系数 r^2 的平方根 r,就是相关系数。

证明如下:

$$r^2 = \frac{\sum (\hat{y}_i - \bar{y})^2}{\sum (y_i - \bar{y})^2} = \frac{\sum (a + bx_i - a - b\bar{x})^2}{\sum (y_i - \bar{y})^2}$$

$$= \frac{b^2 \sum (x_i - \bar{x})^2}{\sum (y_i - \bar{y})^2} = \frac{b^2 \sum (x_i^2 - 2x_i\bar{x} + \bar{x}^2)}{\sum (y_i^2 - 2y_i\bar{y} + \bar{y}^2)}$$

$$= \frac{b^2 \sum (x_i^2 - 2\bar{x} \sum x_i + \sum \bar{x}^2)}{\sum y_i^2 - 2\bar{y} \sum y_i + \sum \bar{y}^2}$$

$$= \frac{b^2 \sum (x_i^2 - n\bar{x}^2)}{\sum y_i^2 - n\bar{y}^2} = \frac{b^2 [n \sum x_i^2 - (\sum x_i)^2]}{n \sum y_i^2 - (\sum y_i)^2} \qquad (8-17)$$

将 $b = \dfrac{n \sum x_i y_i - (\sum x_i \sum y_i)}{n \sum x_i^2 - (\sum x_i)^2}$ 代入上式整理得

$$r^2 = \frac{[n \sum x_i y_i - \sum x_i \sum y_i]^2}{[n \sum x_i^2 - (\sum x_i)^2][n \sum y_i^2 - (\sum y_i)^2]} \qquad (8-18)$$

将式(8-18)开平方,即可得相关系数 r(见式8-3)。

判定系数 r^2 和相关系数 r 都可以测定两变量线性关系的密切程度。但相关系数 r 具有方向性,既能反映正相关,又能反映负相关;判定系数 r^2 则不能反映负相关。同时应看到判定系数 r^2 反映的是已判明因素在总离差平方和中所占的比率,即自变量对因变量的影响程度,是用于评价回归方程拟合程度的指标,而相关系数 r 是用于评价两变量关系的密切联系的指标。

[例8-3] 利用表8-7中有关数据,计算[例8-2]拟合的回归方程的判定系数。

$$r^2 = \frac{(n \sum x_i y_i - \sum x_i \sum y_i)^2}{[n \sum x_i^2 - (\sum x_i)^2][n \sum y_i^2 - (\sum y_i)^2]}$$

$$= \frac{(10 \times 228.94 - 54 \times 29.97)^2}{(10 \times 430.08 - 54^2)(10 \times 123.49 - 29.97^2)}$$

$$= 0.9657$$

计算结果表明,消费支出的总离差 $\sum (y_i - \bar{y})^2$,有96.57%可以由家庭收入与消费支出的依存关系来解释,只有3.43%属于随机因素的影响,说明回归方程的拟合程度是很高的。

3. 估计标准误差

判定系数 r^2 仅能说明回归方程对样本观察值拟合程度的高低,却不能表明回归直线估计值与各实际观察值的绝对离差的数额。估计标准误差(Standard Error of Estimate)正是反映回归直线代表性高低的指标。

定义剩余离差平方和 $\sum (y_i - \hat{y}_i)^2$ 除以其自由度$(n-2)$所得的商的平方根为估计标准误差,计算公式如下:

$$S_{yx} = \sqrt{\frac{\sum (y_i - \hat{y}_i)^2}{n-2}} \qquad (8-19)$$

式中:S_{yx}——估计标准误差;

$n-2$——剩余离差平方和的自由度。

估计标准误差 S_{yx} 直接反映观察值 y_i 与估计值 $\hat{y}_i$ 的平均离差。就回归直线而言,S_{yx} 值越小,所有样本观察点越靠近回归直线,即回归直线拟合程度好,代表性高;S_{yx} 值越大,则说明回归直线拟合不好,代表性差。

式$(8-19)$计算估计标准误差,含义明确但计算麻烦,可将其化简为

$$S_{yx} = \sqrt{\frac{\sum y_i^2 - a \sum y_i - b \sum x_i y_i}{n-2}} \qquad (8-20)$$

[**例8-4**] 仍用[例8-2]的资料,根据表8-7的数据及回归方程 $\hat{y} = 0.38 + 0.4846x_i$,计算估计标准误差。

$$S_{yx} = \sqrt{\frac{123.49 - 0.38 \times 29.97 - 0.4846 \times 228.94}{8}} = 0.381$$

说明家庭消费支出的实际值与估计值平均来说差了0.381千元。

(二)线性回归方程的显著性检验

从总体中随机抽取 n 对有关 x 与 y 的样本数据,根据样本观察值拟合的线性回归方程,由于受到抽样误差的影响,它所确定的变量之间的线性关系是否显著,以及依据这个方程给定的自变量的值去估计因变量是否有效,必须通过显著性检验才可作出结论。回归方程的显著性检验包括两个方面:一是回归系数的显著性检验;二是回归方程线性关系的显著性检验。

1. 回归系数 b 的显著性检验

回归系数 b 的显著性检验就是要验证总体两变量 x 与 y 的线性关系是否真正存在。若总体回归系数 $\beta = 0$,总体回归直线就是一条水平线,x 与 y 之间不存在线性关系,这违背了一元线性回归方程的基本假定;若 $\beta \neq 0$,即 x 与 y 之间存在线性关系,符合假定条件,所建立的一元线性回归方程可以认为符合变量间的变化规律。

回归系数的显著性检验通常是通过计算回归系数 b 的 t 值, 来验证总体回归系数 β 是否为 0, 因此, 又称为 t 检验。具体步骤如下:

(1) 建立假设:

原假设 $H_0 : \beta = 0$;

备择假设 $H_1 : \beta \neq 0$。

(2) 构建检验统计量 t:

$$t = \frac{b - \beta}{S_b} \sim t(n-2) \tag{8-21}$$

式中　S_b——回归系数 b 的标准差。其计算公式为

$$S_b = \sqrt{\frac{S_{yx}^2}{\sum (x_i - \bar{x})^2}} \tag{8-22}$$

式中　S_{yx}——估计标准误差, 可由式(8-20)求得。

(3) 根据给定的显著性水平 α 和自由度 $(n-2)$, 查 t 分布表, 得到临界值 $t_{\frac{\alpha}{2}}(n-2)$。

(4) 作出决策。若 $|t| > t_{\frac{\alpha}{2}}(n-2)$, 则在 $1-\alpha$ 水平下拒绝 H_0, 接受 H_1, 表明样本来自存在线性关系的总体, 变量 x 与 y 存在线性关系, x 对 y 的影响是显著的。

若 $|t| \leq t_{\frac{\alpha}{2}}(n-2)$, 则在 $1-\alpha$ 水平下接受 H_0, 表明样本来自不存在线性关系的总体, 变量 x 与 y 不存在线性关系, x 对 y 的影响不显著。

2. 回归方程显著性检验

回归方程显著性检验, 是对回归模型总体的显著性检验, 即对回归模型中所有解释变量与被解释变量之间的线性关系在总体上是否显著成立作出推断。回归方程显著性检验, 实质上是对回归方程拟合优度的检验, 采用 F 统计量, 所以又称为 F 检验。具体步骤如下:

(1) 建立假设

原假设 $H_0 : \beta = 0$ (总体回归方程不显著);

备择假设 $H_1 : \beta \neq 0$ (总体回归方程显著)。

(2) 构建检验统计量 F

$$F = \frac{ESS/1}{RSS(n-2)} \sim F_\alpha(1, n-2) \tag{8-23}$$

式中: ESS——回归离差平方和;

　　　RSS——剩余离差平方和。

（3）根据确定的显著性水平 α 和自由度 $df_1 = 1$ 和 $df_2 = n - 2$，查 F 分布数，得到临界值 $F_\alpha(1, n - 2)$

（4）作出决策。

若 $F > F_\alpha(1, n - 2)$，则在 $1 - \alpha$ 水平下拒绝 H_0，接受 H_1，说明总体回归方程线性关系成立，总体回归方程是显著的。

若 $F \leqslant F_\alpha(1, n - 2)$，在 $1 - \alpha$ 水平下接受 H_0，说明总体回归方程线性关系不存在，总体回归方程不显著。

需要说明的是，在一元线性回归分析中，只有一个自变量，t 检验和 F 检验是一致的。但在多元线性回归分析中，t 检验和 F 检验是不同的，t 检验是检验回归方程中回归系数的显著性，F 检验则是检验整个方程回归关系的显著性。

[**例 8 - 5**] 对根据表 8 - 6 资料拟合的回归方程 $\hat{y}_i = 0.38 + 0.4846 x_i$ 进行回归系数的显著性检验和回归方程的显著性检验。

解 （1）回归系数的显著性检验（t 检验）

假设家庭收入对家庭消费支出的影响不显著，二者之间不存在线性关系，即 $H_0: \beta = 0, H_1: \beta \neq 0$

在 H_0 成立条件下，计算 t 统计量的值

$$t = \frac{b}{S_b} = \frac{0.4846}{\sqrt{\dfrac{0.145225}{138.48}}} = 14.96$$

确定显著性水平 $\alpha = 0.05$，根据自由度 $n - 2 = 8$，查 t 分布表得 $t_{\frac{\alpha}{2}}(n - 2) = t_{0.025}(8) = 2.306$。

$t > t_{0.025}(8)$，表明 $\beta = 0$ 的可能性小于 0.05，因而拒绝 H_0 接受 H_1，说明回归系数是显著的，家庭收入与家庭消费支出之间的线性关系确实存在，家庭收入是影响家庭消费支出的显著因素。

（2）回归方程显著性检验（F 检验）

建立假设：$H_0: \beta = 0$（总体回归方程不显著）

$H_1: \beta \neq 0$（总体回归方程显著）

计算 F 统计量：

$$F = \frac{ESS/1}{RSS/(n - 2)} = \frac{\sum(\hat{y} - \bar{y})^2/1}{\sum(y_i - \hat{y}_i)^2/(n - 2)} = \frac{32.5201/1}{1.1618/8} = 223.93$$

确定显著性水平 $\alpha = 0.05$，根据自由度 $df_1 = 1, df_2 = 8$，查 F 分布表得临界

值 $F_{0.05}(1,8)=5.32$。

$F > F_{0.05}(1,8)$，拒绝 H_0，接受 H_1，说明回归方程是显著的。

五、利用回归方程进行预测

样本回归方程如果通过了各种检验，拟合程度好，我们就可以利用其对因变量进行预测。回归预测有点预测和区间预测两种。

（一）点预测

当任意给定的自变量 x_0，代入回归方程 $\hat{y}_i = a + bx_i$，即可求得对应的 y_0 的估计值 $y_0 = a + bx_0$，这便是点预测。点预测方法非常简单，但点预测不能回答预测的误差有多大或预测的精确度有多高，可靠性有多强，所以，我们需要区间预测。

（二）区间预测

区间预测与抽样推断中的区间估计原理相同。回归方程 $\hat{y} = a + bx_i$ 是根据一次抽样所得的数据拟合出来的，由于存在抽样随机误差，不同的样本就会拟合出不同的方程，那么用 $\hat{y}$ 作为总体 Y 的估计值就会存在抽样随机误差，我们希望能在一定概率度下把握这个误差的范围，进而确定总体 Y 在一定置信水平下的可能的取值范围，这就是区间预测。

抽样误差的平均值，即抽样平均误差 u_{yx} 的计算公式为

$$u_{yx} = S_{yx} \sqrt{1 + \frac{1}{n} + \frac{(x_0 - \bar{x})^2}{\sum (x_i - \bar{x})^2}} \qquad (8-24)$$

式中：S_{yx}——估计标准误差；

x_0——给定的自变量的值；

n——样本单位数。

在样本下，通常用 t 分布，建立 Y 的预测区间。

则在 $x = x_0$ 时，在 $1 - \alpha$ 置信水平下的预测区间为

$$\hat{y} \pm t_{\frac{\alpha}{2}}(n-2) \cdot S_{yx} \sqrt{1 + \frac{1}{n} + \frac{(x_0 - \bar{x})^2}{\sum (x_i - \bar{x})^2}} \qquad (8-25)$$

在大样本下，分布接近正态分布，建立 Y 的预测区间。当 n 足够大时，u_{yx} 会趋近于 S_{yx}，$t_{\frac{\alpha}{2}}$ 会趋近于 $Z_{\frac{\alpha}{2}}$，则在 $x = x_0$ 时，Y 在 $1 - \alpha$ 置信水平下的预测区间为

$$(y_0 \pm Z_{\frac{\alpha}{2}} S_{yx}) \qquad (8-26)$$

式中 $Z_{\frac{\alpha}{2}}$——为显著性水平 α 时,从标准正态分布表中查得的临界值。例如置信水平 $1-\alpha$ 为 95.45% 的 Y 的预测区间为

$$(\hat{y}_0 \pm S_{yx})$$

[例 8-6] 根据表 8-6 资料拟合的方程 $\hat{y} = 0.38 + 0.4846 x_i$,估计家庭收入为 15 千元时,家庭消费支出额的置信区间,置信水平为 95%。

当 $x = 15$ 千元时,$\hat{y}_0 = 0.38 + 0.4846 \times 15 = 7.649$

$S_{yx} = 0.381$ $\bar{x} = 5.4$ $\sum (x_i - \bar{x})^2 = 138.48$

当 $1-\alpha = 95\%$ 时,$t_{\frac{\alpha}{2}}(n-1) = t_{0.025}(8) = 2.306$,则

$$u_{yx} = S_{yx} \sqrt{1 + \frac{1}{n} + \frac{(x_0 - \bar{x})^2}{\sum (x_i - \bar{x})^2}}$$

$$= 0.381 \sqrt{1 + \frac{1}{10} + \frac{(15 - 5.4)}{138.48}}$$

$$= 0.412$$

所以,当家庭收入为 15 千元时,相应的家庭消费支出在 95% 的置信水平的预测区间为

$$\hat{y}_0 \pm t_{\frac{\alpha}{2}} u_{yx} = 7.649 \pm 2.306 \times 0.412$$

即预测区间为 $(6.7, 8.6)$

第四节 多元线性回归分析

在一元线性回归分析中,研究的是一个因变量与一个自变量之间的关系。但在实际经济问题中,客观现象是非常复杂的,往往某一现象的变动受多种因素的影响。例如,某种商品的需求量就可能受到商品本身的价格、消费者的收入、消费者的消费习惯等多种因素的影响。一般说来,在回归预测时,若能将考虑到的主要影响因素都纳入回归方程,回归预测的效果就会好些。在线性相关条件下,研究两个或两个以上自变量对一个因变量的数量变化关系,称为多元线性回归分析。多元线性回归分析的基本原理与一元线性回归分析的基本原理是一致的,只是涉及的变量多一些,计算比较繁琐,通常在应用时需借助统计分析软件完成。

一、多元线性回归模型

当对被解释变量 Y 有显著影响的解释变量有 k 个,分别为 $X_1, X_2, \cdots, X_k$,

同时 Y 是 $X_1, X_2, \cdots, X_k$ 的线性函数时，那么可建立多元线性回归模型

$$Y_t = \beta_0 + \beta_1 X_{1t} + \beta_2 X_{2t} + \cdots + \beta_k X_{kt} + \mu_t \quad (t = 1, 2, \cdots, n) \quad (8-27)$$

与多元线性回归总体回归模型（8 – 27）相应的样本回归模型为

$$y_t = b_0 + b_1 x_{1t} + b_2 x_{2t} + \cdots + b_k x_{kt} + e_t \quad (8-28)$$

样本回归方程为

$$\hat{y}_t = b_0 + b_1 x_{1t} + b_2 x_{2t} + \cdots + b_k x_{kt} \quad (8-29)$$

式中　$\beta_0, \beta_1, \cdots, \beta_k$——总体回归参数，$\beta_1, \beta_2, \cdots, \beta_k$ 是总体偏回归系数；

　　　　$b_0, b_1, \cdots, b_k$——样本回归参数，是相应 $\beta_0, \beta_1, \cdots, \beta_k$ 的最小二乘估
计值。

　　其中 b_1 的含义是，在其他影响因素不变的情况下，自变量每变动一个单位所引起的因变量 y 的平均变化量。$b_2, \cdots, b_k$ 的含义以此类推。

　　多元线性回归模型同样存在着基本假设，这些基本假设除了包括上一节讲的基本假设外，还要追加一条，就是各个自变量之间不存在严格的线性关系，即不存在多重共线性，否则回归系数的含义无法解释。

二、多元线性回归方程的拟合

　　多元线性回归方程中的回归参数，同样可用最小二乘法确定

$$
\begin{aligned}
令 \quad Q &= \sum e_i^2 = \sum (y_i - \hat{y}_i)^2 \\
&= \sum y_i - (b_0 + b_1 x_{1i} + b_2 x_{2i} + \cdots + b_k x_{ki}) \\
&= 最小值 \quad (8-30)
\end{aligned}
$$

根据数学分析中求极值可知，求解 $b_0, b_1, b_2, \cdots, b_k$ 的方程组为

$$
\begin{cases}
\dfrac{\partial Q}{\partial b_0} = 0 \\[2mm]
\dfrac{\partial Q}{\partial b_1} = 0 \\[2mm]
\dfrac{\partial Q}{\partial b_2} = 0 \\[2mm]
\vdots \\[2mm]
\dfrac{\partial Q}{\partial b_k} = 0
\end{cases}
\quad (8-31)
$$

于是得到待估参数估计值的线性代数方程组

$$\begin{cases} \sum y_i - \sum (b_0 + b_1 x_{1i} + b_2 x_{2i} + \cdots + b_k x_{ki}) = 0 \\ \sum y_i x_{1i} - \sum (b_0 + b_1 x_{1i} + b_2 x_{2i} + \cdots + b_k x_{ki}) x_{1i} = 0 \\ \sum y_i x_{2i} - \sum (b_0 + b_1 x_{1i} + b_2 x_{2i} + \cdots + b_k x_{ki}) x_{2i} = 0 \\ \quad\quad\vdots \quad\quad\quad\quad\quad\quad\quad\quad\quad\quad\quad\quad\quad\quad\quad\vdots \\ \sum y_i x_{ki} - \sum (b_0 + b_1 x_{1i} + b_2 x_{2i} + \cdots + b_k x_{ki}) x_{ki} = 0 \end{cases} \quad (8-32)$$

将上式化简整理得：

$$\begin{cases} \sum y_i = nb_0 + \sum (b_1 x_{1i} + b_2 x_{2i} + \cdots + b_k x_{ki}) \\ \sum y_i x_{1i} = \sum (b_0 + b_1 x_{1i} + b_2 x_{2i} + \cdots + b_k x_{ki}) x_{1i} \\ \sum y_i x_{2i} = \sum (b_0 + b_1 x_{1i} + b_2 x_{2i} + \cdots + b_k x_{ki}) x_{2i} \\ \vdots \quad \vdots \\ \sum y_i x_{ki} = \sum (b_0 + b_1 x_{1i} + b_2 x_{2i} + \cdots + b_k x_{ki}) x_{ki} \end{cases} \quad (8-33)$$

解该$(k+1)$个方程组成的线性代数方程组,即可得到 $b_0,b_1,b_2,\cdots,b_k$ 的值,从而可建立样本回归方程。

当多元线性回归模型中只有两个自变量时,我们可以建立二元线性回归方程

$$\hat{y} = b_0 + b_1 x_1 + b_2 x_2 \quad (8-34)$$

同理,可得二元线性回归方程待估参数的线性代数方程组

$$\begin{cases} \sum y = nb_0 + b_1 \sum x_1 + b_2 \sum x_2 \\ \sum x_1 y = b_0 \sum x_1 + b_1 \sum x_1^2 + b_2 \sum x_1 x_2 \\ \sum x_2 y = b_0 \sum x_2 + b_1 \sum x_1 x_2 + b_2 \sum x_2^2 \end{cases} \quad (8-35)$$

解方程组,即可求得回归参数 b_0,b_1,b_2。

三、多元线性回归方程的统计检验

多元回归分析中,因变量的总离差平方和与一元线性回归分析一样,仍可以分解为两部分,一部分为可以由回归方程解释的回归离差平方和,另一部分为回归方程不能解释的剩余离差平方和(残差平方和)。在多元线性回归中,各个变量的自由度的确定原则如下:总离差平方和的自由度为 $n-1$,回归离差平方和的自由度为 k,剩余离差平方和的自由度为 $n-1-k$。各平方和除以相应的自由度即相应的均方差。因此,对于多元线性回归也可以进行方差分

析,其方差分析如下表所示。

表 8 - 8   多元线性回归方差分析表

方差来源	平方和	自由度	均方差
回归离差平方和	$\sum (\hat{y}_i - \bar{y})^2$	k	ESS/k
剩余离差平方和	$\sum (y_i - \hat{y}_i)^2$	$n - k - 1$	$RSS/n - 1 - k$
总离差平方和	$\sum (y_i - \bar{y})^2$	$n - 1$	

(一)拟合程度检验

与一元线性回归分析中的拟合程度检验一致,多元线性回归方程的拟合程度检验也是用判定系数 r^2 来反映线性方程拟合样本观察点的优劣。

$$r^2 = \frac{ESS}{TSS} = 1 - \frac{RSS}{TSS} \qquad (8-36)$$

式中 ESS、RSS、TSS 与一元线性回归分析中含义相同。

判定系数 r^2 反映了在因变量的变动中,由回归系数解释的变动占总离差平方和的比重的大小。r^2 越接近 1,说明由各个自变量所能解释的比例越大,样本回归方程拟合样本观察点的效果越好。

需要说明的是,r^2 与回归方程中引进的自变量个数多少有关。在应用过程中发现,若总体回归模型中增加一个解释变量,模型的解释功能增强,回归离差平方和增大,则 r^2 就增大。但在样本容量一定的情况下,增加解释变量必定会使得相应的自由度减少,而且可能会引起自变量的共线性,为消除自变量个数对 r^2 的影响,在实际应用中常采用对 r^2 修正后的统计量 R^2,其计算公式为:

$$R^2 = 1 - \frac{RSS/(n-k-1)}{TSS/(n-1)} \qquad (8-37)$$

式中:$(n-k-1)$——剩余离差平方和的自由度;

$(n-1)$——总离差平方和的自由度。

此外,与一元线性回归一样,多元线性回归也可以计算估计标准误差 S_y,以反映因变量的实际值与估计值的平均差异程度,计算公式为

$$S_y = \sqrt{\frac{RSS}{n-k-1}} = \sqrt{\frac{\sum (y_i - \hat{y}_i)^2}{n-k-1}} \qquad (8-38)$$

（二）多元线性回归方程的显著性检验

1. 回归系数的显著性检验

多元线性回归方程的回归系数的显著性检验,是检验每一个解释变量对被解释变量的影响是否显著,若某个解释变量对被解释变量的影响并不显著,应该将它剔除,使方程保留那些对被解释变量影响显著的自变量。其检验方法与一元线性回归分析基本相同,同样采用 t 检验。具体步骤如下:

（1）建立假设

原假设 $H_0 : \beta_i = 0$（假设变量 x_i 是不显著的, $i = 1, 2, \cdots, k$）;

备择假设 $H_1 : \beta_i \neq 0$。

（2）构建检验统计量 t_i

$$t_i = \frac{b_i - \beta_i}{S_{bi}} \sim t(n - k - 1)$$

式中: S_{bi} ——第 i 个回归系数 b_i 的标准差;（$t = 1, 2, \cdots, n$）。

（3）根据给定的显著性水平 α 和自由度 $n - k - 1$,查 t 分布表,得到临界值 $t_{\frac{\alpha}{2}}(n - k - 1)$。

（4）作出决策。若 $|t_i| > t_{\frac{\alpha}{2}}(n - k - 1)$,则拒绝 H_0,接受 H_1,表明变量 x_i 是显著的,回归系数 b_i 通过显著性检验;若 $|t_i| \leqslant t_{\frac{\alpha}{2}}(n - k - 1)$,则接受 H_0,表明变量 x_i 是不显著的,应从回归方程中剔除。

2. 回归方程显著性检验

在多元线性回归分析中,回归系数的显著性检验（t 检验）与回归方程的显著性检验（F 检验）是不等价的。t 检验是分别对每个回归系数的显著性检验,模型中包括几个解释变量,就要计算几个 t 值。而 F 检验是对模型的线性关系在总体上是否显著成立作出推断。具体步骤如下:

（1）建立假设

原假设 $H_0 : \beta_1 = \beta_2 = \beta_3 = \cdots = \beta_k = 0$（假设总体回归模型线性关系不显著）;

备择假设 $H_1 : \beta_i$ 不同时为 0（$i = 1, 2, \cdots, k$）。

（2）构建检验统计量 F

$$F = \frac{ESS/k}{RSS(n - k - 1)} \sim F_\alpha(k, n - k - 1)$$

式中 ESS, RSS 含义与一元线性回归分析中含义相同。

（3）根据确定的显著性水平 α 自由度 $df_1 = 1, df_2 = n - k - 1$,查 F 分布表,得到临界值 $F_\alpha(k, n - k - 1)$。

(4)作出决策

若 $F > F_\alpha(k, n-k-1)$,则在 $(1-\alpha)$ 水平下拒绝 H_0,接受 H_1,说明总体回归模型线性关系显著成立,模型通过显著性检验;若 $F \leq F_\alpha(k, n-k-1)$,则在 $(1-\alpha)$ 水平下接受 H_0,即总体回归模型线性关系显著不成立,模型未通过显著性检验。

四、多元线性回归分析的应用举例

[例 8 - 7] 为了研究财政收入规模大小的变化受税收、国民生产总值的影响程度,我们选取了某地区 1983～2000 年财政收入及其主要影响因素税收、国民生产总值这 18 年的数据为样本,如表 8 - 9。试求以税收、国民生产总值为自变量、财政收入为因变量的二元线性回归方程,并进行相应的统计检验。

表 8 - 9 某地区 1983～2000 年财政收入、税收和国民生产总值数据表

年份	财政收入(亿元) y	税收(亿元) x_1	国民生产总值(亿元) x_2
1983	1 132	3 642	519
1984	1 146	4 038	537
1985	1 159	4 517	571
1986	1 175	4 860	629
1987	1 212	5 301	700
1988	1 866	5 957	755
1989	1 642	7 206	947
1990	2 001	8 989	2040
1991	2 122	10 201	2 090
1992	2 199	11 954	2 140
1993	2 357	14 922	2 390
1994	2 664	16 917	2 727
1995	2 937	18 598	2 821
1996	3 149	21 662	2 990
1997	3 483	26 651	3 296
1998	4 348	34 650	4 255
1999	5 218	46 532	5 126
2000	6 242	57 277	6 038

利用式(8-35),计算出所需的各项数据(见表8-10)可得二元线性回归方程。

由二元线性回归方程计算表(表8-10)可得:

$n = 18, \sum x_1 = 303\ 874, \sum x_2 = 40\ 571,$

$\sum x_1 x_2 = 1.11\mathrm{E}+09, \sum x_1^2 = 9.2\mathrm{E}+09, \sum x_2^2 = 1.38\mathrm{E}+08,$

$\sum y = 46\ 052, \sum x_1 y = 1.16\mathrm{E}+09, \sum x_2 y = 1.45\mathrm{E}+08$

可以得出方程组

$$\begin{cases} 46\ 052 = 18b_0 + 303\ 874b_1 + 40\ 571b_2 \\ (1.16\mathrm{E}+09) = 303\ 874b_0 + (9.2\mathrm{E}+09)b_1 + (1.11\mathrm{E}+09)b_2 \\ (1.45\mathrm{E}+08) = 40\ 571b_0 + (1.11\mathrm{E}+09)b_1 + (1.38\mathrm{E}+08)b_2 \end{cases}$$

解得 $b_0 = 802.97, b_1 = 0.061, b_2 = 0.323$

因此,二元线性回归方程为:$\hat{y}_i = 802.97 + 0.061x_1 + 0.323x_2$

运用统计分析软件,我们同样可以得到一致的回归方程。下面我们利用统计分析软件 SPSS12.0 运算得到的结果进行统计检验。

以税收 x_1 和国民生产总值 x_2 为自变量,财政收入 y 为因变量的二元线性回归方程:$\hat{y} = 802.97 + 0.061x_1 + 0.323x_2$

$$(11.745)\quad (6.226)\quad (3.538)$$

$F = 874.371$

判定系数 r^2 为 0.996,修正后的判定系数 R^2 为 0.990

上式中,每个回归系数下面括号中的数值是与其相对应的检验统计量 t 的值。可以看出,各回归系数的符号与其经济意义相同。

(1)拟合程度检验

判定系数 r^2 为 0.996,修正后的判定系数 R^2 为 0.990,估计标准误差 S_y 为 144.65755,表明回归方程对样本数据的拟合程度较高。

(2)回归系数的显著性检验

设显著性水平 $\alpha = 0.05, df = n-k-1 = 18-2-1 = 15$,查 t 分布表,得

$$t_{b0} = 11.745 > t_{\frac{\alpha}{2}}(n-k-1) = 2.1315$$

$$t_{b1} = 6.2226 > t_{\frac{\alpha}{2}}(n-k-1) = 2.1315$$

$$t_{b2} = 3.538 > t_{\frac{\alpha}{2}}(n-k-1) = 2.1315$$

表明 x_1, x_2 的回归系数通过检验,税收和国民生产总值对财政收入有显著影响。

表 8 – 10　二元线性回归方程计算表

年份	y	x_1	x_2	x_1^2	x_2^2	$x_1 x_2$	$x_1 y$	$x_2 y$
1983	1 132	3 642	519	13 264 164	269 361	1 890 198	4 122 744	587 508
1984	1 146	4 038	537	16 305 444	288 369	2 168 406	4 627 548	615 402
1985	1 159	4 517	571	20 403 289	326 041	2 579 207	5 235 203	661 789
1986	1 175	4 860	629	23 619 600	395 641	3 056 940	5 710 500	739 075
1987	1 212	5 301	700	28 100 601	490 000	3 710 700	6 424 812	848 400
1988	1 866	5 957	755	35 485 849	570 025	4 497 535	11 115 762	1 408 830
1989	1 642	7 206	947	51 926 436	896 809	6 824 082	11 832 252	1 554 974
1990	2 001	8 989	2 040	80 802 121	4 161 600	18 337 560	17 986 989	4 082 040
1991	2 122	10 201	2 090	1.04E+08	4 368 100	21 320 090	21 646 522	4 434 980
1992	2 199	11 954	2 140	1.43E+08	4 579 600	25 581 560	26 286 846	4 705 860
1993	2 357	14 922	2 390	2.23E+08	5 712 100	35 663 580	35 171 154	5 633 230
1994	2 664	16 917	2 727	2.86E+08	7 436 529	46 132 659	45 066 888	7 264 728
1995	2 937	18 598	2 821	3.46E+08	7 958 041	52 464 958	54 622 326	8 285 277
1996	3 149	21 662	2 990	4.69E+08	8 940 100	64 769 380	68 213 638	9 415 510
1997	3 483	26 651	3 296	7.10E+08	10 863 616	87 841 696	92 825 433	11 479 968
1998	4 348	34 650	4 255	1.20E+09	18 105 025	1.47E+08	1.51E+08	18 500 740
1999	5 218	46 532	5 126	2.17E+09	26 275 876	2.39E+08	2.43E+08	26 747 468
2000	6 242	57 277	6 038	3.28E+09	36 457 444	3.46E+08	3.58E+08	37 689 196
合计	46 052	303 874	40 571	9.2E+09	1.38E+08	1.11E+09	1.16E+09	1.45E+08

（3）回归方程的显著性检验

通过计算得：$F = 874.371$，根据显著性水平 $\alpha = 0.05$，$df_1 = 2$，$df_2 = 18 - 2 - 1 = 15$，查 F 分布表，得 $F_{0.05}(2,15) = 3.68$

因为 $F = 874.371 > F_{0.05}(2,15) = 3.68$，所以，$F$ 检验通过，表明回归方程的回归效果显著，在95%置信水平下总体线性关系成立。

第五节　非线性回归分析

一、非线性回归分析的含义

前面所研究的回归方程，是假定自变量与因变量之间呈线性关系。但是无论是自然现象，还是社会现象，都是极其复杂的，现象的数量关系也未必都是呈线性关系的，事实上，大量的数量关系是以非线性形式表现出来。这时，我们需要用曲线方程来拟合，以真实反映现象中变量之间的关系。为建立非线性回归模型，我们必须结合已有的专业知识和实际经验，同时借助样本观察值的散点图来确定变量的分布形状和特点，从而选择适当的曲线方程。这种为样本观察数据拟合曲线回归方程进行的分析，称为非线性回归分析。本节主要介绍一元非线性回归分析。

在统计研究中，较为常见的一元非线性回归方程有下列几种

1. 二次抛物线：$y = a + bx + cx^2$

2. 指数曲线：$y = ab^x$

3. 双曲线：$\dfrac{1}{y} = a + b\dfrac{1}{x}$

4. 幂函数曲线：$y = ax^b$

5. 对数曲线：$y = a + b\ln x$

6. S 型曲线：$y = \dfrac{1}{a + be^{-x}}$

二、一元非线性回归方程的线性化处理

在多数情况下，非线性回归问题，可以通过变量的变换，将其化成线性回归问题，然后再用前面介绍的最小二乘法，估计出方程中的待估参数，最终确定出所拟合的回归方程。

下面介绍上述6种常见的一元非线性回归方程的线性化处理方法。

1. 抛物线

若变量 x 与 y 的关系是抛物线的形式,即可有二次抛物线回归方程:

$$\hat{y} = a + bx + cx^2 \text{(如图 8-5)}$$

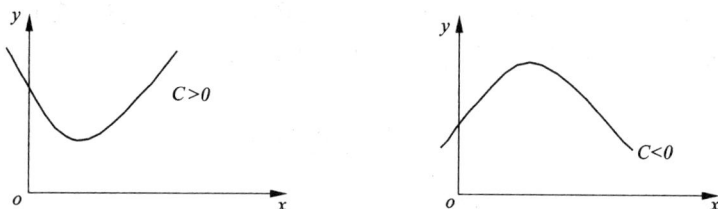

图 8-5　抛物线模型图

令 $x_1 = x, x_2 = x^2$,则有

$$\hat{y} = a + bx_1 + cx_2$$

这样,原本是非线性回归问题,就转化为二元线性回归问题了,进而可推广到多元线性回归。

2. 指数曲线回归方程: $\hat{y} = ab^x$(如图 8-6)

两边取对数得

$$\ln\hat{y} = \ln a + x\ln b$$

令 $\ln\hat{y} = \hat{y}', \ln a = a', \ln b = b'$,则有

$$\hat{y}' = a' + b'x$$

3. 双曲线: $\dfrac{1}{\hat{y}} = a + b\dfrac{1}{x}$(如图 8-7)

令 $y' = \dfrac{1}{\hat{y}}, x' = \dfrac{1}{\hat{x}}$,则有 $y' = a + bx'$

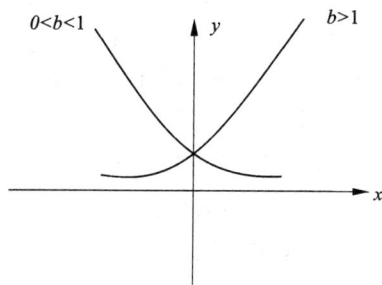

图 8-6　指数曲线模型图

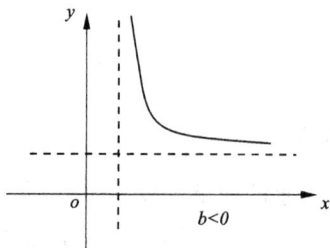

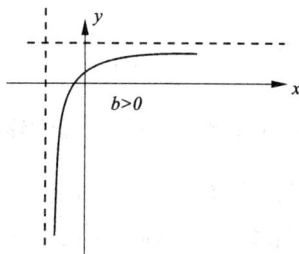

图 8-7　双曲线模型图

4. 幂函数曲线: $\hat{y} = ax^b$ (如图 8 – 8)

两边取对数得

$$\ln\hat{y} = \ln a + b\ln x$$

令 $y' = \ln\hat{y}, a' = \ln a, x' = \ln x$, 则有 $y' = a' + bx'$

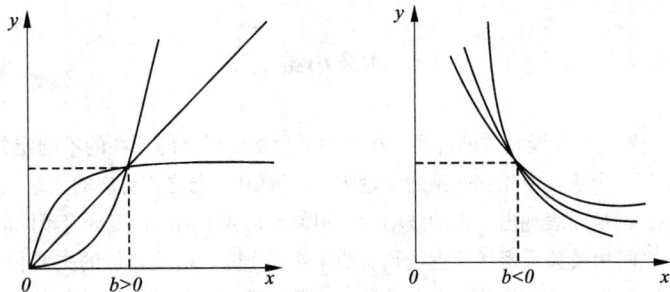

图 8 – 8　幂函数曲线模型图

5. 对数曲线: $\hat{y} = a + b\ln x$ (如图 8 – 9)

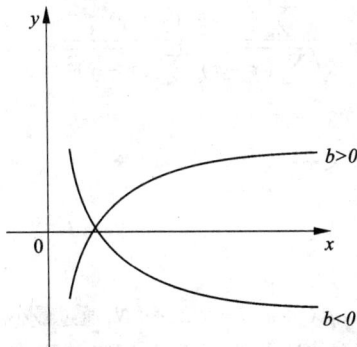

图 8 – 9　对数曲线模型图

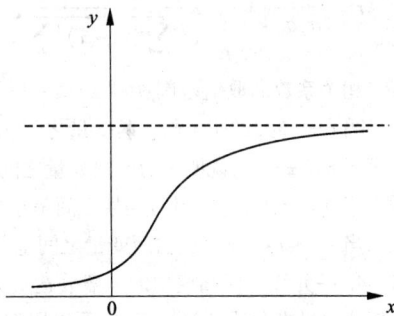

图 8 – 10　S 型曲线模型图

令 $x' = \ln x$, 则有 $\hat{y} = a + bx'$

6. S 型曲线: $\hat{y} = \dfrac{1}{a + be^{-x}}$ (如图 8 – 10)

两边取倒数得: $\dfrac{1}{\hat{y}} = a + be^{-x}$

令 $y' = \dfrac{1}{\hat{y}}, x' = e^{-x}$, 则有 $y' = a + bx'$

根据上述常见的曲线回归方程,进行曲线回归预测时,一般步骤如下:首先,对所研究的两个现象进行理论分析,分析两者之间是否具有相关关系,以及是什么形式的相关关系,并结合观察散点图的分布状态确定其是否与理论分析基本相符,确定拟合哪种形式的曲线较为合适。然后,按所确定的曲线形式,利用相关的样本数据估计待估参数,拟合回归方程。

本章小结

1. 相关关系的概念及相关的种类。相关关系是指变量之间存在的不确定的依存关系。这类关系中,当一个或几个相互联系的变量取一定数值时,与之相对应的变量就会有若干个数值与之相对应,从而表现出一定的波动性。相关关系从不同的角度分有不同的种类。

2. 现象之间相关关系密切程度的研究,叫相关分析。相关分析的主要目的就是研究现象间的相互关系的密切程度和变化规律。回归分析是对具有相关关系的变量之间的数量关系形式进行测定,并将它们之间的关系用数学表达式描述出来,并据此对因变量进行估计和预测的分析方法。

3. 相关关系的测度。简单线性相关系数的计算公式为

$$r = \frac{\sigma_{xy}^2}{\sigma_x \sigma_y} = \frac{\dfrac{1}{n} \sum (x - \bar{x})(y - \bar{y})}{\dfrac{1}{n} \sqrt{\sum (x - \bar{x})^2 \sum (y - \bar{y})^2}} = \frac{\sum (x - \bar{x})(y - \bar{y})}{\sqrt{\sum (x - \bar{x})^2 \sum (y - \bar{y})^2}}$$

相关系数的取值范围: $-1 \leqslant r \leqslant +1$。

当 $r = 0$ 时,说明 x 与 y 两变量之间无线性相关关系。

当 $r = \pm 1$ 时,说明 x 与 y 两变量之间完全相关。

当 $0 < r \leqslant 1$ 时,表明两变量之间呈正相关。

当 $-1 \leqslant r < 0$ 时,表明两变量之间呈负相关。

4. 一元线性回归模型的一般表达式为: $Y_i = \alpha + \beta X_i + u_i, i = 1, 2, \cdots, N$, 通过最小二乘法使残差平方和达到最小,我们可以用相关样本数据估计得到一元线性回归方程: $y = a + bx_i, i = 1, 2, \cdots n$ 作为回归模型的估计。

5. 一元线性回归分析和多元线性回归分析的基本原理是一致的,是将总的离差平方和分解为剩余离差平方和和回归离差平方和,然后通过构造相应的统计量,进行一系列的统计检验,以使回归方程正确揭示现象之间的数量关系。

6. 线性回归方程的预测是回归分析的重要内容之一,它是根据观察值数求得的回归方程,用一定的置信度来估计或预测因变量的可能范围。

7. 在进行相关和回归分析时,要掌握回归和相关的应用条件。在进行分析时,尤其是多元的相关与回归分析,其分析、检验过程都很复杂,建议读者在掌握基本原理的基础上学会通过统计软件的操作来简化工作量。

思考与练习

1. 什么是相关关系,它与函数关系有何区别与联系?

2. 什么是回归? 回归分析与相关分析有何区别与联系?

3. 因变量的总离差平方和如何分解? 其意义是什么?

4. 什么是判定系数? 它同相关系数有何联系和区别?

5. 什么是估计标准误差? 有什么作用?

6. 某地区 1993～2003 年间新增固定资产与该地区国内生产总值的资料如下:

年度	1993	1994	1995	1996	1997	1998	1999	2000	2001	2002	2003
新增固定资产 X(亿元)	2.3	2.2	2.6	2.2	2.5	2.7	3.7	4.4	3.8	4.2	4.3
国内生产总值 Y(亿元)	28.2	23.5	25.0	24.3	26.4	29.3	33.5	36.8	39.4	42.0	43.0

试按上表资料:

(1)计算该地区国内生产总值(Y)增长与新增固定资产(X)之间的相关系数。

(2)建立线性回归方程研究该地区国内生产总值(Y)增长与新增固定资产(X)之间的依存关系。

(3)作显著性检验($\alpha = 0.05$)。

(4)若该回归方程到 2005 年继续适用,并设 2005 年该地区新增固定资产达 4.8 亿元,则该地区国内生产总值可能达到多少?

7. 已知直线回归方程为:$\hat{y} = 7.6 - 0.915x$,已知 x 的标准差 $s_x = 4.5$,y 的标准差 $s_y = 5$,样本容量 $n = 18$。根据上面已知条件,计算相关系数。

8. 某商场 1991～2001 年销售额和流通费率资料如下表所示。

年度	1991	1992	1993	1994	1995	1996	1997	1998	1999	2000
销售额（百万元）x	0.7	1.5	2.1	2.9	3.4	4.3	5.5	6.4	6.9	7.8
流通费率（%）y	6.4	4.5	2.7	2.1	1.8	1.5	1.4	1.3	1.3	1.2

（1）作散点图。

（2）若选用双曲线 $y = a + \dfrac{b}{x}$，求出回归方程。

（3）检验方程的显著性，并预测销售额为 800 万元时的流通费率。

9. 下表是某公司 1991～2002 年在某市场所派出的推销员人数（x_1）、产品所支付的广告费（x_2）和产品的销售额（y）的资料，假定各年的其他条件相同。

年度	1991	1992	1993	1994	1995	1996	1997	1998	1999	2000
销售额 y（万元）	102	137	121	123	140	148	158	170	172	180
推销人数 x_1（人）	5	7	8	8	6	6	9	10	10	11
广告费 x_2（万元）	1.21	1.5	1.1	1.42	1.7	1.8	1.9	2	2.1	2.5

（1）拟合产品销售额 y 对推销员人数 x_1 和广告费 x_2 的线性回归模型。

（2）对回归方程的线性关系及回归系数进行检验（$\alpha = 0.05$），并解释回归系数的含义。

（3）计算判定系数和估计标准误差，说明回归直线的拟合程度。

参考答案

1～5.（略）

6.（1）
$$r = \frac{n \sum xy - (\sum x)(\sum y)}{\sqrt{n \sum x^2 - (\sum x)^2} \cdot \sqrt{n \sum y^2 - (\sum y)^2}}$$

$$= \frac{11 \times 1\,177.02 - 34.9 \times 351.4}{\sqrt{11 \times 118.89 - (34.9)^2} \cdot \sqrt{11 \times 11\,760.28 - (351.4)^2}}$$

$$= 0.94$$

（2）$y = 7.796 + 7.611x$

（2.586）　（8.299）

$F = 68.869$

（3）因为 $t_{\frac{\alpha}{2}}(n-2) = t_{0.025}(9) = 2.2622$，所以回归系数显著性检验通过。

因为 $F = 46.03 > F_\alpha(1, n-2) = F_{0.05}(1,9) = 5.32$，所以回归方程总体上线性关系成立。

（4）当新增固定资产 $x = 4.8$ 亿元时，该地区国内生产总值 y 将达到 44.33 亿元。

7. $r = \dfrac{n \sum xy - (\sum x)(\sum y)}{\sqrt{n \sum x^2 - (\sum x)^2} \sqrt{n \sum y^2 - (\sum y)^2}}$

可以证明判定系数 r^2 的平方根 r,就是相关系数(证明见第三节)。

因为 $r^2 = \dfrac{\sum (\hat{y}_i - \bar{y})^2}{\sum (y_i - y\bar{y})^2} = \dfrac{\sum (a + bx_i - a - bx\bar{y})^2}{\sum (y_i - y\bar{y})^2}$

$= \dfrac{b^2 \sum (x_i^2 - nx\bar{y}^2)}{\sum y_i^2 - ny\bar{y}^2} = \dfrac{b^2 \left[n \sum x_i^2 - (\sum x_i)^2 \right]}{n \sum y_i^2 - (\sum y_i)^2}$

$S_x = \sqrt{\dfrac{\sum (x - x\bar{y})^2}{n}} = \sqrt{\dfrac{\sum x^2}{n} - \left(\dfrac{\sum x}{n} \right)^2}$　　$S_y = \sqrt{\dfrac{\sum (y - y\bar{y})^2}{n}}$

$= \sqrt{\dfrac{\sum y^2}{n} - \left(\dfrac{\sum y}{n} \right)^2}$

所以, $r^2 = \dfrac{b^2 S_x^2}{S_s^2} = \dfrac{(-0.915)^2 (4.5)^2}{5^2} = 0.678$

因为回归系数 $b = -0.915$,所以 r 是负值,表明 x 与 y 存在负相关关系,即 $r = -0.823$

8.(1)散点图

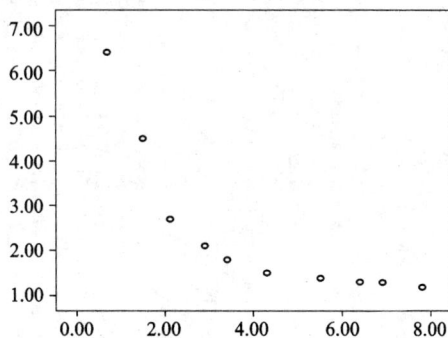

(2) $y = 0.705 + \dfrac{4.231}{x}$; $F = 177.752$,方程通过显著性检验。

(3)当 $x = 8$ 百万元时,y 为 1.245% 。

9.(1) $y = 41.439 + 3.198x_1 + 445.314x_2$

　　　(3.673)　(1.775)　(5.39)

　　　$F = 46.03$

(2)因为 $F = 46.03 > F_\alpha(k, n-k-1) = F_{0.05}(2,8) = 4.46$,所以回归方程线性关系总体上成立。但 $t_{\frac{\alpha}{2}}(n-k-1) = t_{0.025}(7) = 2.3646$,所以回归方程的常数项和广告费 x_2 的通过显著性检验,推销人数 x_1 未通过显著性检验。故将推销人数 x_1 从回归方程中剔除,重新建立回归方程如下:

　　　$y = 48.792 + 55.896x_2$

（4.127）　（8.37）

$F = 70.064$

因为 $t_{\frac{\alpha}{2}}(n-k-1) = t_{0.025}(8) = 2.306$，所以回归方程的常数项和广告费 x_2 通过显著性检验。同时 $F = 70.064 > F_\alpha(k, n-k-1) = F_{0.05}(1,8) = 5.32$，回归方程总体上线性关系成立。回归方程表明，每增加一万元的广告费该产品的销售额平均会增加 55.896 万元。

（3）最终建立的一元线性回归方程的判定系数 $r^2 = 0.898$，估计标准差为 8.58607，说明回归直线的拟合程度较好。

第九章　时间数列

　　本章共五节,内容上大致分为时间数列的编制、时间数列动态分析指标的计算与分析、时间数列变动因素的测算和时间数列的预测等四个问题。时间数列分析始于19世纪80年代西方经济学家和统计学家对经济周期波动的研究和商情预测,如今它已逐步成为统计学中一个有广泛应用价值的分支系列。通过时间数列分析,可以反映客观现象发展变化的过程和特点、变动的趋势和规律以及未来可能的状态,为科学决策提供重要依据。时间数列分析有传统时间数列分析和现代时间数列分析两种。传统时间数列分析是将时间数列的变动看做由若干基本因素复合而成,并对这些因素分别加以测定。现代时间数列分析是将时间数列看做一个随机过程,并按其变动规律构建综合模型,以预测未来的发展状况。现代时间数列分析需要大量数据并借助计算机来进行复杂的运算。

第一节　时间数列的编制

一、时间数列的概念

　　为了描述和分析客观现象数量方面在时间上的发展变化过程,需要积累和掌握现象在各个时期的统计资料。我们把在时间上发展变化的一系列同类的指标数值,按时间的先后顺序加以排列后形成的数列,称为时间数列,或动态数列。如表9－1就是体现某企业1998～2002年部分经济指标发展变化的时间数列。时间数列有两个基本构成要素:一个是资料所属的时间,另一个是各时间上的指标数值。根据研究目的的不同需要,资料所属的时间可以是年份、季度、月份或日期等时间状态,指标数值可以是绝对数、相对数或平均数的表现形式。

　　研究时间数列具有重要的作用。通过时间数列的编制和分析:一是可以描述客观现象的发展状态和结果;二是可以研究客观现象的发展速度、发展趋势,探索现象发展变化的规律性,并据以评价当前,预测未来;三是可以利用不同的但又互相联系的数列进行对比分析或相关分析。

表9-1　某企业部分经济指标

年份	1998	1999	2000	2001	2002
销售额(万元)	5 000	5 300	6 000	6 500	7 400
年末职工人数(人)	200	198	201	215	228
年末生产工人占 全部职工比重(%)	70	75	78	78	80
职工年平均工资(元)	5 500	6 210	6 800	7 180	7 600

二、时间数列的分类

(一)总量指标时间数列、相对指标时间数列和平均指标时间数列

时间数列按其各期指标值的表现形式不同,可以分为三种:总量指标时间数列、相对指标时间数列、平均指标时间数列。其中,总量指标时间数列是最基本的数列,而相对指标时间数列和平均指标时间数列都是由总量指标时间数列派生的数列。

1. 总量指标时间数列。把一系列同类的总量指标按时间先后顺序排列起来所形成的时间数列称为总量指标时间数列。它反映的是客观现象在各个时间上所达到的绝对水平及其发展变化的状况。

总量指标时间数列按其总量指标所反映的时间状况不同,可以分为时期数列和时点数列两种。

(1)时期数列。若数列的指标是反映某种现象在一定时期内(月、季、年等)的发展过程的总量,这种时间数列就是时期数列。例如表9-1中的历年销售额资料就是一个时期数列。

(2)时点数列。若数列的指标是反映某种现象在某一时点(时刻)所处的状态或达到的水平,这种时间数列就是时点数列。例如表9-1中的历年年末职工人数资料就是一个时点数列。

时期数列和时点数列相比具有不同特点。时期数列中的各个指标数值前后可以相加;每个指标数值的大小与其时期长短有直接的关系,一般来说,时期越长,指标数值就越大,反之就越小;并且数列中的每个指标数值通常都是通过连续不断的登记取得的。而时点数列是由反映某种现象在某一时点(时刻)所处的状态或达到的水平的时点数构成,它不具有时期数列的上述几个特点,其数列中的各个指标数值前后不具有相加性;每个指标数值的大小与其时点间隔长短无直接的关系;数列中的各项指标数值通常都是通过间断的一

次性调查取得的。

2. 相对指标时间数列。把一系列同类的相对指标按时间先后顺序排列起来所形成的时间数列称为相对指标时间数列。它反映现象各种数量对比关系的发展变化情况,如现象的比例关系、结构、速度以及强度密度等的发展变化过程。如表 9 - 1 中历年年末生产工人占全部职工比重资料就是一个相对指标时间数列。在相对指标时间数列中,各个指标数值是不能相加的。

3. 平均指标时间数列。把一系列同类的平均指标按时间先后顺序排列起来所形成的时间数列称为平均指标时间数列。它反映客观现象一般水平的发展变动趋势。如表 9 - 1 中历年职工年平均工资资料就是一个平均指标时间数列。在平均指标时间数列中,各个指标数值一般来说也是不能相加的。相加没有经济意义。但有时为计算序时平均数,各个指标数值在计算过程中也需相加。

将时间数列按其各期指标值的表现形式不同进行区分,是因为不同形式的指标在计算某些时间数列分析指标时,要采用不同的方法。在统计中,也往往把这三种数列结合起来运用,以便于对客观现象发展过程进行全面分析。

(二)随机性时间数列和非随机性时间数列

时间数列按指标变量的性质和数列形态不同,可以分为随机性时间数列和非随机性时间数列。

1. 随机性时间数列。它是指由随机变量组成的时间数列,各期数值的差异纯粹是由偶然的、随机性的因素影响的结果,其变动没有规则。如在某一段时期内,股票交易所大厅里每天上午 10 点参与交易的人数,就是一个随机性时间数列。

2. 非随机性时间数列。非随机性时间数列又可分为平稳性时间数列、趋势性时间数列和季节性时间数列三种。

(1)平稳性时间数列。它是指由确定性变量组成的时间数列,其特点是影响数列各期的因素是确定的,且各期数值总是保持在一定的水平,上下相差不大。如在开学期间,大学学生餐厅每天中午的就餐人数,通常是比较稳定的。

(2)趋势性时间数列。它是指各期数值逐期增加或逐期减少,呈现一定的发展变化趋势的时间数列。如果逐期增加(减少)量大致相同,称为线性趋势的时间数列;如果逐期增加(减少)量是变化的,则称为非线性趋势的时间数列。如我国工业生产在正常年份的产量,便呈线性增长的趋势;如某新产品投放市场后的销售量,便呈非线性的变化趋势。

(3)季节性时间数列。是指按月(或季)统计的各期数值,随一年四季变化而呈周期性波动的时间数列。如按月份或季度排列的空调机、电风扇销售量时间数列。

对时间数列的这种划分,只是就一个数列纯粹形态和基本特征来看的,实际上数列不可能只是一种形态,往往是受多种因素影响的,具有多种特征的。

三、时间数列变量和形态的识别

时间数列分析中,对时间数列变量和形态的识别可以凭借经验或用直观的曲线图,但为了更准确地识别时间数列的变量性质和数列的形态,一般采用时间数列的自相关系数。所谓自相关,是指时间数列前后期数值之间的相关关系。对这种相关关系程度的测定就是自相关系数。现说明其计算和应用方法:

设 $x_1, x_2, \cdots, x_t, \cdots, x_n$ 是一个时间数列各期观察值,共有 n 项。将前后相邻两期的观察值一一成对,就有 $n-1$ 对数据,即为

$$(x_1, x_2), (x_2, x_3), \cdots, (x_t, x_{t+1}), \cdots, (x_{n-1}, x_n)$$

它们的相关系数用 r_1 表示,其计算公式为

$$r_1 = \frac{\sum_{t=1}^{n-1}(x_t - \bar{x}_t)(x_{t+1} - \bar{x}_{t+1})}{\sqrt{\sum_{t=1}^{n-1}(x_t - \bar{x}_t)^2 \sum_{t=1}^{n-1}(x_{t+1} - \bar{x}_{t+1})^2}} \tag{9-1}$$

式中, $\bar{x}_t$ 和 $\bar{x}_{t+1}$ 分别是 x_t 和 x_{t+1} 的均值,即

$$\bar{x}_t = \frac{1}{n-1}\sum_{t=1}^{n-1} x_t; \quad \bar{x}_{t+1} = \frac{1}{n-1}\sum_{t=1}^{n-1} x_{t+1}$$

r_1 是对前后相邻观察值相关关系的测定,称为时间延迟1的自相关系数。我们还可以将时间数列中每间隔一期的数据一一成对,组成 $n-2$ 对数据,即

$$(x_1, x_3), (x_2, x_4), \cdots, (x_t, x_{t+1}), \cdots, (x_{n-2}, x_n)$$

它们的相关系数用 r_2 表示,其计算公式为

$$r_2 = \frac{\sum_{t=1}^{n-2}(x_t - \bar{x}_t)(x_{t+1} - \bar{x}_{t+2})}{\sqrt{\sum_{t=1}^{n-2}(x_t - \bar{x}_t)^2 \sum_{t=1}^{n-2}(x_{t+2} - \bar{x}_{t+2})^2}} \tag{9-2}$$

式中, $\bar{x}_t$ 和 $\bar{x}_{t+2}$ 分别是 x_t 和 x_{t+2} 的均值,即

$$\bar{x}_t = \frac{1}{n-2}\sum_{t=1}^{n-2} x_t; \quad \bar{x}_{t+1} = \frac{1}{n-2}\sum_{t=1}^{n-2} x_{t+2}$$

r_2 是对数列中 t 期观察值和 $t+2$ 期观察值相关关系的测定,称为时间延迟 2 的自相关系数。

类似地,可以计算时间延迟为 $3,4,\cdots,k$ 的自相关系数 $r_3,r_4,\cdots,r_k$。当 n 很大时(即时间数列的观察值很多), $\bar{x}_t$, $\bar{x}_{t+1}$, $\bar{x}_{t+2}$, $\cdots$, $\bar{x}_{t+k}$ 相当于从总体中等距抽样的样本均值,都近似地等于时间数列所有观察值的均值 $\bar{x}$,即 $\bar{x} = \frac{1}{n}\sum_{t=1}^{n} x_t$。这样,自相关系数 $r_1,r_2,\cdots,r_k$ 也可用 $\bar{x}$ 近似代替,分母可近似地等于 $\sum_{t=1}^{n}(x_t - \bar{x})^2$,故对于时间延迟为 k 的自相关系数就可简化为

$$r_k = \frac{\sum_{t=1}^{n-k}(x_t - \bar{x})(x_{t+k} - \bar{x})}{\sum_{t=1}^{n-k}(x_t - \bar{x})^2} \tag{9-3}$$

自相关系数与两个变量的线性相关系数一样,取值为 $-1 \sim +1$,也即 $|r_k| \leqslant 1$。根据时间数列的自相关系数,便可以对时间数列的性质和形态特征作出判别:

(1)如果一个时间数列所有的自相关系数 $r_1,r_2,\cdots,r_k$ 都近似地等于零,表明该时间数列属于随机性时间数列。

(2)如果一个时间数列的第一个自相关系数 r_1 比较大, r_2,r_3 渐次减小,从 r_4 开始趋近于零,表明该时间数列属于平稳性时间数列。

(3)如果一个时间数列的第一个自相关系数 r_1 最大, r_2,r_3 等多个自相关系数逐渐递减但不为零,表明该时间数列属于趋势性时间数列。

(4)如果一个时间数列的自相关系数 $r_1,r_2,\cdots,r_k$ 出现周期性的变化,每间隔若干个便有一个高峰,表明该时间数列属于季节性时间数列。

四、时间数列的编制原则

时间数列编制的目的是要通过对数列中各时间上指标数值的比较,来研究客观现象的发展变化及其规律性。因此,保证数列中各个指标数值的可比性,是编制时间数列的基本原则。它要求:

(一)时间长短应该前后一致

对于时期数列来说,时期越长,时期数列中的指标数值就越大,如果时期

数列中前后指标的时期长短不一致,则时间数列中的前后指标就缺乏可比性;对于时点数列来说,虽然时点指标数值的大小与时点间隔长短无直接的关系,但不能说两者没有任何关系,尤其对某些存在周期性变化的客观现象,要注意时点间隔长度应该前后一致,以便于客观反映这些现象的变动规律。

(二)总体范围应该统一

时间数列中,各个指标所包括的总体范围前后应该一致。如研究某地区工业生产发展情况,如果该地区的行政区划有了变动,则前后指标就不能直接对比,必须将资料进行适当调整,以求总体范围的一致,然后再作分析。

(三)经济内容应该统一

有时时间数列的指标在名称上是一个指标,但经济内容或经济涵义不同或有了改变,这也是不可比的。例如,工业企业里的工资指标,按费用要素分组的工资包括全部职工的工资;而按成本项目分组的工资只包括基本生产工人的工资。如果将这样一些指标数值编成时间数列反映现象的变动,就会产生错误的结论。

(四)计算方法应该统一

时间数列各项指标的计算口径、计量单位和计算方法应该一致,保持不变。例如,研究企业劳动生产率的变动,产量用实物量还是用价值量,人数用全部职工数还是用生产工人数,前后都要统一起来。

实际工作中,我们所面对的时间数列,往往是反映一段很长时期的过程,各期的统计资料难免由于各种原因发生指标所属时间、经济内容乃至计算方法不统一。所以可比性原则要一再强调,不能忽视。

第二节　时间数列的分析指标

一、现象发展的水平指标

(一)发展水平

发展水平就是时间数列中各时间上的具体指标数值,也称发展量。例如表 9-1 中各年的销售额、各年的年末职工人数、各年的年末生产工人占全部职工比重以及各年的职工年平均工资。它反映的是客观现象在各个时间上所达到的规模和发展的程度。

发展水平,按其数值表现形式不同可分为绝对数发展水平、相对数发展水平、平均数发展水平。例如表 9-1 中各年的销售额和各年的年末职工人数为绝对数发展水平,各年的年末生产工人占全部职工比重为相对数发展水平,各年的职工年平均工资为平均数发展水平。

发展水平,按其在时间数列中的位置不同可分为最初水平、最末水平和中间水平。最初水平指数列中的第一项指标数值;最末水平指数列中的最后一项指标数值;中间水平指介于最初水平和最末水平之间的时间数列中的各项指标数值。如有下列数列:

$$t_0 \quad t_1 \quad t_2 \quad t_3 \quad \cdots \quad t_{n-1} \quad t_n$$

$$a_0 \quad a_1 \quad a_2 \quad a_3 \quad \cdots \quad a_{n-1} \quad a_n$$

式中 t——表示数列的时间;

a——表示数列的发展水平。

其中,a_0 为数列的最初水平;a_n 为数列的最末水平;$a_1, a_2, a_3, \cdots, a_{n-1}$ 分别为数列的中间水平。

发展水平,按研究分析的需要可分为报告期水平和基期水平。将所研究的那一期的发展水平称为报告期水平(或计算期水平),将用来作为比较基础的那一期的发展水平称为基期水平。例如表 9 – 1 中,如果把 2002 年的销售额与 2001 年对比,则 2002 年的销售额为报告期水平,而 2001 年销售额为基期水平。

(二)平均发展水平

平均发展水平也称序时平均数,它是对时间数列中各时间上的具体指标数值(发展水平)求得的平均数,反映的是客观现象在某一时期内发展变化的一般水平,它属于动态平均数的范畴。

平均发展水平可以用总量指标时间数列计算,也可以用相对指标时间数列和平均指标时间数列计算。其中,总量指标时间数列平均发展水平的计算是最基本的。

1. 由总量指标时间数列计算序时平均数。由于总量指标时间数列分为时期数列和时点数列,它们各有不同的性质,因而计算序时平均数的方法也就不一样。

(1)由时期数列计算序时平均数。由于数列中各项指标相加等于全部时期的总量,因此,可直接用数列中各时期指标值之和除以时期项数即得序时平均数。其计算公式如下:

$$\bar{a} = \frac{a_1 + a_2 + a_3 + \cdots + a_{n-1} + a_n}{n} = \frac{\sum a}{n} \qquad (9-4)$$

式中 $\bar{a}$——序时平均数;

a——各期发展水平；

n——时期项数。

[例 9-1] 某企业 2002 年上半年各月的增加值资料如下表：

表 9-2 某企业 2002 年上半年各月的增加值   单位：万元

	1 月	2 月	3 月	4 月	5 月	6 月
增加值	30.5	42	45	49	52	55

要求计算其上半年的月平均增加值。

上半年的月平均增加值 $= \dfrac{30.5+42+45+49+52+55}{6} = \dfrac{273.5}{6}$

$= 45.58$（万元）

（2）由时点数列计算序时平均数。时点数列分为连续时点数列和间断时点数列，它们的序时平均数计算方法是不同的。

①由连续时点数列计算序时平均数。时点数列中的各项指标数值是在某一时刻上取得的，一般把以天数为间隔的时点数列称为连续时点数列，但时点的间隔有相同和不同两种情况，故其计算方法不同。

第一种情况，间隔相等的连续时点数列，用简单算术平均数计算，见公式（9-4），即以数列中各时点指标值之和除以时点项数。如将企业某月每天的人数相加除以该月的日历天数，就是企业该月每天的平均人数。

第二种情况，间隔不等的连续时点数列，即时点数列资料不是逐日变动，只是在发生变动时加以登记，就要进行加权平均，计算公式为

$$\bar{a} = \frac{\sum af}{\sum f} \qquad (9-5)$$

式中 $\bar{a}$——序时平均数；

　　　a——各项时点数值；

　　　f——间隔的时间长度。

[例 9-2] 某公司某年 1 月份职工人数资料如下：

表 9-3 某公司某年 1 月份职工人数   单位：人

	1 日	4 日	9 日	15 日	19 日	26 日	31 日
职工人数	380	400	390	395	390	416	410

要求计算 1 月份职工平均人数。

利用公式(9 - 5)得

$$\bar{a} = \frac{\sum af}{\sum f}$$

$$= \frac{380 \times 3 + 400 \times 5 + 390 \times 6 + 395 \times 4 + 390 \times 7 + 416 \times 5 + 410 \times 1}{3 + 5 + 6 + 4 + 7 + 5 + 1}$$

$$= \frac{12\ 280}{31} = 396\ (人)$$

②由间断时点数列计算序时平均数。一般把间隔时间不以天为单位的时点数列称为间断时点数列。间断时点数列,也有间隔相等和间隔不等两种情况,两者计算序时平均数的方法是不相同的。

对于间隔相等的间断时点数列,其序时平均数采用"首尾折半法"进行计算。计算时,假定指标数值在两个时点之间的变动是均匀的,先求两相邻时点指标值的平均数,再根据这些平均数得出这一时期的总量进行简单平均,形成如下计算式:

$$\frac{a_1 + a_2}{2}, \frac{a_2 + a_3}{2}, \cdots, \frac{a_{n-1} + a_n}{2} 共 n - 1 个$$

$$\bar{a} = \frac{\dfrac{a_1 + a_2}{2} + \dfrac{a_2 + a_3}{2} + \cdots + \dfrac{a_{n-1} + a_n}{2}}{n - 1}$$

$$= \frac{\dfrac{1}{2}a_1 + a_2 + a_3 + \cdots + a_{n-1} + \dfrac{1}{2}a_n}{n - 1} \tag{9 - 6}$$

式中　$\bar{a}$——序时平均数;

　　　a_n——各项时点数值;

　　　$n - 1$——时点数列项数减 1。

[例 9 - 3]　某商业企业 2003 年上半年商品库存额资料如下表:

表 9 - 4　商业企业 2003 年上半年商品库存额　　　单位:万元

月份	1	2	3	4	5	6	7
月初商品库存额	102	104	103	104	106	107	108

要求计算该商业企业 2003 年上半年月平均商品库存额。

利用公式(9-6)得

$$\bar{a} = \frac{\dfrac{102}{2} + 104 + 103 + 104 + 106 + 107 + \dfrac{108}{2}}{7-1} = 104.83(万元)$$

对于间隔不等的间断时点数列,其序时平均数计算时,也是假定指标数值在两个时点之间的变动是均匀的,先求两相邻时点指标值的平均数,然后再以各时点间隔长度为权数进行加权平均,以消除由于间隔不同而对平均数带来的影响。计算公式为

$$\bar{a} = \frac{\dfrac{a_1 + a_2}{2}f_1 + \dfrac{a_2 + a_3}{2}f_2 + \cdots + \dfrac{a_{n-1} + a_n}{2}f_{n-1}}{\sum f} \qquad (9-7)$$

式中 $\bar{a}$——序时平均数;

  a_n——各项时点数值;

  f——时点间隔长度。

[例9-4]   已知资料见表9-5所示。

表9-5   某农场某年生猪存栏数资料   单位:头

日期	1月1日	3月1日	8月1日	10月1日	12月31日
生猪存栏数	1 420	1 400	1 200	1 250	1 460

要求计算全年生猪平均存栏数。

利用公式(9-7)得

$$\bar{a} = \frac{\dfrac{1\,420 + 1\,400}{2} \times 2 + \dfrac{1\,400 + 1\,200}{2} \times 5 + \dfrac{1\,200 + 1\,250}{2} \times 2 + \dfrac{1\,250 + 1\,460}{2} \times 3}{2 + 5 + 2 + 3}$$

$$= \frac{2\,820 + 6\,500 + 2\,450 + 4\,065}{12} \approx 1\,320(头)$$

2. 由相对指标时间数列或平均指标时间数列计算序时平均数。相对指标时间数列或平均指标时间数列是由具有互相联系的两个总量指标时间数列对比构成的。因此按照数列的性质要先分别计算出这两个总量指标时间数列的序时平均数,然后进行对比,求得相对指标时间数列或平均指标时间数列的序时平均数。用公式表示如下:

$$\bar{c} = \frac{\bar{a}}{\bar{b}} \qquad (9-8)$$

式中　$\bar{c}$ ——相对指标时间数列或平均指标时间数列的序时平均数；

　　　　$\bar{a}$ ——分子时间数列的序时平均数；

　　　　$\bar{b}$ ——分母时间数列的序时平均数。

具体计算时又分为以下三种情况：

（1）由两个时期数列对比构成的相对指标时间数列或平均指标时间数列求序时平均数。若已知 a 数列与数列 b，求 $\bar{c}$，计算公式为

$$\bar{c} = \frac{\bar{a}}{\bar{b}} = \frac{\dfrac{\sum a}{n}}{\dfrac{\sum b}{n}} = \frac{\sum a}{\sum b} \qquad (9-9)$$

若已知 a 数列与 c 数列，求 $\bar{c}$，计算公式为

$$\bar{c} = \frac{\bar{a}}{\bar{b}} = \frac{\dfrac{\sum a}{n}}{\dfrac{\sum \dfrac{a}{c}}{n}} = \frac{\sum a}{\sum \dfrac{a}{c}} \qquad (9-10)$$

若已知 b 数列与 c 数列，求 $\bar{c}$，计算公式为

$$\bar{c} = \frac{\bar{a}}{\bar{b}} = \frac{\dfrac{\sum bc}{n}}{\dfrac{\sum b}{n}} = \frac{\sum bc}{\sum b} \qquad (9-11)$$

公式（9-9）、（9-10）、（9-11）表明，当我们已知 a,b,c 任何两者时，都可以计算出 $\bar{c}$。

[例9-5]　某企业2002年计划销售额和销售额计划完成程度的资料如表9-6所示。要求计算该企业年销售额平均计划完成程度。

表9-6　某企业2002年计划销售额和销售额计划完成程度的资料

	1季	2季	3季	4季
计划销售额 b（万元）	860	887	875	898
计划完成程度 c（%）	130	135	138	125

利用公式(9-11)得

$$\bar{c} = \frac{\bar{a}}{\bar{b}} = \frac{\sum bc}{\sum b}$$

$$= \frac{860 \times 130\% + 887 \times 135\% + 875 \times 138\% + 898 \times 125\%}{860 + 887 + 875 + 898}$$

$$= 132\%$$

　　(2)由两个时点数列对比构成的相对指标时间数列或平均指标时间数列求序时平均数。若时点间隔相同,可采用如下公式:

$$\bar{c} = \frac{\bar{a}}{\bar{b}} = \frac{\dfrac{\dfrac{a_1}{2} + a_2 + \cdots + a_{n-1} + \dfrac{a_n}{2}}{n-1}}{\dfrac{\dfrac{b_1}{2} + b_2 + \cdots + b_{n-1} + \dfrac{b_n}{2}}{n-1}} = \frac{\dfrac{a_1}{2} + a_2 + \cdots + a_{n-1} + \dfrac{a_n}{2}}{\dfrac{b_1}{2} + b_2 + \cdots + b_{n-1} + \dfrac{b_n}{2}} \quad (9-12)$$

若时点间隔不同,可采用如下公式:

$$\bar{c} = \frac{\bar{a}}{\bar{b}} = \frac{\dfrac{\dfrac{a_1+a_2}{2}f_1 + \dfrac{a_2+a_3}{2}f_2 + \cdots + \dfrac{a_{n-1}+a_n}{2}f_{n-1}}{f_1 + f_2 + \cdots + f_{n-1}}}{\dfrac{\dfrac{b_1+b_2}{2}f_1 + \dfrac{b_2+b_3}{2}f_2 + \cdots + \dfrac{b_{n-1}+b_n}{2}f_{n-1}}{f_1 + f_2 + \cdots + f_{n-1}}}$$

$$= \frac{\dfrac{a_1+a_2}{2}f_1 + \dfrac{a_2+a_3}{2}f_2 + \cdots + \dfrac{a_{n-1}+a_n}{2}f_{n-1}}{\dfrac{b_1+b_2}{2}f_1 + \dfrac{b_2+b_3}{2}f_2 + \cdots + \dfrac{b_{n-1}+b_n}{2}f_{n-1}} \quad (9-13)$$

　　[例9-6]　某企业的有关资料如表9-7,要求计算第三季度生产工人人数占全部职工人数的平均比重。

表9-7　第三季度生产工人人数和全部职工人数资料

日期	6月30日	7月31日	8月31日	9月30日
生产工人数 a(人)	435	452	462	576
全部职工人数 b(人)	580	580	600	720
生产工人占全部职工的(%)	75	78	77	80

由题意知,该资料属于由时点间隔相同的两个时点数列对比构成的相对指标时间数列求序时平均数的问题。利用公式(9-12)得

$$\bar{c} = \frac{\frac{435}{2} + 452 + 462 + \frac{576}{2}}{\frac{580}{2} + 580 + 600 + \frac{720}{2}} = \frac{1\ 419.5}{1\ 830} = 77.6\%$$

(3)由一个时期数列和一个时点数列对比构成的相对指标时间数列或平均指标时间数列求序时平均数。我们仅举一个当分子为时期数,分母为时点数时的例子来说明。

[**例9-7**] 某企业的有关资料如表9-8,要求计算下半年月平均劳动生产率。

表9-8 企业下半年各月劳动生产率资料

	7月	8月	9月	10月	11月	12月
总产量 a(万元)	706.1	737.1	761.4	838.3	901	1 082.4
月初工人数 b(人)	790	810	810	830	850	880
劳动生产率 c(元/人)	8 830	9 100	9 290	9 980	10 420	12 090

12月末工人数910人。

这里,分子为时期数,则其序时平均数为

$$\bar{a} = \frac{\sum a}{n} = \frac{706.1 + 737.1 + 761.4 + 838.3 + 901 + 1\ 082.4}{6}$$
$$= 837.7\ (万元)$$

分母为时点数,且时点间隔相同,则其序时平均数为

$$\bar{b}\ \frac{\frac{1}{2}a_1 + a_2 + a_3 + \cdots + \frac{1}{2}a_n}{n-1}$$

$$= \frac{\frac{790}{2} + 810 + 810 + 830 + 850 + 880 + \frac{910}{2}}{6} \approx 839(人)$$

企业下半年月平均劳动生产率为

$$\bar{c} = \frac{\bar{a}}{\bar{b}} = \frac{837.7}{838} = 0.99845(万元/人) = 9\ 984.5(元/人)$$

（三）增长量和平均增长量

1. 增长量

增长量是说明客观现象在一定时期内所增长（或减少）的绝对数量,它等于报告期水平与基期水平之差,反映报告期水平比基期水平增长（或减少）的绝对数量,也称增减量。其计算公式为

$$增长量 = 报告期水平 - 基期水平 \qquad (9-14)$$

由于采用的基期不同,增长量可以分为逐期增长量和累计增长量。逐期增长量是报告期水平与前一期水平之差,它表明本期比上一期增长（或减少）的绝对数量;累计增长量是报告期水平与某一固定时期水平之差,它表明本期比某一固定时期增长（或减少）的绝对数量,也即说明在某一段较长时期内总的增长量。如果用 $a_0, a_1, a_2, \cdots, a_n$ 分别代表时间数列中各期的发展水平,则有

逐期增长量: $a_1 - a_0, a_2 - a_1, \cdots, a_n - a_{n-1}$

累计增长量: $a_1 - a_0, a_2 - a_0, \cdots, a_n - a_0$

逐期增长量与累计增长量的关系是:累计增长量等于相应的各期的逐期增长量之和,即

$$a_n - a_0 = (a_1 - a_0) + (a_2 - a_1) + \cdots + (a_n - a_{n-1})$$

在实际统计分析工作中,为了消除季节变动或周期性变动的影响,也常常计算年距增长量。用公式表示为

$$年距增长量 = 本期发展水平 - 去年同期发展水平 \qquad (9-15)$$

[**例 9 - 8**]　据某海关统计,2003 年 4 月通过其海关的进出口总额为 3 000 万美元,而 2002 年 4 月为 2 400 万美元。则

$$年距增长量 = 3\,000 - 2\,400 = 600（万美元）$$

表明通过其海关的进出口总额 2003 年 4 月比上年同期增长了 600 万美元。

2. 平均增长量

平均增长量是说明客观现象在一定时期内平均每期增长（或减少）的绝对数量,也称平均增减量。从广义来说,它也是一种序时平均数,即逐期增长量时间数列的序时平均数,反映的是客观现象平均增长水平。其计算公式为

$$平均增长量 = \frac{逐期增长量之和}{逐期增长量个数} = \frac{累计增长量}{数列项数 - 1} \qquad (9-16)$$

[**例 9 - 9**]　某企业 1998 ~ 2002 年销售额如表（9 - 9）所示,现具体计算增长量和平均增长量。

表 9 - 9　某企业 1998 ~ 2002 年销售额　　　　单位:万元

年份	1998	1999	2000	2001	2002
销售额	135	435	415	672	728
增长量 逐期	–	301	– 20	257	56
增长量 累计	–	301	281	538	593

$$钢产量年平均增长量 = \frac{301 + (-20) + 257 + 56}{4} = 148.25(万元)$$

$$或 = \frac{593}{5 - 1} = 148.25(万元)$$

二、现象的发展速度分析指标

(一)发展速度和增长速度

1. 发展速度。发展速度是以相对数形式表示的时间数列分析指标。它是两个不同时期发展水平对比的结果。用以说明报告期水平是基期水平的百分之几或若干倍。其一般计算公式为

$$发展速度 = \frac{报告期水平}{基期水平} \times 100\% \qquad (9 - 17)$$

由于采用的基期不同,发展速度可分为定基发展速度和环比发展速度。定基发展速度是报告期水平与某一固定时期水平之比,用以说明报告期水平是某一固定时期水平的百分之几或若干倍,表明这种现象在较长时期内总的发展程度,因此,有时也叫做"总速度";环比发展速度是报告期水平与前一期水平之比,用以说明报告期水平是前一时期水平的百分之几或若干倍,表明这种现象逐期的发展程度,如果计算的单位时期为一年,这个指标也可叫做年速度。

如果用 $a_0, a_1, a_2, \cdots, a_n$ 分别代表时间数列中各期的发展水平,则有:

定基发展速度:$\frac{a_1}{a_0}, \frac{a_2}{a_0}, \frac{a_3}{a_0}, \cdots, \frac{a_n}{a_0}$;

环比发展速度:$\frac{a_1}{a_0}, \frac{a_2}{a_1}, \frac{a_3}{a_2}, \cdots, \frac{a_n}{a_{n-1}}$。

定基发展速度和环比发展速度二者之间的关系如下:

(1)定基发展速度等于相应各期环比发展速度的连乘积。即

$$\frac{a_n}{a_0} = \frac{a_1}{a_0} \cdot \frac{a_2}{a_1} \cdot \frac{a_3}{a_2} \cdot \cdots \cdot \frac{a_n}{a_{n-1}}$$

（2）两个相邻时期的定基发展速度之比,等于相应的环比发展速度。即

$$\frac{a_m}{a_0} \div \frac{a_{m-1}}{a_0} = \frac{a_m}{a_{m-1}}$$

式中,m 代表数列中的某一时期。利用以上关系,可以对它们进行互相换算。

在实际工作中,还有一种用报告期水平与上年同期发展水平之比求得的发展速度指标,称为年距发展速度。其计算式为

$$年距发展速度 = \frac{报告期发展水平}{上年同期发展水平} \times 100\% \qquad (9-18)$$

［例 9 – 10］ 某企业 2003 年第一季度销售额为 126 万元,2002 年第一季度销售额为 110 万元,则

$$年距发展速度 = \frac{126}{110} = 114.55\%$$

计算年距发展速度,也可以消除变动的影响,表明本期比上年同期的相对发展程度。

2. 增长速度。增长速度是增长量与基期水平之比,用以说明客观现象报告期比基期增长(或减少)的相对程度。其计算公式为

$$增长速度 = \frac{增长量}{基期水平} \times 100\% \qquad (9-19)$$

由于增长量等于报告期水平与基期水平之差,因此增长速度等于发展速度减 1,即

$$增长速度 = 发展速度 - 1$$

当发展速度大于 1 时,增长速度为正值,表明现象增长的程度;当发展速度小于 1 时,增长速度为负值,表明现象降低的程度。因此,该指标也称增减速度。由于采用的基期不同,增长速度也可分为定基增长速度和环比增长速度。如果用 $a_0, a_1, a_2, \cdots, a_n$ 分别代表时间数列中各期的发展水平,则各期的定基增长速度和环比增长速度为

定基增长速度:$\frac{a_1}{a_0} - 1, \frac{a_2}{a_0} - 1, \frac{a_3}{a_0} - 1, \cdots, \frac{a_n}{a_0} - 1$;

环比增长速度:$\frac{a_1}{a_0} - 1, \frac{a_2}{a_1} - 1, \frac{a_3}{a_2} - 1, \cdots, \frac{a_n}{a_{n-1}} - 1$。

［例 9 – 11］ 现仍以前述某企业 1998 ~ 2002 年销售额资料为例,计算发展速度和增长速度。

表 9 – 10　某企业 1998 ~ 2002 年销售额

年份		1998	1999	2000	2001	2002
销售额(万元)		135	435	415	672	728
发展速度（%）	定基	–	322. 22	307. 41	497. 78	539. 26
	环比	–	322. 22	95. 40	161. 93	108. 33
增长速度（%）	定基	–	22. 22	207. 41	397. 78	439. 26
	环比	–	22. 22	– 4. 60	61. 93	8. 33

从表 9 – 10 中可以看出,2002 年定基发展速度为 539. 26% , 而 1998 ~ 2002 年的环比发展速度的连乘积为

$$322. 22\% \times 95. 4\% \times 161. 93\% \times 108. 33\% = 539. 26\%$$

正好等于 2002 年的定基发展速度。但需要注意的是,定基增长速度和环比增长速度两者并不存在这种直接的换算关系。例如,要以环比增长速度求定基增长速度,必须先将环比增长速度加 1,化为环比发展速度,再连乘求定基发展速度,并将结果减 1,即得到相应的定基增长速度。

（二）平均速度

平均速度指标是各个时期环比速度的平均数,说明客观现象在一定时期内速度变化的平均程度。平均速度包括平均发展速度和平均增长速度。平均发展速度表示客观现象在一定时期内逐期变化的平均速度,平均增长速度则是表示客观现象在一定时期内递增的平均速度。平均发展速度和平均增长速度二者的关系是

平均增长速度 = 平均发展速度 – 1(或 100%)

平均发展速度总是正值,而平均增长速度则可为正值也可为负值。正值表示客观现象在一定时期内逐期平均递增的程度;负值表示客观现象逐期平均递减的程度。平均速度指标的计算首先是平均发展速度的计算。

平均发展速度是各期环比发展速度的序时平均数,由于环比发展速度是根据同一现象在不同时间发展水平对比而得的动态相对数,因此,它不能用前面所讲的序时平均数的方法来计算。平均发展速度的计算方法主要有水平法和累计法两种。两种计算方法的理论依据不同,具体计算和应用场合也不一样。

1. 水平法(几何平均法)。平均发展速度用水平法计算,是以各期环比发

展速度作为变量求几何平均数,即把 n 个环比发展速度连乘后的 n 次方根。其计算公式为

$$\bar{X} = \sqrt[n]{x_1 \cdot x_2 \cdot x_3 \cdot \cdots \cdot x_n} = \sqrt[n]{\prod x} \qquad (9-20)$$

由于各期环比发展速度连乘积等于相应的定基发展速度,所以公式(9-20)又可写成

$$\bar{X} = \sqrt[n]{\frac{a_1}{a_0} \cdot \frac{a_2}{a_1} \cdot \frac{a_3}{a_2} \cdot \cdots \cdot \frac{a_n}{a_{n-1}}} = \sqrt[n]{\frac{a_n}{a_0}} \qquad (9-21)$$

又因为 $\frac{a_n}{a_0}$ 也是整个时期的总速度 R,所以公式(9-21)又可写成

$$\bar{X} = \sqrt[n]{R} \qquad (9-22)$$

上述式(9-20)、(9-21)、(9-22)中:

$\bar{X}$——平均发展速度;

$x_1, x_2, x_3, \cdots, x_n$——各期环比发展速度;

$\prod$——连乘符号;

$a_0, a_1, a_2, \cdots, a_n$——各期发展水平;

R——总速度;

n——环比发展速度的个数。

上述式(9-20)、(9-21)、(9-22),虽然形式不同,但实质相同。计算平均发展速度时,可根据所掌握的资料加以选择。

[例9-12] 已知某地区粮食产量 1998~2002 年各年的环比发展速度分别为 106.9%、113.4%、110.8%、103.2%、102.7%,计算年平均发展速度和年平均增长速度。

$$\bar{X} = \sqrt[n]{\prod x} = \sqrt[5]{106.9\% \times 113.4\% \times 110.8\% \times 103.2\% \times 102.7\%}$$
$$= 107.3\%$$

年平均增长速度 $= 107.3\% - 100\% = 7.3\%$

即该地区 1998~2002 年粮食产量年平均增长 7.3%。

[例9-13] 1998 年某城市居民消费水平为 2 600 元,2002 年为 4 100 元,试计算这几年居民消费水平的年平均增长速度。若以此增长速度发展,到 2005 年该城市居民消费水平将达到什么水平?

$$\bar{X} = \sqrt[n]{\frac{a_n}{a_0}} = \sqrt[4]{\frac{4\ 100}{2\ 600}} = 112.06\%$$

$$年平均增长速度 = 112.06\% - 100\% = 12.06\%$$

到 2005 年该城市居民消费水平将达到：

$$a_n = a_0 \bar{X}^n = 4\ 100 \times (1.1206)^3 = 5\ 769.47(元)$$

2. 累计法（又称方程法）。该方法的基本理论依据是：从最初水平 a_0 出发，各期按平均发展速度 $\bar{X}$ 计算发展水平，则计算的各期发展水平累计总和，应与实际数列的各期发展水平的累计总和相等。据此列出方程式，再求解，便得出平均发展速度。

设 $\bar{X}$ 为平均发展速度，按平均发展速度计算的各期发展水平的假定值为：

第一期 $a_1 = a_0 \bar{X}$；

第二期 $a_2 = a_0 \bar{X} \cdot \bar{X} = a_0 \bar{X}^2$；

第三期 $a_3 = a_0 \bar{X}^2 \cdot \bar{X} = a_0 \bar{X}^3$；

$$\vdots$$

第 n 期 $a_n = a_0 \bar{X}^{n-1} \cdot \bar{X} = a_0 \bar{X}^n$

则各期假定水平之和为

$$a_0 \bar{X} + a_0 \bar{X}^2 + a_0 \bar{X}^3 + \cdots + a_0 \bar{X}^n = a_0 (\bar{X}^n + \bar{X}^{n-1} + \cdots + \bar{X}^2 + \bar{X})$$

因各期实际发展水平的累计总和为

$$a_1 + a_2 + a_3 + \cdots + a_n = \sum_{i=1}^{n} a_i$$

两者相等，可列下列方程式：

$$a_0 (\bar{X}^n + \bar{X}^{n-1} + \cdots + \bar{X}^2 + \bar{X}) = \sum_{i=1}^{n} a_i$$

即
$$\bar{X}^n + \bar{X}^{n-1} + \cdots + \bar{X}^2 + \bar{X} = \frac{\sum_{i=1}^{n} a_i}{a_0}$$

解此方程所得的正根就是所求的平均发展速度。但要解这个高次方程是比较复杂的，实际工作中都是根据事先编好的《平均增长速度查对表》来计算。使用查对表时，要先计算出 $\dfrac{\sum a}{a_0}$ 的值，它是各期发展水平之和与基期水平之比,实际上就是各期定基发展速度之和。当 $\frac{1}{n}\left(\dfrac{\sum a}{a_0}\right) > 1$ 时,为递增速度,应在查对表的递增速度部分查找;当 $\frac{1}{n}\left(\dfrac{\sum a}{a_0}\right) < 1$ 时,为递减速度,应在查对表的递减速度部分查找。为了说明查对表的使用方法,现将其部分摘录如下:

表 9 – 11　累计法查对表(间隔期:1~5 年)

平均每年增长（%）	各期发展水平之和为基期水平的(%)				
	1 年	2 年	3 年	4 年	5 年
…	…	…	…	…	…
10. 6	110. 60	232. 92	368. 21	517. 84	683. 38
10. 7	110. 70	233. 24	368. 90	519. 07	685. 32
10. 8	110. 80	233. 57	369. 59	520. 31	687. 30
10. 9	110. 90	233. 89	370. 28	521. 54	689. 29
11. 0	111. 0	234. 21	370. 97	522. 78	691. 29
…	…	…	…	…	…

例[9 – 14]　已知某地区 1998~2002 年基本建设投资额时间数列资料,要求计算其年平均发展速度。

表 9 – 12　某地区 1998~2002 年基本建设投资额　　　　单位:万元

年份	投资额
1997	6 122
1998	6 775
1999	7 539
2000	8 395
2001	9 281
2002	9 861

其中 1997 年为基年。

$$\frac{\sum a}{a_0} = \frac{41\ 851}{6\ 122} = 6.8362\ 或\ 683.62\%$$

由于 $\frac{1}{n}\left(\frac{\sum a}{a_0}\right) = \frac{6.8362}{5} = 1.37 > 1$，所以数列为递增速度，应在查对表的递增速度部分查找。在查对表 9 – 11 中的 $n = 5$ 的栏内，找到接近 683.62% 的数值是 683.38%，再查到该数所在行左边第一栏内百分比为 10.6%，即为所求的年平均增长速度的近似值。则其年平均发展速度就大致为：100% + 10.6% = 110.6%。若运用内插法，还可以得到更具体的数值。计算过程如下：

$$\frac{683.62\% - 683.38\%}{685.32\% - 683.38\%} = \frac{d}{10.7\% - 10.6\%}$$

$$d = \frac{0.24\% \times 0.1\%}{1.94\%} = 0.012\%$$

即五年的平均增长速度为 10.6% + 0.012% = 10.612%；平均发展速度为 110.612%。

3. 计算和运用平均速度（平均发展速度和平均增长速度）时应注意的几个问题。

(1) 根据统计研究目的选择计算方法。从以上叙述可以看出，水平法和累计法各有其特点。一般来说，当目的在于考察最末一年发展水平而不关心各期水平总和时，采用水平法；当目的在于考察各期水平总和而不关心最末一年发展水平时，采用累计法。

(2) 根据客观现象动态变动的特点选择计算方法。当现象的动态变动呈比较稳定地逐年上升（或逐年下降）时，一般采用水平法；当现象的动态变动经常表现为升降交替时，一般采用累计法。但要注意，平均速度是一个较长时期总速度的平均，它是那些上升、下降的环比速度的代表值，因此，如果数列中间时期出现了特殊的高低变化，或者最初、最末水平受特殊因素的影响，使指标数值偏离常态时，不管用水平法还是累计法计算平均发展速度，都将降低或失去其说明问题的意义。

(3) 用分段平均速度来补充说明总平均速度。这在分析较长历史时期资料时尤为重要。因为仅根据一个总的平均速度指标只能笼统地反映其在很长时期内逐年平均发展或增长的速度，对于深入了解这种现象的发展过程和变化情况往往是不够的，而分段平均速度和总平均速度的结合应用就可以更全面地反映其在很长时期内的动态变化。

(4)速度指标和水平指标要结合运用。这种结合的好处与相对指标和总量指标结合的好处相似,即用动态相对数来补充说明动态平均数。例如,我们常常计算的增长1%的绝对值:

$$增长1\%的绝对值 = \frac{逐期增长量}{环比增长速度 \times 100} = \frac{前期水平}{100}$$

该指标说明,每增长1%所带来的绝对增长量有多少,它把增长速度与增长量很好地结合在一起,计算也非常简单。例如,甲公司2001年的销售额为100万元,2002年为150万元,增长速度为50%,乙公司2001年销售额为80万元,2002年为160万元,增长速度为100%。如果仅从各自的增长速度来看,乙公司要高于甲公司,但并不能就此断言乙公司的销售情况好于甲公司。因为两个公司的基础不同,由此得出来的速度必然有差异,但在速度增长的背后所增长的绝对量却能补充说明两个公司的销售情况。根据资料计算甲公司速度每增长1%增加的销售额为1万元,而乙公司速度每增长1%增加的销售额为0.8万元,这说明甲公司的销售情况要好于乙公司。

第三节　长期趋势的测算

一、时间数列的构成

反映客观现象发展变化的时间数列,是由多种复杂因素共同作用的结果。由于各种因素的作用方向和影响强弱不同,产生的结果也相应不同,这样就使其具体的时间数列呈现出不同的变动形态。把构成时间数列的各种影响因素按其性质和作用不同,可以大致归纳为长期趋势、季节变动、循环变动和不规则变动。长期趋势(T)是指由各个时期普遍和长期作用的基本因素影响的变动;季节变动(S)是指由自然季节变换和社会习俗等因素影响而发生的有规律的周期性波动;循环变动(C)是指社会经济发展中的一种近乎规律性的盛衰交替变动;不规则变动(I),也称剩余变动或随机变动,是时间数列中除了上述三种变动之外剩余的一种变动,即受临时的、偶然的因素或不明原因引起的非趋势性、非周期性的随机变动。

时间数列的上述四种变动因素按一定的方式组合,成为一种模式,称为时间数列的传统模式或经典模式。按四种变动因素相互关系的不同假设,可分为加法模式和乘法模式。

　　若假设四种变动因素是相互独立的关系时,时间数列总变动便是各因素的总和,表现为

$$Y = T + S + C + I$$

式中　Y,T——总量指标;

　　　　S,C,I——季节变动、循环变动和不规则变动对长期趋势所产生的偏差
　　　　　　　　（或正或负）。在这种模式中,季节性影响不管在循环变动
　　　　　　　　的哪个阶段,都是相同的。

　　若假设四种变动因素是相互交错影响的关系时,时间数列总变动便是各因素的连乘积,表现为

$$Y = T \cdot S \cdot C \cdot I$$

式中　Y,T——总量指标;

　　　　S,C,I——比率,或称为指数,在 1 上下波动,一般用百分数表示。

　　时间数列分析一般采用乘法模式,将受各个因素影响的变动分别测算出来,为决策提供依据。实际上,有些现象的时间数列并非四种变动俱在,或是只有 T,S 和 I 或是只有 T,C 和 I 等。本节阐述长期趋势的测算,季节变动、循环变动和不规则变动的测算我们将在后面几节中介绍。

二、长期趋势的测算意义及表现形式

　　长期趋势分析就是研究客观现象在一个相当长的时期内所表现出的按某一方向持续稳定发展变化的基本趋势。如随着生产力的发展,生产量总是要按一定速度增长的趋势;由于生产力水平的不断提高,人民生活水平随之总是不断提高的趋势等。它是时间数列变动因素分析中的一种非常重要的方法。测算长期趋势的主要意义在于:首先,在于把握客观现象的趋势变化,了解事物的动态变动特征;其次,从数量方面来研究客观现象发展的规律性,探求合适的趋势线,为统计预测提供必要条件;最后,测算长期趋势,可以消除原数列中长期趋势的影响,以便更好地显示和测算季节变动与循环变动。

　　长期趋势的表现形式有直线趋势和非直线趋势两种。直线趋势是指客观现象在一个相当长的时期内呈现出比较一致的上升或下降的变动。我们可以求出一条直线代表这种变动,这条直线也称趋势直线。当趋势直线上升或下降时,表示这种现象的数值逐年增加或减少,且每年所增加或减少的数值大致相同,即直线趋势的变化率或趋势线的斜率基本上是不变的。而非直线趋势,其变化率或趋势线的斜率是变动的。

三、长期趋势的测算方法

长期趋势的测算就是用一定方法对时间数列进行修匀,使修匀后的数列排除其他因素(季节变动和循环变动等)的影响,显示出现象变动的基本趋势。其测算方法主要有趋势修匀法和配合趋势线法。趋势修匀法包括时距扩大法、移动平均法等;配合趋势线法包括直线趋势的测定和非直线趋势的测定。

(一)趋势修匀法

1. 时距扩大法。时距扩大法是对长期的时间数列资料进行统计修匀的一种简便方法。当原数列中各期指标上下波动,使现象变化规律表现不明显时,可以通过扩大数列时间间隔(如将日化为旬或月,将月化为季或年,将一年化为若干年等),对原数列资料加以整理,以反映现象发展的趋势。

[例9－15] 表9－13为某企业某产品历年产量资料

表9－13　某企业某产品历年产量   单位:台

年份	1990	1991	1992	1993	1994	1995	1996	1997	1998	1999	2000	2001
产量	410	420	520	430	450	510	530	400	510	490	560	540

从表9－13中可以看出,数列变动不太均匀,即各年之间的产量起伏不定,用该数列不能清楚地反映本企业该产品产量变动的趋势。现将时距为一年的资料整理成时距为三年的资料,将表9－13整理成表9－14。

表9－14　某企业某产品历年产量   单位:台

年份	1990～1992	1993～1995	1996～1998	1999～2001
总产量	1 350	1 390	1 440	1 590

从表9－14可以明显地看出,该产品产量随时间的变动呈增长的变化趋势。时距扩大法,可以用时距扩大总数(见表9－14),也可以用时距扩大平均数来表示。表9－15是将表9－14改为用时距扩大平均数来表示后得到的数值。

表9－15　某企业某产品历年产量   单位:台

年份	1990～1992	1993～1995	1996～1998	1999～2001
年平均产量	450	463	480	530

由表9-15也可以看出该产品产量随时间的变动呈增长的变化趋势。运用时距扩大法要注意:同一数列前后时距(或项数)要一致,以便于比较;时距(或项数)的取值,要根据具体现象的性质和特点来确定,一般以能显示现象变化趋势为宜。

2.移动平均法。移动平均法是对原数列按一定的时距(或项数)采用逐项递推移动的方法,分别计算一系列移动的平均数,并以这一系列移动平均数作为对应时期的趋势值,形成一个趋势值数列。该数列可以消除或削弱原数列中的短期波动,更深刻地描述现象发展的长期趋势。

[例9-16] 现仍以表9-13某企业某产品历年产量资料,分别采用3项和5项移动平均数对其进行修匀,计算出各个移动平均数(见表9-16)。

表9-13 某企业某产品历年产量　　　　　单位:台

年份	产量	3项移动平均数	5项移动平均数
1990	410	-	-
1991	420	450	-
1992	520	457	446
1993	430	467	466
1994	450	463	488
1995	510	497	464
1996	530	480	480
1997	400	480	488
1998	510	467	498
1999	490	520	500
2000	560	530	-
2001	540	-	-

应用移动平均法对时间数列进行修匀时应注意以下几点:

第一,修匀程度的大小与所取项数的多少有关。[例9-16]中,用五项移动平均比用三项移动平均修匀程度更大些(如图9-1),即修匀的项数越多,效果越显著,趋势线越平滑。

第二,所取项数的多少,要考虑数列变动的特点。若数列有循环周期,则移动项数应以循环周期的长度为准,以消除周期的波动。例如,当数列时间资料为各年季度时,可用四项移动平均;当数列时间资料为各年月份时,则应按十二项移动平均,以消除数列受季节变动的影响,揭示其现象发展的长期趋势。

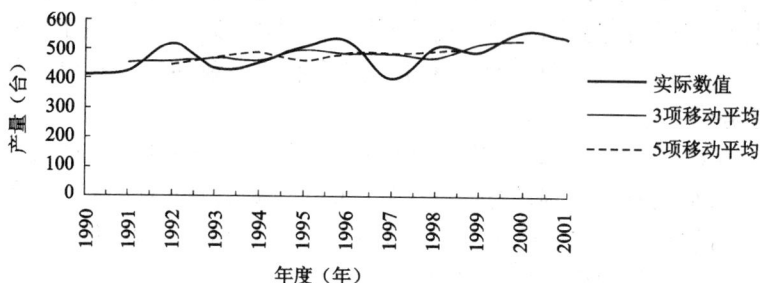

图 9 - 1　移动平均法趋势配合

第三,移动项数既可采用奇数项也可采用偶数项。采用奇数项移动平均,一次移动平均即可得到趋势值;采用偶数项移动平均,存在一个与时期不对应的问题,需要将得到的趋势值追加一次两项移动平均,以修正时期。

第四,移动项数越多,对数列修匀的作用就越大,但得到的趋势值项数就越少。趋势值项数与移动项数二者的关系为:趋势值项数 = 原数列项数 - 移动项数 +1。

（二）配合趋势线法

配合趋势线法是对时间数列进行修匀的常用方法。它根据时间数列本身的特点,用适当的数学模型对时间数列配合一个方程式,并据以计算各期的趋势值。描述时间数列长期趋势广泛使用这种方法。

1. 直线趋势的测定。如果时间数列的一级增长量,即逐期增长量相对稳定,大致相同,则可采用直线（线性函数）作为趋势线。如果将时间因素作为自变量（t）,将数列水平作为因变量（y）,则直线趋势方程的一般形式为

$$y_c = a + bt \qquad\qquad (9-23)$$

式中　y_c——时间数列的趋势值;

　　　t——时间数列的时间序号;

　　　a,b——直线中的两个参数,其中,a 为直线的截距,b 为直线的斜率。

这里,我们用最小平方法来求解直线中的两个参数 a 与 b。其原理是:数列实际值与数列趋势值的离差平方和为最小值。也就是:

$$\sum (y - y_c)^2 = 最小值$$

即　　　　　　　　$$\sum (y - a - bt)^2 = 最小值$$

令　　　　　　　　$$\sum (y - a - bt)^2 = f(a,b)$$

为了使 $f(a,b)$ 达到最小,可用求偏导数的方法。即分别对 a 和 b 求偏导数,并令其为零,则有

$$\frac{\partial f}{\partial a} = 2\sum (y - a - bt)(-1) = 0$$

$$\frac{\partial f}{\partial b} = 2\sum (y - a - bt)(-t) = 0$$

将其整理成下列标准方程组

$$\begin{cases} \sum y = na + b\sum t \\ \sum ty = a\sum t + b\sum t^2 \end{cases} \qquad (9-24)$$

解之,得

$$\begin{cases} b = \dfrac{\sum ty - \dfrac{1}{n}\left(\sum t\right)\left(\sum y\right)}{\sum t^2 - \dfrac{1}{n}\left(\sum t\right)^2} \\[4mm] a = \dfrac{\sum y}{n} - \dfrac{b\sum t}{n} = \bar{y} - b\bar{t} \end{cases} \qquad (9-25)$$

式中 n——为数列项数;

       $\bar{y}$——为 y 的平均值;

       $\bar{t}$——为 t 的平均值。

[例 9-17] 现以某地几年来粮食产量资料为例,介绍最小平方法的运用。这里以 $1,2,3,\cdots,n$,代表时间顺序。有关运算资料如表 9-13 所示。

表 9-13 某地粮食总产量趋势值计算表

年份	时间代码 t	粮食产量 y(万吨)	t^2	ty	$y_c = 80.23 + 5.32t$
1997	1	85.6	1	85.6	85.6
1998	2	91.0	4	182.0	90.9
1999	3	96.1	9	288.3	96.2
2000	4	101.2	16	404.8	101.5
2001	5	107.0	25	535.0	106.8
2002	6	112.2	36	673.2	112.1
合计	21	593.1	91	2 168.9	593.1

　　根据粮食产量资料,可以看出其数列的一级增长量,即逐期增长量相对稳定,大致相同,所以配合直线方程。将表9-13中相关数据代入式(9-25),解之,得

$$b = \frac{2\ 168.9 - \frac{1}{6} \times 21 \times 593.1}{91 - \frac{1}{6} \times (21)^2} = 5.32$$

$$a = \frac{593.1}{6} - 5.32 \times \frac{21}{6} = 80.23$$

代入式(9-23),则所配合的趋势直线方程为

$$y_c = 80.23 + 5.32t$$

　　将各年的值分别代入方程,即得各期趋势值。这里,$b = 5.32$,表示某地粮食总产量趋势每年增加5.32万吨。将6年的时间编号一一代入趋势方程,便可求得各年的趋势值y_c。将这些趋势值描绘在图上便形成一条上升的趋势线,见图9-2。

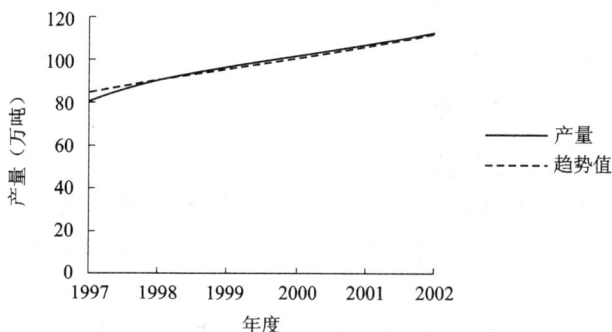

图9-2　某地粮食总产量趋势变动图

　　此外,我们还可以按此趋势方程进行外推预测。例如,要预测2003年可能的粮食总产量,可将$t = 7$代入:$y_{2003} = 80.23 + 5.32 \times 7 = 116.84$(万吨)。

　　为了计算方便,我们可以假设时间。当时间项数为奇数项时,可假设t的中间项为0,这样时间项依次排列为:…,-3,-2,-1,0,1,2,3,…;当时间项数为偶数项时,时间项依次排列为:…,-5,-3,-1,1,3,5,…,这时,原点0实际上是在数列正中相邻两个时间的中点。这种假设时间项t的方法其目的是要时间项的正负相抵,使$\sum t = 0$,则式(9-24)可简化为

$$\begin{cases} \sum y = na \\ \sum ty = b \sum t^2 \end{cases} \qquad (9-26)$$

[例 9–18]　现仍以[例 9–17]某地几年来粮食产量资料为例,说明其方法的运用。

表 9–14　某地粮食总产量趋势值计算表

年份	t	粮食产量 y(万吨)	t^2	ty	$y_c = 98.85 + 2.66t$
1997	-5	85.6	25	-428.0	85.6
1998	-3	91.0	9	-273.0	90.9
1999	-1	96.1	1	-96.1	96.2
2000	1	101.2	1	101.2	101.5
2001	3	107.0	9	321.0	106.8
2002	5	112.2	25	561.0	112.1
合计	0	593.1	70	186.1	593.1

将表 9–14 中相关数据代入(9–26)式,得

$$\begin{cases} 593.1 = 6a \\ 186.1 = 70b \end{cases}$$

解之,得　$a = 98.85$;$b = 2.66$
则所配合的趋势直线方程为　$y_c = 98.85 + 2.66t$

将各年的 t 值分别代入方程,即得各期趋势值。但要注意,这里时间数列为偶数项,原点移到数列中间的时期,这时 b 表示原数列水平间隔一半的增长量,年增长量应等于 $2b$,即某地粮食总产量趋势每年增加 $2b = 2 \times 2.66 = 5.32$ 万吨。

2. 非直线(曲线)趋势的测定

曲线类型很多,这里我们仅就二次曲线和指数曲线来讨论非直线趋势的测定。

(1)二次曲线(抛物线)趋势的测定。如果时间数列的二级增长量,即各期逐期增长量的增长量相对稳定,大致相同,则可采用二次曲线(抛物线)为趋势线。如果将时间因素作为自变量(t),将数列水平作为因变量(y),则二

次曲线方程的一般形式为

$$y_c = a + bt + ct^2 \qquad\qquad (9-27)$$

式中　y_c——时间数列的趋势值；

　　　t——时间数列的时间序号；

　　　a,b,c——二次曲线方程中的三个参数。

该二次曲线方程的二级增长量是相等的,见表 9 – 15 所示。

表 9 – 15　二次曲线方程计算表

t	$y = a + bt + ct^2$	逐期增长量	二级增长量
1	$a + b + c$	—	—
2	$a + 2b + 4c$	$b + 3c$	—
3	$a + 3b + 9c$	$b + 5c$	$2c$
4	$a + 4b + 16c$	$b + 7c$	$2c$
5	$a + 5b + 25c$	$b + 9c$	$2c$
…	…	…	…

即各期的二级增长量均为 $2c$。

　　二次曲线方程中有三个待定参数 a,b,c,仍按最小平方法的要求,用偏导数的方法可以求出下列标准方程组

$$\begin{cases} \sum y = na + b\sum t + c\sum t^2 \\ \sum ty = a\sum t + b\sum t^2 + c\sum t^3 \\ \sum t^2 y = a\sum t^2 + b\sum t^3 + c\sum t^4 \end{cases} \qquad (9-28)$$

同样,为了计算方便,我们可以通过假设 t,使 $\sum t = 0$, $\sum t^3 = 0$,则(9 – 28)式可简化为

$$\begin{cases} \sum y = na + c\sum t^2 \\ \sum ty = b\sum t^2 \\ \sum t^2 y = a\sum t^2 + c\sum t^4 \end{cases} \qquad (9-29)$$

　　[例 9 – 19]　已知某公司历年销售额资料(见表 9 – 16),试配合长期趋势线。

表 9 - 16 某公司历年销售额资料表 单位:万元

年份	销售额	逐期增长量	二级增长量
1994	988	–	–
1995	1 012	24	–
1996	1 043	31	7
1997	1 080	37	6
1998	1 126	46	9
1999	1 179	53	7
2000	1 239	60	7
2001	1 307	68	8
2002	1 382	75	7

由表 9 - 16 资料可以看出,各年二级增长量大致相等。所以,该公司历年销售额发展的基本趋势比较接近于二次曲线型,即可配合一个二次曲线方程。现用表 9 - 17 来说明其计算过程。

表 9 - 17 某公司历年销售额二次曲线方程计算表

年份	t	y	ty	t^2	$t^2 y$	t^4	y_c
1994	-4	988	-3 952	16	15 808	256	988. 27
1995	-3	1 012	-3 036	9	9 108	81	1 011. 64
1996	-2	1 043	-2 086	4	4 172	16	1 042. 39
1997	-1	1 080	-1 080	1	1 080	1	1 080. 52
1998	0	1 126	0	0	0	0	1 126. 03
1999	1	1 179	1 179	1	1 179	1	1 178. 92
2000	2	1 239	2 478	4	4 956	16	1 239. 19
2001	3	1 307	3 921	9	11 763	81	1 306. 84
2002	4	1 382	5 528	16	22 112	256	1 381. 87
合计	0	10 356	2 952	60	70 178	708	10 355. 67

将表 9 - 17 中计算资料代入式(9 - 29),得

$$\begin{cases} 10\ 356 = 9a + 60c \\ 2\ 952 = 60b \\ 70\ 178 = 60a + 708c \end{cases}$$

求解,得

$$a = 1\ 126.03$$
$$b = 49.20$$
$$c = 3.69$$

将 a,b,c 代入式(9 - 27),得该公司销售额的趋势方程

$$y_c = 1\ 126.03 + 49.20t + 3.69t^2$$

将各年的 t 值分别代入方程,即可得各期趋势值 y_c(见表 9 - 17)。如果将这些趋势值描绘在图上,同样可形成一条二次曲线图。图略。

(2)指数曲线趋势的测定。当时间数列各期大体是按相同的速度变化,即各期的环比发展速度或环比增长速度大致相同,则可采用指数曲线作为趋势线。如果将时间因素作为自变量(t),将数列水平作为因变量(y),则指数曲线方程的一般形式为

$$y_c = ab^t \qquad\qquad (9-30)$$

式中　y_c——时间数列的趋势值;

　　　t——时间数列的时间序号;

　　　a,b——指数曲线方程中的两个参数。

进行指数曲线配合,一般将指数曲线化为直线的形式。将指数曲线方程式(9 - 30)两边取对数,得

$$\lg y = \lg a + t\lg b$$

令　　　　　　　　$y' = \lg y, A = \lg a, B = \lg b$

则指数曲线方程可表示直线形式:

$$y' = A + Bt \qquad\qquad (9-31)$$

应用最小平方法求得的联立方程组为

$$\begin{cases} \sum y' = nA + B\sum t \\ \sum ty' = A\sum t + B\sum t^2 \end{cases} \qquad\qquad (9-32)$$

同样也设法使 $\sum t = 0$,则该方程组可简化为

$$\begin{cases} \sum y' = nA \\ \sum ty' = B\sum t^2 \end{cases} \qquad\qquad (9-33)$$

[**例 9 - 20**]　已知某地 1997~2002 年的人口数资料(见表 9 - 18),试配合长期趋势线。

表 9 - 18　某地 1997~2002 年人口数资料

年份	人口数(万人)	各年环比增长速度(%)
1997	85. 50	–
1998	86. 48	15
1999	87. 46	13
2000	88. 47	15
2001	89. 46	12
2002	90. 44	10

由表 9 - 18 资料可以看出,该地 1997~2002 年的人口数各期的环比增长速度大致相同,则可采用指数曲线作为趋势线。具体计算过程见表 9 - 19。

表 9 - 19　某地 1997 - 2002 年人口数指数曲线方程计算表

年份	t	y	t^2	$y' = \lg y$	$t\lg y$	y_c
1997	1	85. 50	1	1. 9320	1. 9320	85. 50
1998	2	86. 48	4	1. 9369	3. 8738	86. 47
1999	3	87. 46	9	1. 9418	5. 8254	87. 45
2000	4	88. 47	16	1. 9468	7. 7872	88. 43
2001	5	89. 46	25	1. 9516	9. 7580	89. 43
2002	6	90. 44	36	1. 9564	11. 7384	90. 44
合计	21	–	91	11. 6655	40. 9148	–

将表 9 - 19 中计算资料代入式(9 - 32),得

$$\begin{cases} 11.6655 = 6A + 21B \\ 40.9148 = 21A + 91B \end{cases}$$

求解,得

$$A = 1.9271$$
$$B = 0.00489$$

所以 $a = 84.547$

$$b = 1.0113$$

即指数曲线方程式为

$$y_c = 84.547 \times (1.0113)^t$$

将各年的 t 值分别代入方程,即可得各期趋势值 y_c(见表 9 – 18)。

第四节 季节变动的测算

一、季节变动及测算意义

季节变动是指某些客观现象在一年之内随季节的更替而出现某种有规律性的明显变动。这种变动年复一年,重复出现,具有一定的周期性;并且各年变动强度大致相同,也即具有一定的稳定性。导致季节变动的因素主要有两个:一个是气候。如空调、电风扇、裙子、棉衣商品的销售量,禽蛋的产量等,由于一年四季的气候不同而具有较明显的季节变动。二是人们的民族风俗习惯。如商业企业的销售额,交通运输的客运量等,在我国是春节期间呈高峰,而在西方国家是在复活节与圣诞节期间呈高峰。

测算季节变动的主要目的在于:掌握这种变动的变动周期、数量界限以及规律性,以便预测未来,及时采取措施;克服它对人们经济生活所导致的不良影响,更好地组织生产和生活,以提高经济效益和安排好人民生活。

二、季节变动的测算方法

测算季节变动的主要方法是计算季节比率,以反映季节变动的程度。季节比率可以按月测算,也可以按季测算。某月(季)的季节比率数值大,说明该月(季)是现象变动的高峰或旺季;某月(季)的季节比率数值小,说明该月(季)是现象变动的低谷或淡季。计算季节比率的方法有很多,从其是否考虑受长期趋势的影响来看,有两种:一种是不考虑长期趋势的影响,直接根据原始数列来计算,常用的是按月(季)平均法;另一种是根据剔除长期趋势影响后的数列资料来计算,常用的是趋势剔除法。不管用什么方法计算季节比率,都要求时间数列资料必须存在季节变动,否则就毫无意义;同时也要求时间数列资料必须是连续三年或三年以上按月(季)排列的基本数据,因为这样才能较好地消除偶然因素的影响,使季节变动的规律性更切合实际。

(一)按月(季)平均法

按月(季)平均法计算的季节比率是各年同月(季)的平均水平对各年所有月(季)的总平均水平之比。其计算的基本步骤如下:

1. 根据时间数列资料,计算出各年同月(季)的平均水平。

2. 计算出各年所有月(季)的总平均水平。

3. 将各年同月(季)的平均水平与总平均水平进行对比,即得出季节比率。其计算公式为

$$S_i = \frac{\bar{x}_i}{\bar{x}} \times 100\% \qquad (9-34)$$

式中　S_i——为 i 月(季)的季节比率;

$\bar{x}_i$——为各年同 i 月(季)的平均数;

$\bar{x}$——为各年所有月(季)的总平均数。

4. 调整季节比率。季节比率之和按月计算应为1200%,按季计算应为400%,若计算结果大于或小于1200%(400%),就应作调整。其方法是先求出调整系数,再用调整系数乘以原来的季节比率。调整系数的计算方法为

$$调整系数 = \frac{1200\%}{\sum 季节比率},或调整系数 = \frac{400\%}{\sum 季节比率} \qquad (9-35)$$

[例9-21]　某服装公司五年来各月裙子销售量资料如表9-20所示,试计算季节比率。

表9-20　某服装公司裙子销售量季节比率计算表

月份	销售量(万条)					合计	月平均数 $\bar{x}_i$	季节比率(%) S_i
	1998年	1999年	2000年	2001年	2002年			
1	1.1	1.1	1.4	1.4	1.3	6.3	1.26	17.6
2	1.2	1.5	2.1	2.1	2.2	9.1	1.82	25.5
3	1.9	2.2	3.1	3.1	3.3	13.6	2.72	38.1
4	3.6	3.9	5.2	5.0	4.9	22.6	4.52	63.3
5	4.2	6.4	6.8	6.6	7.0	31.0	6.20	86.8
6	14.2	16.4	18.8	19.5	20.0	88.9	17.78	249.0

续上表

月份	销售量(万条)					合计	月平均数 $\bar{x}_i$	季节比率(%) S_i
	1998 年	1999 年	2000 年	2001 年	2002 年			
7	24.0	28.0	31.0	31.5	31.8	146.3	29.26	409.8
8	9.5	12.0	14.0	14.5	15.3	65.3	13.06	182.9
9	3.8	3.9	4.8	4.9	5.1	22.5	4.50	63.0
10	1.8	1.8	2.4	2.5	2.6	11.1	2.22	31.1
11	1.2	1.3	1.2	1.4	1.4	6.5	1.30	18.2
12	0.9	1.0	1.1	1.2	1.1	5.3	1.06	14.8
合计	64.7	79.5	91.9	93.7	96.0	428.5	7.14	1 200

从表 9-20 中计算结果可以看出,由于受气候变化的影响,该某服装公司裙子销售量有较明显的季节变动。6 月、7 月、8 月天气较热,故裙子销售量也大,而秋冬季节,气候比较寒冷,则裙子销售量随之下降,尤其 11 月、12 月、1 月为最低。若将计算结果绘制成季节变动图,就可以更清楚地看出季节变动的规律性(见图 9-3)。

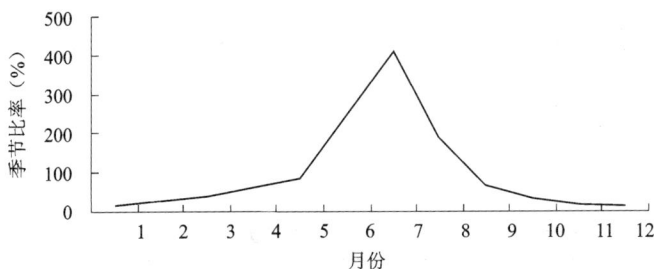

图 9-3 某服装公司五年裙子销售量的季节变动图

按月(季)平均法的优点是计算简便,容易掌握;缺点是因为它不考虑长期趋势的影响,其反映季节变动不够精确。特别是在前后期月(季)水平波动较大的数列资料中,后期各月(季)水平比较前期水平有较大提高,这就造成月(季)平均数中后期各月(季)的数字比前期同月(季)的数字具有较大的作用,从而影响了季节比率的准确性。

(二)移动平均趋势剔除法

移动平均趋势剔除法是利用移动平均的方法先求出时间数列的趋势值,

而后将其从数列中加以剔除,再计算季节比率来反映季节变动的方法。其计算的基本步骤如下:

1. 用移动平均法求出时间数列的趋势值 y_c。

2. 剔除数列的长期趋势。其方法一般是用原数列各期水平 y 除以同一时期的趋势值 y_c 得到一系列相对数,该相对数被称为修匀比率。

3. 求季节比率。把所求出的一系列修匀比率数据重新编排,再将各年同月(季)的修匀比率分别加以平均,得到各年同月(季)平均的季节比率。

4. 调整季节比率。季节比率之和按月计算应为1200%,按季计算应为400%,若计算结果大于或小于1200%(400%),就应作调整。其方法与按月(季)平均法中所述方法相同。

[例9-21]　已知某企业三年各季度围巾销售量资料(见表9-21),试计算季节比率。

表9-21　某企业三年各季度围巾销售量　　单位:万条

时间	第一季度	第二季度	第三季度	第四季度
第一年	216	63	18	255
第二年	245	75	22	378
第三年	288	99	26	399

首先,用移动平均法求出时间数列的趋势值 y_c。因为表9-21中资料是各年按季度排列的时间数列资料,因此先按四项移动平均,再用二项移动平均加以修正,便得到趋势值 y_c(见表9-22)。

表9-22　某企业围巾销售量移动平均趋势剔除法计算表

季度	销售量(万条) y	四项移动平均	二项移动平均 y_c	修匀比率(%) $\dfrac{y}{y_c}$
第1年 I	216			
II	63	138	—	—
III	18		141.625	12.71
		145.25		
IV	255		146.75	173.76
		148.25		

续上表

季度	销售量(万条) y	四项移动平均	二项移动平均 y_c	修匀比率(%) $\dfrac{y}{y_c}$
第2年 I	245	149.25	148.75	164.71
II	75		164.625	45.56
		180		
III	22		185.375	11.87
		190.75		
IV	378		193.75	195.097
		196.75		
第3年 I	288	197.75	197.25	146.01
II	99		200.375	49.41
		203		
III	26		–	–
IV	399		–	–

　　然后,剔除数列的长期趋势。即用原数列各期水平 y 除以同一时期的趋势值 y_c,得到一系列的修匀比率(见表 9 – 22)。并将所得的一系列的修匀比率数据重新编排,再按季求其平均的季节比率。计算过程见表 9 – 23。

表 9 – 23　剔除长期趋势后季节比率计算表　　　　单位:%

时间	第一季	第二季	第三季	第四季	合计
第一年	–	–	12.71	173.76	–
第二年	164.71	45.56	11.87	195.095	–
第三年	146.01	49.41	–	–	–
合计	310.72	94.97	24.58	368.857	–
平均	155.36	47.485	12.29	184.429	399.564
季节比率	155.53	47.54	12.30	184.63	400

最后,调整季节比率,即计算出调整系数。

$$调整系数 = \frac{400\%}{399.564} = 1.00109$$

再用 1.00109 乘以各季的平均季节比率,得到所求的季节比率。如表 9－23 中的第一季度季节比率为:1.00109×1.5536=155.53%,其余类推。

第五节　循环变动和不规则变动的测算

一、循环变动的测算

(一)循环变动及测算意义

循环变动又称商业景气变动,它是指围绕长期趋势水平而呈周期性的上下波动。它不同于持续上升或持续下降的长期趋势,也不同于短期内周期性的季节变动。各种不同事物,其变动周期的长短不同,上下波动的程度也不一样,但有一个共同的特点,就是每一个周期都呈现盛衰起伏的变动过程。如降雨量在若干年内会出现几年多、几年少的循环变动,再如工业产品也有一定程度的循环变动周期,即经过研制、试销、发展、成熟、衰退几个阶段。

测算循环变动的主要目的在于掌握事物周期性变化的规律,以便事先采取有力措施和对策,充分利用其有利因素而尽量避免其不利因素的影响。

(二)循环变动的测算方法

测算循环变动,大都采用剩余法。前面我们曾讲过,影响时间数列各期水平发展变化的因素有四个,即长期趋势、季节变动、循环变动和不规则变动。测算循环变动的剩余法就是:先从时间数列中消除长期趋势和季节变动,然后再用移动平均法消除不规则变动,剩余的就是循环变动。时间数列与影响因素的关系式为:

$$y = y_c \cdot s \cdot c \cdot i$$

式中　y——时间数列;

　　　y_c——长期趋势;

　　　s——季节变动;

　　　c——循环变动;

　　　i——不规则变动。

根据时间数列与影响因素的关系式,测算循环变动有三种方法:

1. 先消除长期趋势,再消除季节变动。即

先求出　　　$$\frac{y}{y_c} = \frac{y_c \cdot s \cdot c \cdot i}{y_c} = s \cdot c \cdot i$$

再求　　　　$$\frac{s \cdot c \cdot i}{s} = c \cdot i$$

2. 先消除季节变动,再消除长期趋势。即

先求出
$$\frac{y}{s} = \frac{y_c \cdot s \cdot c \cdot i}{s} = y_c \cdot c \cdot i$$

再求
$$\frac{y_c \cdot c \cdot i}{y_c} = c \cdot i$$

3. 长期趋势和季节变动同时消除。即
$$\frac{y}{y_c \cdot s} = \frac{y \cdot s \cdot c \cdot i}{y_c \cdot s} = c \cdot i$$

如果时间数列资料为年度数据,则不存在季节变动和不规则变动,只要从原数列中消除长期趋势,即得到循环变动。但是,若循环周期不太长时,还是宜采用按月(季)排列的数列资料来测算。

[例9-22] 仍以表9-21中某企业三年各季度围巾销售量资料为例,说明循环变动的测算方法。

先用移动平均法求数列的长期趋势 y_c,然后用原时间数列水平 y 除以相应时期的 y_c,以消除长期趋势(见表9-22);再用各期的该相对数除以已求得的相应时期季节比率,以消除季节变动,这也是一个相对数,称为循环变动和不规则变动相对数。见表9-24。

表9-24 循环变动和不规则变动相对数   单位:%

时间	第一年	第二年	第三年
1 季	-	105.90	93.88
2 季	-	95.84	103.93
3 季	103.33	96.50	-
4	94.11	105.67	-

表9-24中的数值还不能完全反映循环变动,因为它还包含了不规则变动。因此我们再将表9-24中的数值进行3项移动平均,求出循环变动系数。见表9-25。

表9-25 循环变动系数   单位:%

时间	第一年	第二年	第三年
1 季	-	98.62	101.16
2 季	-	99.41	-
3 季	-	99.34	-
4 季	101.11	98.68	-

从表 9-25 中的循环变动系数可以看出围巾销售量受循环变动因素的影响程度。循环变动系数是围绕 1（或 100%）上下波动的,大于 1（或 100%）,对销售量的影响为正（即使销售量增加）;小于 1（或 100%）,对销售量的影响为负（即使销售量减少）;离 1（或 100%）越远,影响越大;等于 1（或 100%）,则无循环变动因素可言。将其绘成循环变动比率图,更能明显地反映这一变动。

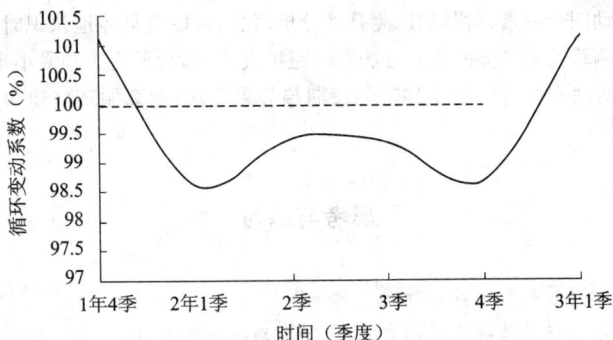

图 9-4 循环变动比率图

二、不规则变动的测算

不规则变动是由于某些偶然的、意外的因素或不明原因所引起的无周期的变动。在一个时间数列中,消除了长期趋势、季节变动和循环变动之后,不规则变动就自然显现出来。因此对不规则变动的测算也可采用剩余法,即利用已经计算得到的循环变动和不规则变动相对数 $(c \cdot i)$,除以循环变动系数 c,即

$$i = \frac{c \cdot i}{c}$$

计算略。

本章小结

1. 在统计中,编制时间数列的主要目的是用以反映客观现象发展变化的过程和特点,分析研究现象发展变化的规律和趋势,对未来的发展状态进行科学预测。编制时间数列的最基本原则是可比性原则,它要求时间数列中各个指标数值必须在时间长短、总体范围、计算方法和经济内容等方面具有可比性。根据统计研究的需要,对时间数列可从不同角度分类,一般有两种角度:一是按数列中指标数值的表现形式划分;另一种是按数列指

标变量的性质和数列形态划分。

2. 时间数列分析的一个基本内容,是计算和分析一系列动态指标,如平均发展水平、平均增长量、发展速度、增长速度、平均发展速度和平均增长速度,等等。我们通过这些指标的计算和分析,不仅可以概括客观现象发展变化的过程和特点,而且也是进行纵向、横向比较评价的依据。

3. 若对影响时间数列的因素进行分解,从中可以抽象出长期趋势、季节变动、循环变动和不规则变动四个因素,对其加以测算和分析,我们可以更具体地认识时间数列的特征和变动规律。测算长期趋势的主要方法有时距扩大法、移动平均法和最小平方法;测算季节变动的主要方法有按月(季)平均法和长期趋势剔除法;测算循环变动和不规则变动一般采用剩余法。

思考与练习

1. 什么是时间数列?它具有什么重要作用?

2. 按数列中指标数值的表现形式来分,时间数列有哪几种?

3. 时期数列和时点数列有哪些不同的特点?

4. 从数列指标变量的性质和数列类型来分,时间数列有哪几种?用什么方法来识别?

5. 编制时间数列应注意哪些基本要求?

6. 时间数列分析中,有哪些常用的动态分析指标?它们各有什么意义?

7. 由时期数列和时点数列计算序时平均数有什么不同?如何计算相对数或平均数时间数列的序时平均数?

8. 逐期增长量和累计增长量有何不同?二者关系如何?

9. 环比发展速度和定基发展速度二者关系如何?环比增长速度和定基增长速度之间是否也存在相同关系?

10. 怎样测算长期趋势和季节变动?怎样测算循环变动和不规则变动?

11. 季节变动的测定方法有哪些?各有何特点?常用的基本的预测方法有哪几种?各有何特点?

12. 某企业员工人数四月份增减变动如下:1 日员工总人数 500 人,其中非直接生产人员 100 人;15 日有 10 人调离企业,其中有 5 人为企业管理人员;22 日新来企业报到工人 5 人。试分别计算该企业本月非直接生产人员和全部员工的平均数。

13. 某厂 2004 年第一季度职工人数及产值资料如下:

	1 月	2 月	3 月	4 月
产值(万元)	400	420	450	－
月初人数(人)	60	64	68	67

要求:(1)编制第一季度各月劳动生产率的时间数列;

　　　(2)计算第一季度的月平均劳动生产率;

　　　(3)计算第一季度的劳动生产率。

14. 某炼钢厂连续五年钢产量资料如下:

	第一年	第二年	第三年	第四年	第五年
钢产量(万吨)	20	24	36	54	75.6

要求:

(1)编制一统计表,列出下列动态分析指标:发展水平与平均发展水平;增长量(逐期和累计)与平均增长量;发展速度(环比和定基)与平均发展速度;增长速度(环比和定基)与平均增长速度;增长1%绝对值(环比和定基)。

(2)就表中数值说明下列各种关系:

①发展速度和增长速度的关系;

②定基发展速度和环比发展速度的关系;

③增长1%绝对值与基期发展水平的关系;

④增长量、增长速度与增长1%绝对值的关系;

⑤逐期增长量和累计增长量的关系;

⑥平均发展速度与环比平均发展速度的关系;

⑦平均发展速度与平均增长速度的关系。

15. 某公司预计五年内销售额应提高50%,则平均每年销售额应提高百分之几才能达到这一水平? 如果第一年提高了11%,第二年提高了12.5%,问后三年中平均每年销售额应提高百分之几才能达到预计水平?

16. 某公司2000~2003年各季度销售额资料如下:

单位:万元

	2000	2001	2002	2003
一季度	13.1	10.8	14.6	18.4
二季度	13.9	11.5	17.5	20.0
三季度	7.9	9.7	16.0	16.9
四季度	8.6	11.0	18.2	18.0

要求:

(1)用移动平均法修匀数列;

(2)拟合线性模型,测算数列的长期趋势;

（3）用按月（季）平均法和趋势剔除法测算数列的季节变动，并加以比较，说明其差异情况及原因；

（4）预测 2004 年各季度销售额。

参考答案

12. 97.3 人   496.2 人

13. （1）6496.2 元/人；（2）19488.5 元/人

14. （1）某炼钢厂连续五年钢产量发展情况统计表

	第一年	第二年	第三年	第四年	第五年	平均
钢产量发展水平(万吨)	20	24	36	54	75.6	41.92
逐期增长量(万吨)	–	4	12	18	21.6	13.9
累计增长量(万吨)	–	4	16	34	55.6	–
环比发展速度(%)	–	120	150	150	140	139.4
定基发展速度(%)	–	120	180	270	378	–
环比增长速度(%)	–	20	50	50	40	39.4
定基增长速度(%)	–	20	80	170	278	–
环比增长%绝对值(万吨)	–	0.2	0.24	0.36	0.54	–
定基增长%绝对值(万吨)	–	0.2	0.2	0.2	0.2	–

15. 8.45%；6.62%

16. （2）$y_c = 8.69 + 0.64t$；（4）21.614（万元），23.549（万元），18.723（万元），21.034（万元）

第十章　指　数

　　分析现象的数量变动是统计研究的常用方法,本章将学习一种特殊的数量变动分析法——指数。通过了解指数的概念、种类和作用以及综合指数、平均数指数的计算和指数因素分析内容,充分认识指数的现实意义,达到熟练掌握综合指数和平均数指数的编制方法、学会运用指数体系分析总体现象的因素影响和发展变动趋势等目的。

第一节　指数概述

一、指数的概念及特点

(一)指数的概念

　　从1675年美国经济学家伏亨首创物价指数至今,统计指数的研究与运用已有了三百多年的历史。最初的指数仅限于反映单一商品价格的变动,后来,人们逐渐研究出了反映多种商品价格综合变动程度的指数方法。指数的研究也从物价指数逐步扩展到产量、工资、成本、劳动生产率、购买力等指数,并且从反映现象动态变化向反映现象静态差异延伸。指数已在经济生活中得到广泛应用,是一种常用的重要分析方法。其中有些指数,如居民消费价格指数,与人们的日常生活休戚相关,根据这个指数可以掌握和了解市场价格动态、货币流通状况以及对居民生活的影响;有些指数,如股票价格指数、经济增长指数等,则直接影响人们的投资活动,被称作社会经济的晴雨表。指数不仅能反映和分析社会经济状况、进行景气预测,而且还被应用于质量、效益、国力、社会发展水平的综合评价研究。

　　现今对指数的涵义解释有广义和狭义之分。

　　就广义而言,凡是反映客观现象数量变化程度的相对数都是指数。它既包含反映单一现象变动程度的相对数,又包含反映多种现象综合变动程度的相对数;既包含动态相对数,又包含比较相对数和计划完成程度相对数等。

　　而狭义的指数仅指表明不能直接相加的复杂现象总体数量综合变动程度的相对数。例如,我国每年定期公布的全社会商品零售物价总指数、工业产品产量指数等。在研究工业生产发展速度时,需将全国所有工业产品产量汇总与上期对比,但作为其研究总体的全国所有工业产品,则是由许多具有不同使用价值并各自采用不同单位来计量的不同种类的工业品构成的,其产品数量不能直接相加汇总。通常,将这种由多类现象构成,数量不能直接加总的总体称为复杂总体。由于复杂总体在数量上的这种不可加性,要反映复杂总体数量的综合变动程度,不能简单地采用一般相对数的计算方法。狭义的指数正是专指这种反映复杂总体数量综合变动程度的特殊方法。

(二)指数的特点

1. 指数一般采用相对比率对有关现象进行比较分析。

2. 反映复杂现象的指数具有综合的性质,它综合地反映了复杂现象总体的数量变动关系。指数作为一种测定方法,其核心就是要解决如何对不同质的量进行综合的问题。

3. 反映复杂现象的指数具有平均的性质,它反映复杂现象总体中各个单位变动的平均水平。如商品综合价格指数,它所表明的是各种商品价格变动的平均水平。

二、指数的种类

指数多种多样,可分别从不同的角度对指数进行如下分类。

(一)个体指数和总指数

指数按反映对象的范围不同,可分为个体指数和总指数。

个体指数是反映单个现象数量变动的相对数,如某种品牌型号的商品销售量指数或价格指数等。

总指数是反映由多种现象构成的复杂总体在数量上综合变动程度的相对数。如零售物价总指数,工业产品产量总指数等。总指数即狭义理解的指数,总指数的编制需采用专门的方法,这正是本章将要重点介绍的内容。

介于个体指数和总指数之间还有类(组)指数。类(组)指数是统计分组法与指数法的结合运用。先将总指数所反映的总体现象进行分组(类),然后按组(类)计算指数,用以说明总体中各组(类)现象的变动程度。例如,研究零售物价总指数时,可在分类的基础上计算粮食价格类指数、服装价格类指数等。类(组)指数在性质和计算方法上类似于总指数。

(二)数量指标指数和质量指标指数

指数按反映的现象性质不同,可分为数量指标指数和质量指标指数。

数量指标指数是反映现象总规模、总水平、总工作量等数量指标变动程度的相对数。如产品产量指数、商品销售量指数等。

质量指标指数则是反映现象单位水平、工作质量等质量指标变动程度的相对数。如商品价格指数、产品成本指数等。

（三）定基指数和环比指数

利用时间数列，按时间顺序连续不断编制指数，形成指数数列。在指数数列中，指数按对比基期的选择不同，可分为定基指数和环比指数。若计算各期指数均采用某一固定时期作为对比基期，这种指数就称为定基指数；若计算各指数时均以其前一个时期作为对比基期，这种指数就称为环比指数。定基发展速度和环比发展速度分别归属于定基指数和环比指数。

三、指数的作用

指数的主要作用表现在以下几个方面。

（一）测定复杂现象总体的变动方向和程度

例如，工业产品产量的综合变动是一种复杂现象，通过编制工业产品产量指数就可以测定出工业产品产量变动的方向以及变动的程度。

（二）分析复杂现象总变动中各构成因素的影响

许多现象的总体变动取决于其内在各构成因素变动的共同影响。例如，工业产值的变动取决于工业产品产量和工业产品价格两因素变动的共同影响。工人总平均工资的变动则取决于各组工人工资水平的变化和不同工资水平的各组工人人数结构的变化。借助于指数统计方法，编制相应的总变动指数和因素指数，可从相对数和绝对数两个方面分析、测定各因素变动对总变动指数的影响方向及程度。

（三）分析复杂现象在一定时期内的发展变化趋势

根据连续编制的时间数列形成的指数数列，可对现象在长时间内的发展变化趋势进行分析。例如，编制工业生产指数数列、零售物价指数数列，可分别显示出工业生产和零售物价的变化规律及未来的发展趋势。

第二节　综合指数

在指数应用中，总指数是最常见的。总指数的编制方法有综合指数和平均数指数两种。本节介绍综合指数的编制方法。

一、综合指数的编制原理

（一）先综合，后对比

要反映现象总的变动，需要对现象进行加总，而由于总体中各个体使用价值不同,度量单位不同,不能直接相加。综合的目的,就是通过使用媒介因素即同度量因素,使不能直接相加或对比的多种现象转化为同度量,而后进行对比。在综合指数的编制中,要明确两个重要概念:

1. 指数化指标。所谓指数化指标就是编制指数时要测定其变动的指标。例如,商品价格综合指数中的价格、产品产量综合指数中的产量。若指数化指标是数量指标,则该指数称为数量指标指数,如产量指数、销售量指数、职工人数指数等。若指数化指标是质量指标,则该指数称为质量指标指数,如价格指数、劳动生产率指数、单位成本指数等。

2. 同度量因素。所谓同度量因素是指可以把不能直接加总的因素即指数化指标过渡到同度量,从而使之得以加总的媒介因素。例如,要反映指数化指标商品价格的综合变动,就必须引进同度量因素——销售量,把各种商品的价格过渡为商品销售额,使之能加总后进行对比。此外,同度量因素具有权数的性质。如在商品价格综合指数中,商品销售量首先起着同度量的作用,而同时各种价格商品的销售量不同,表明各种价格在指数中所起的作用不同,也就是销售量起到了权数的作用。

(二)固定同度量因素

在利用过渡指标进行综合对比时,依科学的假定方法,应把其中的同度量因素加以固定,以测定要研究的另一因素,即指数化指标的变动。例如,在上述商品价格综合指数的编制中,最后采用的是商品销售额进行综合对比,这时就应把同度量因素销售量固定下来,只反映商品价格即指数化指标的变动。

(三)综合指数的基本公式

数量指标综合指数:$\qquad \bar{k}_q = \dfrac{\sum q_1 p}{\sum q_0 p}$ $\qquad\qquad$ (10-1)

质量指标综合指数:$\qquad \bar{k}_p = \dfrac{\sum p_1 q}{\sum p_0 q}$ $\qquad\qquad$ (10-2)

式中　q——数量指标;

$\qquad p$——质量指标;

$\qquad$下标0——基期;

$\qquad$下标1——报告期。

在编制综合指数时,首先必须根据指数化指标的性质确定同度量因素的性质,然后确定同度量因素的所属时期。一般而言,数量指标指数的指数化指标是q,同度量因素是p,两者的乘积qp是一个价值量指标;质量指标指数的

指数化指标是 p,同度量因素是 q,两者的乘积 pq 仍是一个价值量指标。价值量指标加总后,经济意义是明确的。

二、综合指数的编制方法

(一)数量指标综合指数

现以商品销售量综合指数为例说明数量指标综合指数的编制方法。

[**例 10-1**] 某商场销售三种商品的销售量和价格资料如表 10-1。

表 10-1 商品销售量和销售价格资料

商品名称	计量单位	商品销售量			商品销售价格(元)	
		基期 q_0	报告期 q_1	个体指数 $k_q=\dfrac{q_1}{q_0}$	基期 p_0	报告期 p_1
甲	台	100	125	125%	520	650
乙	件	200	320	160%	410	500
丙	个	250	280	112%	60	65

根据表中资料,商品销售量个体指数表明三种商品的销售量各有不同程度的上升。要综合说明该商场三种商品销售量的总变动情况,必须计算销售量总指数。引入销售价格这一同度量因素,使不能直接相加的销售量转化成可以加总的销售额:销售量×销售价格=销售额。

作为同度量因素的价格资料被固定的时期不同,商品销售量综合指数的计算形式也不同。

以基期价格作为同度量因素的商品销售量综合指数,其公式为

$$\bar{k}_q = \frac{\sum q_1 p_0}{\sum q_0 p_0} \qquad (10-3)$$

以报告期价格作为同度量因素的商品销售量综合指数,其公式为

$$\bar{k}_q = \frac{\sum q_1 p_1}{\sum q_0 p_1} \qquad (10-4)$$

两个公式在现实问题的分析中意义略有不同,计算结果也稍有差异。根据表 10-1 的资料计算得表 10-2。

表 10 – 2 某商场三种商品销售额计算表

商品名称	计量单位	商品销售量		商品销售价格(元)		商品销售额(元)			
		基期 q_0	报告期 q_1	基期 p_0	报告期 p_1	基期 q_0p_0	报告期 q_1p_1	假定 q_1p_0	假定 q_0p_1
甲	台	100	125	520	650	52 000	81 250	65 000	65 000
乙	件	200	320	410	500	82 000	160 000	131 200	100 000
丙	个	250	280	60	65	15 000	18 200	16 800	16 250
合计	–	–	–	–	–	149 000	259 450	213 000	181 250

1. 根据资料和相关公式计算商品销售量综合指数

(1)商品销售量综合指数,用公式(10 – 3)计算:

$$\bar{k}_q = \frac{\sum q_1 p_0}{\sum q_0 p_0} = \frac{213\ 000}{149\ 000} = 142.95\%$$

计算结果表明,报告期与基期相比,该商场三种商品的销售量都有不同程度的上升,综合或平均而言上升了42.95%。公式中的分子和分母,分别是以基期价格计算的假定的三种商品销售额和基期的三种商品销售额,其差额为

$$\sum q_1 p_0 - \sum q_0 p_0 = 213\ 000 - 149\ 000 = 64\ 000(元)$$

假定销售价格稳定在基期水平未发生变化,则纯粹由于三种商品销售量上升42.95%,使销售额增加64000元。

(2)商品销售量综合指数,用公式(10 – 4)计算:

$$\bar{k}_q = \frac{\sum q_1 p_1}{\sum q_0 p_1} = \frac{259\ 450}{181\ 250} = 143.14\%$$

计算结果表明,报告期与基期相比,该商场三种商品的销售量综合或平均上升了43.14%。公式中的分子分母之差为

$$\sum q_1 p_1 - \sum q_0 p_1 = 259\ 450 - 181\ 250 = 78\ 200(元)$$

若按报告期价格水平计算,则由于三种商品的销售量平均上升43.14%,使销售额增加了78 200元。因为该指数是以变化了之后的报告期价格作同度量因素,报告期销售额与基期销售额的对比中,不仅反映销售量的变动,而且同时包含有价格因素变动的影响。其现实意义不及公式(10 – 3)。

通过对式(10 – 4)进行变换,更能清晰地说明这一点。

$$\frac{\sum q_1 p_1}{\sum q_0 p_1} = \frac{\sum q_1(p_0 - p_0 + p_1)}{\sum q_0(p_0 - p_0 + p_1)} = \frac{\sum q_1 p_0 + \sum q_1(p_1 - p_0)}{\sum q_0 p_0 + \sum q_0(p_1 - p_0)}$$

$$(10-5)$$

$$\sum q_1 p_1 - \sum q_0 p_1 = \left[\sum q_1 p_0 + \sum q_1(p_1 - p_0)\right] - \left[\sum q_0 p_0 + \sum q_0(p_1 - p_0)\right]$$

$$= \sum q_1 p_0 - \sum q_0 p_0 + \sum q_1(p_1 - p_0) - \sum q_0(p_1 - p_0)$$

$$= \sum (q_1 - q_0) \cdot p_0 + \sum (q_1 - q_0)(p_1 - p_0) \quad (10-6)$$

将表 10-2 资料代入计算得

$$78\ 200(元) = 64\ 000(元) + 14\ 200(元)$$

　　以报告期价格为同度量因素的商品销售量综合指数表明,由于三种商品的销售量平均上升43.14%而使销售额增加78 200 元,其中实际上也包含了由于三种商品价格上升使得销售额上升14 200 元。

　　2. 编制数量指标综合指数的一般原则。从编制综合指数的原理来看,上述两个数量指标综合指数公式都是正确的。但为了说明纯粹的数量指标的变动,应当剔除作为同度量因素的质量指标变动的影响,而且,以基期质量指标作为同度量因素的数量指标综合指数,其分子分母之差的绝对值更具现实意义。因此,实际工作中通常采用式(10-3)来测定数量指标的综合变动。一般的编制原则是:编制数量指标指数,作为同度量因素的质量指标应固定在基期水平上。

　　(二)质量指标综合指数

　　现以商品销售价格综合指数为例说明质量指标综合指数的编制方法。

　　[例10-2]　同样以表10-2资料计算分析。首先计算出某商场销售三种商品的价格个体指数资料,如表10-3。

表 10-3　商品销售价格资料

商品名称	计量单位	商品销售价格(元)		
		基期 p_0	报告期 p_1	个体指数 $k_p = \dfrac{p_1}{p_0}$
甲	台	520	650	125.00%
乙	件	410	500	121.95%
丙	个	60	65	108.33%

表中资料说明三种商品的销售价格各有不同程度的上升。要综合说明该商场三种商品销售价格的总变动情况,就要计算销售价格总指数。由于作为同度量因素的销售量资料被固定的时期不同,商品销售价格综合指数的计算形式也不同。

以基期销售量作为同度量因素的商品销售价格综合指数,其公式为

$$\overline{k}_p = \frac{\sum p_1 q_0}{\sum p_0 q_0} \qquad (10-7)$$

以报告期销售量作为同度量因素的商品销售价格综合指数,其公式为

$$\overline{k}_p = \frac{\sum p_1 q_1}{\sum p_0 q_1} \qquad (10-8)$$

1. 根据表 10 - 2 中商品销售额资料和上述公式计算商品销售价格综合指数

(1)商品销售价格综合指数,用公式(10 - 7)计算:

$$\overline{k}_p = \frac{\sum p_1 q_0}{\sum p_0 q_0} = \frac{181\ 250}{149\ 000} = 121.64\%$$

计算结果表明,报告期与基期相比,该商场三种商品的销售价格都有不同程度的上升,综合或平均而言上升了 21.64%。公式中的分子分母之差为

$$\sum p_1 q_0 - \sum p_0 q_0 = 181\ 250 - 149\ 000 = 32\ 250\ (元)$$

说明由于三种商品销售价格上升 21.64%,使销售额增加 32 250 元。

(2)商品销售价格综合指数,用公式(10 - 8)计算:

$$\overline{k}_p = \frac{\sum p_1 q_1}{\sum p_0 q_1} = \frac{259\ 450}{213\ 000} = 121.81\%$$

计算结果表明,报告期与基期相比,该商场三种商品的销售价格平均上升了 21.81%。公式中的分子分母之差为

$$\sum p_1 q_1 - \sum p_0 q_1 = 259\ 450 - 213\ 000 = 46\ 450\ (元)$$

说明由于三种商品的销售价格平均上升 21.81%,使销售额增加了 46 450 元。此公式按报告期销售量作同度量因素进行计算,因而类似以报告期价格作为同度量因素的商品销售量综合指数,同时包含有价格因素和数量因素两个因素变动的影响。

2. 编制质量指标综合指数的一般原则。对上述两个质量指标综合指数

公式进行比较,式(10-8)比式(10-7)反而更具现实经济意义。按报告期销售量作同度量因素计算商品销售价格综合指数,一方面表明:商场在报告期实际销售这么多商品数量的情况下,由于价格的变动,销售额增加46 450元;另一方面则表明:消费者在报告期购买这么多商品,由于价格的变动多支出46 450元。而按基期销售量作同度量因素计算商品销售价格综合指数,表明商场如果在报告期销售基期这么多的商品,由于报告期价格比基期价格高,销售额增加32 250元;另一方面则表明消费者在报告期如果购买基期这么多商品,由于报告期价格比基期价格高,会多支出32 250元。很明显,其现实意义不及按报告期销售量作同度量因素计算的商品销售价格综合指数。因此,实际工作中通常采用式(10-8)来测定质量指标的综合变动。一般的编制原则是:编制质量指标指数,作为同度量因素的数量指标应固定在报告期水平上。

（三）其他形式的综合指数

需要指出的是,合理地选定同度量因素的固定时期历来就是指数理论争论的一个焦点。

选择同度量因素不仅要解决对不同度量的现象进行综合的问题,而且要能解释其实际的经济意义。但在公式的选择上,不能绝对化。目前一些主要的综合指数还包括以下几种:

1. 拉氏指数。这是德国统计学家拉斯贝尔(E. Laspeyres,1834～1913)在1864年提出的,其特点是以基期的同度量因素来编制综合指数,公式如下:

$$L_q = \frac{\sum q_1 p_0}{\sum q_0 p_0} \qquad (10-9)$$

$$L_p = \frac{\sum p_1 q_0}{\sum p_0 q_0} \qquad (10-10)$$

2. 派氏指数。德国统计学家派许(H. Paasche,1851～1925)在1874年又提出了以报告期的同度量因素来编制综合指数的方法,其公式如下:

$$P_q = \frac{\sum q_1 p_1}{\sum q_0 p_1} \qquad (10-11)$$

$$P_p = \frac{\sum p_1 q_1}{\sum p_0 q_1} \qquad (10-12)$$

3. 马埃指数。由英国经济学家马歇尔(A. Marshall,1842～1924)和埃奇沃思(F. Y. Edgeworth,1854～1926)两人于1887～1890年共同提出的,主张同

度量因素取报告期和基期的平均值,公式如下:

$$E_q = \frac{\sum q_1 \left(\dfrac{p_1 + p_0}{2}\right)}{\sum q_0 \left(\dfrac{p_1 + p_0}{2}\right)} = \frac{\sum q_1 (p_1 + p_0)}{\sum q_0 (p_1 + p_0)} \qquad (10-13)$$

$$E_p = \frac{\sum p_1 \left(\dfrac{q_1 + q_0}{2}\right)}{\sum p_0 \left(\dfrac{q_1 + q_0}{2}\right)} = \frac{\sum p_1 (q_1 + q_0)}{\sum p_0 (q_1 + q_0)} \qquad (10-14)$$

4. 费暄指数。1911 年美国统计学家费暄(Irving Fisher,1867 ~ 1947)提出了交叉计算的公式,即对拉氏指数和派氏指数的几何平均,也称为理想指数,其公式如下:

$$F_q = \sqrt{\frac{\sum q_1 p_0}{\sum q_0 p_0} \times \frac{\sum q_1 p_1}{\sum q_0 p_1}} \qquad (10-15)$$

$$F_p = \sqrt{\frac{\sum p_1 q_0}{\sum p_0 q_0} \times \frac{\sum p_1 q_1}{\sum p_0 q_1}} \qquad (10-16)$$

5. 杨格指数。由英国经济学家杨格(A. Young)提出,又称为固定权数综合指数。其主张同度量因素所属时间既不固定在基期,也不固定在报告期,而是固定在一个特定的水平上。公式如下:

$$\bar{k}_q = \frac{\sum q_1 p_n}{\sum q_0 p_n} \qquad (10-17)$$

$$\bar{k}_p = \frac{\sum p_1 q_n}{\sum p_0 q_n} \qquad (10-18)$$

式中 p_n——某一特定时期的价格水平;

q_n——某一特定时期的物量水平。

由于杨格指数的同度量因素不因比较时期的改变而改变,因此编制指数比较方便,而且便于观察现象长期发展变化的趋势。

三、综合指数的应用

不同的综合指数具有不同的特点,在实际应用分析时要有针对性地加以选择。

（一）生产指数

为了反映产品产量的综合变动，说明经济增长情况，以固定价格（不变价格）作为同度量因素来计算综合指数。按对比基期的选择不同，有定基指数和环比指数两种形式。采用固定权数综合指数编制各期的生产指数，形成指数数列。

定基指数数列：

$$\frac{\sum q_1 p_n}{\sum q_0 p_n}, \frac{\sum q_2 p_n}{\sum q_0 p_n}, \frac{\sum q_3 p_n}{\sum q_0 p_n}, \cdots, \frac{\sum q_n p_n}{\sum q_0 p_n} \qquad (10-19)$$

环比指数数列：

$$\frac{\sum q_1 p_n}{\sum q_0 p_n}, \frac{\sum q_2 p_n}{\sum q_1 p_n}, \frac{\sum q_3 p_n}{\sum q_2 p_n}, \cdots, \frac{\sum q_n p_n}{\sum q_{n-1} p_n} \qquad (10-20)$$

实际工作中，不变价格并非永久不变。在分析更长时期产品物量的变动时，会有不变价格的更换。为了解决按新、旧不变价格计算的价值总量指标的可比性问题，需要对不变价格进行换算。其换算系数公式为

$$不变价格换算系数 = \frac{\sum q_m p'_n}{\sum q_m p_n} \qquad (10-21)$$

式中 q_m——交替年的产品产量；

p'_n——新的不变价格；

p_n——旧的不变价格。

[例 10-3] 根据表 10-4 资料，计算该企业 2003 年与 1989 年对比的生产指数。

表 10-4 某企业总产值资料

年 份	总产值（万元）	
	按 1980 年不变价格计算 qp_{80}	按 1990 年不变价格计算 qp_{90}
1989（基年）	20 000	–
1991（交替年）	26 000	27 800
2003（报告年）	–	50 000

$$\text{不变价格换算系数} = \frac{\sum q_{91}p_{90}}{\sum q_{91}p_{80}} = \frac{27\ 800}{26\ 000} = 1.07$$

1989 年按 1990 年不变价格计算的总产值:

$$\sum q_{89}p_{90} = \sum q_{89}p_{80} \times \frac{\sum q_{91}p_{90}}{\sum q_{91}p_{80}} = 20\ 000 \times 1.07 = 21\ 400(万元)$$

2003 年与 1989 年对比的生产指数:

$$\frac{\sum q_{2003}p_{1990}}{\sum q_{1989}p_{1990}} = \frac{50\ 000}{21\ 400} = 233.64\%$$

计算结果表明:该企业 2003 年生产比 1989 年增长了 133.64%。

　　(二)空间物价指数

　　指数理论除了主要应用于现象的时间变动分析之外,也应用于空间的综合比较。空间物价指数是进行国际或地区对比的重要方法。

　　[例 10 - 4]　比较 A,B 两个地区小轿车价格情况,以两地的普通桑塔纳和宝来这两种小轿车为代表商品,根据表 10 - 5 资料,计算两地小轿车的空间价格指数。

表 10 - 5　小轿车销售资料

小轿车	销售量(辆)		销售价格(万元/辆)	
	A 地:q_A	B 地:q_B	A 地:p_A	B 地:P_B
普通桑塔纳	2 000	1 500	11	12
宝来	1 000	2 000	15	15

由于是两个地区对比,对比的基准地可以互换,如:

$$\frac{A}{B}或\frac{B}{A} \tag{10 - 22}$$

因此,互换对比基准地以后的两个空间价格指数的乘积为 1,即从不同对比基准所得空间价格指数的结论应保持一致。

　　很明显,分别以 A,B 两个地区为基准对比出来的综合价格指数的结果会有冲突,从计算公式上看:

$$\frac{\sum p_A q_A}{\sum p_B q_A} \times \frac{\sum p_B q_B}{\sum p_A q_B} \neq 1 \tag{10 - 23}$$

为了使互换基准后指数的结果保持一致,要求采用马埃指数公式或费暄理想指数公式。

以 B 地区作为对比基准的马埃指数: $E_p = \dfrac{\sum p_A(q_A + q_B)}{\sum p_B(q_A + q_B)} = 95.98\%$

以 A 地区作为对比基准的马埃指数: $E_p = \dfrac{\sum p_B(q_A + q_B)}{\sum p_A(q_A + q_B)} = 104.19\%$

计算结果表明 B 地小轿车价格高于 A 地。

(三)股票价格指数

股票价格指数的编制方法多种多样,常用综合指数方法来计算。其基本公式为

$$I = \frac{\sum p_1 q}{\sum p_0 q} \qquad (10-24)$$

式中　q——基期或报告期股票发行量。

股票价格指数的单位用"点"表示,即把基期的股票价格指数确定为 100 点,每上升或下降"1"个单位称为"1"点。

常见的股票价格指数有道－琼斯股价平均指数、标准·普尔股价指数、香港恒生指数、上证综合指数、深证综合指数等。

现以上海证券交易所和深圳证券交易所股价指数为例,说明股票价格指数的编制方法。

1. 上证综合指数。以 1990 年 12 月 19 日为基日(定为 100 点),以所有在上海证券交易所上市的股票为编制范围,以股票发行量为权数计算综合指数:

$$上证综合指数 = \frac{报告期市价总值}{基日市价总值} \times 100 \qquad (10-25)$$

式中　市价总值——股票市价乘以发行股数;

基日市价总值——亦称为除数。

当市价总值出现非交易因素变动(如增股、配股、汇率调整等)时,原有除数需进行修正,以维持指数的连续可比。修正公式如下:

$$修正后的除数 = \frac{修正后的市价总值}{修正前的市价总值} \times 原除数 \qquad (10-26)$$

2. 上证 180 指数。以上海证券交易所上市的 A 股中最具市场代表性的 180 种样本股票为计算对象,并以这 180 家流通股数为权数的加权综合股价

指数。自 2002 年 7 月 1 日起正式发布,基日指数定为 1000 点。

3. 深证综合指数。以 1991 年 4 月 3 日为基日(定为 100 点),以所有在深圳证券交易所上市的股票为编制对象,以股票发行量为权数计算的综合指数。纳入指数计算范围的股票称为指数股。

$$深证综合指数 = \frac{现时指数股总市值}{基日指数股总市值} \times 100 \qquad (10-27)$$

修正时,采用连锁方法进行:

$$今日即时指数 = 上日收市指数 \times \frac{今日即时指数股总市值}{经调整的上日指数股收市总市值}$$

$$(10-28)$$

4. 深证成分股指数。以深圳证券交易所上市的 A 股中最具代表性的 40 种成分股票计算,方法与深圳综合指数相同。以 1994 年 7 月 20 日为基日,基日指数定为 1000 点。

第三节　平均数指数

一、平均数指数的编制原理

平均数指数是计算总指数的另一种重要形式。在解决复杂总体被研究现象不可直接加总对比的问题上,平均数指数采用了不同于综合指数的编制方法,即从单个的现象出发,通过对个体指数加权平均的方法,来观察总体的平均变动。

(一)先对比,后平均

平均数指数是采取先确定各单项的个体指数,即通过对比计算各单个现象的个体指数,然后再利用一定的权数资料,采用适当的方法,对各个体指数计算加权平均值。平均数指数就是个体指数的加权平均数。

(二)平均数指数的基本公式

平均数指数利用平均数的计算方法来编制指数,主要计算形式有加权算术平均数和加权调和平均数两种。基本计算公式如下:

$$\bar{k} = \frac{\sum kpq}{\sum pq} \qquad (10-29)$$

$$\bar{k} = \frac{\sum pq}{\sum \frac{1}{k}pq} \qquad (10-30)$$

式中 k——表示个体指数,即被平均的变量值;

pq——表示权数。

权数 pq 是与所编制的指数密切相关的价值量指标,按照 p 和 q 的所属时间不同可形成 p_1q_1,p_1q_0,p_0q_1,p_0q_0 四种权数形式。由于 p_1q_0,p_0q_1 的资料不易取得,通常只采用 p_1q_1 和 p_0q_0 作为权数。

二、平均数指数的编制方法

(一)加权算术平均数指数

1. 权数为 p_0q_0 的加权算术平均数指数。根据式(10-29),一般选择基期价值量 p_0q_0 作为权数,计算公式如下:

$$\bar{k}_q = \frac{\sum k_q p_0 q_0}{\sum p_0 q_0} = \frac{\sum \frac{q_1}{q_0} p_0 q_0}{\sum p_0 q_0} \qquad (10-31)$$

$$\bar{k}_p = \frac{\sum k_p p_0 q_0}{\sum p_0 q_0} = \frac{\sum \frac{p_1}{p_0} p_0 q_0}{\sum p_0 q_0} \qquad (10-32)$$

[例10-5] 仍以表10-1、表10-2资料为依据,收集相关资料如表10-6。

表 10-6 商品销售量、销售价格及销售额资料

商品名称	计量单位	商品销售量			商品销售价格(元)			商品销售额(元)	
		基期 q_0	报告期 q_1	个体指数 $k_q = \frac{q_1}{q_0}$	基期 p_0	报告期 p_1	个体指数 $k_p = \frac{p_1}{p_0}$	基期 $p_0 q_0$	报告期 $p_1 q_1$
甲	台	100	125	125%	520	650	125.00%	52 000	81 250
乙	件	200	320	160%	410	500	121.95%	82 000	160 000
丙	个	250	280	112%	60	65	108.33%	15 000	18 200
合计	—	—	—	—	—	—	—	149 000	259 450

计算商品销售量平均数指数和商品销售价格平均数指数如下：

$$\bar{k}_q = \frac{\sum \frac{q_1}{q_0}p_0 q_0}{\sum p_0 q_0} = \frac{125\% \times 52\,000 + 160\% \times 82\,000 + 112\% \times 15\,000}{149\,000}$$

$$= \frac{213\,000}{149\,000} = 142.95\%$$

$$\bar{k}_p = \frac{\sum \frac{p_1}{p_0}p_0 q_0}{\sum p_0 q_0}$$

$$= \frac{125\% \times 52\,000 + 121.95\% \times 82\,000 + 108.33\% \times 15\,000}{149\,000}$$

$$= \frac{181\,250}{149\,000} = 121.64\%$$

上述两式的计算结果与前面按拉氏指数形式计算的结果完全一致。不难看出，在资料完全相同的情况下，采用基期价值总量指标加权的平均数指数，实际上是拉氏综合指数的变形：

$$\bar{k}_q = \frac{\sum \frac{q_1}{q_0}p_0 q_0}{\sum p_0 q_0} = \frac{\sum q_1 p_0}{\sum q_0 p_0} \qquad (10-33)$$

$$\bar{k}_p = \frac{\sum \frac{p_1}{p_0}p_0 q_0}{\sum p_0 q_0} = \frac{\sum p_1 q_0}{\sum p_0 q_0} \qquad (10-34)$$

可见，平均数指数与综合指数的编制原理是相互贯通的。从公式的变形过程也可以看出，为什么一般采用基期的价值总量指标 $p_0 q_0$ 加权，而不采用报告期的价值总量指标 $p_1 q_1$ 加权。

2. 固定权数的加权算术平均数指数。需要指出的是，加权算术平均数指数不仅仅是综合指数的变形，在许多场合它还是一种独立的总指数的编制方法。实际工作中，往往采用经济发展比较稳定的某一时期的价值总量结构作为固定权数来计算个体指数的平均值。计算公式为

$$\bar{k} = \frac{\sum kw}{\sum w} \qquad (10-35)$$

式中　w——固定权数。

固定权数 w 通常采用全面调查或抽样调查资料,按结构资料调整计算确定。一经选定,数年不变。理论上权数应是

$$w = \frac{p_0 q_0}{\sum p_0 q_0},则 \bar{k} = \frac{\sum k p_0 q_0}{\sum p_0 q_0} = \sum k \cdot \frac{p_0 q_0}{\sum p_0 q_0} = \sum kw,权数之和\sum w = 1。$$

(二) 加权调和平均数指数

根据式(10-30),一般选择报告期价值量 $p_1 q_1$ 作为权数,计算公式如下:

$$\bar{k}_q = \frac{\sum p_1 q_1}{\sum \frac{1}{k_q} p_1 q_1} = \frac{\sum p_1 q_1}{\sum \frac{1}{\frac{q_1}{q_0}} p_1 q_1} \qquad (10-36)$$

$$\bar{k}_p = \frac{\sum p_1 q_1}{\sum \frac{1}{k_p} p_1 q_1} = \frac{\sum p_1 q_1}{\sum \frac{1}{\frac{p_1}{p_0}} p_1 q_1} \qquad (10-37)$$

[**例 10-6**] 以表 10-6 的资料为依据,计算商品销售量平均数指数和商品销售价格平均数指数如下:

$$\bar{k}_q = \frac{\sum p_1 q_1}{\sum \frac{1}{\frac{q_1}{q_0}} p_1 q_1}$$

$$= \frac{259\ 450}{\frac{1}{125\%} \times 81\ 250 + \frac{1}{160\%} \times 1\ 600\ 000 + \frac{1}{112\%} \times 18\ 200}$$

$$= \frac{259\ 450}{181\ 250} = 143.14\%$$

$$\bar{k}_q = \frac{\sum p_1 q_1}{\sum \frac{1}{\frac{p_1}{p_0}} p_1 q_1}$$

$$= \frac{259\ 450}{\frac{1}{125\%} \times 81\ 250 + \frac{1}{121.95\%} \times 1\ 600\ 000 + \frac{1}{108.33\%} \times 18\ 200}$$

$$= \frac{259\ 450}{213\ 000} = 121.81\%$$

上述两式的计算结果与前面按派氏指数形式计算的结果完全一致。不难看出,在资料完全相同的情况下,采用报告期价值总量指标加权的平均数指数,实际上是派氏综合指数的变形:

$$\overline{k}_q = \frac{\sum p_1 q_1}{\sum \dfrac{1}{\dfrac{q_1}{q_0}} p_1 q_1} = \frac{\sum q_1 p_1}{\sum q_0 p_1} \qquad (10-38)$$

$$\overline{k}_p = \frac{\sum p_1 q_1}{\sum \dfrac{1}{\dfrac{p_1}{p_0}} p_1 q_1} = \frac{\sum p_1 q_1}{\sum p_0 q_1} \qquad (10-39)$$

同样,从公式的变形过程也可以看出,编制加权调和平均数指数,为什么一般采用报告期的价值总量指标 $p_1 q_1$ 加权,而不采用基期的价值总量指标 $p_0 q_0$ 加权。

综上所述,按照一般原则,编制数量指标平均数指数时,应取基期的价值总量指标 $p_0 q_0$ 作权数,即采用式(10-33)计算数量指标个体指数的加权算术平均值;编制质量指标平均数指数时,应以报告期的价值总量指标 $p_1 q_1$ 为权数,即采用式(10-39)计算个体质量指标指数的加权调和平均值。只有这样,其计算结果和现实意义才与一般原则下的综合指数相同。

三、平均数指数的应用

(一)居民消费价格指数

居民消费价格指数,是反映居民购买生活消费品、获得服务的价格水平变动趋势和程度的相对数,可用以分析价格水平变动对居民收入的影响,观察、研究居民生活水平的变化,为宏观经济分析与决策提供依据。

居民消费价格指数按计算范围不同,分为市(县)级、省(区)级和全国范围的居民消费价格指数,农村居民消费价格指数和城市居民消费价格指数,以反映各地和全国城乡不同经济条件下居民消费价格水平的变动情况。

1. 消费品、服务项目分类。国家统计局《居民消费价格指数商品及服务项目目录》将居民消费品和服务分为八大类,包括食品、烟酒及用品、衣着、家庭设备用品及维修服务、医疗保健及个人用品、交通和通讯、娱乐教育文化用品及服务、居住等。每个大类包括若干个中类,中类之下又设基本分类。

2. 代表规格品选择。由于消费品和服务项目极为繁多,各种价格经常变动,在实际工作中,需要选择代表规格品。代表规格品选择的原则是:消费量较大,价格变动趋势和变动程度有较强的代表性,经济寿命较长,有发展前途的品种,选中的规格品之间性质差异远,是合格产品。

3. 居民消费价格指数的计算。计算程序为先基本分类指数,再中类、大类指数,最终计算居民消费价格总指数。

基本分类指数是用简单几何平均方法对若干代表规格品的个体指数进行平均,基本分类指数公式如下:

$$I_i = \sqrt[n]{k_{i1} \times k_{i2} \times \cdots \times k_{in}} \qquad (10-40)$$

式中 k_{in}——第 i 个基本分类的第 n 个代表规格品的个体指数。

中类、大类指数及总指数用加权算术平均数逐层计算。其中权数为居民家庭用于某类消费品和服务的支出额占所有消费品和服务支出总额的比重,反映该类消费品和服务的价格变动在总指数形成中的影响程度。资料来源为城镇和农村居民住户抽样调查,权数确定后,在一年内固定不变。如,中类指数的计算公式:

$$I_{中类} = \frac{\sum I_i w_i}{\sum w_i} \qquad (10-41)$$

[**例 10 –7**] 根据表 10 –7 资料编制居民消费价格总指数。

表中:

鞋类基本分类指数:

$$I_{鞋类} = \sqrt[3]{102.00\% \times 98.00\% \times 96.00\%} = 98.64\%$$

鞋帽袜及其他衣着中类指数:

$$I_{鞋帽袜及其他衣着} = \frac{98.64\% \times 60 + 98.20\% \times 10 + 96.80\% \times 8 + 105.60\% \times 22}{100}$$

$$= 99.98\%$$

衣着大类指数:

$$I_{衣着} = \frac{96.00\% \times 75 + 102.00\% \times 1 + 99.98\% \times 24}{100} = 97.02\%$$

居民消费价格指数:

$$I = \frac{\begin{aligned}&96.00\% \times 30 + 110.00\% \times 6 + 97.02\% \times 10 + 96.80\% \times 8\\ &+ 98.50\% \times 6 + 98.20\% \times 10 + 101.60\% \times 12 + 108.20\% \times 18\end{aligned}}{100}$$

$$= 100.24\%$$

计算结果表明,该地报告期居民消费价格比基期上涨了 0.24%。

表 10 – 7　　某地报告期居民消费价格指数计算表

	平均价格		权数 w	指数（%）	指数 × 权数
	p_0	p_1			
居民消费价格指数			100	100.24	—
一、食品			30	96.00	28.80
二、烟酒及用品			6	110.00	6.60
三、衣着			10	97.02	9.70
1. 服装			(75)	96.00	72.00
2. 衣着材料			(1)	102.00	102.00
3. 鞋帽袜及其他衣着			(24)	99.98	24.00
(1)鞋类			(60)	98.64	59.18
代表规格品①	22.00	22.44	—	102.00	—
代表规格品②	80.00	78.40	—	98.00	—
代表规格品③	140.00	134.40	—	96.00	—
(2)袜子			(10)	98.20	9.82
(3)帽子			(8)	96.80	7.74
(4)其他衣着			(22)	105.60	23.23
四、家庭设备用品及维修			8	96.80	7.74
五、医疗保健及个人用品			6	98.50	5.91
六、交通和通讯			10	98.20	9.82
七、娱乐教育文化用品			12	101.60	12.19
八、居住			18	108.20	19.48

（二）居民消费价格指数的派生指标

在编制居民消费价格指数的基础上，可计算一些派生指标，延伸对现象的分析和研究。

1. 通货膨胀率。它是测定通货膨胀或通货紧缩程度的指标，对于掌控经济政策，维护社会经济秩序，都有着重要意义。通货膨胀率的基本计算方法是用价格指数的变动率来表示，计算公式为

$$通货膨胀率（\%）= \frac{报告期居民消费价格指数}{基期居民消费价格指数} \times 100\% - 100\%$$

（10 – 42）

计算结果为正值时，表明出现了通货膨胀；若为负值，则表明存在通货紧缩。

2. 货币购买力指数。货币购买力是指单位货币所能购买商品和服务的数量。货币购买力的变动是由价格的变动所决定的，货币购买力的大小同商

品和服务的价格的变动成反比,即价格上涨,货币购买力下降;价格下降,货币购买力提高。根据这种关系,通过编制货币购买力指数,来反映货币购买力的变动。计算公式如下:

$$货币购买力指数 = \frac{1}{居民消费价格指数} \qquad (10-43)$$

3. 职工实际工资指数。由于价格变动影响了货币购买力,不同时期等量的职工实际工资所能购买到的商品和服务就会存在差异。为了更确切地反映职工实际生活水平的变动,必须考虑价格变动或者货币购买力的变化,由此可计算职工实际工资指数。公式如下:

$$职工实际工资指数 = \frac{职工平均工资指数}{居民消费价格指数}$$

或　　　　　　　　　　 $= 职工平均工资指数 \times 货币购买力指数 \qquad (10-44)$

(三)农副产品收购价格指数

农副产品收购价格指数反映了农副产品收购价格的综合变动,由此可考察农副产品收购价格的变动对农民收入和国家财政支出等方面的影响,为制定和实施有关农民、农业和农村政策提供依据。

农副产品收购价格指数采用以报告期实际收购额为权数的调和平均数指数来编制,计算公式为

$$I_p = \frac{\sum p_1 q_1}{\sum \frac{1}{k} p_1 q_1} \qquad (10-45)$$

式中　　$k = \dfrac{p_1}{p_0}$——各种农副产品收购价格个体指数。

农副产品收购价格指数的编制程序为:先计算各种农副产品收购价格的个体指数,然后依次计算小类指数、大类指数直至总指数。

第四节　指数因素分析

一、指数体系

(一)指数体系的概念

一般而言,指数体系是指若干个具有一定内在联系的指数所构成的整体。现象之间往往存在着各种各样的内在联系,这使得反映现象变化情况的各指

数间也就存在着这样与那样的内在联系。

现象间的客观联系,可用相应的指标体系表现出来,例如:

$$商品销售额 = 商品销售量 \times 商品价格$$

$$总成本 = 产品产量 \times 单位成本$$

$$原材料总费用 = 产品产量 \times 原材料单耗 \times 原材料单价$$

从上述关系式中可以看出,现象总体总量是由多个相互联系的因素共同作用的结果。它们之间的这种联系同样也表现为各指数间的联系,形成指数体系,如:

$$商品销售额指数 = 商品销售量指数 \times 商品价格指数$$

$$总成本指数 = 产品产量指数 \times 单位成本指数$$

$$原材料总费用指数 = 产品产量指数 \times 原材料单耗指数 \times 原材料单价指数$$

指数体系包含两个方面的基本内容:各因素指数的乘积等于现象的总变动指数;各因素影响的绝对差额之和等于现象发生的总绝对差额。

(二)指数体系的作用

1. 利用指数体系对现象的变化进行因素分析。现象的变化取决于其内在各构成因素变化的共同作用。利用反映这种变化关系的指数体系,可从数量上分析现象总变动中,各个构成因素变动对其影响的方向、程度和绝对效果。统计上称这种分析方法为指数因素分析法。例如,通过编制总成本指数与产品产量指数、单位成本指数,从相对数和绝对数两个方面测定产品产量、单位成本的变动对总成本变动的影响。

2. 利用指数体系,可由已知指数推算未知指数。例如,已知某商品销售额比上期上升20%,销售量比上期上升30%,则可根据"商品销售额指数 = 商品销售量指数 × 商品价格指数"这一指数体系,推算出该期商品销售价格指数为92.31%,说明商品销售价格比上期平均下降7.69%。

(三)连锁替代法

运用指数体系进行因素分析,一般采用连锁替代法。它的基本特点是:研究某个因素变动时,把其他因素固定下来,依次由一个因素替代另一个因素进行分析。采用连锁替代法进行指数因素分析的基本步骤如下:

1. 确定研究的现象及其影响因素的指标关系式。用公式表示:

$$E = q \cdot p \qquad\qquad (10-46)$$

$$E = q \cdot m \cdot p \cdots \qquad\qquad (10-47)$$

式中 E——现象指标;

$q, m, p \cdots$——因素指标,其个数可以是两个、三个或更多,依研究目的决定。

在关系式中,因素指标应注意按先数量指标后质量指标的顺序排列,尤其注意对多因素指标的排列。例如,在研究企业原材料总费用变动时,影响总费用变动的因素的排列顺序为产品产量、原材料单耗、原材料单价。同时要注意各因素按排列顺序相乘后的经济含义,如产品产量乘以原材料单耗等于原材料总消耗量,原材料总消耗量乘以原材料单价等于原材料总费用,这些都有明确的经济意义。如果原材料单耗与原材料单价的排列顺序互换,产品产量乘以原材料单价的经济含义就模糊不清了。

2. 根据指标关系式建立分析指数体系及相应的绝对量增减关系式。必须坚持选择同度量因素的一般原则,即将数量指标指数的同度量因素质量指标固定在基期,将质量指标指数的同度量因素数量指标固定在报告期。目的是要使各因素指数的连乘积等于总量指标指数,各因素指数引起的变动绝对差额之和等于总量指标变动的绝对差额。若用 q,m,p 等依次表示先数量、后质量的各因素指标,三因素指标关系 $E=q\cdot m\cdot p$,则连锁替代法的计算公式和步骤为:

(1)所研究现象指标的总变动

$$总变动程度 = \frac{\sum E_1}{\sum E_0} = \frac{\sum q_1 m_1 p_1}{\sum q_0 m_0 p_0} \qquad (10-48)$$

$$总变动的绝对额 = \sum E_1 - \sum E_0 = \sum q_1 m_1 p_1 - \sum q_0 m_0 p_0 \qquad (10-49)$$

(2)各因素指标变动的影响

$$q \text{ 因素变动影响的程度} = \frac{\sum q_1 m_0 p_0}{\sum q_0 m_0 p_0} \qquad (10-50)$$

$$q \text{ 因素变动影响的绝对额} = \sum q_1 m_0 p_0 - \sum q_0 m_0 p_0 \qquad (10-51)$$

$$m \text{ 因素变动影响的程度} = \frac{\sum q_1 m_1 p_0}{\sum q_1 m_0 p_0} \qquad (10-52)$$

$$m \text{ 因素变动影响的绝对额} = \sum q_1 m_1 p_0 - \sum q_1 m_0 p_0 \qquad (10-53)$$

$$p \text{ 因素变动影响的程度} = \frac{\sum q_1 m_1 p_1}{\sum q_1 m_1 p_0} \qquad (10-54)$$

$$p \text{ 因素变动影响的绝对额} = \sum q_1 m_1 p_1 - \sum q_1 m_1 p_0 \qquad (10-55)$$

(3)各因素影响的综合分析

总变动程度等于各因素变动影响程度的连乘积:

$$\frac{\sum q_1 m_1 p_1}{\sum q_0 m_0 p_0} = \frac{\sum q_1 m_0 p_0}{\sum q_0 m_0 p_0} \times \frac{\sum q_1 m_1 p_0}{\sum q_1 m_0 p_0} \times \frac{\sum q_1 m_1 p_1}{\sum q_1 m_1 p_0} \qquad (10-56)$$

总变动的绝对额等于各因素变动影响绝对额的总和:

$$\sum q_1 m_1 p_1 - \sum q_0 m_0 p_0 = \left(\sum q_1 m_0 p_0 - \sum q_0 m_0 p_0\right) + \left(\sum q_1 m_1 p_0 - \right.$$
$$\left. \sum q_1 m_0 p_0\right) + \left(\sum q_1 m_1 p_1 - \sum q_1 m_1 p_0\right)$$
$$(10-57)$$

二、总量指标变动的指数因素分析

(一)总量指标变动的两因素分析

按照上述连锁替代法分析的基本原理,对总量指标的变动按两因素进行分析,现象总量指标的总变动是质量指标因素变动与数量指标因素变动共同作用的结果。

[**例 10 - 8**] 依据表 10 - 2 资料,对某商场三种商品销售额的总变动进行因素分析。

1. 商品销售额的总变动

$$\frac{\sum q_1 p_1}{\sum q_0 p_0} = \frac{259\ 450}{149\ 000} = 174.13\%$$

$$\sum q_1 p_1 - \sum q_0 p_0 = 259\ 450 - 149\ 000 = 110\ 450(元)$$

2. 商品销售量变动的影响

$$\frac{\sum q_1 p_0}{\sum q_0 p_0} = \frac{213\ 000}{149\ 000} = 142.95\%$$

$$\sum q_1 p_0 - \sum q_0 p_0 = 213\ 000 - 149\ 000 = 64\ 000(元)$$

3. 商品销售价格变动的影响

$$\frac{\sum p_1 q_1}{\sum p_0 q_1} = \frac{259\ 450}{213\ 000} = 121.81\%$$

$$\sum p_1 q_1 - \sum p_0 q_1 = 259\ 450 - 213\ 000 = 46\ 450(元)$$

4. 各因素影响的综合分析

$$\frac{\sum q_1 p_1}{\sum q_0 p_0} = \frac{\sum q_1 p_0}{\sum q_0 p_0} \times \frac{\sum p_1 q_1}{\sum p_0 q_1}$$

$$174.13\% = 142.95\% \times 121.81\%$$

$$\sum q_1 p_1 - \sum q_0 p_0 = \left(\sum q_1 p_0 - \sum q_0 p_0\right) + \left(\sum p_1 q_1 - \sum p_0 q_1\right)$$

$$110\ 450(元) = 64\ 000(元) + 46\ 450(元)$$

分析结果表明:某商场三种商品销售额报告期比基期上涨了 74.13%,绝对数额增加 110 450 元。其中,由于三种商品销售量变动使销售额上涨 42.95%,增加 64 000 元;由于三种商品销售价格变动使销售额上涨 21.81%,增加 46 450 元。

(二)总量指标变动的多因素分析

以三因素分析为例,按照连锁替代法的基本原理,对总量指标的变动进行分析。

[**例 10 - 9**] 依照表 10 - 8 资料,对某企业某种原材料总费用变动情况进行因素分析。

表 10 - 8　某企业某种原材料总费用变动情况分析表

车间	产量(件)		原材料单耗(吨/件)		原材料单价(元/公斤)		原材料总费用(万元)			
	q_0	q_1	m_0	m_1	p_0	p_1	$q_0 m_0 p_0$	$q_1 m_1 p_1$	$q_1 m_0 p_0$	$q_1 m_1 p_0$
甲	30	40	10	8	2.0	1.5	60.0	48.0	80.0	64.0
乙	5	6	20	15	2.5	3.0	25.0	27.0	30.0	22.5
丙	10	15	4	5	5.0	6.0	20.0	45.0	30.0	37.5
合计	-	-	-	-	-	-	105.0	120.0	140.0	124.0

所依据的指数体系是:

原材料总费用指数 = 产品产量指数 × 原材料单耗指数 × 原材料单价指数

1. 原材料总费用的变动

$$\frac{\sum q_1 m_1 p_1}{\sum q_0 m_0 p_0} = \frac{120}{105} = 114.29\%$$

$$\sum q_1 m_1 p_1 - \sum q_0 m_0 p_0 = 120 - 105 = 15(万元)$$

2. 产品产量变动的影响

$$\frac{\sum q_1 m_0 p_0}{\sum q_0 m_0 p_0} = \frac{140}{105} = 133.33\%$$

$$\sum q_1 m_0 p_0 - \sum q_0 m_0 p_0 = 140 - 105 = 35(万元)$$

3. 原材料单耗变动的影响

$$\frac{\sum q_1 m_1 p_0}{\sum q_1 m_0 p_0} = \frac{124}{140} = 88.57\%$$

$$\sum q_1 m_1 p_0 - \sum q_1 m_0 p_0 = 124 - 140 = -16(万元)$$

4. 原材料单价变动的影响

$$\frac{\sum q_1 m_1 p_1}{\sum q_1 m_1 p_0} = \frac{120}{124} = 96.78\%$$

$$\sum q_1 m_1 p_1 - \sum q_1 m_1 p_0 = 120 - 124 = -4(万元)$$

5. 各因素影响的综合分析

$$\frac{\sum q_1 m_1 p_1}{\sum q_0 m_0 p_0} = \frac{\sum q_1 m_0 p_0}{\sum q_0 m_0 p_0} \times \frac{\sum q_1 m_1 p_0}{\sum q_1 m_0 p_0} \times \frac{\sum q_1 m_1 p_1}{\sum q_1 m_1 p_0}$$

$$114.29\% = 133.33\% \times 88.57\% \times 96.78\%$$

$$\sum q_1 m_1 p_1 - \sum q_0 m_0 p_0 = \left(\sum q_1 m_0 p_0 - \sum q_0 m_0 p_0 \right) + \left(\sum q_1 m_1 p_0 - \sum q_1 m_0 p_0 \right) + \left(\sum q_1 m_1 p_1 - \sum q_1 m_1 p_0 \right)$$

$$15(万元) = 35(万元) + (-16)(万元) + (-4)(万元)$$

分析结果表明:某企业某种原材料总费用报告期比基期上涨了14.29%,绝对数额增加15万元。其中,由于产品产量的变动使原材料总费用上升33.33%,增加35万元;由于原材料单耗变动使原材料总费用降低11.43%,减少16万元;由于原材料单价变动使原材料总费用降低3.22%,减少4万元。

三、平均指标变动的指数因素分析

(一)平均指标变动分析的步骤

平均指标变动的指数因素分析是指对影响平均指标变动的因素进行分解而后加以分析的方法。根据前面已学的相关内容可知,在分组条件下,平均指标的变动受两个因素变动的影响:一是各组水平的变动影响;二是总体结构即各组单位数在总体单位数中所占比重的变动影响。用公式表示:

$$\bar{x} = \frac{\sum xf}{\sum f} = \sum x \left(\frac{f}{\sum f} \right) \qquad (10-58)$$

将各组水平即组平均值作为质量指标,将总体的比重结构 $f/\sum f$ 作为数量指标,依据连锁替代法分析的一般原理,就可对平均指标的变动及其各因素的影响进行分析。

以下标 0 和下标 1 分别表示基期和报告期,则基期和报告期平均指标分别表示为

$$\overline{x}_0 = \frac{\sum x_0 f_0}{\sum f_0} = \sum x_0 \left(\frac{f_0}{\sum f_0} \right) \qquad (10-59)$$

$$\overline{x}_1 = \frac{\sum x_1 f_1}{\sum f_1} = \sum x_1 \left(\frac{f_1}{\sum f_1} \right) \qquad (10-60)$$

1. 编制可变构成指数,分析平均指标的总变动

$$\frac{\overline{x}_1}{\overline{x}_0} = \frac{\dfrac{\sum x_1 f_1}{\sum f_1}}{\dfrac{\sum x_0 f_0}{\sum f_0}} = \frac{\sum x_1 \left(\dfrac{f_1}{\sum f_1} \right)}{\sum x_0 \left(\dfrac{f_0}{\sum f_0} \right)} \qquad (10-61)$$

可变构成指数是总体分组条件下,两个时期总平均指标的比值,反映报告期总平均指标相对于基期的变化程度。分子与分母变动的绝对额为

$$\overline{x}_1 - \overline{x}_0 = \frac{\sum x_1 f_1}{\sum f_1} - \frac{\sum x_0 f_0}{\sum f_0} = \sum X_1 \left(\frac{f_1}{\sum f_1} \right) - \sum x_0 \left(\frac{f_0}{\sum f_0} \right)$$

$$(10-62)$$

2. 编制结构影响指数,分析各组单位数在总体单位数中的结构变动对总平均指标变动的影响

$$\frac{\overline{x}_n}{\overline{x}_0} = \frac{\dfrac{\sum x_0 f_1}{\sum f_1}}{\dfrac{\sum x_0 f_0}{\sum f_0}} = \frac{\sum x_0 \left(\dfrac{f_1}{\sum f_1} \right)}{\sum x_0 \left(\dfrac{f_0}{\sum f_0} \right)} \qquad (10-63)$$

式中　$\overline{x}_n$——按基期水平和报告期结构计算的假定平均指标。

结构影响指数是将各组水平作为同度量因素固定不变,分别按报告期和基期结构计算两期的平均指标,而后对比,使其只反映结构变化对总平均指标的影响。分子与分母变动的绝对额为

$$\bar{x}_n - \bar{x}_0 = \frac{\sum x_0 f_1}{\sum f_1} - \frac{\sum x_0 f_0}{\sum f_0} = \sum x_0 \left(\frac{f_1}{\sum f_1} \right) - \sum x_0 \left(\frac{f_0}{\sum f_0} \right)$$

$$(10-64)$$

3. 编制固定构成指数，分析各组水平变动对总平均指标变动的影响

$$\frac{\bar{x}_1}{\bar{x}_n} = \frac{\dfrac{\sum x_1 f_1}{\sum f_1}}{\dfrac{\sum x_0 f_1}{\sum f_1}} = \frac{\sum x_1 \left(\dfrac{f_1}{\sum f_1} \right)}{\sum x_0 \left(\dfrac{f_1}{\sum f_1} \right)}$$

$$(10-65)$$

固定构成指数，是将各组单位数在总体单位数中的结构作为同度量因素固定不变，分别按报告期和基期的组平均值计算两期的平均指标，而后对比，使其单纯反映各组水平变化对总平均指标变动的影响。分子与分母变动的绝对额为

$$\bar{x}_1 - \bar{x}_n = \frac{\sum x_1 f_1}{\sum f_1} - \frac{\sum x_0 f_1}{\sum f_1} = \sum X_1 \left(\frac{f_1}{\sum f_1} \right) - \sum x_0 \left(\frac{f_1}{\sum f_1} \right)$$

$$(10-66)$$

4. 各因素影响的综合分析

总变动程度等于各因素变动影响的连乘积

$$\frac{\bar{x}_1}{\bar{x}_0} = \frac{\bar{x}_n}{\bar{x}_0} \times \frac{\bar{x}_1}{\bar{x}_n}$$

$$\frac{\dfrac{\sum x_1 f_1}{\sum f_1}}{\dfrac{\sum x_0 f_1}{\sum f_0}} = \frac{\dfrac{\sum x_0 f_1}{\sum f_1}}{\dfrac{\sum x_0 f_0}{\sum f_0}} \times \frac{\dfrac{\sum x_1 f_1}{\sum f_1}}{\dfrac{\sum x_0 f_1}{\sum f_1}}$$

$$(10-67)$$

总变动绝对额等于各因素变动影响绝对额的总和

$$\bar{x}_1 - \bar{x}_0 = (\bar{x}_n - \bar{x}_0) + (\bar{x}_1 - \bar{x}_n)$$

$$\frac{\sum x_1 f_1}{\sum f_1} - \frac{\sum x_0 f_0}{\sum f_0} = \left(\frac{\sum x_0 f_1}{\sum f_1} - \frac{\sum x_0 f_0}{\sum f_0} \right) + \left(\frac{\sum x_1 f_1}{\sum f_1} - \frac{\sum x_0 f_1}{\sum f_1} \right)$$

$$(10-68)$$

(二)平均指标变动分析举例

[例 10-10] 现以表 10-9 资料为例，说明平均指标变动的因素分析

方法。

表 10 – 9 某公司员工工资及指数分析表

职工类别	月平均工资(元)		员工人数(人)				工资总额(元)		
	基期	报告期	基期		报告期		基期	报告期	假定
	x_0	x_1	f_0	$\frac{f_0}{\sum f_0}(\%)$	f_1	$\frac{f_1}{\sum f_1}(\%)$	$x_0 f_0$	$x_1 f_1$	$x_0 f_1$
辅助工	4 000	5 000	40	40	90	60	160 000	450 000	360 000
技术工	6 000	8 000	60	60	60	40	360 000	480 000	360 000
合计	–	–	100	100	150	100	520 000	930 000	720 000

1. 计算全公司员工基期和报告期的总平均工资

$$\bar{x}_0 = \frac{\sum x_0 f_0}{\sum f_0} = \frac{520\ 000}{100} = 5\ 200(元)$$

$$\bar{x}_1 = \frac{\sum x_1 f_1}{\sum f_1} = \frac{930\ 000}{150} = 6\ 200(元)$$

2. 计算可变构成指数

$$\frac{\frac{\sum x_1 f_1}{\sum f_1}}{\frac{\sum x_0 f_0}{\sum f_0}} = \frac{6\ 200}{5\ 200} = 119.23\%$$

$$\frac{\sum x_1 f_1}{\sum f_1} - \frac{\sum x_0 f_0}{\sum f_0} = 6\ 200 - 5\ 200 = 1\ 000(元)$$

3. 计算结构影响指数

$$\frac{\frac{\sum x_0 f_1}{\sum f_1}}{\frac{\sum x_0 f_0}{\sum f_0}} = \frac{\frac{720\ 000}{150}}{5\ 200} = \frac{4\ 800}{5\ 200} = 92.31\%$$

$$\frac{\sum x_0 f_1}{\sum f_1} - \frac{\sum x_0 f_0}{\sum f_0} = 4\,800 - 5\,200 = -400(\text{元})$$

4. 计算固定构成指数

$$\frac{\dfrac{\sum x_1 f_1}{\sum f_1}}{\dfrac{\sum x_0 f_1}{\sum f_1}} = \frac{6\,200}{4\,800} = 129.17\%$$

$$\frac{\sum x_1 f_1}{\sum f_1} - \frac{\sum x_0 f_1}{\sum f_1} = 6\,200 - 4\,800 = 1\,400(\text{元})$$

5. 综合分析

可变构成指数 = 结构影响指数 × 固定构成指数

$$\frac{\dfrac{\sum x_1 f_1}{\sum f_1}}{\dfrac{\sum x_0 f_0}{\sum f_0}} = \frac{\dfrac{\sum x_0 f_1}{\sum f_1}}{\dfrac{\sum x_0 f_0}{\sum f_0}} \times \frac{\dfrac{\sum x_1 f_1}{\sum f_1}}{\dfrac{\sum x_0 f_1}{\sum f_1}}$$

$$119.23\% = 92.31\% \times 129.17\%$$

总平均工资变动绝对额 = 结构变动影响绝对额 +

各组工资水平变动影响绝对额

$$\frac{\sum x_1 f_1}{\sum f_1} - \frac{\sum x_0 f_0}{\sum f_0} = \left(\frac{\sum x_0 f_1}{\sum f_1} - \frac{\sum x_0 f_0}{\sum f_0}\right) + \left(\frac{\sum x_1 f_1}{\sum f_1} - \frac{\sum x_0 f_1}{\sum f_1}\right)$$

$$1\,000(\text{元}) = (-400)(\text{元}) + 1400(\text{元})$$

分析结果表明:该公司全体员工总平均工资报告期比基期提高了19.23%,增加了1 000元,这是由于各组员工工工资水平提高和各组员工人数结构变动两因素共同作用的结果。其中,由于较低工资的辅助员工人数比重的增加使总平均工资下降了7.69%,减少了400元;由于各组员工实际工资水平提高又使总平均工资上升29.17%,增加了1 400元。

本章小结

1. 指数是一种重要的统计方法,主要用以综合反映复杂现象总体的变动。指数分析法是利用指数原理分析各因素对现象变动影响的一种重要的分析方法。综合指数、平均数指数和指数因素分析构成本章的主要内容。

2. 综合指数是根据先综合后对比的思路计算总指数,即通过同度量因素先计算出复杂现象总体在不同时期(或空间)的总量,在同度量因素固定的条件下,将两个时期(或空间)的总量进行对比。

3. 平均数指数是根据先对比后综合的思路计算总指数,即先计算个体指数,再对个体指数进行加权平均。在一定的权数条件下,平均指数可视为综合指数的变形。

4. 编制综合指数时,如何选择同度量因素的时期,要依据编制指数的目的和任务,结合研究对象的特点,灵活地加以确定。指数理论和实践中,编制综合指数的一般原则是:编制数量指标指数,采用质量指标作同度量因素,并将其固定在基期。编制质量指标指数,采用数量指标作同度量因素,并将其固定在报告期。但不可将编制综合指数的一般原则绝对化,根据需要,也可应用其他的方法,常用的有拉氏指数、派氏指数等。

5. 计算平均数指数要确定对个体指数进行平均的形式及权数。平均的形式有算术平均、调和平均和几何平均。应用较为普遍的是算术平均形式。常用的权数有根据综合指数变形得到的权数及固定权数。

6. 指数因素分析是本章的另一重要内容。因素分析的基本任务是在定性分析的基础上,依据指数体系中各指数间的联系,分别分析各个因素对研究现象的影响程度和影响方向。一般采用连锁替代法从相对数和绝对数两个方面进行分析。

7. 指数因素分析角度多种多样。分析的对象可以是简单现象,也可以是复杂现象;分析的指标可以是总量指标,也可以是平均指标;分析的因素的个数,可以是两因素,也可以是多因素,应根据研究的任务确定。指数体系是因素分析的基础。

8. 利用综合指数体系,可以分析现象总变动中受数量因素和质量因素影响的方向和程度。利用平均指标指数体系,可以分析现象总平均指标变动受结构变动影响和水平变动影响的方向和程度。

思考与练习

1. 阐述指数的概念、种类和作用。
2. 举例说明什么是数量指标指数和质量指标指数,并区分两者的差别。
3. 综合指数的编制有什么特点?
4. 编制综合指数的方法有哪些?各自的特点是什么?
5. 什么是同度量因素?怎样理解同度量因素的作用?
6. 举例说明综合指数的应用。
7. 平均数指数的编制有什么特点?
8. 编制平均数指数的方法有哪些?各自的特点是什么?
9. 平均数指数在什么条件下才能成为综合指数的变形?
10. 举例说明平均数指数的应用。

11. 什么是指数体系？怎样进行因素的连锁替代分析？

12. 现象总平均指标的因素分析应编制哪几种指数？各种指数的分析意义是什么？

13. 某企业产品成本资料如下：

产品	计量单位	单位成本(元)		产品产量	
		基期	报告期	基期	报告期
甲	件	10	9	1 000	1 100
乙	个	9	9	400	500
丙	米	8	7	700	800

计算：(1)成本个体指数和产量个体指数；(3)综合成本指数；(3)总生产费用指数。

14. 某企业产量资料如下：

产品名称	基期实际产值 $q_0 p_0$ (万元)	报告期实际产值 $q_1 p_1$ (万元)	产量报告期比基期增长% $(q_1 / q_0) - 100\%$
甲	200	240	25
乙	450	485	10
丙	350	480	40
合计	1 000	1 205	—

根据资料计算：(1)加权算术平均数指数；(2)由于产量增长,使产值增加多少?

15. 某机床厂总生产费用资料如下：

产品名称	基期生产费用 $q_0 z_0$ (万元)	报告期生产费用 $q_1 z_1$ (万元)	单位成本报告期比基期降低% $(z_1 / z_0) - 100\%$
车床	7 500	7 800	−5
铣床	5 000	5 200	−3
合计	12 500	13 000	—

根据资料计算：(1)加权调和平均数指数；(2)确定生产费用是否节约。

16. 用同一数量人民币,报告期比基期多购买商品5%,问物价是如何变动的?

17. 报告期和基期购买等量的商品,报告期比基期多支付50%的货币,物价是否变动? 是如何变化的?

18. 依据下列资料计算产量综合指数和价格综合指数,并分析总产值受各因素影响的结果。

产品	计量单位	产 量		出厂价格(元)	
		基期	报告期	基期	报告期
甲	件	100	100	500	600
乙	台	20	25	3 000	3 000
丙	米	1 000	2 000	6	5

19. 某公司所属工厂生产同一产品的产量和成本情况如下表：

工厂分组	产量(吨)		平均成本(元)	
	基期	报告期	基期	报告期
甲工厂	200	300	800	1 200
乙工厂	400	900	500	800
合 计	600	1 200	–	–

计算：该公司总平均成本的可变构成指数、结构影响指数和固定构成指数，并利用指数体系分析总平均成本受各因素的影响。

参考答案

13. (1)成本个体指数：90.00%，100.00%，87.50%；

产量个体指数：110.00%，125.00%，114.29%。

(2)综合成本指数：91.32%。

(3)总生产费用指数：104.17%。

14. (1)加权算术平均数指数：123.50%。

(2)产值增加235(万元)。

15. (1)加权调和平均数指数：95.79%。

(2)生产费用节约(−571.35)(万元)。

16. 物价指数：95.24%。

17. 物价指数：105.00%。

18. 产量综合指数：118.10%；影响绝对量：21 000(元)。

价格综合指数：105.84%；影响绝对量：8 000(元)。

　　　总产值指数:125.00% ;变动绝对量:29 000(元)。

　　　125.00% = 118.10% × 105.84%

　　　29 000(元) = 21 000(元) + 8 000(元)

19. 可变构成指数:150.00% ;变动绝对量:300(元/吨)。

　　　结构影响指数:95.83% ;影响绝对量:(−25)(元/吨)。

　　　固定构成指数:156.52% ;影响绝对量:325(元/吨)。

　　　150.00% = 95.83% × 156.52%

　　　300(元/吨) = (−25)(元/吨) + 325(元/吨)

第十一章　综合评价

本章介绍综合评价的基本概念、基本思想以及几种常用的综合评价方法。全章共分六节。第一节讨论综合评价的概念、思想与分析程序;第二节介绍指标赋权的常用方法;第三节介绍常规的综合评价方法:综合评分法、综合指数法、功效系数法;第四节介绍无标准排序评价法;第五节介绍灰色关联度评价法;第六节介绍模糊综合评价分析法。全章在讨论综合评价思想的基础上,以介绍各种综合评价方法的操作应用为主,不偏重理论推导。

第一节　综合评价概述

一、综合评价问题的提出

综合评价是运用统计理论和方法对客观对象进行评定、判断和比较。

由于客观事物之间总是处于相互联系、相互依存、相互作用之中的,对客观事物的评价,往往需要多个指标以评价其优劣,虽然单个指标可直接进行对比分析,但多个指标同时使用时,往往很难直接进行对比分析(有时甚至会发生不同指标之间相互矛盾的情况),因而需要运用一种方法把反映被评价对象的各个指标信息综合起来,变换成一个综合指标,凭此反映被评价事物的整体状况。

所谓综合评价就是根据研究的目的,以统计资料为依据,借助一定的手段和方法,对描述客观事物的指标体系进行综合,得出概括性的结论,从而提示事物的本质及其发展规律的一种方法。构成综合评价分析的基本要素有评价对象、评价指标体系、评价主体及其偏好结构、评价原则、评价模型、评价环境,各基本要素有机组合构成一个综合评价系统。对某一特定的综合评价问题,一旦相应的综合评价系统确定之后,则该综合评价问题就完全成为按评价原则进行的"测定"或"度量"问题。

二、统计综合评价分析的程序

(一)明确对象系统

这一步的实质是建立一个能合理反映被评价系统(对象系统)的描述模

型,称为概念模型。评价对象系统的特点直接决定着评价的内容、方式以及方法。

（二）建立评价指标体系

对象系统的评价指标体系常具有递阶结构,尤其是复杂对象系统常具有系统规模大、子系统和系统要素多、系统内部各种关系复杂等特点,因而使得这类系统的评价指标体系呈现多项指标、多层次结构。所以,需按照人类认识和解决复杂问题的从粗到细、从全局到局部的分层递阶方法,选用合适的指标体系,明确指标间的隶属关系。

1. 定性选择评价指标

首先,要明确综合评价的目的与目标,弄清评价的主题是什么、评价事物的哪一个方面等。例如,在一个国家或地区文化教育水平的综合评价中,应围绕"文化教育"这一个主题或目标选择统计指标,而不能把其他一些指标如人均收入水平等也作为文化教育水平评价指标。明确这一点非常重要,它能保证最终评价结果符合综合评价的目的要求。

其次,对评价目标进行定性分析,找出影响评价目标的各层次因素,建立评价指标体系。一般来说,至少应从三个层次对评价目标进行因素分析:第一层次是总目标层次,它说明的是综合评价最终所要达到的目标;第二层次是中间层次,它是对总目标层次的主要因素分析,是具体的评价指标的类综合;第三层次是指标层次,它由反映评价目标的各方面的统计指标所构成。

第三,在建立评价指标体系时应兼顾全面性原则、可比性原则和可操作性原则。

第四,在选取评价指标时,还应注意与所采用的综合评价方法相协调。有些综合评价方法本身能够清除指标之间的相互干扰和替代,这时选取指标应多注意全面性,而另一些评价方法却要求评价指标之间尽可能不相关,这时就应多注意指标的代表性。

2. 评价指标的精选

为了全面反映被评价对象的情况,评价者总是希望所选取的评价指标越多越好。但是,过多的评价指标不仅会增加评价工作的难度,而且会因评价指标间的相互联系造成评价信息相互重叠,相互干扰。因此,需要从初步构建的评价指标体系中选取一部分有代表性的评价指标来简化原有指标体系。解决这一问题有两条途径:一是从指标体系去定性分析各评价指标间的相互关系,从而选出一些指标来代替原始指标;二是用数理统计的方法,根据指标间的关系去定量地选取代表性指标,例如聚类分析法、主成分分析法等。当然,应尽量把这两种方法结合起来,选取适中的评价指标体系。

（三）确定评价指标的转换和综合方法。

多指标的综合应以各评价指标的同质性为前提。非同质性的指标是不可比的,当然也就不能综合。但评价指标体系中各个指标往往是非同质的。一方面,各指标的实际数值的量纲不同;另一方面,由于评价指标反映的是被评价事物的不同侧面,因此,采用的指标形式可以有所不同,可以是总量指标,也可以是相对数指标或平均数指标,这样就会产生各评价指标的实际数值在数量级上的差异。

指标的同质化,可以用无量纲化的方法加以解决。所谓指标的无量纲化就是清除量纲和数量级的影响,将指标的实际值转化为可以综合的指标评价值,从而解决评价指标的可综合性问题。由此可见,指标的无量纲化处理是综合评价中的重要基础工作。常用的无量纲化处理方法有:逆向指标、适度指标正向化;定性指标定量化;（正向）定量指标的无量纲化。

在将指标实际值转化为指标评价值后,就可根据被评价事物的特点,选取适当的方法将各指标的评价值综合成一个指标,以得到一个整体性的评价。

（四）确定评价指标的权数

在综合评价中,评价指标体系中各个指标对被评价事物的作用有大有小,因此要加权处理。权数是衡量各指标在综合评价中相对重要程度的一个数值,一般以相对数形式表示。由于多指标的综合一般采用加权平均的方法,因此,权数的确定直接影响着综合评价的结果,权数的变动会改变被评价对象的优劣顺序。所以,权数确定在综合评价中是十分敏感而又重要的工作。

（五）加权合成指标价值,求得综合评价值

依综合评价值的大小,对被评价事物进行排序比较分析,并解释其意义。

三、统计综合评价的数学实质

综合评价是把描述对象的多个量纲不同的指标实际值转化成无量纲的评价值,并综合这些评价值而对被评价事物做出整体性评价。它的数学实质是:把高维空间中的样本点投影到一维直线上,通过一维直线上的投影点来对被评价对象作不同时（空）间的整体性比较和排序。

假设用 n 个评价指标描述被评价对象。n 个指标构成一个 n 维空间 M,被评价对象则是 n 维空间中的若干个点。由于评价指标量纲和数量级的不同,综合评价时要进行无量纲化处理,把指标实际值转化成评价值,这实际上是把 n 维空间 M 向另一空间 Q 投影,此时空间 Q 仍是 n 维的,但每一维的量纲已经一致了。空间 M 中的点也就相应地投影到空间 Q 中,但此时仍无法对空间 Q 的投影点比较大小。而综合评价时把各指标评价值恰当合成一个综合评价值,这相当于把空间 Q 中的投影点投影到一维直线上,而一维直线上的点是可以比较和排序的。所以综合评价就是通过无量纲化和合成这两次投影把无序空间 M 中的点(被评价对象)投影为有序直线上的点,从而解决被评价对象在不同时(空)间上的整体性比较和排序的问题。

四、综合评价的基本方法

从总体上可将目前国内外常用的综合评价方法分为:经济分析法、专家评价法、运筹学和其他数学方法。

（一）经济分析法

这是一种以事先议定好的某个综合经济指标来评价不同对象的综合评价方法。常用的有:直接给出综合经济指标的计算公式或模型的方法、费用效益分析法等。该方法含义明确,便于不同对象的对比;不足之处是计算公式或模型不易建立,而且对涉及较多因素的评价对象来说,往往很难给出一个统一于一种量纲的公式。

（二）专家评价法

这是一种经专家的主观判断为基础,通常以"分数"、"指数"、"评语"等作为评价的标准,对评价对象做出总的评价的方法。常用的有:评分法、分等法、加权评分法及优序法等。该方法简单方便,易于使用,但主观性强。

（三）运筹学和其他数学方法

常用的方法有:多目标决策方法(Multiobjectine Decision Making MODM)、数据包络分析方法(Date Envelopment Analysis DEA)、层次分析法(Analytic Hierarchy process AHP)、数理统计方法、模糊数学法等。

五、综合评价分析方法的问题

（一）综合评价结果只具有相对意义

综合评价结果尽管是用数值来表达的,但一般不具有统计指标的独立意义,而只有相对的意义,即只能用于性质相同的对象之间的比较和排序。

（二）综合评价的结果不是惟一的

综合评价的方法很多,在一种方法中,对于诸如评语等级的拟定、各等级所赋予的分值的拟定、单因素评价方法的拟定、评价的相对标准的拟定、单因素评价结果的合成等环节上,都可以有若干灵活的选择,不同的选择会产生不同的评价结论,有时结论相左。而且,在做出选择时又没有可供遵循的准则。

(三)综合评价结果的可比性存在一定局限

对于对象的评价,总是相对于一定的参照系而言的。评价对象的比较和排序,只能在同一参照系内进行,评价的结论,也只有在同一参照系内才有可比性,对非数量评判因素进行评判时,一般要请一些人对评判进行等级评定及投票。不同的投票人总体进行评价所依据的参照标准不尽相同,因而,这些总体所得出的不同的对象评判结果一般不具可比性。可见,综合评价结果的可比性在范围上有较大的局限性。

(四)综合评价结果存在一定的主观性

任何一种综合评价方法,都要依据一定的权数对各单项评判结果进行综合,而权数是由评判人员主观确定的,权数比例的改变会变更综合评价的结果。另外,对非数量评判因素的评判,主要依赖于投票人对评价对象的主观感受。对同一评判对象,不同人的主观感受是不一样的。

由于综合评价分析方法的局限性,使得它的结论只能作为认识事物、分析问题的参考,而不能作为决策的惟一根据。

第二节 指标赋权方法

一、主观赋权法

(一)专家评判法

专家评判法的基本思想是:邀请一批对研究问题有深入了解的专家,让他们各自独立地对每个评价指标赋予权数,然后将专家意见集中起来,求出每个指标权数的平均值和方差。具体可用专家会议法与德尔菲法处理。

这种方法简单实用,便于推广,是确定权数的主要方法之一。

(二)层次分析(AHP)法

层次分析法是由美国运筹学学者 T·L·Saaty 在 20 世纪 70 年代提出的一种多目标决策分析方法。它把影响被评价的对象和各种错综复杂的因素按照相互作用、影响及隶属关系划分成有序的递阶层次结构。根据对一定客观现实的主观判断,对相对于上一层次的下一层次中的因素进行两两比较,然后经过数学计算及检验,获得最低层相对于最高层的相对重要性权数,并进行排序。这一方法用于评价指标赋权时,有其独特的作用。其基本思路是:首先建立有序的递阶指标系统,然后建立主观地将指标两两进行比较,构造判断矩阵,再根据判断矩阵进行数学处理及一致性检验,就可以获得各指标相对重要性权数。AHP 构权法有单准则构权法和多准则构权法之分,详细内容请查阅有关资料。

AHP 构权法是一种定性和定量相结合的方法。该方法由于让评价者对照一相对重要性函数表给出因素中两两比较的重要性等级,因而可靠性高、误差小;不足之处是遇到因素众多、规模较大的问题时,该方法容易出现问题,如判断矩阵难以满足一致性要求,进一步对其分组往往难以进行等。

二、客观赋权法

客观赋权法是直接根据各个指标的原始信息经过一定数学处理后获得权数的一种方法。其基本思想是:指标权数应根据各指标间的相互关系或各指标提供的信息量来确定。

（一）变异系数法

设有 n 个被评价对象,每个被评价对象由 P 个指标 $x_1, x_2 \cdots, x_p$ 来描述。先求出各指标的均值 $\bar{x}_i$ 和方差 S_i^2。

$$\bar{x}_i = \frac{1}{n} \sum_{j=1}^{n} x_{ji} \quad (i = 1, 2, 3, \cdots, P) \tag{11-1}$$

$$S_i^2 = \frac{1}{(n-1)} \sum_{j=1}^{n} (x_{ji} - \bar{x}_i)^2 \quad (i = 1, 2, 3, \cdots, P) \tag{11-2}$$

式中,x_{ji} 表示第 j 个被评价对象在第 i 项指标上的取值,则变异系数为

$$V_i = S_i / \bar{x}_i \tag{11-3}$$

对 V_i 作归一化处理,便可得各指标的权数

$$W_i = \frac{V_i}{\sum_{j=1}^{p} V_j} \tag{11-4}$$

其基本思想是:如果某项指标的数值能明确区分开各个被评价对象,说明该指标在这项评价上的分辨信息丰富,因而应给该指标以较大的权数;反之则相反。在统计学中,指标的变异信息量是用方差来衡量的,但由于各指标量纲和数量级的影响,各指标的方差不具可比性,因此,应选用可比的各指标变异系数。

（二）相关系数法

在构建评价指标时,要尽可能使各评价指标间彼此不能替代,亦即要尽量清除指标间的重复信息。某评价指标与指标体系中的其他评价指标信息重复

越多,说明该指标的变动越能被其他指标的变动所解释,因而其评价作用就越小,应赋予较小的权数;反之则相反。信息的重复程度可由两指标的相关系数来反映。具体可进行如下处理。

设 P 个评价指标的相关系数矩阵 H:

$$H = \begin{pmatrix} 1 & r_{12} & \cdots & r_{1p} \\ r_{21} & 1 & \cdots & r_{2p} \\ \vdots & \vdots & \vdots & \vdots \\ r_{p1} & r_{p2} & \cdots & 1 \end{pmatrix} \qquad (11-5)$$

假设求第 P 个指标 x_p 与其他 $P-1$ 个指标间的多元相关系数 ρ_p,则对 R 作如下分解:

$$H = \begin{pmatrix} R_{p-1} & r_p \\ r_p^T & 1 \end{pmatrix} \qquad (11-6)$$

式中　R_{p-1}——$x_1, x_2, \cdots, x_{p-1}$ 之间的相关系数矩阵。

$$r_p = (r_{1p}, r_{2p}, \cdots, r_{p-1p})^T \qquad (11-7)$$

故　　　　　　　　　　$\rho_p = r_p^T \cdot R_{p-1}^{-1} \cdot r_p \qquad (11-8)$

这样就可以求所有的多元相关系数 $\rho_i(i=1,2,\cdots,p)$。

由于 ρ_i 越大表示指标 x_i 越能被其他 $P-1$ 个指标所代替,其在评价中的作用就越小,应赋予较小的权数。基于这种认识,就可以求得其权数 W_i。

$$W_i = \left(\frac{1}{\rho_i}\right) \bigg/ \left(\sum_{j=1}^{p} \frac{1}{\rho_j}\right) \qquad (11-9)$$

以上两种方法中,第一种是利用各指标变异程度上的差异信息;第二种是利用各指标间的相互影响程度上的差异信息。这两种信息都包含在原始数据中,而且利用这两种信息已提出了多种指标赋权的方法,如熵值法、坎蒂雷法、主成分分析法与因子分析法等,有兴趣的读者可以查阅有关资料。

三、赋权方法的选择

从上面的分析可以得出,主观赋权法主要是从定性分析的角度,根据各个指标的经济意义以及其对所反映的概念的作用大小来确定相应指标的权数;而客观赋权法则是从定量分析的角度,根据各个指标的具体数值所提供的信息量的大小来确定相应的指标权数。因此,主观赋权法能考虑客观的实际情况,使指标的权数更具有现实意义,但这种方法不可避免地带有个人的主观随意性;客观赋权法则过多地重视指标数值本身的特征,虽避免了主观判断造成的后果,但对指标具体经济意义重视不够。所以在选择赋权方法时应根据具体情况具体分析,防止过分信赖统计或数学等定量方法而忽视评价指标的主观定性分析,或完全依赖专家的意见而抛弃客观赋权方法的倾向。主观赋权法与客观赋权法各有长处,但又并非尽如人意。因此,科学的态度和明智的作法,应当是将主观与客观赋权法有机的结合起来,从而使指标的赋权趋于合理化。

第三节 综合评价分析的常规方法

一、指标评价的综合方法

综合评价的目的是要对被评价事物做出一个整体性的评价,这就必须解决多指标的综合问题,即要将多个描述评价事物不同侧面的指标评价值加以综合而形成一个新的综合指标。进行多指标综合的数学方法有多种,但归纳起来无非三大类:线性综合法、几何综合法和混合综合法。

(一)线性综合法

线性综合法的基本公式为

$$y = \sum_{i=1}^{p} w_i x_i \qquad\qquad (11-10)$$

式中 y——被评价事物的综合值;

　　w_i——第 i 个指标权数;

　　x_i——第 i 个指标评价值;

　　p——指标个数。

例如,美国 1975 年提出的人文发展指数就是采用线性综合方法来计算的。

人文发展指数 $= \dfrac{1}{3}$(识字率指数 + 婴儿死亡指数 + 1 岁期望寿命指数)。

目前,一些国际组织经常用人文发展指数来综合评价一个国家或地区的社会福利状况、民族教育水平和生活水平。

线性综合法有如下两个显著特点:(1)它只适用于评价指标间彼此不相关的情形。如果各评价指标间有一定的相关关系,则"求和"的结果将会发生信息重复而使综合评价值难以反映客观实际。(2)各评价指标间可以线性替代,即在综合评价值 y 不变时,一些指标评价值的上升(或下降)可能通过另一些指标评价值的下降(或上升)来替代。

(二)几何综合法

几何综合法的基本公式为

$$y = \Big(\prod_{i=1}^{p} x_i^{w_i}\Big)^{\frac{1}{\sum w_i}} \qquad (11-11)$$

特别地,当各评价指标权数 W_i 均相等时,则有

$$y = \Big(\prod_{i=1}^{p} x_i\Big)^{\frac{1}{p}}$$

上式中的综合评价值 y 其实就是各评价指标 x_i 的几何平均。

例如,在用 $C-D$ 生产函数 $y = AK^\alpha L^\beta$ 计算技术进步水平 A 时,就是用几何综合法来测算的。

与线性综合法不同,几何综合法适合于指标间有较强的相互联系的情形。

(三)混合综合法

将上述两种综合法混合在一起,就可以得到一种兼有线性法和几何法的混合综合法。混合的方式有多种,比较常用的方式就是直接混合,即

$$Y = \sum_{i=1}^{p} w_i x_{i1} + \Big(\prod_{j=1}^{L} x_{j2}^{w_j}\Big)^{\frac{1}{\sum w_j}} \qquad (11-12)$$

例如,西方国家使用的"经济业绩指数"就是通过混合方法把 3 个不同指标综合在一起:

$$经济业绩指数 = \frac{国内生产总值增长率}{通货膨胀率 + 失业率}$$

由于混合综合法兼有线性综合和几何综合两种方法的优点,因此,它适合各评价指标间重要程度差异较大,而且各指标评价值间的差异也较大时的场合,但这种方法计算操作时比较麻烦。

综上所述,不同的指标综合方法有不同的特点和适用场合。在综合评价实践中,需要根据被评价对象的特点,考虑到方便和实用,灵活地加以选择、创造性地应用。

二、几种简单的综合评价分析方法

(一)综合评分法

这种方法的基本思想是:将各种不可加的指标实际值运用指标分数转换形式转换成可加的评价分数值,然后采用线性综合法求得分值,用以比较和排序。

1. 等级评分法

等级评分法一般适合于非数量性项目的综合评价。其操作是:先确定各指标的权数和评分标准,然后对每个指标的实际值按照评分标准给其打分,最后用权数对单项评价指标的得分进行加权线性求和,即可得综合分值。

[例11-1]　某校制订的教学质量评估项目体系评分标准和权数见表11-1。

表11-1　教学质量评分项目和评分标准

评 估 项 目	评分标准					权数
	5	4	3	2	1	
教学内容	符合大纲、内容丰富、联系实际	良好	一般	及格	不及格	0.30
教学方法	讲授生动、清楚、有启发性	良好	一般	及格	不及格	0.25
教学态度	好	良好	一般	及格	不及格	0.15
素质培养	好	良好	一般	及格	不及格	0.15
能力培养	注重能力培养	良好	一般	及格	不及格	0.15

现请120名学生对某教师评分,所得结果的分组资料如表11-2。求该教师教学质量的平均得分。

表11-2　教学质量评分结构分组表

评估项目	得票数					平均分
	5	4	3	2	1	
教学内容	48	48	24	0	0	4.2
教学方法	24	60	24	12	0	3.8
教学态度	60	36	24	0	0	4.3
素质培养	12	36	48	24	0	3.3
能力培养	12	24	60	24	0	3.2

$$\bar{X} = 4.2 \times 0.30 + 3.8 \times 0.25 + 4.3 \times 0.15 + 3.3 \times 0.15 + 3.2 \times 0.15$$
$$= 3.83(分)$$

此结果即为该教师教学质量的平均得分,可以用来评比与排序。

2. 百分比评分法

此法适用于数量性项目的综合评价。基本操作是:以同类被评价对象的平均水平为基础进行打分。打分标准可按各指标与标准水平(平均水平)相比较的相对数定分,每高(或低)一定的百分比多打(或少打)一定的分(也可按各项指标的水平差异情况分组定分),最后将各指标的得分加权求和即得综合评价总分。

[例11-2] 选择劳动生产率(元/人年)、资金利税率(%)、产值利税率(%)和流动资金周转次数(次/年)对某年某省三个地市全部独立核算工业企业经济效益的总体状况进行评价。有关资料见表11-3。

表11-3   某省地市效益指标实际值

	地市A	地市B	地市C	全省平均水平
劳动生产率(元/人年)	22 368	23 399	31 694	28 704
资金利税率(%)	10.32	15.17	29.64	11.88
产值利税率(%)	9.76	17.18	27.27	10.11
流动资金周转次数(次/年)	2.57	2.37	3.21	3.04

假定劳动生产率每高(或低)全省水平5%则多(或少)计1分;资金利税率和产值利税率每高(或低)全省水平5个百分点则多(或少)计1分;流动资金周转次数每比全省水平快(或慢)1次则多(或少)计1分;各指标实际值与全省水平持平则记5分。

根据各指标实际和以上定分标准,就可以得出各地市效益总得分,见表11-4。

表11-4   各地市效益得分

	权数	地市A	地市B	地市C
劳动生产率	0.20	0.59	1.30	7.08
资金利税率	0.30	4.70	5.66	8.55
产值利税率	0.30	4.93	6.41	8.43
流动资金周转次数	0.20	4.53	4.33	5.17
综合分值	1.00	3.91	4.75	7.54

上表结果显示,地市C独立核算工业企业综合经济效益水平较高,地市B次之,地市A最差。

(二)综合指数评价法

综合指数评价法是根据经济指数的原理、采用加权算术平均数指数公式,对分析对象进行综合评价的一种方法。事实上,由于对被评价对象的整体性评价是通过多项指标的差异来进行的,差异有绝对差异和相对差异之分,而相对差异可用指标的个体指数来反映,因而便产生了综合指数评价法。其基本步骤为:

首先,根据分析研究的目的,选择评价标准,将各项指标的实际水平与标准水平进行对比,计算各项指标的个体评价指数。计算公式为

$$K_i = \frac{Q_{i1}}{Q_{i0}} \times 100\% \quad (i = 1,2,\cdots,p)$$

式中　K_i——第 i 项指标的个体指数;

　　　Q_{i1}——第 i 项指标的实际水平;

　　　Q_{i0}——第 i 项指标的标准水平。

然后,根据各项评价指标在总体中的重要程度确定权数 W_i。

最后,用加权算术平均的方法计算综合指数(也可以用几何平均合成),即得出综合评价数值,并按其大小排序,进行综合评价。计算公式为

$$\bar{k} = \sum_{i=1}^{p} K_i \cdot W_i \tag{11-13}$$

[**例 11 -3**]　某企业综合经济效益指数的计算如下:

表 11 -5　综合经济效益指标指数计算表

指标名称	单位	某年实际值 Q_{i1}	年度标准值 Q_{i0}	权数 W_i	$k_i = \frac{Q_{i1}}{Q_{i0}}(\%)$	$W_i K_i$
产品销售率	%	100.00	96.90	3	103.20	309.60
流动资金周转次数	次	3.20	3.40	3	94.12	282.36
产值利税率	元/(百)元	23.00	22.20	4	104.55	418.20
资金利税率	元/(百)元	23.30	22.60	4	103.10	412.40
利税上缴率	%	76.00	74.90	3	101.47	304.41
全员劳动生产率	元/人	16 000.00	15 000.00	3	106.67	320.01
合计	/	/	/	20	/	2 046.98

则综合经济效益指数为

$$K = \sum_{i=1}^{6} \frac{Q_{i1}}{Q_{i0}} \cdot \frac{W_i}{20} = \frac{2\ 046.98}{20} = 102.35$$

综合指数评价法既可对不同时期同一被评对象进行纵向对比,也可对同

一时期不同被评价对象进行横向比较。在实践中,评价标准 Q_{i0} 有多种选择:纵向对比时可确定为基础水平或历史最高水平;横向比较时可以是同类被评价对象的最高水平或平均水平;检查完成情况时应是计划数。在使用综合指数法时,一般地,所采用的指标,或均为正指标,或均为逆指标。

(三)功效系数评价法

功效系数评价法是利用多目标规划原理中的功效系数加以改进,而得到综合评价分数。其基本思想是:通过功效函数将异度量的各指标实际值转化成无量纲的功效系数,然后采用线性几何综合法将这些同度量的功效系数综合起来,得到综合评价值,以此作为综合评价的依据。

功效系数法的基本步骤归纳如下:

(1)根据研究目的和现象本身的特点选择几项指标建立评价指标体系。

(2)对中选的指标确定其权数,为方便计算,权数之和一般为 10 或 100。实践证明,只要取 1,2,3 这三个整数,就足以区分各评价指标的相对重要程度。重要的为 3,比较重要的为 2,一般的为 1。

(3)确定各项指标的不容许值和满意值,利用功效系数公式计算出每项指标的功效系数 d_i。其计算公式如下:

$$d_i = \frac{x_i - x_i^{(S)}}{x_i^{(h)} - x_i^{(S)}} \times 40 + 60 \qquad (11-14)$$

式中　x_i——第 i 个指标实际值;

　　　$x_i^{(h)}$——第 i 个指标满意值,它表明经过努力第 i 个指标应获得的非常满意结果;

　　　$x_i^{(S)}$——第 i 指标的不允许值,它表明指标的变动不应劣于此值。

一般应有 $x_i^{(h)} > x_i^{(S)}$(对正向指标而言)。

式(11-14)表明,功效系数 d_i 与指标实际值 x_i 之间是呈线性关系的,因此,功效函数属于直接型无量纲化公式的范畴。式(11-14)还规定了功效系数的取值范围,即指标实际值超过值 $x_i^{(h)}$ 的功效系数 d_i 高于 100,达到 $x_i^{(h)}$ 时为 100,低于不允许值 $x_i^{(S)}$ 时 d_i 小于 60,达到 $x_i^{(S)}$ 时为 60,在 $x_i^{(S)}$ 与 $x_i^{(h)}$ 之间时功效系数 d_i 在 60 至 100 之间。

(4)计算总功效系数 D。利用所计算的各项指标的单功效系数评价值和给定的权数,采用加权算术平均或加权几何平均法求总功效系数。

采用加权算术平均求总功效系数的公式如下:

$$D = \sum_{i=1}^{n} d_i w_i / \sum_{i=1}^{n} w_i \qquad (11-15)$$

采用加权几何平均求总功效的公式如下：

$$D = \sqrt[w_1 + w_2 + \cdots + w_n]{d_1^{w_1} \cdot d_2^{w_2} \cdots d_n^{w_n}} \qquad (11-16)$$

上两式中，w_i 为第 i 个指标的权数。

[例 11 - 4] 甲、乙两地区国民经济效益综合功效系数计算表

表 11 - 6 国民经济综合功效系数计算表

指　　数	计量单位	不允许值 $x_i^{(s)}$	满意值 $x_i^{(h)}$	权数（100）	甲地区实际值	乙地区实际值
1. 社会总成本净产值率	元/（百）元	45	48	25	48	55
2. 社会总成本利税率	元/（百）元	25	28	25	28	30
3. 社会劳动生产率（按 GDP 计算）	元/人	15 000	18 000	10	20 000	22.000
4. 投资效果系数	元/（百）元	0.5	0.52	20	0.56	0.52
5. 技术进步经济效益指标	元/（百）元	56	62	20	62	68
综合功效系数 D	分				118.67	141.66

具体计算如下，以甲地区为例：

$$d_1 = \frac{48-45}{48-45} \times 40 + 60 = 100（分），$$

$$d_2 = \frac{28-25}{28-25} \times 40 + 60 = 100（分），$$

$$d_3 = \frac{20\,000-15\,000}{18\,000-15\,000} \times 40 + 60 = 126.67（分），$$

$$d_4 = \frac{0.56-0.5}{0.52-0.5} \times 40 + 60 = 180（分），$$

$$d_5 = \frac{62-56}{62-56} \times 40 + 60 = 100（分），$$

$$D = 100 \times 25\% + 100 \times 25\% + 126.67 \times 10\% + 180 \times 20\% + 100 \times 20\%$$
$$= 118.67（分）$$

从计算结果反映出：两地区的国民经济综合功效系数均大于100，经济效益都不错，其中乙地区更好。

功效系数法是一种简单、适用、易懂的综合统计评价方法，它的优点就在于可以同时采用两种评价标准刻画分析对象在评价标准范围内的位置。但这种方法的恰当运用，必须建立在科学地确定各个指标的满意值与不满意值的基础之上。而事实上，这是一项极其困难的工作，如何科学地确定仍需要进一

步深入研究。

第四节　无标准排序评价法

无标准排序评价法,是欧洲货币基金组织综合评估国家竞争力的方法。这种方法是将被评价单位的每一个指标,按指标值的好坏依次排队,然后根据公式计算各单位每一个指标的得分,计算各单位的每类指标的平均得分;将各单位的各类指标平均得分再加权求出算术平均分,求得各单位的总得分,然后排序进行综合评价。

具体步骤为

(1)按照评价基准,将各评价单位的每项指标依次排序。

(2)计算评价单位每项指标的得分。具体计算方法为:第一名为100分,最后一名为0分,中间名次的各项指标得分为

$$100 - \frac{n-1}{N-1} \times 100 \qquad (11-17)$$

式中　n——评价单位该指标的名称;

N——参加排序的单位数。

(3)计算各评价单位各类指标的平均得分。

$$各类指标的平均得分 = \frac{\sum 各项指标得分 \times 指标在该类中的权重}{100}$$

(4)将各单位的各类指标平均得分再进行加权算术平均,求得各单位的总分。

(5)将各单位的总得分和每类指标的得分,按照分值的高低依次排队,确定各单位总的名次和在各类指标中的名次。

[例11-5]　表11-7为主要国家综合国力构成要素分析资料

表11-7　综合国力各构成要素的位次

国　家	经济实力	科技实力	国际化程度	政治实力	国民精神	军事实力	社会发展程度	资源实力
美　国	1	2	1	2	6	1	3	2
日　本	4	1	4	3	1	6	4	5
加拿大	2	8	7	8	11	12	6	4
德　国	3	3	2	6	8	8	1	8

续上表

国　家	经济实力	科技实力	国际化程度	政治实力	国民精神	军事实力	社会发展程度	资源实力
法　国	6	7	3	3	2	7	5	9
英　国	7	6	5	9	9	9	2	11
意大利	5	9	6	11	12	10	8	7
中　国	9	10	8	1	3	3	11	3
韩　国	10	5	9	7	4	4	9	10
巴　西	11	11	11	11	10	11	10	6
印　度	12	12	12	9	6	5	12	12
前苏联	8	4	10	3	4	2	7	1

注:根据王德发著《国际经济比较统计分析》(上海,上海财经大学出版社,1997 年版)第 293 页资料整理。

综合国力评分计算如表 11 – 8。

表 11 – 8　综合国力无标准排序计算表

国　家	经济实力 0.26	科技实力 0.20	国际化程度 0.10	政治实力 0.07	国民精神 0.07	军事实力 0.12	社会发展程度 0.10	资源实力 0.08	综合国力总分	位次
美　国	100.00	90.91	100.00	90.91	50.00	100.00	81.82	90.91	91.50	1
日　本	72.73	100.00	72.73	72.73	100.00	54.55	72.73	63.64	77.18	2
加拿大	90.91	36.36	45.45	36.36	9.09	0	54.55	72.73	49.91	6
德　国	81.82	81.82	90.91	54.55	36.36	36.36	100.00	36.36	70.36	3
法　国	54.55	45.45	81.82	72.73	90.91	45.45	63.64	27.27	56.91	5
英　国	45.45	54.55	63.64	27.27	27.27	27.27	90.91	9.09	46.00	7
意大利	63.64	27.27	54.54	4.55	0	18.18	36.36	45.45	37.23	10
中　国	27.27	18.18	36.36	100.00	81.82	81.82	9.09	81.82	44.36	8
韩　国	18.18	63.64	27.27	45.45	68.19	72.73	27.27	18.18	41.05	9
巴　西	9.09	9.09	9.09	4.55	18.18	9.09	18.18	54.55	13.95	11
印　度	0	0	0	27.27	50.00	63.64	0	0	13.05	12
前苏联	36.36	72.73	18.18	72.73	68.19	90.91	42.45	100.00	59.14	4

注:1)位次相同者,取其位次得分平均数;2)权数人为确定。

上述综合国力测算排序结果可以和其他各种测算排序结果作一对比,如表 11 – 9 所示。

表 11-9 综合国力各种测算排序结果对比

名称	年份	各国的位次											
		美国	日本	加拿大	德国	法国	英国	意大利	中国	韩国	巴西	印度	原苏联
考尔	1968	1	5	9	7	8	6	12	3	...	10	4	2
强国公式(富克斯)	1970	1	4	...	5	...	...	...	3	...	...	...	2
国力方程(克莱因)	1978	2	5	10	4	8	9	16	7	13	3	15	1
日本综合研究所	1985	1	3	...	4	5	6	...	...	...	...	...	2
综合国力动态方程(黄硕风)	1989	1	3	10	4	5	7	...	6	...	8	9	2
综合国力测度模式(干宏义)	1985	1	3	8	4	6	5	9	7	...	...	11	2
中国社科院(世经所)	1993	1	2	4	3	5	7	10	9	11	12	13	6(俄)
本例评价结果	1993	1	2	6	3	5	7	10	8	9	11	12	4

注：表中的测算仅摘取了本例 12 国的排序。

　　无标准排序法较适合于一些难以确定统一标准的复杂现象。无标准排序法的显著特点是采用位置平均数,而不是数值平均数,因而这种方法只能说明被评价各单位的状况,而不宜用它代表更大范围的总体。另外,在合成时,各指标权数的确定也要谨慎。

第五节　灰色关联度综合评价法

一、灰色关联度综合评价法的基本思想

　　用灰色系统理论处理多指标综合评价问题是建立在灰色关联度分析方法基础之上的。客观事物是普遍联系着的,它们受着各种相互关联、相互作用的复杂因素的影响,灰色关联度分析的目的就是通过一定方法揭示这些因素间的主要关系,找出影响目标值的重要因素,使各因素间的"灰"关系清晰化。数理统计中的回归分析、方差分析、主成分分析等也可以作出一定程度的回答,但往往要求数据量较大,数据的分布特征也要求明显,计算工作量大。而且对于多因素非典型分布特征的现象,数理统计分析的难度常常很大,相对来说,灰色关联度分析所需数据较少,对数据的分布要求低,原理简单,易于理解和掌握。

　　灰色关联度分析的基本思想是根据序列曲线几何形状的相似程度来判断其联系是否紧密。曲线越接近,相应序列之间的关联度就越大;反之就越小。

　　例如某地区农业增加值 x_0、种植业增加值 x_1、畜牧业增加值 x_2 和林果业增加值 x_3,从 1997 年到 2002 年共 6 年的编译数据如下:

$$x_0 = (18,20,22,35,41,46)$$
$$x_1 = (8,11,12,17,24,29)$$
$$x_2 = (3,2,7,4,11,6)$$
$$x_3 = (5,7,7,11,5,10)$$

各序列 $x_i(i=0,1,2,3)$ 的曲线,如图 11-1 所示。

　　从直观上看,与农业增加值曲线最相似的是种植业增加值曲线,而畜牧业增加值曲线和林果业增加值曲线与农业增加值曲线在几何形状上差别较大。因此我们可以说该地区仍然是以种植业为主的农业,畜牧业和林果业还不够发达。根据实际问题的需要,还可以进一步进行量化研究分析。

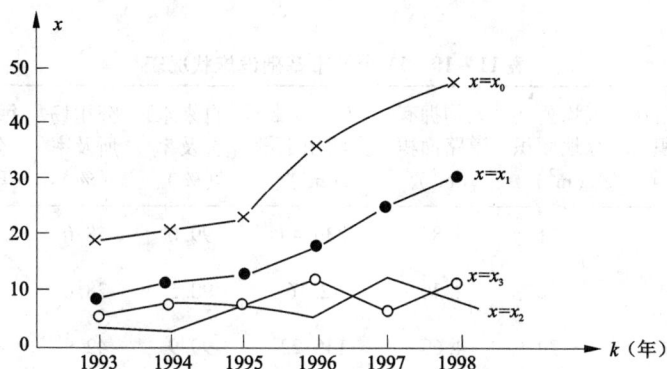

图 11 – 1

灰色关联度分析中的核心概念就是关联度。关联度是事物之间、因素之间关联性大小的度量,它定量描述了事物或因素之间相对变化的情况,即变化的大小、方向与速度的相对性。如果事物或因素变化的态势基本一致,则可以认为它们之间关联度较大;反之,则较小。

应用灰色关联度分析方法进行综合评价的基本思想是:从样本(被评价对象)中确定一个理想化的最优样本,并以此为参考序列,通过计算各样本序列与该参考序列的关联度,对被评价对象做出综合比较和排序。

二、灰色关联度综合评价方法的具体应用

设有 n 个被评价对象,每个被评价对象有 P 个评价指标。这样,第 i 个评价对象可描述为

$$x_i = \{ x_{i1}, x_{i2}, \cdots, x_{ip} \}, (i = 1, 2, \cdots, n)$$

用灰色关联度分析法进行综合评价的具体步骤是:

1. 确定参考序列。根据各评价指标的经济含义,在 n 个被评价对象中选出各项指标的最优值组成参考序列,

$$X_0 = \{ X_{01}, X_{02}, \cdots, X_{0P} \} \tag{11-17}$$

实际上,参考序列 X_0 构成一个理想化的最优样本,是综合评价的标准。如果第 j 项指标是越大越好的正向指标,则 X_{0j} 就是 n 个被评价对象第 j 项指标实际值的最大值;如果是逆向指标,则是最小值,如果是适度指标,便是该指标的适度值。

[例 11 - 6] 表 11 - 10 是 11 个城市的基础设施状况。

表 11 - 10 11 个城市基础设施状况表

城市	人均居住面积（m²）	人均公共绿地面积（m²）	人均拥有道路面积（m²）	人均日常生活用水量（m³）	自来水普及率（%）	公用场所及率（%）	每万人拥有公共交通车辆(辆)
A_1	7.95	4.21	4.84	239.49	99.0	58.0	6.54
A_2	7.38	1.02	2.30	72.16	90.5	28.6	3.88
A_3	7.37	3.79	4.69	145.22	99.9	42.9	4.61
A_4	6.35	0.99	4.70	314.75	100.0	77.6	4.06
A_5	7.10	0.93	5.79	158.16	86.8	31.4	1.32
A_6	7.64	4.36	9.53	69.39	73.4	72.3	7.77
A_7	5.22	3.94	8.86	238.36	98.1	75.0	16.67
A_8	6.04	5.45	7.92	262.37	97.9	41.0	1.88
A_9	3.181	6.09	6.17	110.80	96.2	48.9	8.35
A_{10}	6.20	1.99	8.50	147.24	94.9	36.9	3.25
A_{11}	5.49	0.78	8.90	145.08	98.8	95.5	7.60

根据 7 项指标的经济含义，从中找出最优值组成参考序列 x_0：

$$x_0 = \{7.95, \quad 6.09, \quad 9.52, \quad 314.75, \quad 100.0, \quad 95.9, \quad 16.67\}$$

2. 无量纲化。由于受各评价指标量纲和数量级不同的影响，使指标间不具有可比性。因此，必须对各指标实际值进行无量纲化处理。采用阈值法直线型无量纲化公式，即

$$x'_{ij} = \frac{x_{ij}}{x_{oj}} \quad (i = 1, 2, \cdots, n; \quad j = 1, 2, \cdots, p) \quad (11 - 18)$$

此时，各指标的最优值均为 1。为叙述方便，把无量纲化后的数据仍记为 x_{ij}，则最优参考序列为 $x_0 = \{1, 1 \cdots 1\}$。

其他数据处理后如表 11 - 11。

表 11 – 11　无量纲化后的数据结构

城市	B_1	B_2	B_3	B_4	B_5	B_6	B_7
A_1	1.000	0.691	0.508	0.761	0.990	0.607	0.392
A_2	0.928	0.168	0.242	0.229	0.905	0.299	0.233
A_3	0.927	0.622	0.493	0.401	0.999	0.449	0.277
A_4	0.799	0.163	0.494	1.000	1.000	0.813	0.244
A_5	0.893	0.153	0.608	0.502	0.868	0.329	0.079
A_6	0.961	0.716	1.000	0.220	0.734	0.575	0.466
A_7	0.657	0.647	0.931	0.757	0.981	0.785	1.000
A_8	0.760	0.895	0.832	0.834	0.979	0.429	0.113
A_9	0.479	1.000	0.648	0.447	0.962	0.512	0.501
A_{10}	0.780	0.327	0.893	0.468	0.949	0.386	0.195
A_{11}	0.691	0.128	0.935	0.416	0.988	1.000	0.456

3. 计算关联系数。从几何的角度看,关联程度实质上是参考数列与比较数列曲线形状的相似程度。凡比较数列与参考数列的曲线形状接近,则两者的关联程度大;反之,如果曲线形状相差较大,则两者的关联程度小。因此,可用曲线间差值大小作为关联度的衡量标准。为此作如下处理:

第一,计算各评价对象与最优参考序列间的绝对差序列。计算公式为

$$\Delta_{ij} = |x_{ij} - x_{oj}| = |x_{ij} - 1| \quad (i = 1, 2, \cdots n; \quad j = 1, 2, \cdots, p) \quad (11 - 19)$$

以表 11 – 11 为例,其计算结果为 Δ_{ij}。

第二,计算第 k 个比较数列差值的最大值 $\Delta_{ok}(\max)$ 与最小值 $\Delta_{ok}(\min)$。然后求出 $\Delta_{ok}(\max)$ 中最大值记为 $\Delta(\max)$,再求出 $\Delta_{ok}(\min)$ 中的最小值记为 $\Delta(\min)$。

第三,计算关联系数。关联系数的计算公式为

$$R_{ij} = \frac{\Delta(\min) + \rho\Delta(\max)}{\Delta_{ij} + \rho\Delta(\max)} \quad (11 - 20)$$

式中 ρ 为分辨系数,$(0 < \rho < 1)$,主要用来削弱 $\Delta(\max)$ 过大而使联系数失真的影响。人为引入这个系数是为了提高关联系数之间的差异显著性,大多数情况下 ρ 取 0.1 ~ 0.5 为宜。

从式(11 – 20)可见,关联系数反映了两个数列在某一时期的紧密程度,

$0 < R_{ij} \leqslant 1$。R_{ij}越小,关系越疏远;R_{ij}越大,关系越紧密。

$$(\rho = 0.5)$$

$$\Delta_{ij} = \begin{pmatrix} 0 & 0.309 & 0.492 & 0.239 & 0.010 & 0.393 & 0.608 \\ 0.072 & 0.832 & 0.758 & 0.771 & 0.095 & 0.701 & 0.767 \\ 0.073 & 0.378 & 0.507 & 0.539 & 0.001 & 0.551 & 0.723 \\ 0.201 & 0.837 & 0.506 & 0 & 0 & 0.187 & 0.756 \\ 0.107 & 0.847 & 0.392 & 0.498 & 0.132 & 0.671 & 0.921 \\ 0.039 & 0.284 & 0 & 0.780 & 0.266 & 0.243 & 0.534 \\ 0.343 & 0.353 & 0.069 & 0.243 & 0.019 & 0.215 & 0 \\ 0.240 & 0.105 & 0.168 & 0.166 & 0.021 & 0.571 & 0.887 \\ 0.521 & 0 & 0.352 & 0.553 & 0.038 & 0.488 & 0.409 \\ 0.220 & 0.683 & 0.107 & 0.532 & 0.051 & 0.614 & 0.805 \\ 0.309 & 0.872 & 0.015 & 0.539 & 0.012 & 0 & 0.544 \end{pmatrix}$$

	$\Delta_{ok}(\max)$	$\Delta_{ok}(\min)$
A_1	0.608	0
A_2	0.832	0.072
A_3	0.732	0.001
A_4	0.837	0
A_5	0.921	0.1107
A_6	0.780	0
A_7	0.353	0
A_8	0.887	0.021
A_9	0.553	0
A_{10}	0.805	0.051
A_{11}	0.872	0
	$\Delta(\max) = 0.921$	$\Delta(\min) = 0$

4. 计算关联度。由于每个比较数列与参考数列的关联程度是通过 P 个关联系数来反映的,关联信息分散,不便于从整体上进行比较。因此,有必要对关联信息作集中处理,而求平均值便是一种信息集中方式。其计算公式为

$$R_i = \frac{1}{p} \sum_{j=1}^{p} R_{ij}$$

式中,R_i 为第 i 个比较数列与参考数列的关联度。习惯上,设 $E_i = R_i \times 100$,称之为综合评价系数,意义与 R_i 一致。例题计算结果见表 11 - 12。

表 11 - 12 R_{ij} 数据计算表 $\rho = 0.5$

i	1	2	3	4	5	6	7	合计	E_i	名次
1	1	0.599	0.484	0.659	0.979	0.540	0.431	4.692	67.028	3
2	0.865	0.357	0.378	0.374	0.829	0.397	0.375	0.575	51.071	11
3	0.863	0.550	0.476	0.461	0.999	0.456	0.389	4.194	59.514	8
4	0.696	0.355	0.427	1	1	0.711	0.377	4.616	65.943	6
5	0.812	0.352	0.540	0.481	0.777	0.407	0.334	3.707	52.9957	10
6	0.921	0.619	1	0.371	0.634	0.655	0.643	4.663	66.614	5
7	0.573	0.566	0.870	0.655	0.960	0.682	1	5.306	75.800	1
8	0.658	0.815	0.733	0.735	0.956	0.447	0.342	4.686	66.943	4
9	0.469	1	0.567	0.455	0.924	0.486	0.530	4.431	63.300	7
10	0.677	0.403	0.812	0.464	0.9	0.427	0.364	4.407	57.814	9
11	0.599	0.356	0.876	0.461	0.975	1	0.459	4.726	67.514	2

不难看出,关联度与比较数列、参考数列及其长度有关。而且,原始数据的无量纲化方法和分辨系数的选取不同,关联度也会变化。

5. 比较与排序

由于 E_i 反映的是第 i 个被评价对象与评价标准序列 X_0 相互关联的程度,因此,如果 $E_i > E_j$,则表明第 i 个对象比第 j 个对象好。所以,根据 E_i 就可以对被评价对象做出排序和比较。例题见表 11 - 12。

用灰色关联度分析法进行综合评价的特点是:这种做法能通过改变分辨系数 ρ 的大小来提高综合评价结果的区别程度,而且数学处理不太麻烦,并能使用样本所提供的全部信息。由于评价对象或多或少都具有灰色性,因此,这种方法的适用范围较广。但该方法没有考虑到各评价指标的相对重要性程度,它把各指标等同看待,使用 $1/p$ 为权数计算综合评价系数。为了克服这一不足,应引入权数来改进这种评价方法,即综合评价系数应按下述公式计算

$$E_i = \sum_{j=1}^{p} W_i \cdot R_{ij} \times 100$$

式中 W_j——第 j 项指标的权数。

另外用灰色关联度分析方法不仅能对地区间(或行业间、部门间)的断面评价,而且也能作时序资料纵向评价。

第六节 模糊综合评价分析

一、模糊综合评价分析中常用的几个概念

世界上,有些现象界限分明,有些现象界限模糊,存在着中介过渡状态。前者可用普通集合描述,而后者则需要用模糊集合来描述。

(一)模糊集合

1. 论域。作为对象被考虑的所有元素的全体称为论域,通常以大写字母 U、V 等表示。例如,要研究长沙市居民户收支状况,论域 U 是长沙市全部居民户。

对于论域 U 上的某普通集合 A,论域中的任一元素 X,要么 $X \in A$,要么 $X \notin A$,二者必居其一。这一特征可用一个函数式来表示

$$C_A(X) = \begin{cases} 1 & x \in A, \\ 0 & x \notin A。 \end{cases} \qquad (11-21)$$

则称 $C_A(X)$ 为普通集合的特征函数。它是 A 到 $\{0,1\}$ 的一个映射。

2. 模糊集合。经典集合只讨论了是与不是两种情况。但是,现实生活中的绝大多数现象,存在着中介过渡状态,并非非此即彼,而是表现出亦此亦彼。例如,讨论"教室里的人"这个概念,显然,依这个概念,在"人"这个论域中,有的人在教室里,有的人在教室之外。除此之外,还有没有其他情况呢? 有的。一个人跨立于教室门上,一只脚在教室里,一只脚却在教室外,你认为他是"教室里的人"还是"教室外的人"呢? 显然,他不是"非此即彼"而是"亦此亦彼"的。又如"企业经济效益好"这个概念,一般不能简单的用"好"与"差"两个字来评判,事实上,更多的企业的经济状况,经常是处于一种介于"好"与"差"之间的情况,是比较好、一般、比较差、较差等。为了描述这种"中介状态"需要将经典集合的二值逻辑 $\{0,1\}$,推广到可取 $[0,1]$ 闭区间的任意值的、无穷多个值的连续逻辑。当然特征函数也必须作适当推广,这就是隶属函数 $\mu_A(x)$(为区别经典集合,模糊集一般用大写字母下加"∼"来表示),它满足 $0 \leqslant \mu_A(x) \leqslant 1$,有时也记作 $\mu_A \in [0,1]$。

定义 现给定论域 U,U 到 $[0,1]$ 闭区间的任一映射 $\mu_A(x)$,μ_A: $U \to [0,$

1],$x \to \mu_A(x)$,都确定 U 的一个模糊子集 A,μ_A 叫 A 的隶属函数,$\mu_A(x)$ 叫做 x 对 A 的隶属度,它表示 X 隶属于 A 的程度,将模糊(Fuzzy)子集简称为模糊(Fuzzy)集(为书写方便,以下非特殊情况,我们用大写字母表示模糊集)。

对以上定义,注意以下二点:

(1)由定义可以看出,模糊子集 A 是由隶属函数 $\mu_A(x)$ 惟一确定的,经常把模糊子集 A 与隶属函数 $\mu_A(x)$ 看成是等同的,还应指出的是隶属程度的思想是模糊数学的基本思想。

(2)当 $\mu_A(x)$ 的值域为 $\{0,1\}$ 时,模糊子集 A 就是经典子集(普通集合),而 $\mu_A(x)$ 就是它的特征函数,可见经典子集是模糊子集的特殊情形。

例如,某小组有五个同学,亦即 X_1,X_2,X_3,X_4,X_5,设论域

$$U = \{x_1,x_2,x_3,x_4,x_5\}$$

现分别对每个同学的性格稳重程度打分,按百分制给分,再除以 100,这实际上就给定一个以 U 到 $[0,1]$ 闭区间的映射,例如:

x_1	85 分即	$\mu_A(X) = 0.85$
x_2	75 分即	$\mu_A(X) = 0.75$
x_3	98 分即	$\mu_A(X) = 0.98$
x_4	30 分即	$\mu_A(X) = = 0.30$
x_5	60 分即	$\mu_A(X) = = 0.60$

这样就确定了模糊子集,它表示出小组五位同学对"性格稳重"这个模糊概念的符合程度,显然 3 号与 1 号同学较符合,而 4 号同学较不符合。

如果论域是有限集时,可以用向量表示模糊子集 A,对于上例可写成

$$A = (0.85,0.75,0.98,0.30,0.60)$$

对于一般的模糊子集 A_n(n 表示论域中的 n 个元素),$A_n = (\mu_1,\mu_2,\cdots,\mu_n)$。其中 $\mu_i \in [0,1]$($i = 1,2,\cdots,n$)是第 i 个元素对模糊子集的隶属度。

另外,也可以采用查德记号,对前例如用查德记号可写成

$$0.85/x_1 + 0.75/x_2 + 0.98/x_3 + 0.30/x_4 + 0.60/x_5$$

若有论域 U,则 $U = \{x_1,x_2,\cdots,x_n\}$ 中的模糊子集 A_n,查德记号可写为

$$A_n = \sum_{i=1}^{n} \mu_i/x_i$$

在其中隶属度为"0"者,可略去不写。例如,可以认为:$A = 1/a + 0.8/b + 0/c + 0.2/d$ 与 $A = 1/a + 0.8/b + 0.2/d$ 是同一个模糊子集。

应该特别注意的是:查德记号决不是公式求和,只是一种符号而已,其中

"分母"是论域 U 的元素,"分子"是相应元素的隶属度。

在论域是无限的情况时,上面的记法就不行了,为此需将查德记号从有限论域推广到一般的情况,即不管论域 U 是有限或无限还是其他情况,都可以表示为

$$\underset{\sim}{A} = \int_{x \in U} \mu_{\underset{\sim}{A}}(x)/x$$

其中 U 是论域,$x \in U$,这里积分号不是普通的积分,也不是求和,而是表示各元素与隶属度对应关系的一个总括。对这种情况,它后面也不需写 $\mathrm{d}x$。

当然给出隶属函数的解析式了也能表示一个模糊集。

（二）隶属函数

隶属函数在模糊数学中占有突出的地位,确定了隶属函数就为解决实际问题跨出了最重要的一步。

如何建立隶属函数呢？至今仍无统一方法可循,主要根据实际经验来进行对应法则的探求。总的来说,就是要建立一个从论域 U 到 $[0,1]$ 闭区间上的映射,用来反映某对象具有某个模糊性质或属于某个模糊概念的程度。这种函数关系建立得是否正确,标准就在于是否符合客观规律,这就是确定隶属函数的原则。而要将客观规律反映到函数式中来,又必须经过人们主观意识的综合、整理、加工、改造。从这个意义上说,隶属函数的建立带有人们的主观因素,但这决不是可以单凭主观任意臆造的,而必须以客观实际为基础。所以说,隶属函数是在客观规律的基础上经过人们的综合分析、加工、改造而成的,是客观规律和事物本质属性通过人脑加工后的表现形式。

（三）模糊变换

设有论域 U 与 V,U 与 V 的乘积 $U \times V$ 称作 U 和 V 的笛卡尔乘积,它由 U 和 V 中任意搭配的元素对所构成。笛卡尔乘积 $U \times V$ 构成了一个新的论域,在这个论域上,也存在着各种模糊子集。$U \times V$ 的模糊子集是对 U 与 V 之间某种关系的模糊描述,这种模糊子集也称为模糊关系。这种模糊关系可用一个模糊矩阵 R 来表示:

$$R = \begin{pmatrix} r_{11} & r_{12} & r_{13} & \cdots & r_{1n} \\ r_{21} & r_{22} & r_{23} & \cdots & r_{2n} \\ \vdots & \vdots & \vdots & & \vdots \\ r_{m1} & r_{m2} & r_{m3} & \cdots & r_{mn} \end{pmatrix} \quad (0 \leq r_{ij} \leq 1) \qquad (11-22)$$

矩阵 R 中的元素 r_{ij} 表示论域 U 中第 i 个元素 u_i 对应于论域 V 中的第 j 个元素 v_j 的隶属度。

又设论域 U 中的一个模糊子集 A,其相应的模糊向量为

$$X = (x_1 \quad x_2 \quad \cdots \quad x_m)$$

其中 $0 \le x_i \le 1$(x_i 就是隶属度),$(i=1,2,\cdots,m)$,记

$$X \cdot R = Y \tag{11-23}$$

其中 $Y = (y_1, y_2, \cdots, y_n)$,实际上是模糊向量 X 和模糊关系矩阵 R 的合成。其法则是:把普通矩阵乘法中的实数加(+)改成逻辑加($\vee$),实数乘($\cdot$)改成逻辑乘($\wedge$)。逻辑加和逻辑乘的定义是:

逻辑加($\vee$):$a \vee b = \max(a,b)$;

逻辑乘($\wedge$):$a \wedge b = \min(a,b)$。

即"$\vee$"为最大运算;"$\wedge$"为最小运算。

式子 $X \cdot R = Y$ 称之为模糊变换。例如

$$X = (0.2 \quad 0.5 \quad 0.3),$$

$$R = \begin{pmatrix} 0.2 & 0.7 & 0.1 & 0 \\ 0 & 0.4 & 0.5 & 0.1 \\ 0.2 & 0.3 & 0.4 & 0.1 \end{pmatrix}$$

而合成结果 Y 为

$$Y = X \cdot R = (0.2 \quad 0.5 \quad 0.3) \begin{pmatrix} 0.2 & 0.7 & 0.1 & 0 \\ 0 & 0.4 & 0.5 & 0.1 \\ 0.2 & 0.3 & 0.4 & 0.1 \end{pmatrix}$$

$$= (0.2, 0.4, 0.5, 0.1)$$

以下以 y_1 来说明其计算过程。

按照规则:

$$y_1 = (0.2 \wedge 0.2) \vee (0.5 \wedge 0) \vee (0.3 \wedge 0.2)$$
$$= 0.2 \vee 0 \vee 0.2$$
$$= 0.2$$

我们会发现合成后结果和不等于 1,即 $0.2 + 0.4 + 0.5 + 0.1 = 1.2$,因此要作归一化处理,得

$$\left(\frac{0.2}{1.2} \quad \frac{0.4}{1.2} \quad \frac{0.5}{1.2} \quad \frac{0.1}{1.2} \right) = (0.17 \quad 0.33 \quad 0.42 \quad 0.08)$$

事实上,合成 $X \cdot R$ 的规则也称为"算子"。上面介绍的是一种取小取大算子,其特征是一种"主因素突出型"的合成方式,除此之外,常用的算子还有:

乘与取大算子:$y_j = \max(a_i, r_{ij})$,$(i=1,2,\cdots,m)$;

取小与有界和算子：$y_j = \min\{1, \sum \min(a_i, r_{ij})\}, (i = 1, 2, \cdots, m)$；

乘与有界和算子：$y_j = \min\{1, \sum a_i r_{ij}\}, (i = 1, 2, \cdots, m)$，等等。

二、模糊综合评价分析的数学模型

模糊综合评价方法的基本思想是应用模糊变换的原理，根据多个因素，对被评价对象本身存在的状态或类属上的亦此亦彼性，从数量上对其所属程度给与刻画和描述。模糊综合评价的数学模型可分为一级模型和多级模型。

（一）一级模型

根据模糊变换的原理，一级模型可按以下步骤进行：

1. 确定评价因素（评价中常称评价的指标）论域 $U = \{u_1, u_2, \cdots, u_m\}$ 此处 $u_i(i = 1, 2, \cdots, m)$ 表示对评价对象有影响的第 i 个因素。在确定评价因素时，要尽可能把彼此相关的因素剔除掉，以免可能产生信息重复的问题。

2. 选择评语等级论域 $V = \{v_1, v_2, \cdots, v_n\}$，此处 $v_j(j = 1, 2, \cdots, n)$ 表示评语的第 j 个等级（例如，常用的评语等级有"很好"、"较好"、"一般"、"较差"等），评语等级个数 n 一般在 4 与 9 之间为佳。

3. 进行单因素评判，建立模糊关系矩阵 R。对单因素评判就是给出每个因素对于各评语等级的隶属度，其确定无固定模式。常用的方法是：成立一个由 k 人组成的评判组，每位组员给每一个 $u_i(i = 1, 2, \cdots, m))$ 评定 V 中的一个且仅一个等级 $v_j(j = 1, 2, \cdots, n)$。若 k 位组员中评定 u_i 为 v_j 等级的有 k_{ij} 个人，则 $\sum_{j=1}^{n} k_{ij} = k$，并且对 u_i 的评判结果组成一模糊子集

$$R_i = \left(\frac{k_{i1}}{k}, \frac{k_{i2}}{k}, \cdots, \frac{k_{im}}{k}\right)^{①} = (r_{i1}, r_{i2}, \cdots, r_{in}) \tag{11-24}$$

无论用什么方法进行单因素评判，都是要给出从 U 到 V 的一个模糊关系（映射）。因此

$$R = (R_1 \quad R_2 \quad R_m)^T = \begin{pmatrix} r_{1_1} & r_{1_2} & \cdots & r_{1_n} \\ r_{2_1} & r_{2_2} & \cdots & r_{2_n} \\ \vdots & \vdots & & \vdots \\ r_{m1} & r_{m2} & \cdots & r_{mn} \end{pmatrix}$$

就称为从 U 到 V 的模糊关系矩阵。例如，对某企业的经济效益以劳动生

---

① 假定每位成员的意见被同等看待。

产率、资金利税率、产值税税率三个因素进行评价,分为五个等级,调查结果如表 11 –13 所示。

表 11 –13　98 名专家对某企业经济效益评判结果分组表

	很好	好	一般	差	很差	总人数
劳动生产率	32	24	23	11	8	98
资金利税率	25	30	27	9	7	98
产值利税率	21	32	20	14	11	98

则模型关系矩阵 R 为

$$R = \begin{pmatrix} 0.327 & 0.245 & 0.235 & 0.112 & 0.081 \\ 0.255 & 0.306 & 0.276 & 0.092 & 0.071 \\ 0.214 & 0.327 & 0.204 & 0.143 & 0.112 \end{pmatrix}$$

我们必须清楚地理解:R 中第 i 行反映的是被评对象的第 i 个因素对于评语等级论域中各等级的隶属度;第 j 列反映的是被评价对象的各因素,分别取评语等级论域中的第 j 个等级的程度。

4. 确定各评价因素的权重向量 $X = (x_1, x_2, \cdots, x_m)$。此处是由评判组确定的因素 u_i 对此事物的影响相对于其他各因素的重要程度,$0 \le x_i \le 1$ 且 $\sum_{i=1}^{m} x_i = 1$。事实上 X 为论域 U 上的一个模糊子集,x_i 是第 i 个评价因素对被评价对象所起的作用的隶属度。因而,不同评判组确定的权重 X,可能是不同的。

5. 作模糊变换,得出综合评价结果

$$Y = X \cdot R$$

6. 对模糊综合评价结果 Y 进行分析

从上式可以看出,模糊综合评价结果 Y 是一个模糊向量,而不是一个点值。这个向量较为准确地刻画了被评价对象本身的模糊状况。所以,模糊综合评价结果所提供的评价信息较丰富。但由于模糊综合评价结果 Y 是一个向量,不能直接用于被评价对象的排序比较。因此,还要作进一步的处理。常见的处理方法有两种:

第一种,按照最大隶属原则确定被评价对象最终所属评价等级。例如 $Y = (0.4, 0.8, 0.1, 0.2)$,最大隶属变为 0.8,则判定被评价对象为二级。最终评价等级相同者则进一步按隶属度排序。

第二种是加权平均法。具体操作为

$$Y = (y_1, y_2, \cdots, y_n)$$

令

$$W_i = y_i^k / \sum_{j=1}^n y_j^k \quad (i = 1, 2, \cdots, n) \tag{11-25}$$

式中 k 为某一正实数,经常取 $k=1$。

于是,$W_i (i = 1, 2, \cdots, n)$ 构成 n 个评语等级的权数。然后,对每个评语等级 v_j 打一个分数 C_j,这样综合评价结果的总评分为

$$C = \sum_{j=1}^n W_j C_j$$

C 是一个单点值,比较各被评价对象的 C 值,就可以排序评优了。

对 $y_1 = (0.30 \quad 0.40 \quad 0.10 \quad 0.20)$ 和 $y_2 = (0.30 \quad 0.45 \quad 0.15 \quad 0.10)$。假定评语等级的打分分别为 5,4,3,2,并且在式(11-25)中取 $k=1$。则

$$c_1 = 0.30 \times 5 + 0.40 \times 4 + 0.10 \times 3 + 0.20 \times 2 = 3.80$$
$$c_2 = 0.30 \times 5 + 0.45 \times 4 + 0.15 \times 3 + 0.10 \times 2 = 3.95$$

因此 $c_2 > c_1$,对象 2 优于对象 1。

现举一实例,说明综合评判的全过程。

[**例 11-7**] 对教师教学质量进行综合评价,建立教学质量评价体系如表 11-14:

表 11-14 各评判项目评分标准及权重分配表

评估项目	评 分 标 准				权重
	10	8	6	4	
教学内容	好:符合大纲、内容丰富、联系实际	较好	一般	较差	0.30
教学方法	好:讲授生动、深入浅出、富有启发性	较好	一般	较差	0.30
教学态度	好:认真对待教学、虚心听取学生意见	较好	一般	较差	0.10
教学效果	好:课堂气氛活跃、学生知识扎实	较好	一般	较差	0.20
批改作业	好:作业布置得当、批改认真及时	较好	一般	较差	0.10

(1)根据评判目的,建立评判因素论域 U。$U = \{u_1, u_2, u_3, u_4, u_5\}$,其中:$u_1$:教学内容;$u_2$:教学方法;$u_3$:教学态度;$u_4$:教学效果;$u_5$:批改作业。

(2)建立评语等级论域 V。对教师教学质量按 10,8,6,4 四个等级评分,由此建立的评语等级论域 $V = \{v_1, v_2, v_3, v_4\}$,其中 v_1:好;v_2:较好;v_3:一般;v_4:较差。

(3)单因素评判。请 100 名学生对甲教师分别就上述 5 个评估项目评

分,根据得票数计算各评语等级的得票率。具体计算如表11－15所示。

表 11－15　100 名学生对甲教师教学质量评分结果分组表

评估项目	好(v_1)		较好(v_2)		一般(v_3)		较差(v_4)	
	得票数	%	得票数	%	得票数	%	得票数	%
教学内容(u_1)	40	0.40	40	0.40	20	0.20	0	0.00
教学方法(u_2)	24	0.24	60	0.60	16	0.16	0	0.00
教学态度(u_3)	50	0.50	36	0.36	10	0.10	4	0.40
教学效果(u_4)	30	0.30	20	0.20	30	0.30	20	0.20
批改作业(u_5)	30	0.30	30	0.30	20	0.20	20	0.20

根据上表,各单因素评判向量如下:

$$R_1 = (0.40 \quad 0.40 \quad 0.20 \quad 0.00),$$
$$R_2 = (0.24 \quad 0.60 \quad 0.16 \quad 0.00),$$
$$R_3 = (0.50 \quad 0.36 \quad 0.10 \quad 0.04),$$
$$R_4 = (0.30 \quad 0.20 \quad 0.30 \quad 0.30),$$
$$R_5 = (0.30 \quad 0.30 \quad 0.20 \quad 0.20)。$$

则模糊关系矩阵为

$$R = \begin{pmatrix} R_1 \\ R_2 \\ R_3 \\ R_4 \\ R_5 \end{pmatrix} = \begin{pmatrix} 0.40 & 0.40 & 0.20 & 0.00 \\ 0.24 & 0.60 & 0.16 & 0.00 \\ 0.50 & 0.36 & 0.10 & 0.04 \\ 0.30 & 0.20 & 0.30 & 0.20 \\ 0.30 & 0.30 & 0.20 & 0.20 \end{pmatrix}$$

(4)确定各评价因素的权重向量 X。该例中根据专家调查确定权重向量 $X = (0.30 \quad 0.30 \quad 0.10 \quad 0.20 \quad 0.10)$。

(5)进行模糊变换,得出综合评价结果。本例采用乘与有界和算子进行数据合成。

$$Y = X \cdot R$$

$$= (0.3, 0.3, 0.1, 0.2, 0.1) \begin{pmatrix} 0.40 & 0.40 & 0.20 & 0.00 \\ 0.24 & 0.60 & 0.16 & 0.00 \\ 0.50 & 0.36 & 0.10 & 0.04 \\ 0.30 & 0.20 & 0.30 & 0.20 \\ 0.30 & 0.30 & 0.20 & 0.20 \end{pmatrix}$$

$$= (0.332 \quad 0.406 \quad 0.198 \quad 0.064)$$

以上结果说明:甲教师教学质量好、较好、一般、较差分别为33.2%、40.6%、19.8%、6.4%。

采用同样的方法若求得乙、丙、丁三位教师的综合评价结构分别为

$(0.48 \quad 0.22 \quad 0.30 \quad 0)$,$(0.3 \quad 0.4 \quad 0.1 \quad 0.2)$,$(0.3 \quad 0.45 \quad 0.15 \quad 0.1)$。现要求对这4名教师的教学质量进行比较、排序。

按最大隶属原则处理的结果见表11-16。

按加权平均法处理的结果见表11-17。

表11-16　4名教师综合评判结果的最大隶属度比较表

教师	综合评判结果向量				最终评估等级	排序
甲	$(0.332$	0.406	0.198	$0.064)$	0.406(较好)	3
乙	$(0.48$	0.22	0.30	$0)$	0.480(好)	1
丙	$(0.3$	0.4	0.1	$0.2)$	0.40(较好)	4
丁	$(0.3$	0.45	0.15	$0.1)$	0.450(较好)	2

表11-17　4名教师综合评判结果的加权平均比较表

教师	综合评判的各评语等级					$C_i = \sum_{j=1}^{4} w_j c_j = \sum_{j=1}^{4} y_{ij} c_j$	排序
	评语等级 j	1	2	3	4		
	等级名称 v_j	好	较好	一般	较差		
	等级打分 c_j	10	8	6	4		
y_{1j}甲	对各等级的隶属度	0.332	0.406	0.198	0.064	8.014	2
y_{2j}乙	对各等级的隶属度	0.48	0.22	0.30	0	8.36	1
y_{3j}丙	对各等级的隶属度	0.3	0.4	0.1	0.2	7.06	4
y_{4j}丁	对各等级的隶属度	0.3	0.45	0.15	0.1	7.9	3

由上例可见,最大隶属原则法与加权平均法的排序结果并非完全一致。实际中还可结合综合评判结果向量 Y_i 来确定。

(二)多极模型

在复杂的系统中,对某一事物进行评价,需要考虑的因素很多,即论域 U

$=\{u_1,u_2,\cdots,u_m\}$ 中较大,这时应用单级模型可能出现两个问题:一是由于较大,对诸因素权重的分配将会出现困难;一是由于权重向量 $X=\{x_1,x_2,\cdots,x_m\}$ 中的每个分量常常会变得很小,因而在进行模糊变换时会造成评价信息的丢失。为克服这两个问题,常采用二级、三级等多级综合评价方法来解决。现以二级评判模型为例说明其具体方法步骤。

(1)将论域 U 中的因素,按某些共性集中为若干子集 U_i,($U_i=u_{i1},u_{i2},\cdots,u_{imi}$)(此处 $i=1,2,\cdots,k;u_{i1},u_{i2},\cdots,u_{imi}$,均为 U 的元素),并且子集之间不相交。

(2)对每个子集 U_i 按一级综合评判方法进行模型综合评判,得到评判结果为 $Y_i=(y_{i1},y_{i2},y_{in})(i=1,2,\cdots,k)$。

(3)对 U 代表的事物进行综合评判(二级评判)。

由 $Y_1,Y_2,\cdots,Y_k$ 可得 $\{U_1,U_2,\cdots,U_k\}$ 的单因素评价矩阵:

$$R=\begin{pmatrix}Y_1\\Y_2\\\vdots\\Y_k\end{pmatrix}=\begin{pmatrix}y_{11}&y_{12}&\cdots&y_{1n}\\y_{21}&y_{22}&\cdots&y_{2n}\\\vdots&\vdots&&\vdots\\y_{k1}&y_{k2}&\cdots&y_{kn}\end{pmatrix}$$

若 $U_1,U_2,\cdots,U_k$ 的权重向量为 $X=(x_1,x_2,\cdots,x_k)$,则对代表的事物的综合评判为 $Y=X\cdot R=(y_1,y_2,\cdots,y_n)$。

仿二级综合评判法,对因素更多的复杂事物,可用三级或多级综合评判方法进行综合评判。

[例题 11-8]　对企业竞争能力进行综合评价的问题

(1)评估内容及体系

要对企业的竞争能力进行综合评价,就要综合经济效益(U_1)、竞争基础(U_2)、竞争状况(U_3)、信誉(U_4)几个方面的因素,这样就组成论域 $U=(U_1,U_2,U_3,U_4)$。而每个因素又包含有一类指标。为确定其经济效益可考虑的指标有:资金利润率、周转速度、流通费用率、劳动效率、经营利润率等五个因素。即

$U_1=\{$资金利润率,周转速度,流通费用率,劳动效率,经营利润率$\}$
　　$=\{u_{11},u_{12},u_{13},u_{14},u_{15}\}$

其他三个因素依次类推得

$U_2=\{u_{21},u_{22},\cdots,u_{2m2}\}$,
$U_3=\{u_{31},u_{32},\cdots,u_{3m3}\}$,
$U_4=\{u_{41},u_{42},\cdots,u_{4m4}\}$。

(m_2,m_3,m_4 分别为 U_2,U_3,U_4 所考虑因素的个数)。

（2）评估方法：二级综合评价法

论域 $U = \{u_{11}, u_{12}, \cdots, u_{4m4}\} = \{U_1, U_2, U_3, U_4\}$

评语等级集 $V = \{V_1(很强), V_2(较强), V_3(一般), V_4(不强)\}$。

评估前，应该：第一，成立评估小组；第二，制定各因素 u_{ij} 的等级标准，确定 U_i 中各因素权重向量 $x_i(i=1,2,3,4)$；第三，确定 U 中各子集 U_1, U_2, U_3, U_4 的权重向量 X；第四，对被评各因素作充分的调查研究。

评估方法：

首先：对 U_1, U_2, U_3, U_4 分别进行一级综合评判。对经济效益（U_1）的分析如下。

经调查得模糊关系矩阵如下：

$$R_1 = \begin{pmatrix} 0.4 & 0.3 & 0.2 & 0.1 \\ 0.2 & 0.5 & 0.3 & 0.0 \\ 0.0 & 0.1 & 0.3 & 0.6 \\ 0.7 & 0.3 & 0.0 & 0.0 \\ 0.1 & 0.2 & 0.6 & 0.1 \end{pmatrix} \begin{matrix}(资金)\\(周转)\\(劳动)\\(流通)\\(经营)\end{matrix}$$

确定权数 $X_1 = (0.1 \quad 0.2 \quad 0.2 \quad 0.2 \quad 0.3)$

经模糊变换，（采用乘与有界和算子）得

$$Y_1 = X_1 \cdot R_1$$

$$= (0.1 \quad 0.2 \quad 0.2 \quad 0.2 \quad 0.3)\begin{pmatrix} 0.4 & 0.3 & 0.2 & 0.1 \\ 0.2 & 0.5 & 0.3 & 0.0 \\ 0.0 & 0.1 & 0.3 & 0.6 \\ 0.7 & 0.3 & 0.0 & 0.0 \\ 0.1 & 0.2 & 0.6 & 0.1 \end{pmatrix}$$

$$= (0.25 \quad 0.27 \quad 0.32 \quad 0.16)$$

同样，我们可得到 U_2, U_3, U_4 的一级评判结果

$$Y_2 = (0.45 \quad 0.32 \quad 0.21 \quad 0.02),$$
$$Y_3 = (0.10 \quad 0.25 \quad 0.30 \quad 0.45),$$
$$Y_4 = (0.45 \quad 0.21 \quad 0.20 \quad 0.14)。$$

其次，对 U 进行二级评判。由上面的结果可得 $U = \{U_1, U_2, U_3, U_4\}$ 与 $V = \{V_1, V_2, V_3, V_4\}$ 的模糊关系矩阵

$$R = \begin{pmatrix} Y_1 \\ Y_2 \\ Y_3 \\ Y_4 \end{pmatrix} = \begin{pmatrix} 0.25 & 0.27 & 0.32 & 0.16 \\ 0.45 & 0.32 & 0.21 & 0.02 \\ 0.10 & 0.25 & 0.20 & 0.45 \\ 0.45 & 0.21 & 0.20 & 0.14 \end{pmatrix}$$

又确定其权数 $X = (0.3 \quad 0.2 \quad 0.3 \quad 0.2)$

最后便可得到该企业竞争能力的综合评价结果

$$Y = X \cdot R$$

$$= (0.3 \quad 0.2 \quad 0.3 \quad 0.2) \begin{pmatrix} 0.25 & 0.27 & 0.32 & 0.16 \\ 0.45 & 0.32 & 0.21 & 0.02 \\ 0.10 & 0.25 & 0.20 & 0.45 \\ 0.45 & 0.21 & 0.20 & 0.14 \end{pmatrix}$$

$$= (0.285 \quad 0.262 \quad 0.238 \quad 0.215)$$

结果表明,对该企业竞争能力综合评价很强的比例为 28.5%,较强、一般、不强的比例分别为 26.2%、23.8%、21.5%。若按最大隶属原则,该企业的最终评语等级为 V_1,即竞争能力很强。

本章小结

1. 综合评价就是根据研究目的,以统计资料为依据,借助一定的手段和方法,对描述客观事物的指标体系进行综合,得出概括性的结论,从而揭示事物的本质及其发展规律的一种统计分析方法。

2. 综合评价分析包括确定研究对象、建立评价指标体系、确定评价指标的转换和综合方法、确定评价指标权数、加权求出综合评价值几个阶段。综合评价结果只具有相对意义。

3. 指标赋权是综合评价分析中相当重要的一环节。主要有两类:一类是主观赋权法(包括专家评判法、AHP 法等);一类是客观赋权法(包括变异系数法、相关系数法等)。

4. 指标评价的综合方法主要有三类:线性综合法、几何综合法和混合综合法。简单适用的综合评价分析方法主要有综合评分法、综合指数评价法与功效系数法。

5. 无标准排序评价法是按照评价基准,将各评价单位的每项指标依次排序。然后计算评价单位每项指标的得分,具体方法为:第一名为 100 分,最后一名为 0 分,中间名次的各次指标得分为 $100 - \dfrac{n-1}{N-1} \times 100$($n$ 代表名次,N 代表参评单位数)。最后计算各类指标的加权平均得分即可。该方法较适合于一些难以确定统一标准的复杂现象。

6. 灰色关联度综合评价法适合数据资料有限,数据分布无明显分布特征的现象。应用灰色关联度分析的关键是求关联系数。

7. 模糊综合评价分析适合于主观评价指标较多的现象。模糊综合评价分析的关键是建立模糊关系矩阵和进行模糊变换。

8. 本章介绍了常用的综合评价方法。当然已提出的综合评价方法很多,各种方法的评价效果有差异,这给分析评价工作带来了一定的困难。因此,评价方法的优化选择是一个很有实际意义的研究课题。

综合评价方法的选择要注意两个基本问题:一是被评价对象的类型;另一个是被评价事物的内部结构关系。所谓被评价对象的类型主要是指标对象是确定性的还是模糊性的。一般来说,主观指标和定性指标的综合评价中往往包含有更多的模糊性和灰色性,因而此时采用模糊综合评价法和灰色评价法更为适宜。对于客观的定量指标,宜采用常规评价法和多元统计分析方法。当评价指标间彼此相关程度不大时,采用常规评价方法;但当评价指标间彼此相关程度较大时,宜采用主成分分析评价法。当然,综合评价方法的选择本身是一个实践性很强的问题,应注意从大量应用实例中总结经验,以得出一般性的认识。

思考与练习

1. 简要介绍综合评价的基本思想及其局限性。
2. 综合评价的基本方法主要有哪些?
3. 如何选择赋权的方法?
4. 为什么要对指标进行无量纲化处理?有哪些基本的处理方法?
5. 功效系数法的特点是什么?
6. 以一实例说明论域、元素、普通子集与模糊子集的含义及他们之间的联系。
7. 在实际中,如何选择综合评价方法?
8. 表 11 - 18 给出了某企业生产经营状况的各主要指标。要求:

(1) 采用综合指数法对该企业生产经营状况进行综合评价(a 与高水平对比,b 与平均水平对比)。

(2) 以同行业最高水平为满意值,最低水平为不允许值,利用功效系数法对企业生产经营状况进行综合评价。

表 11 - 18 某企业生产经营状况的各主要指标情况表

指　　标	单位	本企业 实际水平	同行业 最高水平	同行业 平均水平	同行业 最低水平	权数 (%)
资金利润率	%	14.19	20.96	18.17	10.72	15
成本利润率	%	18.65	19.65	17.67	12.95	5
资产比率	%	1.80	2.04	1.91	1.53	10
优质产品率	%	75.12	78.31	70.09	50.32	10
商品销售率	%	97.26	99.19	98.32	90.16	10
劳动生产率	百元/人	160	185	162	155	10
生产能力利用率	%	65.05	98.04	94.07	90.22	5

续上表

指　　标	单位	本企业 实际水平	同行业 最高水平	同行业 平均水平	同行业 最低水平	权数 (%)
原材料利用率	%	90.07	93.76	92.08	90.04	5
新产品值率	%	4.84	14.28	10.56	4.05	10
净产值增长率	%	5.21	7.21	6.53	4.01	10
利润增长率	%	11.03	12.14	11.87	3.05	10

9. 某电器公司为了解本公司产品 A 型号空调机受欢迎程度,规定以产品的制冷效果、耗电量、噪声及外观 4 个项目请客户用评分方式进行评定,对每一评价项目,按 100 分、80 分、60 分、40 分 4 个等级划分;各评价项目的权重分别为 0.3,0.3,0.2,0.2。现对收回的 500 个客户的调查问卷资料整理结果如表 11 - 19 所示。

表 11 - 19　500 个客户调查资料表

评价项目	得　票　数				合计
	100	80	60	40	
制冷效果	280	160	60	0	500
耗 电 量	120	200	100	80	500
噪　声	160	160	100	80	500
外　观	100	160	120	120	500

要求:

(1)按等级评分法计算 A 型号空调机的得分。

(2)把 4 种评分等级改为很好、较好、一般、较差 4 个评语等级,求出对各评语等级的隶属度(采用乘与有界和算子);若另有 B、C 型号空调机,用同样的方法得到的模糊综合评价结果为:$Y_B = (0.5\ \ 0.2\ \ 0.2\ \ 0.1)$,$Y_C = (0.3\ \ 0.5\ \ 0.1\ \ 0.1)$,试分别用最大隶属度法和加权平均法对 A、B、C 三种型号空调和受欢迎程度排序。

参考答案

8. (1)a. 81.13,b. 88.75;

　(2)80.30。

9. (1)78.08;

　(2)(0.344　0.344　0.184　0.128)

按最大隶属变法 B(很好 0.5)>A(很好 0.344)>(较好 0.5),按加权平均法 B(3.1)>C(3.0)>A(2.902)。

第十二章　统计决策

　　在现实生活中,人们为了实现某一目标,经常有多个行动方案可供选择。这时,就要从这些行动方案中选择最佳方案。这种确定最佳方案的过程就是决策。决策有大有小,有简单有复杂,是人们生活和工作中普遍存在的一种活动。在众多的决策方法中,统计决策是一种十分重要的方法。我们知道,很多事物的发展变化都存在某种程度的不确定性。统计决策就是根据决策目标的要求,把具有这种不确定性的事物作为随机事件,充分利用已经掌握的信息资料,按照一定的决策准则,从多个可供选择的方案中确定最优方案的一种决策方法。统计决策区别于其他决策方法的最显著特征,就是把决策建立在对统计数据分析的基础上,并使用概率进行分析和计算。

第一节　统计决策概述

一、统计决策的条件与分类

（一）统计决策的条件

一般而言,进行统计决策需要具备以下四个条件：

1. 决策者要求达到的某一目标,如：利润最大,损失最小,费用最省等。从不同的目的出发往往会有不同的决策标准。

2. 存在两个或两个以上可供选择的方案。所有的方案构成一个方案的集合。

3. 存在不以决策者主观意志为转移的状态,或称为自然状态,所有可能出现的自然状态构成状态空间。

4. 在不同情况下采取不同方案所产生的结果是可以计量的,所有的结果构成一个结果空间。

（二）统计决策的分类

统计决策可以从不同的角度进行分类：

1. 按照对各种自然状态出现的概率了解程度的不同,统计决策可以分为不确定型决策和风险型决策。

在某些情况下,决策者只能知道未来可能出现的各种自然状态,但无法估计各种自然状态出现的概率,这种条件下的统计决策就是不确定型决策。与此不同,如果决策者不仅知道未来可能出现的各种自然状态,还能根据所掌握的情况对各种自然状态出现的概率做出判断,这种决策就属于风险型决策。

2. 按照决策程序阶段多少的不同,统计决策可以分为单阶段决策和多阶段决策。

只经过一个决策分析过程,就能确定决策方案的决策,称为单阶段决策;需要经过两个或两个以上决策分析过程,才能确定决策方案的决策,就是多阶段决策。

二、统计决策的原则与步骤

(一)统计决策的原则

要作出正确的决策,必须遵循下列三条原则:

1. 可行性原则。决策的首要原则是提供给决策者选择的每个方案在技术上必须是可行的。除此之外,还要考虑到主、客观方面是否具备实施的其他条件。

2. 经济性原则。是指通过多个方案的对比分析所确定的决策方案应具有较明显的经济性。实施这一方案比采取其他方案能获得更好的经济效益或免受更大的亏损风险。

3. 合理性原则。决策方案的确定,需要经过多方案的分析、比较,通过定性与定量相结合的分析。选择决策方案时,并不一定费力去寻求经济上的"最优"方案,而是选择使人满意的方案,这是因为在某些情形下"最优"方案是很难找到的。

(二)统计决策的步骤

以最完整的贝叶斯决策法为例,决策过程包括以下几个主要步骤。

1. 确定决策目标和搜集资料。所谓决策目标是指在一定的条件下所希望达到的效果。

2. 判断各种自然状态和可能采取的行动方案。对数量化的自然状态和行动方案,还应做必要的分析。

3. 用适当的方法估计先验概率。先验概率是指 B 事件发生之前 A 事件发生的概率,它通常由对以往数据的分析得到。

4. 用贝叶斯公式计算后验概率。后验概率是指 B 事件发生之后 A 事件发生的概率,它通常是获得新信息之后再重新加以修正的概率。

5. 计算各种方案的期望损益值。

6. 进行择优决策分析,选出最优行动方案。

第二节　风险型决策

风险型决策是决策者根据各种自然状态发生的概率所进行的决策,这种决策具有一定的风险性。我们知道,各种自然状态出现的概率可以由以往已经获得的资料或情报得到,也可以由经验、知识等作出的主观评判取得。风险型决策方法主要有预期损益决策法和最大可能性决策法。

一、预期损益决策法

这种方法是利用各种自然状态出现的概率,分别求出每种方案的损益期望值(损失期望值或收益期望值),从中选出最小的损失期望值(或最大的收益期望值)。与其相对应的方案就是决策方案。

[**例 12 - 1**]　某企业要开发一种新产品,根据以往经验,可以给出不同价格水平出现的概率,各种备选方案在不同价格水平下的收益也不相同,具体数值见表 12 - 1。试用预期收益决策法进行决策。

表 12 - 1　各种状态出现的概率和收益值　　　　　　(单位:万元)

状态	低价 B_1	中等价 B_2	高价 B_3
概率	0.15	0.35	0.50
方案 A_1	-40	0	50
方案 A_2	-120	-60	140
方案 A_3	-180	-100	160

解　计算方案的收益期望值:

$$E(A_1) = 0.15 \times (-40) + 0.35 \times 0 + 0.50 \times 50 = 19(万元)$$

$$E(A_2) = 0.15 \times (-120) + 0.35 \times (-60) + 0.50 \times 140 = 31(万元)$$

$$E(A_3) = 0.15 \times (-180) + 0.35 \times (-100) + 0.50 \times 160 = 18(万元)$$

从计算结果可知,最大的收益期望值是 31 万元,由方案 A_2 取得,故选择的决策方案是 A_2。

二、以等概率为标准的决策法

在风险决策中,有时由于各种自然状态出现的概率无法预测,必须假定几种自然状态的概率相等,即 $P=\dfrac{1}{n}$,然后求出各方案的期望损益值,最后选择收益值最大的方案。这种决策方法,称为以等概率为标准的决策法。

[例12-2] 一家高级镜片制造厂试制成功一种新型广角摄影镜头。准备出口试销。由于镜头的弧度要求非常严格,需要一种先进的检测设备。这种设备可以采用自制、租用或者合资三种方案。而产品在市场上可能畅销、一般、滞销,各种情况下的数据如表12-2所示:

表12-2 广角摄影镜头经营决策损益表 （单位:万元）

行动方案	产品畅销	产品销售一般	产品滞销
自制 A_1	300	160	-50
租用 A_2	260	160	10
合资 A_3	296	176	-4

根据以上数据,在产品销售各种情况发生的概率未知的条件下,用等概率的方法确定决策方案。

解 三个行动方案按等概率原则计算的期望收益如下:

$$E(A_1)=\frac{1}{3}\times(300+160-50)=136.67$$

$$E(A_2)=\frac{1}{3}\times(260+160+10)=143.22$$

$$E(A_3)=\frac{1}{3}\times(296+176-4)=156.00$$

计算结果表明,"合资"方案的期望收益最大(156万元),因此"合资"是最优决策方案。若计算的结果都是损失值,则以期望损失值最小的方案为最优方案。

三、最大可能性决策法

当有一种自然状态出现的概率明显大于其他自然状态出现的概率时,就可以把这种状态下收益最大的方案作为决策方案。这种决策方法叫做最大可能性决策法。

[例 12 - 3] 某大型冷饮批发公司根据市场调查得知，7、8 月份每天冰淇淋销路特好、较好、中等、不好的概率分别为 0.1、0.4、0.3 和 0.2，每天的进货量可以有大、中、小三种方案，各种条件下的收益值如表 12 - 3。试应用最大可能性决策法确定决策方案。

表 12 - 3 各种自然状态出现的概率及收益值 （单位：万元）

状态	销路特好 B_1	销路较好 B_2	销路中等 B_3	销路不好 B_4
概率	0.1	0.4	0.3	0.2
大批量进货 A_1	18	16	13	9
中批量进货 A_2	15	20	15	11
小批量进货 A_3	8	14	16	13

解 由表 12 - 3 可知，销路较好状态出现的概率明显大于其他三种状态出现的概率，按照最大可能性决策方法，只需要选出销路较好的状态下收益值最大的方案。在销路较好的状态下最大的收益值为：

$$\text{Max}\{16,20,14\} = 20(万元)$$

与这一最大收益值对应的中批量进货方案 A_2，即为被选中的决策方案。

四、决策树

决策树是对决策局面的一种图解。用决策树作风险决策，就是按一定的方法绘制好决策树，然后用反推方式进行分析，选定最优方案。

决策树分析的步骤如下：

第一步，绘制决策点和方案枝。任何风险决策，都是从许多备选行动方案中选择出合理的最佳方案。这一局面可绘制成如图 12 - 1(a)所示的决策点方案枝。矩形方框表示的是在该处必须对各种行动方案作出选择，称为决策点。从矩形引出若干条直线，每条直线表示一个备选的行动方案，m 条直线分别表示备选方案 $d_1,d_2,\cdots,d_i,\cdots,d_m$ 称为方案枝。

以表 12 - 2 的资料为例，其决策点和方案枝如图 12 - 1(b)所示。

第二步，绘制机会点和概率枝。风险决策中每一备选方案都因不确定的自然状态而有几种可能的结果，要将这种局面表示在图中，办法是在方案枝的末端画一个圆圈，称为机会点。从机会点引出若干条直线 ，每一条直线表示一种自然状态，n 条直线分别表示概率为 $P_j(j=1,2,\cdots,n)$ 的 n 种自然状态，

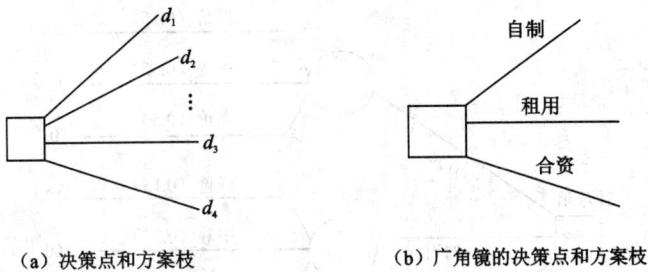

（a）决策点和方案枝　　　　　　（b）广角镜的决策点和方案枝

图 12 − 1

称为概率枝,如图 12 − 2 所示。每一条概率枝代表一个条件结果,在概率枝上标出该种自然状态的概率值,在概率枝的末端标出该条件损益值,这样就得到一个完整的决策局面图。

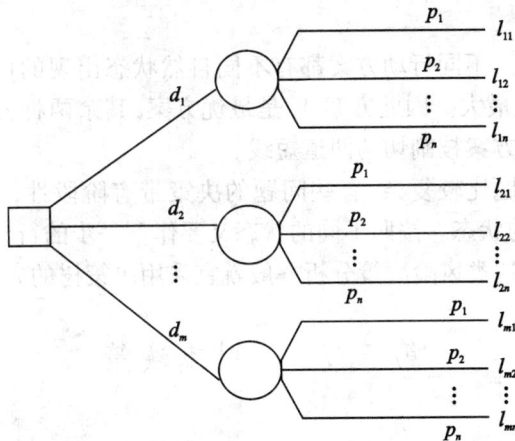

图 12 − 2

我们利用表 12 − 1 新产品销售决策问题的资料可得如图 12 − 3 的决策局面图。

决策树图的分析程序是从损益值开始由右向左推导,称为反推决策树方法。以方案 A_1 为例,把不同销路的概率相乘就得到该方案的损益期望值。即:

$$E(A_1) = 0.15 \times (-40) + 0.35 \times 0 + 0.50 \times 50 = 19(万元)$$

这个损益期望值写在方案 A_1 的方案枝上。用同样方法计算方案 A_2 和方案 A_3 的损益期望值 31 万元和 18 万元,分别记在各自的方案枝上,根据这些

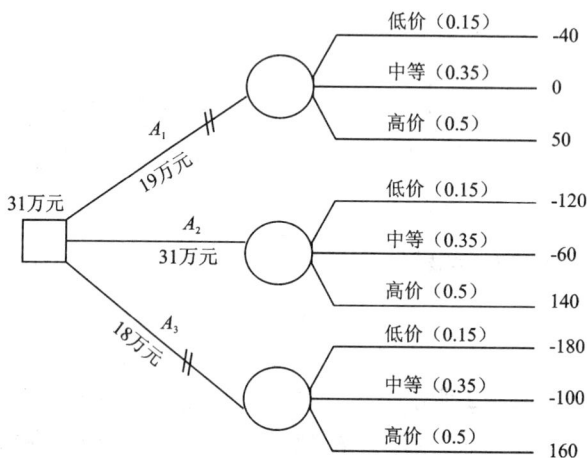

图 12 - 3

期望值进行选择。不同行动方案都有不同自然状态出现的可能,但走向方案 A_2 的损益期望值最大。因此方案 A_2 是最优方案,其余两种方案应当舍弃,在图上通常记为将方案枝割切的两道短线。

有些决策问题比较复杂,有些问题的决策带有阶段性,选择某种行动方案,会出现不同的状态。按照不同的状态又要作下一步的行动决策,以至更多的状态和决策。这类风险决策分析一般就宜采用决策树的方法。

第三节 贝叶斯决策

一、贝叶斯决策的概念和步骤

风险型决策方法具有一定的风险性。因为先验概率是根据历史资料或主观判断所确定的概率,未经试验证实。为了减少这种风险,就要通过科学试验、调查、统计分析等方法获得较为准确的信息。修正先验概率之后,再据以确定各种方案的期望损益值,拟订出可供选择的决策方案。贝叶斯决策方法便是这种以获得新信息修正先验概率,按后验概率进行分析判断的决策方法。

在已具备先验概率的情况下,一个完整贝叶斯决策过程包括以下几个主要步骤:

1. 根据所给数据,计算先验概率。

2. 根据试验或调查所得的信息,用贝叶斯公式计算后验概率。

3. 利用后验概率计算每一种方案的预期收益值。

4. 根据以上计算结果,确定决策方案。

二、贝叶斯公式

贝叶斯公式为:

$$P(B_i \mid A) = \frac{P(A \mid B_i)P(B_i)}{\sum_{j=1}^{n} P(A \mid B_j)P(B_j)}$$

式中　$P(B_i)$——事件 B_i 发生的概率;

　　$P(B_i|A)$——事件 A 发生的条件下,事件 B_i 发生的条件概率;

　　$P(A|B_i)$——事件 B_i 发生的条件下,事件 A 发生的条件概率;

　　$P(A|B_i)P(B) = P(AB_i)$——事件 A 和 B_i 同时发生的概率,即联合概率。

[例 12-4]　根据对以往数据的分析,当生产线处于良好状态时,产品的合格率为90%,而当生产线发生某一故障时,其合格率为30%。每天上午生产线开动时,生产线处于良好状态的概率为75%。当某日上午第一件产品合格时,生产线处于良好状态的概率是多少?

解　设 A 为事件"产品合格",B_1 为事件"生产线处于良好状态"。B_2 为事件"生产线处于非良好状态"。已知 $P(A|B_1) = 0.9$,$P(A|B_2) = 0.3$,$P(B_1) = 0.75$,$P(B_2) = 0.25$,$P(B_i|A)$ 所求的概率为,由贝叶斯公式得:

$$P(B_1 \mid A) = \frac{P(A \mid B_1)P(B_1)}{\sum_{j=1}^{2} P(A \mid B_j)P(B_j)} = \frac{0.9 \times 0.75}{0.9 \times 0.75 + 0.3 \times 0.25} = 0.9$$

这就是说,当生产出的第一件产品是合格品时,生产线处于良好状态的概率为0.9。

在这个例题中,概率 $P(B_1) = 0.75$,是由以往的数据分析得到的,叫做先验概率。我们本章第三节讲各种风险型决策方法时所提到的概率,实际上都是先验概率。在[例 13-4]中,当得到新的信息(即生产出的第一件产品是合格品)之后,修正了概率(即0.9)叫做后验概率。有了后验概率,我们就对生产线的情况有了进一步的了解。

三、贝叶斯决策法

利用贝叶斯公式可以计算后验概率,而在风险型决策中使用后验概率要比使用先验概率准确可靠。这是因为前者在利用了先验概率的同时,又利用了新的信息改进原有的概率估计,使之更接近实际。这种利用由贝叶斯公式计算出的后验概率进行决策的方法,就是贝叶斯决策法。贝叶斯决策法既可以使用非抽样资料,也可以使用抽样资料。我们用[例 12 − 5]和[例 12 − 6]分别加以说明。

[例 12 − 5] 新星集团公司准备新建一家商场,有三种不同的方案可供选择。现依据类似商场的资料编制了收益表,如表 12 − 4。为了使所选取的方案尽可能符合实际,这家公司的市场开发部做了一次市场调查。根据以往的类似调查,市场开发部在各种实际需求下做出各种估计的概率如表 12 − 5 所示。试用贝叶斯决策法进行决策。

表 12 − 4 收益表

自然状态	需求量小 B_1	需求量中 B_2	需求量大 B_3
概率	0.3	0.4	0.3
方案 1	300	400	500
方案 2	− 100	600	800
方案 3	− 200	100	1 000

表 12 − 5 市场开发部估计正确性的条件概率表

真实事件	估 计 概 率		
	需求量小 A_1	需求量中 A_2	需求量大 A_3
需求量小 B_1	0.75	0.15	0.10
需求量中 B_2	0.08	0.80	0.12
需求量大 B_3	0.05	0.10	0.85

解 第一步,计算联合概率。表 12 − 5 中的数据表明,当真实情况为需求量小时,市场开发部过去估计有

75%的资料是需求量小:$P(A_1 | B_1) = 0.75$;

15%的资料是需求量中:$P(A_2 | B_1) = 0.15$;

10%的资料是需求量大:$P(A_3 | B_1) = 0.10$;

其余依次类推。

实际情况是需求量小,市场开发部的估计恰好也是需求量小,这两个事件

同时发生的概率为：

$$P(A_1B_1) = P(A_1|B_1)P(B_1) = 0.3 \times 0.75 = 0.225$$

实际情况是需求量小,市场开发部的估计却是需求量中,这两个事件同时发生的概率为：

$$P(A_2B_1) = P(A_2|B_1)P(B_1) = 0.3 \times 0.15 = 0.45$$

其余联合概率依此类推。各种联合概率见表 12 -6。

表 12 -6　联合概率表

真实事件	先验概率	联 合 概 率		
		$P(A_1B_i)$	$P(A_2B_i)$	$P(A_3B_i)$
需求量小 B_1	0.3	0.225	0.045	0.030
需求量中 B_2	0.4	0.032	0.320	0.048
需求量大 B_3	0.3	0.015	0.030	0.255
合　计	1.0	0.272	0.395	0.333

第二步,用贝叶斯公式计算后验概率。

由表 12 -6 中的数据,当市场开发部估计需求量小(A_1)时,实际正好是需求量小(B_1)的概率为

$$P(B_1 \mid A_1) = \frac{P(B_1)P(A_1 \mid B_1)}{\sum\limits_{j=1}^{3} P(B_j)P(A_1 \mid B_j)} = \frac{0.225}{0.272} = 0.8272$$

当市场开发部估计需求量小(A_1)时,实际正好是需求量中(B_2)的概率为

$$P(B_2 \mid A_1) = \frac{P(B_2)P(A_1 \mid B_2)}{\sum\limits_{j=1}^{3} P(B_j)P(A_1 \mid B_j)} = \frac{0.032}{0.272} = 0.1176$$

当市场开发部估计需求量小(A_1)时,实际正好是需求量大(B_3)的概率为

$$P(B_3 \mid A_1) = \frac{P(B_3)P(A_1 \mid B_3)}{\sum\limits_{j=1}^{3} P(B_j)P(A_1 \mid B_j)} = \frac{0.015}{0.272} = 0.0552$$

当市场开发部估计需求量中(A_2)时,但实际需求量是小(B_1)的概率为

$$P(B_1 \mid A_2) = \frac{P(B_1)P(A_2 \mid B_1)}{\sum\limits_{j=1}^{3} P(B_j)P(A_2 \mid B_j)} = \frac{0.045}{0.395} = 0.1139$$

其余的后验概率依此类推,具体数值见表 12 - 7。

表 12 - 7 后验概率表

真实事件	$P(B_i|A_1)$	$P(B_i|A_2)$	$P(B_i|A_3)$
需求量小 B_1	0.8272	0.1139	0.0901
需求量中 B_2	0.1176	0.8101	0.1441
需求量大 B_3	0.0552	0.0760	0.7558
合计	1.0000	1.0000	1.0000

第三步,利用后验概率计算每种方案的预期收益值。可用原来的收益矩阵乘以后验概率矩阵,得到新的收益矩阵:

$$\begin{pmatrix} 300 & 400 & 500 \\ -100 & 600 & 800 \\ -200 & -100 & 1\,000 \end{pmatrix} \times \begin{pmatrix} 0.8272 & 0.2239 & 0.0901 \\ 0.1176 & 0.8101 & 0.1441 \\ 0.0552 & 0.0760 & 0.7658 \end{pmatrix} = \begin{pmatrix} 322.80 & 396.21 & 467.57 \\ 32.00 & 535.47 & 690.09 \\ -122.00 & -27.79 & 733.37 \end{pmatrix}$$

第四步,确定决策方案。根据以上的计算结果,如果市场开发部认为是需求量小,最大收益期望值是

$$Max\{322.80, 32.00, -122.00\} = 322.80(万元)$$

所对应的方案 1 为决策方案。

如果市场开发部认为是需求量中,最大收益期望值是

$$Max\{396.21, 535.47, -27.79\} = 535.47(万元)$$

所对应的方案 2 为决策方案。

如果市场开发部认为是需求量大,最大收益期望值是

$$Max\{467.57, 690.09, 733.37\} = 733.37(万元)$$

所对应的方案 3 为决策方案。

[例 12 - 6] 某建筑公司考虑安排一项工程的开工计划,假定影响工期的惟一因素是天气。如能安排开工并按期完工,可获利润 5 万元。但如开工后遇天气不好而拖延工期,则将亏损 1 万元。根据气象资料,估计最近安排开工后天气晴朗的可能性是 0.20,开工后天气阴雨的可能性是 0.80。又如果最近不安排开工,则将负担推迟开工损失费 1 千元。该公司的目标是获得最大利润。有关数据如表 12 - 8 所示。

表 12 − 8　工程项目开工安排损益表

损益值（元）　　　自然状态 行动方案	天气好 $P_1 = 0.2$	天气坏 $P_2 = 0.8$	期望值 （元）
开工 d_1	50 000	− 10 000	2 000
不开工 d_2	− 1 000	− 1 000	− 1 000

若按期望值标准计算,开工 d_1 应为最佳方案。但为了进一步分析,公司还可以从气象部门购买气象情报,这项情报索价 1 000 元。过去的资料表明,该气象部门天气好,预报天气好的可能性为 0.7;天气坏,预报天气坏的可能性是 0.8,试通过决策分析,确定这项气象情报是否值得购买。

设 A_1 以代表天气好,以 A_2 代表天气坏,按照原来经验推测,天气好的概率等于 $P(A_1) = 0.2$,天气坏的概率为 $P(A_2) = 0.8$。

又设以 B_1 代表预报天气好,以 B_2 预报代表天气坏,根据过去的资料可知:

天气好,预报天气好的概率为 $P(B_1 | A_1) = 0.7$;

天气好,却预报天气坏的概率为 $P(B_2 | A_1) = 0.3$;

天气坏,却预报天气好的概率为 $P(B_1 | A_2) = 0.2$;

天气坏,预报天气也坏的概率为 $P(B_2 | A_2) = 0.8$。

根据贝叶斯定理,可以计算出以下各项概率:

(1)预报天气好的概率为

$$P(B_1) = P(B_1 | A_1) \times P(A_1) + P(B_1 | A_2) \times P(A_2)$$
$$= 0.7 \times 0.2 + 0.2 \times 0.8 = 0.30$$

(2)预报天气坏的概率为

$$P(B_2) = P(B_2 | A_1) \times P(A_1) + P(B_2 | A_2) \times P(A_2)$$
$$= 0.3 \times 0.2 + 0.8 \times 0.8 = 0.70$$

(3)预报天气好,实际天气确实也好的概率为

$$P(A_1 | B_1) = \frac{P(B_1 | A_1) \cdot P(A_1)}{P(B_1 | A_1) \cdot P(A_1) + P(B_1 | A_2) \cdot P(A_2)}$$
$$= \frac{0.7 \times 0.2}{0.7 \times 0.2 + 0.2 \times 0.8} = 0.47$$

(4)预报天气好,实际天气却坏的概率为

$$P(A_2 \mid B_1) = \frac{P(B_1 \mid A_2) \cdot P(A_2)}{P(B_1 \mid A_1) \cdot P(A_1) + P(B_1 \mid A_2) \cdot P(A_2)}$$

$$= \frac{0.2 \times 0.8}{0.7 \times 0.2 + 0.2 \times 0.8} = 0.52$$

(5)预报天气坏,实际天气好的概率为

$$P(A_1 \mid B_2) = \frac{P(B_2 \mid A_1) \cdot P(A_1)}{P(B_2 \mid A_1) \cdot P(A_1) + P(B_2 \mid A_2) \cdot P(A_2)}$$

$$= \frac{0.3 \times 0.2}{0.3 \times 0.2 + 0.8 \times 0.8} = 0.09$$

(6)预报天气坏,实际天气确实坏的概率为

$$P(A_2 \mid B_2) = \frac{P(B_2 \mid A_2) \cdot P(A_2)}{P(B_2 \mid A_1) \cdot P(A_1) + P(B_2 \mid A_2) \cdot P(A_2)}$$

$$= \frac{0.8 \times 0.8}{0.3 \times 0.2 + 0.8 \times 0.8} = 0.91$$

现在可以画出这个问题的决策树,如图 12 – 4 所示。

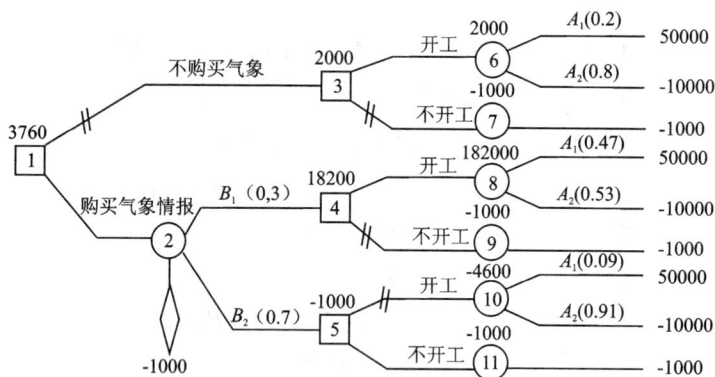

图 12 – 4   获得补充信息的开工问题决策树

图 12 – 4 中各点的收益期望值计算如下:

(1)不购买气象情报。

点 3:   收益期望值为 2 000(元)

(2)购买气象情报。

点 8: $0.47 \times 50\,000 + 0.53 \times (-10\,000) = 18\,200$(元)

点 9: $-1\,000$(元)

点 8 与点 9 相比,点 8 的收益期望值较高,划去不安排开工方案,把点 8 的 18200 元移至点 4

点 10:　　　　$0.09 \times 50\,000 + 0.91 \times (-10\,000) = -4\,600(元)$

点 11:　　　　$-1\,000(元)$

点 10 与点 11 相比,点 11 的收益期望值相对较高,划去安排开工方案,把点 11 的 -1 000 元移至点 5。

点 2:　　　　$0.3 \times 18\,200 + 0.7 \times (-1\,000) = 4\,760(元)$

这说明,如购买气象情报,预报天气好,则安排开工;预报天气不好,则不安排开工,其综合收益期望值为 4 760 元。

点 2 与点 3 相比,购买气象情报的收益期望值较高。因此,应采取购买气象情报的方案。

气象情报的价值为

$$4\,760 - 2\,000 = 2\,760(元)。$$

如扣除气象情报本身的代价 1 000 元,购买气象情报的净收益期望值为

$$4\,760 - 1\,000 = 3\,760(元)。$$

将 3 760 标于点 1 上,算出气象情报的净值为

$$2\,760 - 1\,000 = 1\,760(元)$$

这说明这项气象情报是很有价值的。如果气象部门出售这项情报索价 3 000元(高于情报本身的价值 2 760 元),就不值得购买。所以,情报价值是衡量情报代价是否值得的最高限额。

根据预后验分析,如果认为采集的信息和进行调查研究是值得的,那么,就应该决定去做这项工作。一旦取得了新的信息,决策者就结合这些新信息进行分析,计算各种方案的期望损益值,选择最佳的行动方案。结合运用这些信息并修正先验概率。

第四节　不确定型决策

人们在做决策时,很可能只知道未来可能出现的各种状态,但对各种状态出现的概率一无所知,这种条件下的决策就属于不确定型的决策。不确定型决策方法与风险型决策方法的主要区别在于:风险型决策方法从合理行为假设出发,有严格的推理论证,而不确定型决策方法是人为制定的原则,带有某种程度的主观随意性。

例如,某企业开发了一种新产品,消费者从未接触过这种产品,企业只能

预计市场需求量有高、中、低三种可能,也就是有三种自然状态,但很难把握各种自然状态出现的概率。为了抢占市场,企业必须及早做好生产的前期准备工作。这种新产品的生产有小批量、中批量和大批量生产三种方案可供选择,每种生产方案在不同市场需求条件下的利润如表 12 - 9 所示:

表 12 - 9　各种情况下的利润数额　　　　　（单位:万元）

方　　案	自　然　状　态		
	市场需求量较小 B_1	市场需求量中等 B_2	市场需求量很大 B_3
大批量生产 A_1	300	600	900
中批量生产 A_2	700	200	800
小批量生产 A_3	700	800	600

　　在这个例子中,决策者对市场需求量大、中、小三种情况出现的概率难以做出判断,这就是一个不确定型决策问题。

　　常用的不确定型决策方法有:(1)悲观决策法;(2)乐观决策法;(3)折中决策方法;(4)后悔值决策法。下面分别用这些方法对本问题进行分析。

一、悲观决策法

　　悲观决策法也称“小中取大决策法”。决策时,如果未来最不理想的状态出现的可能性很大,或者决策者出于某种需要和考虑,必须尽可能地降低风险时,就可以使用这种决策方法。悲观决策方法的基本步骤是:先从每个备选方案中选出一个收益值最小的方案,再从这些最小收益值方案中,选出最大的收益值方案,这个最大收益值方案就是决策方案。

　　[**例 12 - 7**]　试用悲观决策方法,对表 12 - 9 所提供的情况进行决策。

　　解　第一步,确定各种生产方案在三种市场需求条件下的最小利润值。

$$A_1 : \text{Min}\{300,600,900\} = 300(\text{万元})$$

$$A_2 : \text{Min}\{700,200,800\} = 200(\text{万元})$$

$$A_3 : \text{Min}\{700,800,600\} = 600(\text{万元})$$

　　第二步,选出最小利润值中的最大者。

$$\text{Max}\{300,200,600\} = 600(\text{万元})$$

　　因为与 600 万元对应的方案是小批量生产方案 A_3,故依据悲观原则应选择的生产方案是小批量生产。

二、乐观决策法

乐观决策法也称"大中取大决策法"。它是决策者对客观情况持乐观态度时的一种决策方法。这种方法是假定决策者认为最理想状态占优势,同时决策者对风险的承受能力也较强。乐观决策法的基本步骤是:先从每个备选方案中选出一个最大收益值,再从这些最大收益值中选出一个最大者,该值对应的方案即为决策方案。

[**例 12 - 8**] 试用乐观决策法对表 12 - 9 所提供的情况进行决策。

解 第一步,选出每种生产方案在三种市场需求条件下的最大利润值。

$$A_1 : \text{Max} \{300,600,900\} = 900(万元)$$

$$A_2 : \text{Max} \{700,200,800\} = 800(万元)$$

$$A_3 : \text{Max} \{700,800,600\} = 800(万元)$$

第二步,选择各生产方案最大利润值中的最大者。

$$\text{Max} \{900,800,800\} = 900(万元)$$

因此,确定与 900 万元利润值对应的大批量生产方案 A_1 为决策方案。

三、折中决策方法

在实际决策中,完全乐观或完全悲观的极端情况都是比较少见的,更多的情况是既不过分乐观,也不过分悲观,而是从实际出发,把悲观决策与乐观决策两种思想统一起来,从而产生了折中决策法。在利用这种方法决策时,决策者对客观情况持一定程度的乐观态度,乐观的程度用乐观系数 α 表示,α 的取值区间为 $(0,1)$。利用折中决策法进行决策的基本步骤是:首先确定一个乐观系数 α,然后分别以乐观系数 α 和 $1 - \alpha$ 为权数,对每一方案的最大收益值和最小收益值进行加权平均,得出各个方案收益的折中期望值 $E(A_i)$。最后从中选出最大的,相应的方案就是决策方案。

[**例 12 - 9**] 试用折中决策法对表 12 - 9 提供的情况进行决策($\alpha = 0.7$)

解 第一步,计算各种方案的利润折中期望值。

$$A_1 : E(A_1) = \alpha \times \text{Max} \{300,600,900\} + (1 - \alpha) \times \text{Min} \{300,600,900\}$$
$$= 0.7 \times 900 + 0.3 \times 300 = 720(万元)$$

$$A_2 : E(A_2) = \alpha \times \text{Max} \{700,200,800\} + (1 - \alpha) \times \text{Min} \{700,200,800\}$$
$$= 0.7 \times 800 + 0.3 \times 200 = 620(万元)$$

$$A_3 : E(A_3) = \alpha \times \mathrm{Max}\{700,800,600\} + (1-\alpha) \times \mathrm{Min}\{700,800,600\}$$
$$= 0.7 \times 800 + 0.3 \times 700 = 770(万元)$$

第二步,比较 $E(A_1)$, $E(A_2)$ 和 $E(A_3)$,取其中的最大值。$E(A_3)$ 最大,所对应的小批量生产方案(A_3)为决策方案。

在折中决策法中,如果取乐观系数 $\alpha = 1$,就成为乐观决策法,如果取乐观系数 $\alpha = 0$,就成为悲观决策法。

四、后悔值决策法

后悔值是在某种自然状态下,所有方案中最大收益值(即理想值)与其他方案收益值之差。后悔值越小,所选方案就越接近于最优方案。因此,在不确定条件下进行决策时决策者可以计算出每种方案在不同自然状态下的后悔值,然后分别找出各方案对应不同自然状态下后悔值中的最大值,最后从中找出最小的后悔值。

[**例 12 – 10**]   试用后悔值决策法对表 12 – 9 提供的情况进行决策。

解   第一步,确定各种自然状态下的理想值(即各种自然状态下所有方案中的最大收益值)。

在市场需求量较小的自然状态 B_1 下,理想值为
$$A_1 : \mathrm{Max}\{300,700,700\} = 700(万元)$$

在市场需求量中等的自然状态 B_2 下,理想值为
$$A_2 : \mathrm{Max}\{600,200,800\} = 800(万元)$$

在市场需求量很大的自然状态 B_3 下,理想值为
$$A_3 : \mathrm{Max}\{900,800,600\} = 900(万元)$$

第二步,计算各种自然状态下每个方案的后悔值。

在自然状态为市场需求量较小 B_1 的条件下:

大批量生产方案 A_1 的后悔值为 $700 - 300 = 400$ (万元);

中批量生产方案 A_1 的后悔值为 $700 - 700 = 0$ (万元);

小批量生产方案 A_1 的后悔值为 $700 - 700 = 0$ (万元)。

在自然状态为市场需求量中等 B_2 的条件下:

大批量生产方案 A_1 的后悔值为 $800 - 600 = 200$ (万元);

中批量生产方案 A_2 的后悔值为 $800 - 200 = 600$ (万元);

小批量生产方案 A_3 的后悔值为 $800 - 800 = 0$ (万元)。

在自然状态为市场需求量很大 B_3 的条件下:

大批量生产方案 A_1 的后悔值为 $900 - 900 = 0$（万元）；

中批量生产方案 A_2 的后悔值为 $900 - 800 = 100$（万元）；

小批量生产方案 A_3 的后悔值为 $900 - 600 = 300$（万元）。

以上计算各种后悔值可用表 12 - 10 表示。

表 12 - 10　各种情况下的后悔值　　　　　（单位:万元）

方　　案	自　然　状　态		
	市场需求量较小 B_1	市场需求量中等 B_2	市场需求量很大 B_3
大批量生产 A_1	400	200	0
中批量生产 A_2	0	600	100
小批量生产 A_3	0	0	300

第三步,确定各种方案的最大后悔值。

大批量生产方案 A_1 的最大后悔值为: $R_1 = \text{Max}\{400,200,0\} = 400$（万元）；

中批量生产方案 A_2 的最大后悔值为: $R_2 = \text{Max}\{0,600,100\} = 600$（万元）；

小批量生产方案 A_3 的最大后悔值为: $R_3 = \text{Max}\{0,0,300\} = 300$（万元）；

第四步,确定决策方案。

从第三步计算出的各种方案的最大后悔值中选出最小的一个,它所对应的方案即为决策方案。在此例中, $\text{Min}\{R_1,R_2,R_3\} = \text{Min}\{400,600,300\} = 300$。所以 R_3 所对应的小批量生产方案即为决策方案。

本章小结

1. 决策,是指人们为了实现某一特定的目标,根据客观的可能性,在多个可供选择的行动方案中确定最佳方案的过程。很多事物的发展变化都有某种程度的不确定性,统计决策就是根据决策目标的要求,把具有这种不确定性的事物作为随机事件,充分利用所掌握的信息资料,根据统计数据分析和一定的决策准则,确定最优方案的一种决策方法。统计决策主要包括风险型决策,贝叶斯决策和不确定型决策。

2. 风险型决策,亦称先验概率决策。它是根据各种自然、社会、经济状态可能出现的情形以及各种情形发生的概率(即先验概率),采用期望值标准或最大可能性标准选择最佳方案。主要有预期损益决策法和最大可能性决策法两种,由于先验概率是根据历史资料或主观经验确定的,未经试验证实,因此,决策有一定的风险。

3. 贝叶斯决策,亦称后验概率决策。它是用试验或调查所得到的新信息对先验概率进行修正,得到所谓后验概率,根据后验概率进行决策。由于后验概率比先验概率准确可靠,所以贝叶斯决策较预期损益决策和最大可能性决策更接近实际。

4. 不确定型决策。在做决策时,如果我们只掌握未来可能出现的各种状态,而对各种状态出现的概率一无所知,就可以采用不确定型决策。常用的不确定型决策方法有悲观决策法、乐观决策法、折中决策法和后悔值决策法四种。由于决策的准则带有较浓的主观色彩,受决策者的经验和心理因素影响太大,决策的准确性往往难以保证。

思考与练习

1. 与一般决策比较,统计决策的主要特点是什么?

2. 统计决策有哪几个基本步骤?

3. 什么是风险型决策和贝叶斯决策? 它们各有什么特点?

4. 不确定型决策方法有几种? 各种方法的基本思想是什么?

5. 某商店拟订当年 6、7、8、9 月份的某种冷饮食品的进货计划。每箱进货成本 60 元,售价 100 元,当天售出每箱可获利 40 元,当天剩余一箱则要亏损 20 元。现市场情况不清楚,惟有下列前两年同期 120 天的日销售量资料:

日销售量(箱)	完成日销售量的天数(天)
10	24
11	48
12	46
13	12
合 计	120

请分别按预期损益决策法、等概率决策法和最大可能性决策法对该冷饮食品日进货计划作出选择。

6. 某股份有限公司准备生产一种新产品。决策前,公司对可能出现的市场状态及利润做了主观估计,结果见下表。为了尽可能减少决策失误,公司考虑是否做进一步的市场调查。若调查,需要支付 8 万元的调查费用,调查的准确性未知。根据过去同类调查的实际情况,在各种实际需求状况下做出各种判断的概率见下表。试以决策树为工具,用贝叶斯决策法进行决策。

概率及收益表　　　　　　　　　单位:万元

状态	需求量大	需求量中	需求量小
估计概率	0.35	0.35	0.3
收益值(万元)	400	66.7	−200

调查结论正确性的条件概率

真实状态	调查结论		
	需求量大	需求量中	需求量小
需求量大	0.65	0.25	0.10
需求量中	0.25	0.50	0.25
需求量小	0.10	0.20	0.70

7. 某企业准备生产一种新产品,有四种备选方案,各种方案的收益值如下表所示。假定企业无法确定各种需求量出现的概率,试分别用悲观决策法、乐观决策法、折中决策法($\alpha=0.7$)、后悔值决策法进行决策。

备选方案	自然状态		
	需求量较高	需求量中等	需求量较小
方案 A	140	60	100
方案 B	40	160	180
方案 C	100	40	80
方案 D	80	200	40

参考答案

5. 12(箱),12(箱),11(箱)。

6. 决策方案为方案 A_3。

7. 悲观决策法的决策方案为方案 A,乐观决策法的决策方案为方案 D,折中决策法($\alpha=0.7$)的决策方案为方案 D,后悔值决策法决策方案为方案 B。

附录 常用统计数值表

附表1 泊松分布表

$$P(X=x) = \frac{\lambda^x}{x!}e^{-\lambda}$$

x	λ							
	0.1	0.2	0.3	0.4	0.5	0.6	0.7	0.8
0	.904834	.818731	.740818	.670320	.606531	.548812	.496587	.449329
1	.909484	.163746	.222245	.268128	.303265	.329287	.347610	.359463
2	.004524	.016375	.033337	.053626	.075816	.098786	.121663	.143785
3	.000151	.001092	.000250	.007150	.012636	.019757	.028388	.038343
4	000004	.000055	.000015	.000715	.001580	.002964	.004968	.007669
5		.000002	.000001	.000057	.000158	.000356	.000696	.001227
6				.000004	.000013	.000036	.0000081	.000164
7					.000001	.000003	.000008	.000019
8							.000001	.000002

x	λ							
	0.9	1.0	1.5	2.0	2.5	3.0	3.5	4.0
0	.406570	.367879	.223130	.135335	.082085	.049787	.030197	.018316
1	.365913	.367879	.334659	.270671	.205212	.149361	.105691	.073263
2	.164661	.183940	.251021	.270671	.256516	.224042	.184959	.146525
3	.049398	.061313	.125510	.180447	.213763	.224042	.215785	.195367
4	.011115	.015328	.047067	.090224	.133602	.168031	.188812	.195367
5	.002001	.003066	.014120	.036089	.066801	100819	.132169	.156293
6	.000300	.000511	.003530	.012030	.027834	.050409	.077089	.104196
7	.000039	.000073	.000756	.003437	.009941	.021604	.038549	.059540
8	.000004	.000009	.000142	.000859	.003106	.008102	.016865	.029770
9		.000001	.000024	.000191	.000863	.002701	.006559	.013231
10			.000004	.000038	.000216	.000810	.002296	.005292
11				.000007	.000049	.000221	.000730	.001925
12				.0000001	.000010	.000055	.000213	.000642
13					.000002	.000013	.000057	.000197
14						.000003	.000014	.000056
15						.000001	.000003	.000015
16							.000001	.000004
17								.000001

x	λ						
	4. 5	5. 0	6. 0	7. 0	8. 0	9. 0	10.
0	. 011109	. 006738	. 002479	. 000912	. 000335	. 000123	. 000045
1	. 049990	. 033690	. 014837	. 006383	. 002684	. 001111	. 000454
2	. 112479	. 084225	. 044618	. 022341	. 010735	. 004998	. 002270
3	. 168718	. 140374	. 089235	. 052129	. 028626	. 014994	. 007567
4	. 189808	. 175467	. 13853	. 091226	. 057252	. 033737	. 018917
5	. 170827	. 175467	. 160623	. 127717	. 091604	. 060727	. 037833
6	. 128120	. 146223	. 160623	. 1490003	. 122138	. 091090	. 063055
7	. 082363	. 104445	. 137677	. 149003	. 139587	. 117116	. 090079
8	. 046329	. 054278	. 103258	. 130377	. 139587	. 131756	. 112599
9	. 023165	. 036266	. 068838	. 101405	. 124077	. 131756	. 125110
10	. 010424	. 018133	. 041303	. 070983	. 099262	. 118580	. 125110
11	. 004264	. 008242	. 022529	. 045171	. 072190	. 097020	. 113736
12	. 001299	. 003434	. 011264	. 026350	. 048127	. 072765	. 094780
13	. 000554	. 001321	. 005199	. 014188	. 029616	. 050376	. 072908
14	. 000178	. 000472	. 002228	. 007094	. 016924	. 032384	. 052077
15	. 000053	. 000157	. 000891	. 003311	. 009026	. 019431	. 034718
16	. 000015	. 000049	. 000334	. 001448	. 004513	. 010930	. 021699
17	. 000004	. 000014	. 000118	. 000596	. 002124	. 005786	. 012764
18	. 000001	. 000004	. 000039	. 000232	. 000944	. 002893	. 007091
19		. 000001	. 000012	. 000085	. 000397	. 001370	. 003732
20			. 000004	. 000030	. 000159	. 000617	. 001866
21			. 000001	. 000010	. 000061	. 000264	. 000889
22				. 000003	. 000022	. 000108	. 000404
23				. 000001	. 000008	. 000042	. 000176
24					. 000003	. 000016	. 000073
25					. 000001	. 000006	. 000029
26						. 000001	. 000011
27							. 000004
28							. 000001
29							. 000001

附表 2　标准正态分布表

$$\Phi(x) = \int_{-\infty}^{x} \frac{1}{\sqrt{2\pi}} e^{-\frac{t^2}{2}} dt$$

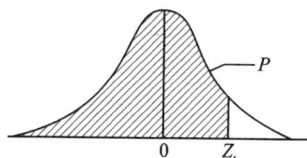

x	0.00	0.01	0.02	0.03	0.04
0.0	.500000	.503989	.507978	.511966	.515953
0.1	.539828	.543795	.547758	.551717	.555670
0.2	.579260	.583166	.587064	.590954	.594835
0.3	.617911	.621720	.625516	.629300	.633072
0.4	.655422	.659097	.662757	.666402	.670031
0.5	.691462	.694974	.698468	.701944	.705401
0.6	.725747	.729069	.732371	.735653	.738914
0.7	.758036	.761148	.764238	.767305	.770350
0.8	.788145	.791030	.793892	.796731	.799546
0.9	.815940	.818589	.821214	.823814	.826391
1.0	.841345	.843752	.846136	.848495	.850830
1.1	.864334	.866500	.868643	.870762	.872857
1.2	.884930	.886861	.888768	.890651	.892512
1.3	.903200	.904902	.906582	.908241	.909877
1.4	.919243	.920730	.922196	.923641	.925066
1.5	.933193	.934478	.935745	.936992	.938220
1.6	.945201	.946301	.947384	.948449	.949497
1.7	.955435	.956367	.957284	.958185	.959070
1.8	.964070	.964852	.965620	.966375	.967116
1.9	.971283	.971933	.972571	.973197	.973810
2.0	.977250	.977784	.978308	.978822	.979325
2.1	.982136	.982571	.982997	.983414	.983823
2.2	.986097	.976447	.968791	.987126	.987455
2.3	.989276	.989556	.989830	.990097	.990358
2.4	.991802	.992054	.992240	.992451	.992656
2.5	.993790	.993963	.994132	.994297	.994457
2.6	.995339	.995473	.995604	.995731	.995855
2.7	.996533	.996636	.996736	.996833	.996928
2.8	.997445	.997523	.997599	.997673	.997744
2.9	.988134	.998193	.998250	.998305	.998359
3.0	.998650	.998694	.998736	.998777	.998817
3.1	.999032	.999065	.999096	.999126	.999155
3.2	.999313	.999336	.999359	.999381	.999402
3.3	.999517	.999534	.999550	.999566	.999581
3.4	.999663	.999675	.999687	.999698	.999709

x	0.05	0.06	0.07	0.08	0.09
0.0	.519939	.523922	.527903	.531881	.535856
0.1	.559618	.563559	.567495	.571424	.575345
0.2	.5987.6	.602568	.606420	.610261	.614092
0.3	.636831	.640576	.644309	.648027	.651732
0.4	.673645	.677242	.680822	.684386	.687933
0.5	.708840	.712260	.715661	.719043	.722405
0.6	.742154	.745373	.784571	.751748	.754903
0.7	.773373	.776373	.779350	.782305	.785236
0.8	.802337	.805105	.807850	.810570	.813267
0.9	.828944	.831472	.833977	.836457	.838913
1.0	.853141	.855428	.857690	.859929	.862143
1.1	.874928	.876976	.879000	.881000	.882977
1.2	.894350	.896165	.897958	.899727	.901475
1.3	.911492	.913085	.914657	.916207	.917736
1.4	.926471	.927855	.929219	.930563	.931888
1.5	.939429	.940620	.941792	.942947	.944083
1.6	.950529	.951543	.952540	.953521	.954486
1.7	.959941	.960796	.961636	.962462	.963273
1.8	.967843	.968557	.9692258	.969946	.970621
1.9	.974412	.975002	.975581	.976148	.976705
2.0	.979818	.980301	.980774	.981237	.981691
2.1	.984222	.984614	.984997	.985371	.985738
2.2	.987776	.988089	.988936	.988696	.988989
2.3	.990613	.990863	.991106	.991344	.991576
2.4	.992857	.993053	.993244	.993431	.993613
2.5	.994614	.994766	.994915	.995060	.995201
2.6	.995975	.996093	.996207	.996319	.996427
2.7	.997020	.997110	.997197	.997282	.997365
2.8	.997814	.997882	.997948	.998012	.998074
2.9	.998411	.998462	.998511	.998559	.998605
3.0	.998856	.998893	.998930	.998965	.998999
3.1	.999184	.999211	.999238	.999264	.999289
3.2	.999423	.999443	.999462	.999481	.999499
3.3	.999596	.999610	.999624	.999638	.999651
3.4	.999720	.999730	.999740	.999749	.999758

x	0.00	0.01	0.02	0.03	0.04
3.5	.999767	.999776	.999784	.999792	.999800
3.6	.999841	.999847	.999853	.999858	.999864
3.7	.999892	.999896	.999900	.999904	.999908
3.8	.999928	.999931	.999933	.999936	.999938
3.9	.999952	.999954	.999956	.999958	.999959
4.0	.999968	.999970	.999971	.999972	.999973
4.1	.999979	.999980	.999981	.999982	.999983
4.2	.999987	.999987	.999988	.999988	.999989
4.3	.999991	.999992	.999992	.999993	.999993
4.4	.999995	.999995	.999995	.999995	.999996
4.5	.999997	.999997	.999997	.999997	.999997
4.6	.999998	.999998	.999998	.999998	.999998
4.7	.999999	.999999	.999999	.999999	.999999
4.8	.999999	.999999	.999999	.999999	.999999
4.9	1.000000	1.000000	1.000000	1.000000	1.000000
x	0.05	0.06	0.07	0.08	0.09
3.5	.999807	.999815	.999822	.999828	.999835
3.6	.999869	.999874	.999879	.999883	.999888
3.7	.999912	.999915	.999918	.999922	.999925
3.8	.999941	.999943	.999946	.999948	.999950
3.9	.999961	.999963	.999964	.999966	.999967
4.0	.999974	.999975	.999976	.999977	.999978
4.1	.999983	.999984	.999985	.999985	.999986
4.2	.999989	.999990	.999990	.999991	.999991
4.3	.999993	.999993	.999994	.999994	.999994
4.4	.999996	.999996	.999996	.999996	.999996
4.5	.999997	.999997	.999998	.999998	.999998
4.6	.999998	.999998	.999998	.999999	.999999
4.7	.999999	.999999	.999999	.999999	.999999
4.8	.999999	.999999	.999999	.999999	.999999
5.0	1.000000	1.000000	1.000000	1.000000	1.000000

注：本表对 x 给出正态分布函数 $\Phi(x)$ 的数值。

例：对于 $x = 1.33$，$\Phi(x) = 0.908241$

附表 3　正态分布分位数表

$$\Phi(x) = \int_{-\infty}^{x} \frac{1}{\sqrt{2\pi}} e^{-\frac{t^2}{2}} \mathrm{d}t$$

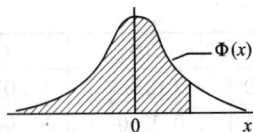

p	0.000	0.001	0.002	0.003	0.004
0.50	.000000	.002507	.005013	.0007520	.010027
0.51	.025069	.027576	.030084	.032592	.035100
0.52	.050154	.052664	.055174	.057684	.060195
0.53	.075270	.077784	.080298	.082813	.085329
0.54	.100434	.102953	.105474	.107995	.110516
0.55	.125661	.128188	.130716	.133245	.135774
0.56	.150969	.153505	.156042	.158580	.161119
0.57	.176374	.178921	.181468	.184017	.186567
0.58	.201893	.204452	.207013	.209574	.212137
0.59	.227545	.230118	.232693	.235269	.237847
0.60	.253347	.255936	.258527	.261120	.263714
0.61	.279319	.281926	.284536	.287147	.289760
0.62	.305481	.308108	.310738	.313369	.316003
0.63	.331853	.334503	.337155	.339809	.342766
0.64	.358459	.361133	.363810	.366489	.369171
0.65	.385320	.388022	.390786	.393433	.396142
0.66	.412463	.415194	.417928	.420665	.423405
0.67	.439913	.442676	.445443	.448212	.450985
0.68	.467699	.470497	.473299	.476104	.478914
0.69	.495850	.498687	.501527	.504372	.507221
0.70	.524401	.527279	.530161	.533049	.535940
0.71	.553385	.556308	.559237	.562175	.655108
0.72	.582842	.585815	.588793	.591777	.594766
0.73	.612813	.615840	.618873	.521912	.624956
0.74	.643345	.646431	.649524	.652622	.655727
0.75	.674490	.677640	.680797	.683961	.687131
0.76	.706303	.709523	.712751	.715986	.719229
0.77	.738847	.742144	.745450	.748763	.752085
0.78	.772193	.775575	.778966	.782365	.785774
0.79	.806421	.809896	.813380	.816875	.820379
0.80	.841621	.845199	.848787	.852386	.85996
0.81	.877896	.881587	.885290	.889006	.892733
0.82	.915365	.919183	.923014	.926859	.930717
0.83	.954165	.958124	.962099	.966088	.970093
0.84	.994458	.998576	1.002712	1.006864	1.011034

附表 3(续 1)

p	0.05	0.06	0.07	0.08	0.09
0.50	.012533	.015040	.017547	.020054	.022562
0.51	.0.37608	.040117	.042626	.045135	.047644
0.52	.062707	.065219	.067731	.070243	.072756
0.53	.087845	.090361	.092879	.095396	.097915
0.54	.113039	.115562	.118085	.120610	.123153
0.55	.138304	.140835	.143367	.145900	.148434
0.56	.163658	.166199	.168741	.171285	.173829
0.57	.189118	.191671	.194225	.196780	.199336
0.58	.214702	.217267	.219835	.222403	.224973
0.59	.240426	.243007	.245590	.248174	.250760
0.60	.266311	.268909	.271508	.274110	.276714
0.61	.292375	.294992	.297611	.300232	.302855
0.62	.318639	.321278	.323918	.326561	.329206
0.63	.345126	.347787	.350451	.353118	.355787
0.64	.371856	.374543	.377234	.379926	.382622
0.65	.398855	.401571	.404289	.407011	.409735
0.66	.426148	.428895	.431644	.434397	.437154
0.67	.453762	.456542	.459326	.462113	.464904
0.68	.481727	.484544	.487365	.490189	.493018
0.69	.510073	.521930	.515792	.581657	.521527
0.70	.538836	.841737	.544642	.547551	.550466
0.71	.568051	.570999	.573952	.576910	.579873
0.72	.597760	.600760	.603765	.606775	.609792
0.73	.628006	.631062	.634124	.637192	.640266
0.74	.658838	.661955	.665079	.668209	.671346
0.75	.690309	.693493	.696685	.699884	.703089
0.76	.722479	.725737	.729003	.732276	.735558
0.77	.755415	.758754	.762101	.765456	.768820
0.78	.789192	.792619	.796055	.799501	.802956
0.79	.823894	.827418	.830953	.834499	.838055
0.80	.859617	.863250	.866894	.870550	.874217
0.81	.896473	.900226	.903991	.907770	.911561
0.82	.934589	.938476	.984376	.946291	.950221
0.83	.974114	.978150	.982203	.986271	.990356
0.84	1.015222	1.019428	1.023651	1.027893	1.032154

p	0.000	0.001	0.002	0.003	0.004
0.85	1.036433	1.040732	1.045050	1.049387	1.053744
0.86	1.080319	1.084823	0.089349	1.097897	1.098468
0.87	1.126391	1.131131	1.135896	1.140687	1.145505
0.88	1.174987	1.180001	1.185044	1.190118	1.195223
0.89	1.226528	1.231864	1.237235	1.242641	1.248085
0.90	1.281552	1.287271	1.293032	1.298837	1.304685
0.91	1.340755	1.346939	1.353174	1.359463	1.365806
0.92	1.405072	1.411830	1.418654	1.425544	1.432503
0.93	1.475791	1.483280	1.490853	1.498513	1.506262
0.94	1.554774	1.563224	1.571787	1.589467	1.589268
0.95	1.644854	1.654628	1.664563	1.674665	1.684941
0.96	1.750686	1.762410	1.774382	1.786613	1.799118
0.97	1.880794	1.895689	1.911036	1.926837	1.943134
0.98	2.053749	2.074855	2.096927	2.120072	2.144411
0.99	2.326348	2.365618	2.408916	2.457263	2.512144
p	0.005	0.006	0.007	0.008	0.009
0.85	1.058122	1.062519	1.066938	1.071377	1.075837
0.86	1.103063	1.107680	1.112321	1.116987	1.121677
0.87	1.150349	1.155221	1.160120	1.165047	1.170002
0.88	1.200359	1.205527	1.210727	1.215960	1.221227
0.89	1.253565	1.259084	1.264641	1.270238	1.275874
0.90	1.310579	1.316519	1.322505	1.328539	1.334622
0.91	1.372204	1.378659	1.385172	1.391744	1.398377
0.92	1.439531	1.446632	1.453806	1.461056	1.468384
0.93	1.514102	1.522036	1.530068	1.538199	1.546433
0.94	1.598193	1.607248	1.616436	1.625763	1.635234
0.95	1.695398	1.706043	1.716886	1.727934	1.739198
0.96	1.811911	1.825007	1.838424	1.852180	1.866296
0.97	1.959964	1.977368	1.995393	2.014091	2.033520
0.98	2.170090	2.197286	2.226212	2.257129	2.209368
0.99	2.575829	2.652070	2.747781	2.878162	2.090232

注:本表对于下侧概率给出正态分布的分位数 Zp。

例:对于 $p = 0.95$,$Zp = 1.644854$。

与 $p < 0.5$ 时,$Zp = -Z_{1-p}$,例 $Z_{0.1} = Z_{0.9} = -1.281552$。

与双侧概率 a 相应的分位数为 $Z_{1-a/2}$。例:对于 $a = 0.05$,$Z_{1-a/2} = Z_{0.975} = 1.959964$。

附表 4   t 分表布

$$P\{(t(n) > t_a(n)\} = a$$

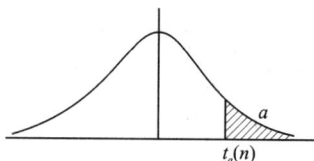

自由度 n	a = 2.5	0.10	0.05	0.025	0.01	0.005
1	1.0000	3.0777	6.3138	12.7062	31.820	63.6574
2	0.8165	1.8856	2.9200	4.3027	6.9646	9.9248
3	0.7649	1.6377	2.3534	3.1824	4.5407	5.8409
4	0.7407	1.5332	2.1328	2.7764	3.7649	4.6041
5	0.7267	1.4759	2.0150	2.5706	3.3649	4.0322
6	0.7176	1.4398	1.9432	2.4469	3.1427	3.7074
7	0.7111	1.4149	1.8946	2.3646	2.9980	3.4995
8	0.7064	1.3968	1.8695	2.3060	2.8965	3.3554
9	0.7027	1.3830	1.8331	2.2622	2.8214	3.2498
10	0.6998	1.3722	1.8125	2.2281	2.7638	2.1693
11	0.6974	1.3634	1.7959	2.2010	2.7181	3.1058
12	0.6955	1.3562	1.7823	2.1788	2.6810	3.0545
13	0.6938	1.3502	1.7709	2.1604	2.6503	3.0123
14	0.6924	1.3450	1.7613	2.1448	2.6245	2.9768
15	0.6912	1.3406	1.7531	2.1315	2.6025	2.9467
16	0.6901	1.3588	1.7459	2.1199	2.2835	2.9208
17	0.6892	1.3334	1.7396	2.1098	2.5669	2.8982
18	0.6884	1.3304	1.7341	2.1009	2.5524	2.8784
19	0.6876	1.3277	1.7291	2.0930	0.5395	2.8609
20	0.6870	1.3253	1.7247	2.0860	2.5283	2.8453

自由度 n	a = 2. 5	0. 10	0. 05	0. 025	0. 01	0. 005
21	0. 6846	1. 3232	1. 7207	2. 0796	2. 5177	2. 8314
22	0. 6858	1. 3212	1. 7171	2. 0739	2. 5083	2. 8188
23	0. 6853	1. 3195	1. 7139	2. 0687	2. 4999	2. 8073
24	0. 6848	1. 3178	1. 7109	2. 0639	2. 4922	2. 7969
25	0. 6844	1. 3163	1. 7081	2. 0595	2. 4851	2. 7874
26	0. 6840	1. 3150	1. 7056	2. 0555	2. 4786	2. 7787
27	0. 6837	1. 3137	1. 7033	2. 0518	2. 4727	2. 7707
28	0. 6834	1. 3125	1. 7011	2. 0484	2. 4671	2. 7633
29	0. 6830	1. 3114	1. 6991	2. 0452	2. 4620	2. 7564
30	0. 6828	1. 3104	1. 6973	2. 0423	2. 4573	2. 7500
31	0. 6825	1. 3095	1. 6955	2. 0395	2. 4528	2. 7440
32	0. 6822	1. 3086	1. 6939	2. 0369	2. 4487	2. 7385
33	0. 6820	1. 3077	1. 6924	2. 0345	2. 4448	2. 7333
34	0. 6815	1. 3070	1. 6909	2. 0322	2. 4411	2. 7284
35	0. 6816	1. 3062	1. 6896	2. 0301	2. 4377	2. 7238
36	0. 6814	1. 3055	1. 6883	2. 0281	2. 4543	2. 7195
37	0. 6812	1. 3049	1. 6871	2. 0362	2. 4314	2. 7154
38	0. 6810	1. 3042	1. 6860	2. 0244	2. 4386	2. 7116
39	0. 6808	1. 3036	1. 6849	2. 0227	2. 4258	2. 7079
40	0. 6807	1. 3030	1. 6839	2. 0211	2. 4233	2. 7045
41	0. 6805	1. 3025	1. 6829	2. 0195	2. 4208	2. 7012
42	0. 6804	1. 3020	1. 6820	2. 0181	2. 4185	2. 6981
43	0. 6802	1. 3016	1. 6811	2. 0167	2. 4163	2. 6951
44	0. 6801	1. 3011	1. 6802	2. 0154	2. 4141	2. 6923
45	0. 6800	1. 3006	1. 6794	2. 0141	2. 4121	2. 6896

附表5　x^2分布

$$P\{(x^2(n) > Z_a^2(n)\} = \alpha$$

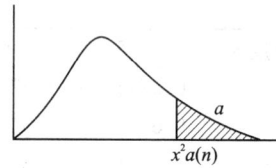

n	$a = 0.995$	0.99	0.975	0.95	0.90	0.75
1	—	—	0.001	0.004	0.016	0.102
2	0.010	0.020	0.051	0.103	0.211	0.575
3	0.072	0.115	0.216	0.352	0.584	1.213
4	0.207	0.297	0.484	0.711	1.064	1.923
5	0.412	0.554	0.831	1.145	1.610	2.675
6	0.676	0.872	1.237	1.635	2.204	3.455
7	0.989	1.239	1.690	2.167	2.833	4.255
8	1.344	1.646	2.180	2.733	3.490	5.071
9	1.735	2.088	2.700	3.325	4.168	5.899
10	2.156	2.558	3.247	3.940	4.865	6.737
11	2.603	3.053	3.816	4.575	5.578	7.584
12	3.047	3.571	4.404	5.226	6.304	8.438
13	3.565	4.107	5.009	5.892	7.042	9.299
14	4.075	4.660	5.629	6.571	7.790	10.165
15	4.601	5.229	6.262	7.261	8.547	11.037
16	5.142	5.812	6.908	7.962	9.312	11.912
17	5.697	6.408	7.564	8.672	10.085	12.792
18	6.265	7.015	8.231	9.390	10.865	13.675
19	6.844	7.633	8.907	10.117	11.651	14.562
20	7.434	8.260	9.591	10.851	12.443	15.452
21	8.034	8.897	10.283	11.591	13.240	16.344
22	8.643	9.542	10.982	12.338	14.042	17.240
23	9.260	10.196	11.689	13.091	14.848	18.137
24	9.886	10.856	12.401	13.848	15.659	19.037
25	10.520	11.524	13.120	14.611	16.473	19.939
26	11.160	12.198	13.844	15.379	17.292	20.843
27	11.808	12.879	14.573	16.151	18.114	21.749
28	12.461	13.565	15.308	16.928	18.939	22.657

n	a = 0.995	0.99	0.975	0.95	0.90	0.75
29	13.211	14.257	16.047	17.708	19.768	23.567
30	13.787	14.954	16.791	18.493	20.599	24.478
31	14.458	15.655	17.539	19.281	21.434	25.390
32	15.134	16.362	18.291	20.072	22.271	26.304
33	15.815	17.074	19.047	20.867	23.110	27.219
34	16.501	17.789	19.806	21.664	23.952	28.136
35	17.192	18.509	20.569	22.465	24.797	29.054
36	17.887	19.233	21.336	23.269	25.643	29.973
37	18.586	19.960	22.106	24.075	25.492	30.893
38	19.289	20.691	22.878	24.884	27.343	31.815
39	19.996	21.426	23.654	25.695	28.196	32.737
40	20.707	22.164	24.433	26.509	29.051	33.660
n	a = 0.25	0.10	0.05	0.025	0.01	0.005
1	1.323	2.706	3.841	5.024	6.635	7.879
2	2.773	4.605	5.991	7.378	9.210	10.597
3	4.108	6.251	7.815	9.348	11.345	12.838
4	5.384	7.779	9.448	11.143	13.277	14.806
5	6.626	9.236	11.072	12.833	15.086	16.750
6	7.841	10.645	12.592	14.449	16.812	18.548
7	9.037	12.017	14.067	16.013	18.475	20.278
8	10.219	13.362	15.507	17.535	20.090	21.955
9	11.389	14.684	16.919	19.023	21.666	23.589
10	12.549	15.987	18.307	20.483	23.209	25.188
11	13.701	17.275	19.675	21.920	24.725	26.757
12	14.845	18.549	21.026	23.337	26.217	28.299
13	15.984	19.812	22.362	24.736	27.688	29.819
14	17.117	21.064	23.685	26.119	29.141	31.319
15	18.245	22.307	24.996	27.488	30.578	32.801

附表 5(续 2)

n	$a=0.25$	0.10	0.05	0.025	0.01	0.005
16	19.369	23.542	26.296	28.845	32.000	34.267
17	20.489	24.769	27.587	31.191	33.409	35.718
18	21.605	29.989	28.869	31.526	34.805	37.156
19	22.718	27.204	30.144	32.852	36.191	38.582
20	23.828	28.412	31.410	34.170	37.566	39.997
21	24.935	29.615	32.671	35.479	38.932	41.401
22	26.039	30.813	33.924	36.781	40.289	42.796
23	27.141	32.007	35.172	38.076	41.638	44.181
24	28.241	33.196	35.415	39.364	42.980	45.559
25	29.339	34.382	37.652	40.646	44.314	46.928
26	30.435	35.563	38.885	41.923	45.642	48.290
27	31.528	36.741	40.113	43.194	46.963	49.645
28	32.620	37.916	41.337	44.461	48.278	50.993
29	33.711	39.087	42.557	45.722	49.588	52.336
30	34.800	40.256	43.773	46.949	50.892	53.672
31	35.887	41.422	44.985	48.232	52.191	55.003
32	36.973	42.585	46.194	49.480	53.486	56.328
33	38.058	43.745	47.400	50.725	54.776	57.648
34	39.141	44.903	48.602	51.966	56.061	28.964
35	40.223	46.059	49.802	53.203	57.342	60.275
36	41.304	47.212	50.998	54.437	58.619	61.581
37	42.383	38.363	52.192	55.668	59.892	62.883
38	43.462	49.513	53.384	56.896	61.162	64.181
39	44.539	50.660	54.572	58.120	62.428	65.476
40	45.616	51.805	55.758	59.342	63.691	66.766
41	46.692	52.949	56.942	60.561	64.950	68.053
42	47.766	54.090	58.124	61.777	66.206	69.336
43	48.840	55.230	59.354	62.990	67.459	70.616
44	49.913	56.369	60.481	46.201	38.710	71.893
45	40.985	57.505	61.656	65.410	69.957	63.166

附表 6 F 分布表

$$P\{F(n_1,n_2) > F_a(n_1,n_2)\} = \alpha$$
$$(\alpha = 0.10)$$

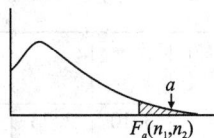

n_2 \ n_1	1	2	3	4	5	6	7	8	9	10
1	39.86	49.50	53.59	55.83	57.24	58.20	58.91	59.44	59.86	60.19
2	8.53	9.00	9.16	9.24	9.29	9.33	9.35	9.37	9.38	9.39
3	5.54	5.46	5.39	5.34	5.31	5.28	5.27	5.25	5.24	5.23
4	4.54	4.32	4.19	4.11	4.05	4.01	3.98	3.95	3.94	3.92
5	4.06	3.78	3.62	3.52	3.48	3.40	3.37	3.34	3.32	3.30
6	3.78	3.46	3.29	3.18	3.11	3.05	3.01	2.98	2.96	2.94
7	3.59	3.26	3.07	2.96	2.88	2.83	2.78	2.57	2.72	2.70
8	3.46	3.11	2.92	2.81	2.73	2.67	2.62	2.95	2.56	2.54
9	3.36	3.01	2.81	2.69	2.61	2.55	2.51	2.47	2.44	2.42
10	3.29	2.92	2.73	2.61	2.52	2.46	2.41	2.38	2.35	2.32
11	3.23	2.86	2.66	2.54	2.45	2.39	2.34	2.30	2.27	2.25
12	3.18	2.81	2.61	2.48	2.39	2.33	2.38	2.24	2.21	2.19
13	3.14	2.76	5.56	2.43	2.35	2.28	2.23	2.20	2.16	2.14

n_2 \ n_1	12	15	20	24	30	40	60	120	∞
1	60.71	61.22	61.74	62.00	62.26	62.53	62.79	63.06	63.33
2	9.41	9.42	9.44	9.45	9.46	9.47	9.47	9.48	9.49
3	5.22	5.20	5.18	5.18	5.17	5.16	5.15	5.14	5.13
4	3.90	3.87	3.84	3.83	3.82	3.80	3.79	3.78	3.72
5	3.27	3.24	3.21	3.19	3.17	3.16	3.14	3.12	3.10
6	2.90	2.87	2.84	2.82	2.80	2.78	2.76	2.74	2.72
7	2.67	2.63	2.59	2.58	2.56	2.54	2.51	2.49	2.47
8	2.50	2.46	2.42	2.40	2.38	2.36	2.34	2.32	2.29
9	2.38	2.34	2.30	2.28	2.25	2.23	2.21	2.18	2.16
10	2.28	2.24	2.20	2.18	2.16	2.13	2.11	2.08	2.06
11	2.21	2.17	2.12	2.10	2.08	2.05	2.03	2.00	1.97
12	2.15	2.10	2.06	2.04	2.01	1.99	1.96	1.93	1.90
13	2.10	2.05	2.01	1.98	1.96	1.93	1.90	1.88	1.85

($\alpha = 0.10$)

附表 6(续 1)

n_2 \ n_1	1	2	3	4	5	6	7	8	9	10
14	3.10	2.73	2.52	2.39	2.31	2.24	2.19	2.15	2.12	2.10
15	3.07	2.70	2.49	2.36	2.27	2.21	2.16	2.12	2.09	2.06
16	3.05	2.67	2.46	2.33	2.24	2.18	2.13	2.09	2.06	2.03
17	3.03	2.64	2.44	2.31	2.22	2.15	2.10	2.06	2.03	2.00
18	3.01	2.62	2.42	2.29	2.20	2.13	2.08	2.04	2.00	1.98
19	2.99	2.61	2.40	2.27	2.18	2.11	2.06	2.02	1.98	1.96
20	2.97	2.59	2.38	2.25	2.16	2.09	2.04	2.00	1.96	1.94
21	2.96	2.57	2.36	2.23	2.14	2.08	2.02	1.98	1.95	1.92
22	2.95	2.56	2.35	2.22	2.13	2.06	2.01	1.97	1.93	1.90
23	2.94	2.55	2.34	2.21	2.11	2.05	1.99	1.95	1.92	1.89
24	2.93	2.54	2.33	2.19	2.10	2.04	1.98	1.94	1.91	1.88
25	2.92	2.53	2.32	2.18	2.09	2.02	1.97	1.93	1.89	1.87
26	2.91	2.52	2.31	2.17	2.08	2.01	1.96	1.92	1.88	1.86
27	2.90	2.51	2.30	2.17	2.07	2.00	1.95	1.91	1.87	1.85
28	2.89	2.50	2.29	2.16	2.06	2.00	1.94	1.90	1.87	1.84
29	2.89	2.50	2.28	2.15	2.06	1.99	1.93	1.89	1.86	1.83
30	2.89	2.49	2.28	2.14	2.05	1.98	1.93	1.88	1.85	1.82
40	2.84	2.44	2.23	2.09	2.00	1.93	1.87	1.83	1.79	1.76
60	2.79	2.39	2.18	2.04	1.95	1.87	1.82	1.77	1.74	1.71
120	2.75	2.35	2.13	1.99	1.90	1.82	1.77	1.72	1.68	1.60
∞	2.71	2.30	2.08	1.94	1.85	1.77	1.72	1.67	1.63	1.65

n_2 \ n_1	12	15	20	24	30	40	60	120	∞
14	2.05	2.01	2.96	1.94	1.91	1.89	1.86	1.83	1.80
15	2.02	1.97	1.92	1.90	1.87	1.85	1.82	1.79	1.76
16	1.99	1.94	1.89	1.87	1.84	1.81	1.78	1.75	1.72
17	1.96	1.91	1.86	1.84	1.81	1.78	1.75	1.72	1.69
18	1.93	1.89	1.84	1.81	1.78	1.75	1.72	1.69	1.66
19	1.91	1.86	1.81	1.79	1.76	1.73	1.70	1.67	1.63
20	1.89	1.84	1.79	1.77	1.74	1.71	1.68	1.64	1.61
21	1.87	1.83	1.78	1.75	1.72	1.69	1.66	1.62	1.59
22	1.86	1.81	1.76	1.73	1.70	1.67	1.64	1.60	1.57
23	1.84	1.80	1.74	1.72	1.69	1.66	1.62	1.59	1.55
24	1.83	1.78	1.73	1.70	1.67	1.64	1.61	1.57	1.53
25	1.82	1.77	1.72	1.69	1.66	1.63	1.59	1.56	1.52
26	1.81	1.76	1.71	1.68	1.65	1.61	1.58	1.54	1.50
27	1.80	1.75	1.70	1.67	1.64	1.60	1.57	1.53	1.49
28	1.79	1.74	1.69	1.66	1.63	1.59	1.56	1.52	1.48
29	1.78	1.73	1.68	1.65	1.62	1.58	1.55	1.51	1.47
30	1.77	1.72	1.67	1.64	1.61	1.57	1.54	1.50	1.46
40	1.71	1.66	1.61	1.57	1.54	1.51	1.47	1.42	1.38
60	1.66	1.60	1.54	1.51	1.48	1.44	1.40	1.35	1.29
120	1.60	1.55	1.48	1.45	1.41	1.37	1.32	1.26	1.19
∞	1.55	1.49	1.42	1.38	1.34	1.30	1.24	1.17	1.00

（$\alpha = 0.05$）　　　　　　　附表 6（续 2）

n_1 $\diagdown$ n_2	1	2	3	4	5	6	7	8	9	10
1	161.40	199.50	215.70	224.60	230.20	234.00	236.80	238.90	240.50	241.90
2	18.51	19.00	19.16	19.25	19.30	19.33	19.35	19.37	19.38	19.40
3	10.13	9.55	9.28	9.12	9.01	8.94	8.89	8.85	8.81	8.79
4	7.71	6.94	6.59	6.39	6.26	6.16	6.09	6.04	6.00	5.96
5	6.61	5.79	5.41	5.19	5.05	4.95	4.88	4.82	4.77	4.74
6	5.99	5.14	4.76	4.53	4.39	4.28	4.21	4.15	4.10	4.06
7	5.59	4.74	4.35	4.12	3.97	3.87	3.79	3.73	3.68	3.64
8	5.32	4.46	4.07	3.84	3.69	3.58	3.50	3.44	3.39	3.35
9	5.12	4.26	3.86	3.63	3.48	3.37	3.29	3.23	3.18	3.14
10	4.96	4.10	3.71	3.48	3.33	3.22	3.14	3.07	3.02	2.98
11	4.84	3.98	3.59	3.36	3.20	3.09	3.01	2.95	2.90	2.85
12	4.75	3.89	3.49	3.26	3.11	3.00	2.91	2.85	2.80	2.75
13	4.67	3.81	3.41	3.18	3.03	2.92	2.83	2.77	2.71	2.67
14	4.60	3.74	3.34	3.11	2.96	2.85	2.76	2.70	2.65	2.60
15	4.54	3.68	3.29	3.06	2.90	2.79	2.71	2.64	2.59	2.54
16	4.49	3.63	3.24	3.01	2.85	2.74	2.66	2.59	2.54	2.49
17	4.45	3.59	3.20	2.96	2.81	2.70	2.61	2.55	2.49	2.45

n_1 $\diagdown$ n_2	12	15	20	24	30	40	60	120	∞
1	243.9	245.9	248.0	249.1	250.1	251.1	252.3	253.3	254.3
2	19.41	19.43	19.45	19.45	19.46	19.47	19.48	19.49	19.50
3	8.74	8.70	8.66	8.64	8.62	8.59	8.57	8.55	8.53
4	5.91	5.86	5.80	5.77	5.75	5.72	5.69	5.66	5.63
5	4.68	4.62	4.56	4.53	4.50	4.46	4.43	4.40	4.36
6	4.00	3.94	3.87	3.84	3.81	3.77	3.74	3.70	3.67
7	3.57	3.51	3.44	3.41	3.83	3.34	3.30	3.27	3.23
8	3.28	3.22	3.15	3.12	3.08	3.04	3.01	2.97	2.93
9	3.07	3.01	2.94	2.90	2.86	2.83	2.79	2.75	2.71
10	2.91	2.85	2.77	2.74	2.70	2.66	2.62	2.58	2.54
11	2.79	2.72	2.65	2.61	2.57	2.53	2.49	2.45	2.40
12	2.69	2.62	2.54	2.51	2.47	2.43	2.38	2.34	2.30
13	2.60	2.53	2.46	2.42	2.38	2.34	2.30	2.25	2.21
14	2.53	2.46	2.39	2.35	2.31	2.27	2.22	2.18	2.13
15	2.48	2.40	2.33	2.29	2.25	2.20	2.16	2.11	2.07
16	2.42	2.35	2.28	2.24	2.19	2.15	2.11	2.06	2.01
17	2.38	2.31	2.23	2.19	2.15	2.10	2.06	2.01	1.96

$(\alpha = 0.05)$　　　　　　　　　　　　　　　　　附表 **6**(续**3**)

n_2＼n_1	1	2	3	4	5	6	7	8	9	10
18	4.41	3.55	3.16	2.93	2.77	2.66	2.58	2.51	4.46	2.41
19	4.38	3.52	3.13	2.90	2.74	2.63	2.54	2.48	2.42	2.33
20	4.35	3.49	3.10	2.87	2.71	2.60	2.51	2.45	2.39	2.35
21	4.32	3.47	3.07	2.84	2.68	2.57	2.49	2.42	2.37	2.32
22	4.30	3.44	3.05	2.82	2.66	2.55	2.46	2.40	2.34	2.30
23	4.28	3.42	3.03	2.80	2.64	2.53	2.44	2.37	2.32	2.27
24	4.26	3.40	3.01	2.78	2.62	2.51	2.42	2.36	2.30	2.25
25	4.24	3.39	2.99	2.76	2.60	2.49	2.40	2.34	2.28	2.24
26	4.23	3.37	3.98	2.74	2.59	2.47	2.39	2.32	2.27	2.22
27	4.21	3.35	2.95	2.73	2.57	2.46	2.37	2.31	2.25	2.20
28	4.20	3.34	2.96	2.71	2.56	2.45	2.36	2.29	2.24	2.19
29	4.18	3.33	2.93	2.70	2.55	2.43	2.35	2.23	2.22	2.18
30	4.17	3.32	2.92	2.69	2.53	2.42	2.33	2.27	2.21	2.16
40	4.08	3.23	2.84	2.61	2.45	2.34	2.25	2.18	2.12	2.08
60	4.00	3.15	2.76	2.53	2.37	2.25	2.17	2.10	2.04	1.99
120	3.92	3.07	2.68	2.45	2.29	2.17	2.09	2.02	1.96	1.91
∞	3.84	3.00	2.60	2.37	2.21	2.10	2.01	1.94	1.88	1.83

n_2＼n_1	12	15	20	24	30	40	60	120	∞
18	2.34	2.27	2.19	2.15	2.11	2.06	2.02	1.97	1.92
19	2.31	2.23	2.16	2.11	2.07	2.03	1.98	1.93	1.88
20	2.28	2.20	2.12	2.08	2.04	1.99	1.95	1.90	1.84
21	2.25	2.18	2.10	2.05	2.01	1.96	1.92	1.87	1.81
22	2.23	2.15	2.07	2.03	1.98	1.94	1.89	1.84	1.78
23	2.20	2.13	2.05	2.01	1.96	1.91	1.86	1.81	1.76
24	2.18	2.11	2.03	1.98	1.94	1.89	1.84	1.79	1.73
25	2.16	2.09	2.01	1.96	1.93	1.87	1.82	1.77	1.71
26	2.15	2.07	1.99	1.95	1.90	1.85	1.80	1.75	1.69
27	2.13	2.06	1.97	1.93	1.88	1.84	1.79	1.73	1.67
28	2.12	2.04	1.96	1.91	1.87	1.82	1.77	1.71	1.65
29	2.10	2.03	1.94	1.90	1.85	1.81	1.75	1.70	1.64
30	2.09	2.01	1.93	1.89	1.84	1.79	1.71	1.68	1.62
40	2.00	1.92	1.84	1.79	1.74	1.69	1.64	1.58	1.51
60	1.92	1.84	1.75	1.70	1.65	1.59	1.53	1.47	1.39
120	1.83	1.75	1.66	1.61	1.55	1.50	1.43	1.35	1.25
∞	1.75	1.67	1.57	1.52	1.46	1.39	1.32	1.22	1.00

$(\alpha = 0.05)$ 附表 6(续 4)

n_1 / n_2	1	2	3	4	5	6	7	8	9	10
1	647.8	799.5	864.2	899.6	921.8	937.1	948.2	956.7	963.3	968.6
2	38.51	39.00	39.17	39.25	39.30	39.33	39.86	39.37	39.39	39.40
3	17.44	16.04	15.44	15.10	14.88	14.73	14.62	14.54	14.47	14.42
4	12.22	10.65	9.98	9.60	9.36	9.20	9.07	8.98	8.90	8.84
5	10.01	8.43	7.76	7.39	7.15	6.98	6.85	6.76	6.68	6.62
6	8.81	7.26	6.60	6.23	5.99	5.82	5.70	5.60	5.52	5.45
7	8.07	6.54	5.89	5.52	5.29	5.12	4.99	4.90	4.82	4.76
8	7.57	6.06	5.42	5.05	4.82	4.65	4.53	4.43	4.36	4.30
9	7.21	5.71	5.08	4.72	4.48	4.32	4.20	4.10	4.03	3.96
10	6.94	5.46	4.83	4.47	4.24	4.07	3.95	3.85	3.78	3.72
11	6.72	5.26	4.63	4.28	4.04	3.88	3.76	3.66	4.59	3.53
12	6.55	5.10	4.47	4.12	3.89	3.73	3.61	3.51	3.44	3.37
13	6.41	4.97	4.35	4.00	3.77	3.60	3.48	3.39	3.31	3.25
14	6.30	4.86	4.24	3.89	3.66	3.50	3.38	3.29	3.21	3.15
15	6.20	4.77	4.15	3.80	3.58	3.41	3.29	3.20	3.12	3.06
16	6.12	4.69	4.08	3.73	3.50	3.34	3.22	3.12	3.05	2.99
17	6.04	4.62	4.01	3.66	3.44	3.28	3.16	3.06	2.98	2.92

n_1 / n_2	12	15	20	24	30	40	60	120	∞
1	976.7	984.9	993.1	997.2	1001	1006	1010	1014	1018
2	39.41	39.43	39.45	39.46	39.46	39.47	39.48	39.49	39.50
3	14.34	14.25	14.17	14.12	14.08	14.04	13.99	13.95	13.90
4	8.75	8.66	8.65	8.51	8.46	8.41	8.36	8.31	8.26
5	6.52	6.34	6.33	6.28	6.32	6.18	6.12	6.07	6.02
6	5.37	5.27	5.17	5.12	5.07	5.01	4.96	4.90	4.85
7	4.67	4.57	4.47	4.42	4.36	4.31	4.25	4.20	4.14
8	4.20	4.10	4.00	3.95	3.89	3.84	3.78	3.73	3.67
9	3.87	3.77	3.67	3.61	3.56	3.51	3.45	3.39	3.33
10	3.62	3.52	3.42	3.37	3.31	3.26	3.20	3.14	3.08
11	3.43	3.33	3.23	3.17	3.12	3.06	3.00	2.94	2.88
12	3.28	3.18	3.07	3.02	2.96	2.91	2.85	2.79	2.72
13	3.15	3.05	2.95	2.89	2.84	2.78	2.72	2.66	2.60
14	3.05	2.95	2.84	2.79	2.73	2.67	2.61	2.55	2.49
15	2.96	2.86	2.76	2.70	2.64	2.59	2.52	2.46	2.40
16	2.89	2.79	2.68	2.63	2.57	2.51	2.45	2.38	2.32
17	2.82	2.72	2.62	2.56	2.50	2.44	2.38	2.32	2.25

n_1 $\diagdown$ n_2	1	2	3	4	5	6	7	8	9	10
18	5.98	4.56	3.95	3.61	3.38	3.22	3.10	3.01	2.92	2.87
19	5.92	4.51	3.90	3.56	3.33	3.17	3.05	2.96	2.88	2.82
20	5.87	4.46	3.86	3.51	3.29	3.13	3.01	2.91	2.84	2.77
21	5.83	4.42	3.82	3.48	3.25	3.09	2.97	2.87	2.80	2.73
22	5.79	4.38	3.78	3.44	3.22	3.05	2.93	2.84	2.76	2.70
23	5.75	4.35	3.75	3.41	3.18	3.02	3.90	2.81	2.73	2.67
24	5.72	4.32	3.72	3.38	3.15	2.99	2.87	2.78	2.70	2.64
25	5.69	4.29	3.69	3.35	3.13	2.97	2.85	2.75	2.68	2.61
26	5.66	4.27	3.67	3.33	3.10	2.94	2.82	2.73	2.65	2.59
27	5.63	4.24	3.65	3.31	3.08	2.92	2.80	2.71	2.63	2.57
28	5.61	4.22	3.63	3.29	3.06	2.90	2.78	2.69	2.61	2.55
29	5.59	4.20	3.61	3.27	3.04	2.88	2.76	2.67	2.59	2.53
30	5.57	4.18	3.59	3.25	3.03	2.87	2.75	2.65	2.57	2.51
40	5.42	4.05	3.46	3.13	2.90	2.74	2.62	2.53	2.45	2.39
60	5.29	3.93	3.34	3.01	2.79	2.63	2.51	2.41	2.33	2.27
120	5.15	3.80	3.23	2.89	2.67	2.52	2.39	2.30	2.22	2.16
∞	5.02	3.69	3.12	2.79	2.57	2.41	2.29	2.19	2.11	2.05

n_1 $\diagdown$ n_2	12	15	20	24	30	40	60	120	∞
18	2.77	2.67	2.56	2.50	2.44	2.38	2.32	2.26	2.19
19	2.72	2.62	2.51	2.45	2.39	2.33	2.27	2.20	2.13
20	2.68	2.57	2.46	2.41	2.35	2.29	2.22	2.16	2.09
21	2.64	2.53	2.42	2.37	2.31	2.95	2.18	2.11	2.04
22	2.60	2.50	2.39	2.33	2.27	2.21	2.14	2.08	2.00
23	2.57	2.47	2.30	2.36	2.24	2.18	2.11	2.04	1.97
24	2.54	2.44	2.33	2.27	2.21	2.15	2.08	2.01	1.94
25	2.51	2.41	2.30	2.24	2.18	2.12	2.05	1.98	1.91
26	2.49	2.39	2.28	2.22	2.16	2.09	2.03	1.95	1.88
27	2.47	2.36	2.25	2.19	2.13	2.07	2.00	1.93	1.85
28	2.45	2.34	2.23	2.17	2.11	2.05	1.98	1.91	1.83
29	2.43	2.32	2.21	2.15	2.09	2.03	1.96	1.89	1.81
30	2.41	2.31	2.20	2.14	2.07	2.01	1.94	1.87	1.79
40	2.29	2.18	2.07	2.01	1.94	1.88	1.80	1.72	1.64
60	2.17	2.06	1.94	1.88	1.82	1.74	1.67	1.58	1.48
120	2.05	1.94	1.82	1.76	1.69	1.61	1.53	1.43	1.31
∞	1.94	1.83	1.77	1.64	1.57	1.48	1.39	1.27	1.00

$$(\alpha = 0.01)$$　　　　　　　　　　　附表 6(续 6)

n_1 / n_2	1	2	3	4	5	6	7	8	9	10
1	4052	499. 5	5403	5625	5764	5859	5928	5982	6022	60. 56
2	98. 50	99. 00	99. 17	99. 25	99. 30	99. 33	99. 36	99. 37	99. 39	99. 40
3	34. 12	30. 82	29. 46	28. 71	28. 24	27. 91	27. 67	27. 49	27. 35	27. 23
4	21. 20	18. 00	16. 69	15. 98	15. 52	15. 21	14. 98	14. 80	14. 66	14. 55
5	16. 26	13. 27	12. 06	11. 39	10. 97	10. 67	10. 46	10. 29	10. 16	10. 05
6	13. 75	10. 92	9. 78	9. 15	8. 75	8. 47	8. 26	8. 10	7. 98	7. 87
7	12. 25	9. 55	8. 45	7. 85	7. 46	7. 19	6. 99	6. 84	6. 72	6. 62
8	11. 26	8. 65	7. 59	7. 01	6. 63	6. 37	6. 18	6. 03	5. 91	5. 81
9	10. 56	8. 02	6. 99	6. 42	6. 06	5. 80	5. 61	2. 47	5. 35	5. 26
10	10. 04	7. 56	6. 55	5. 99	5. 64	5. 39	5. 20	5. 06	4. 94	4. 85
11	9. 65	7. 21	6. 22	5. 67	5. 32	5. 07	4. 98	4. 47	4. 63	4. 54
12	9. 33	6. 93	5. 95	5. 41	5. 06	4. 82	4. 64	4. 50	4. 39	4. 30
13	9. 07	6. 70	5. 74	5. 21	4. 86	4. 62	4. 44	4. 30	4. 19	3. 10
14	8. 86	6. 51	5. 56	5. 04	4. 69	4. 46	4. 28	4. 14	4. 03	3. 94
15	8. 68	6. 36	5. 42	4. 89	4. 56	4. 32	4. 14	4. 00	3. 89	3. 80
16	8. 53	6. 23	5. 29	4. 77	4. 44	4. 20	4. 03	3. 89	3. 78	3. 69
17	8. 40	6. 11	5. 18	4. 67	4. 34	4. 10	3. 93	3. 79	3. 68	3. 59

n_1 / n_2	12	15	20	24	30	40	60	120	∞
1	6106	6157	6209	6235	6261	6287	6313	6339	6366
2	99. 42	99. 43	99. 45	99. 46	99. 47	99. 47	99. 48	99. 49	99. 50
3	24. 05	26. 87	26. 69	26. 60	26. 50	26. 41	26. 32	26. 22	26. 13
4	14. 37	14. 20	14. 02	13. 93	13. 84	13. 75	13. 65	13. 56	13. 46
5	9. 89	9. 72	9. 55	9. 47	9. 38	9. 29	9. 20	9. 11	9. 02
6	7. 72	7. 56	7. 40	7. 31	7. 23	7. 14	7. 06	6. 97	6. 88
7	6. 47	6. 31	6. 16	6. 07	5. 99	5. 91	5. 82	5. 74	5. 65
8	5. 67	5. 52	5. 39	5. 28	5. 20	5. 12	5. 03	4. 95	4. 86
9	5. 11	4. 96	4. 81	4. 73	4. 65	4. 57	4. 48	4. 40	4. 31
10	4. 71	4. 56	4. 41	4. 33	4. 25	4. 17	4. 08	4. 00	3. 91
11	4. 40	4. 25	4. 10	4. 02	3. 94	3. 86	4. 78	3. 69	3. 60
12	4. 16	4. 01	3. 86	3. 78	3. 70	3. 62	3. 54	3. 45	3. 36
13	3. 96	3. 82	3. 66	3. 59	3. 51	3. 43	3. 34	3. 25	3. 17
14	3. 80	3. 66	3. 51	3. 43	3. 35	3. 27	3. 18	3. 09	3. 00
15	3. 67	3. 52	3. 37	3. 29	3. 21	3. 13	3. 05	2. 96	2. 87
16	3. 55	3. 41	3. 26	3. 18	3. 10	3. 02	2. 93	2. 84	2. 75
17	3. 46	3. 31	3. 16	3. 08	3. 00	2. 92	2. 83	2. 75	2. 65

$(\alpha = 0.01)$

n_2 \ n_1	1	2	3	4	5	6	7	8	9	10
18	8.29	6.01	5.09	4.58	4.25	4.01	3.84	3.71	3.60	3.51
19	8.18	5.93	5.01	4.50	4.17	3.94	3.77	3.63	3.52	3.43
20	8.10	5.85	4.94	4.43	4.10	3.87	3.70	3.56	3.46	3.37
21	8.02	5.78	4.87	4.37	4.04	3.81	3.64	3.51	3.40	3.31
22	7.95	5.72	4.82	4.31	3.99	3.76	3.59	3.45	3.35	3.26
23	7.88	5.66	4.76	4.26	3.94	3.71	3.54	3.41	3.30	3.21
24	7.82	5.61	4.72	4.22	3.90	3.67	3.50	3.36	3.26	3.17
25	7.77	5.57	4.68	4.18	3.85	3.63	3.46	3.32	3.22	3.13
26	7.72	5.53	4.64	4.14	3.82	3.59	3.42	3.26	3.18	3.09
27	7.68	5.49	4.60	4.11	3.78	3.56	3.39	3.26	3.15	3.06
28	7.64	5.45	4.57	4.07	3.75	3.53	3.36	3.23	3.12	3.03
29	7.60	5.42	4.54	4.04	3.73	3.50	3.33	3.20	3.09	3.00
30	7.56	5.39	4.51	4.02	3.70	3.47	3.30	3.17	3.07	2.98
40	7.31	5.18	4.31	3.83	3.51	3.29	3.12	3.99	2.89	2.80
60	7.08	4.98	4.13	3.65	3.34	3.12	2.95	2.82	2.72	2.63
120	6.85	4.79	3.95	3.48	3.17	2.96	2.79	2.66	2.56	2.47
∞	6.63	4.61	3.78	3.32	3.02	2.80	2.64	2.51	2.41	2.32

n_2 \ n_1	12	15	20	24	30	40	60	120	∞
18	3.37	3.23	3.08	3.00	2.92	2.84	2.75	2.66	2.57
19	3.30	3.15	3.00	2.92	2.84	2.76	2.67	2.58	2.49
20	3.23	3.09	2.94	2.86	2.78	2.69	2.61	2.52	2.42
21	3.17	3.03	2.88	2.80	2.72	2.64	2.55	2.46	2.36
22	3.12	2.98	2.83	2.75	2.67	2.58	2.50	2.40	2.31
23	3.07	2.93	2.78	2.70	2.62	2.54	2.45	2.35	2.26
24	3.03	2.89	2.74	2.66	2.58	2.49	2.40	2.31	2.21
25	2.99	2.85	2.70	2.62	2.54	2.45	2.36	2.27	2.17
26	2.96	2.81	2.66	2.58	2.50	2.42	2.33	2.23	2.13
27	2.93	2.78	2.63	2.55	2.47	2.38	2.29	2.20	2.10
28	2.90	2.75	2.60	2.52	2.44	2.35	2.26	2.17	2.06
29	2.87	2.73	2.57	2.49	2.41	2.33	2.23	2.14	2.03
30	2.84	2.70	2.55	2.47	2.39	2.30	2.21	2.11	2.01
40	2.66	2.52	2.37	2.29	2.20	2.11	2.02	1.92	1.80
60	2.50	2.35	2.20	2.12	2.03	1.94	1.84	1.73	1.60
120	2.34	2.19	2.03	1.95	1.86	1.76	1.66	1.53	1.38
∞	2.18	2.04	1.88	1.79	1.70	1.59	1.47	132	1.00

附表7　Spearman 等级相关计量

n	R	P	n	R	P	n	R	P	n	R	P
3	1.000	.167	7	1.000	.000	8	.810	.011	9	1.000	.000
	.500	.500		.964	.001		.786	.014		.983	.000
4	1.000	.042		.929	.003		.762	.018		.967	.000
	.800	.167		.893	.006		.738	.023		.950	.000
	.600	.208		.857	.012		.714	.029		.933	.000
	.400	.375		.821	.017		.690	.035		.917	.001
	.200	.458		.786	.024		.667	.042		.900	.001
	.000	.542		.750	.033		.643	.048		.883	.002
5	1.000	.008		.714	.044		.619	.057		.867	.002
	.900	.042		.679	.055		.595	.066		.850	.003
	.800	.067		.643	.069		.571	.076		.833	.004
	.700	.117		.607	.083		.548	.085		.817	.005
	.600	.175		.571	.100		.524	.098		.800	.007
	.500	.225		.536	.118		.500	.108		.783	.009
	.400	.258		.500	.133		.476	.122		.767	.011
	.300	.342		.464	.151		.452	.134		.750	.013
	.200	.392		.429	.177		.429	.150		.733	.016
	.100	.475		.393	.198		.405	.163		.717	.018
	.000	.525		.357	.222		.381	.180		.700	.022
6	1.000	.001		.321	.249		.357	.195		.683	.025
	.943	.008		.286	.278		.333	.214		.667	.029
	.886	.017		.250	2.97		.310	.231		.650	.033
	.829	.029		.214	.331		.286	.250		.633	.038
	.771	.051		.179	.357		.262	.268		.617	.043
	.714	.068		.143	.391		.238	.291		.600	.048
	.657	.088		.107	.420		.214	.310		.583	.054
	.600	.121		.071	.453		.190	.332		.567	.060
	.543	.149		.036	.482		.167	.352		.550	.066
	.486	.178		.000	.518		.143	.376		.533	.074
	.429	.210	8	1.000	.000		.119	.397		.517	.081
	.371	.249		.976	.000		.095	.420		.500	.089
	.314	.282		.952	.001		.071	.441		.483	.097
	.257	.329		.929	.001		.048	.467		.467	.106
	.200	.357		.905	.002		.024	.488		.450	.115
	.143	.401		.881	.004		.000	.512		.433	.125
	.086	.460		.857	.005					.417	.135
	.029	.500		.833	.008					.400	.146

n	R	P	n	R	P	n	R	P	n	R	P
9	.383	.156	10	.964	.000	10	.636	.027	10	.309	.193
	.367	.168		.952	.000		.624	.030		.297	.203
	.350	.179		.939	.000		.612	.033		.285	.214
	.333	.193		.927	.000		.600	.037		.273	.224
	.317	.205		.915	.000		.588	.040		.261	.235
	.300	.218		.903	.000		.576	.044		.248	.246
	.283	.231		.891	.001		.564	.048		.236	.257
	.267	.247		.879	.001		.552	.052		.224	.268
	.250	.260		.867	.001		.539	.057		.212	.280
	.233	.276		.855	.001		.527	.062		.200	.292
	.217	.290		.842	.002		.515	.067		.0188	.304
	.200	.307		.830	.002		.503	.072		.176	.316
	.183	.322		.818	.003		.491	.077		.164	.328
	.167	.339		.806	.004		.479	.083		.152	.341
	.150	.354		.794	.004		.467	.089		.139	.354
	.133	.372		.782	.005		.455	.096		.127	.367
	.177	.388		.770	.007		.442	.102		.115	.379
	.100	.405		.758	.008		.430	.109		.103	.393
	.083	.422		.745	.009		.418	.116		.091	.406
	.067	.440		.733	.010		.406	.124		.079	.419
	.050	.456		.721	.012		.394	.132		.067	.433
	.033	.474		.709	.013		.382	.139		.055	.446
	.017	.491		.697	.015		.370	.148		.042	.459
	.000	.509		.685	.017		.358	.156		.030	.473
10	1.000	.000		.673	.019		.345	.165		.018	.486
	.988	.000		.661	.022		.333	.174		.006	.500
	.976	.000		.648	.025		.321	.184			

n	单侧检验 $R(-R)$ 右尾(左尾)概率					
	.100	.05	.025	.010	.005	.001
11	.427	.536	.618	.709	.764	.855
12	.406	.503	.587	.678	.734	.825
13	.385	.484	.560	.648	.703	.797
14	.367	.464	.538	.626	.679	.771
15	.354	.446	.521	.604	.657	.750
16	.341	.429	.503	.585	.635	.729
17	.329	.414	.488	.566	.618	.711
18	.317	.401	.474	.550	.600	.692
19	.309	.391	.460	.535	.584	.675
20	.299	.380	.447	.522	.570	.660
21	.292	.370	.436	.509	.556	.647
22	.284	.361	.425	.497	.544	.633
23	.278	.353	.416	.486	.532	.620
24	.275	.344	.407	.476	.521	.608
25	.265	.337	.398	.466	.511	.597
26	.260	.331	.390	.457	.501	.586
27	.255	.324	.383	.449	.492	.576
28	.250	.318	.376	.441	.483	.567
29	.245	.312	.369	.433	.475	.557
30	.241	.307	.363	.426	.467	.548
	.200	.100	.050	.020	.010	.002
双侧检验 $|R|$ 的概率。						

如果 $n > 30$,则按 $Z = R\sqrt{n-1}$ 在附表 3 中查找概率。

附表 8　Kendall T 统计量

n	R	P	n	R	P	n	R	P	n	R	P
3	1.000	.167		.714	.015	9	1.000	.000	10	1.000	.000
	.333	.500		.619	.035		.944	.000		.956	.000
4	1.000	.042		.524	.068		.889	.000		.911	.000
	.667	.167		.429	.119		.833	.000		.867	.000
	.333	.375		.333	.195		.778	.001		.822	.000
	.000	.625		.238	.281		.722	.003		.778	.000
5	1.000	.008		.143	.386		.667	.006		.733	.001
	.800	.042		.048	.500		.611	.12		.689	.002
	.600	.117	8	1.000	.000		.556	.022		.644	.005
	.400	.242		.929	.000		.500	.038		.600	.008
	.200	.408		.857	.001		.444	.060		.556	.014
	.000	.592		.786	.003		.389	.090		.511	.023
6	1.000	.001		.714	.007		.333	.130		.467	.036
	.867	.008		.643	.016		.278	.179		.422	.054
	.733	.028		.571	.031		.222	.238		.378	.078
	.600	.068		.500	.054		.167	.306		.333	.108
	.467	.136		.429	.089		.111	.381		.289	.146
	.333	.235		.357	.138		.056	.460		.244	.190
	.200	.360		.286	.199		.000	.540		.200	.242
	.067	.500		.214	.274					.156	.300
7	1.000	.000		.143	.360					.111	.364
	.905	.001		.071	.452					.067	.431
	.810	.005		.000	.548					.022	.500

n	单侧检验 $T(-T)$左尾(左尾)概率				
	.100	.050	025	010	005
11	.345	.418	.491	.564	.600
12	.303	.394	.455	.545	.576
13	.308	.359	.436	.513	.564
14	.275	.363	.407	.473	.516
15	.276	.333	.390	.467	.505
16	.250	.317	.383	.433	.483
17	.250	.309	.368	.426	.471
18	.242	.294	.346	.412	.451
19	.228	.287	.333	.392	.439
20	.221	.274	.326	.379	.421
21	.210	.267	.314	.371	.410
22	.203	.264	.307	.359	.394
23	.202	.257	.396	.352	.391
24	.196	.246	.290	.341	.377
25	.193	.240	.287	.333	.367
26	.188	.237	.280	.329	.360
27	.179	.231	.271	.322	.356
28	.180	.228	.265	.312	.344
29	.172	.222	.261	.310	.340
30	.172	.218	.255	.301	.333
	.200	.100	.050	.020	.010
	双侧检验$|T|$的概率				

如果 $n>30$,则按 $Z=3T\sqrt{n(n-1)}/\sqrt{2(2n+5)}$,在附表 3 中查找相应的概率。

附表 9　相关系数 $\rho = 0$ 的临界值表

$n-2$	5%	1%	$n-2$	5%	1%	$n-2$	5%	1%
1	0.997	1.000	16	0.468	0.590	35	0.325	0.418
2	0.950	0.990	17	0.456	0.575	40	0.304	0.393
3	0.878	0.959	18	0.444	0.561	45	0.288	0.372
4	0.811	0.917	19	0.433	0.549	50	0.273	0.354
5	0.754	0.874	20	0.423	0.537	60	0.250	0.325
6	0.707	0.834	21	0.413	0.526	70	0.232	0.302
7	0.666	0.798	22	0.404	0.515	80	0.217	0.283
8	0.632	0.765	23	0.396	0.505	90	0.205	0.267
9	0.602	0.735	24	0.388	0.496	100	0.195	0.254
10	0.576	0.708	25	0.381	0.487	125	0.174	0.228
11	0.553	0.684	26	0.374	0.478	150	0.159	0.208
12	0.532	0.661	27	0.367	0.470	200	0.138	0.181
13	0.514	0.641	28	0.361	0.463	300	0.113	0.148
14	0.497	0.623	29	0.355	0.456	400	0.098	0.128
15	0.482	0.606	30	0.349	0.449	1000	0.062	0.081

参考文献

1. ［美］*G. R. Iversen*，*M. Gergen*. 统计学：基本概念和方法. 吴喜之等译. 北京：高等教育出版社,施普林格出版社,2000

2. ［美］*M. R.* 斯皮格尔,*L. J.* 斯蒂芬斯. 统计学. 杨纪龙等译. 北京：科学出版社,*McGraw-Hill*,2002

3. ［美］*M. R.* 斯皮格尔,*J.* 希勒,*R. A.* 斯里尼瓦森. 概率与统计. 孙山泽,戴中维译. 北京：科学出版社,*McGraw - Hill*,2002

4. ［美］*S.* 伯恩斯坦,*R.* 伯恩斯坦. 统计学原理（上、下册）. 史道济译. 北京：科学出版社,*McGraw - Hill*, 2002

5. ［美］*Vladimir N. Vapnik*. 统计学习理论的本质. 张学工译. 北京：清华大学出版社,2000

6. ［美］*David Freedman*,等. 统计学. 魏宗舒等译. 北京：中国统计出版社,1997

7. ［美］*L. Kish*. 抽样调查. 倪加勋主译. 北京：中国统计出版社,1997

8. ［美］*Douglas C. Montgomery*. 实验设计与分析. 汪仁官,陈荣昭译. 北京：中国统计出版社,1998

9. ［美］*George E. P. Box*,［英］*Gwilym M. Jenkins*,［美］*Gregory C. Reinsel*. 时间序列分析：预测与控制. 顾岚主译. 北京：中国统计出版社,1997

10. ［美］*Yvonne M. M. Bishop*,等. 离散多元分析：理论与实践. 张尧庭译. 北京：中国统计出版社,1998

11. ［美］*S. Weisberg*. 应用线性回归. 王静龙等译. 北京：中国统计出版社,1998

12. ［美］*Douglas M. Bates*,［加］*Donald G. watts*. 非线性回归分析及其应用. 韦博成等译. 北京：中国统计出版社,1997

13. 江永红,刘竹林,等. 统计学. 合肥：中国科学技术大学出版社,2002

14. 游士兵,余艳琴,等,统计学. 武汉：武汉大学出版社,2001

15. 倪加勋,袁卫,等. 应用统计学. 北京：中国人民大学出版社,1993

16. 陈珍珍,罗乐勤,等. 统计学. 厦门：厦门大学出版社,2002

17. 徐国祥. 统计学. 北京：高等教育出版社,上海：上海社会科学院出版社,2000

18. 宋光辉. 统计学教程. 长沙:湖南大学出版社,2002

19. 葛新权. 统计学. 北京:机械工业出版社,2002

20. 贾怀勤. 应用统计. 北京:中国对外经济贸易出版社,2002

21. 龚玉荣. 应用统计学. 北京:中国铁道出版社,2000

22. 宋文力,胡波. 统计学教程. 北京:经济管理出版社,2001

23. 王琪延,张卫红. 统计学(修订版). 北京:经济科学出版社,2001

24. 徐建邦,冯叔民,孙玉环. 统计学. 大连:东北财经大学出版社,2001

25. 张小蒂,李晓钟. 应用统计学导论. 杭州:浙江大学出版社,1998

26. 王云,李晶. 统计学. 成都:四川大学出版社,2001

27. 高兴波. 新编基础统计学. 北京:经济科学出版社,2001

28. 徐浪,王青华. 描述统计学. 成都:西南财经大学出版社,2001

29. 张梅琳. 新编统计学. 上海:立信会计出版社,2001

30. 戴世光. 应用经济统计学. 北京:中国人民大学出版社,1994

31. 王庆石,卢兴普. 统计学案例教材. 大连:东北财经大学出版社,1999

32. 孙允午. 统计学习题集. 上海:上海财经大学出版社,2002

33. 徐静,沈学桢,唐庆银. 新编统计学原理习题集. 上海:立信会计出版社,2000